忻剑飞 著

世界的中国观

近两千年来世界对中国的认识史纲（修订本）

商务印书馆
创于1897
The Commercial Press

商务印书馆（上海）有限公司　出品
The Commercial Press (Shanghai) Co. Ltd.

忻剑飞,旅美学者,曾任教于复旦大学哲学系,后赴美国留学,系美国亚利桑那大学哲学博士。著有《世界的中国观》、《醒客的中国观》、《中国现代哲学原著选》、*Mao Zedong's World View: From Youth to Yanan* 等。现为上海社会科学院哲学研究所特聘研究员。

目 录

第一章 我们拥有一个名字叫"中国"
　　（代前言）·················· 001
　一、China—中国：一个同时也属于中国人的
　　　外国课题 ·················· 001
　二、China—瓷器：文化现象的世界性 ········ 005
　三、China—"支那"：文化现象的历史性 ······ 008
　四、China—震旦：让东方之光更加灿烂 ······ 013

第二章 希罗多德时代的终结
　　——前中国观时期 ·············· 018
　一、人之谜之一：体质人类学的考察 ········ 018
　二、人之谜之二：文化人类学的猜想 ········ 022
　三、在铁与血的洗礼下 ·············· 026
　四、至希罗多德时代止的国外中国知识 ······· 029

第三章 亚历山大东征以后
　　——初步认识中国 ·············· 035
　一、第一个世界性的文化开放期：古希腊、古印度
　　　和中国先秦文化的同步 ············ 035
　二、从斯特拉波到普林尼：公元前后的国外中国
　　　知识 ···················· 040

三、从托勒密到科斯马斯：公元头 500 年关于
中国的知识 ·················· 044
四、关于第一个 800 年的思考和评说 ········· 048

第四章　马可·波罗时代以前
　　　　——准中国观时期 ············ 058
一、第二个世界性的文化开放期：拜占庭、阿拉伯
和中国盛唐文化的同步 ············ 058
二、阿拉伯人领世界之先：公元 7 至 10 世纪的国外
中国知识 ·················· 063
三、数位传教士和四大旅行家：公元 13、
14 世纪的国外中国知识 ············ 069
四、关于第二个 800 年的思考和评说 ········ 086

第五章　世界走向中国
　　　　——从教士中国观到职业中国学 ······ 093
一、东方之光和中世纪破晓 ············ 093
二、传教士东来和教士中国观 ··········· 100
三、传教士东来和职业中国学 ··········· 120
四、国外中国观的解释性特征和文化互识三
步曲 ···················· 134

第六章　在理性的眼睛里
　　　　——从西方看中国之一 ·········· 141
一、笛卡尔及其法国后继者和批评者：帕斯卡、
马勒伯朗士、培尔 ·············· 141
二、维柯：意大利传统的承启者 ·········· 151

三、休谟和其他几位英国政论家：弥尔顿、
　　笛福、坦普尔、哥尔斯密 ·················· 157
四、莱布尼茨及其前后左右的德国哲人：
　　斯宾诺莎、佛朗克、沃尔弗、赫尔德 ·········· 169

第七章　在启蒙风暴中
　　　　——从西方看中国之二 ················ 183
　一、孟德斯鸠和卢梭对中国文化的批评 ·········· 183
　二、伏尔泰对中国文化的赞美 ················ 196
　三、狄德罗对中国文化的分析 ················ 206
　四、重农学派对中国文化的汲取 ·············· 216

第八章　在世纪和文化的转弯处
　　　　——从西方看中国之三 ················ 224
　一、亚当·斯密的近代经济眼光 ·············· 224
　二、歌德的世界文化态度 ···················· 238
　三、黑格尔的理性思维深度 ·················· 249
　四、叔本华的现代哲学倾向 ·················· 262

第九章　走向专业化的中国学
　　　　——从中国看中国的试图 ·············· 267
　一、西力东渐和国际东方学的发展 ············ 267
　二、法、德、英等国的中国学 ················ 278
　三、美、俄、日等国的中国学 ················ 293
　四、19世纪国外中国学分析：力图从中国看
　　　中国 ································· 307

第十章　在社会和历史背景中的中国观
　　——19世纪关于中国的议论种种 …………… 314
　　一、一个广为流行的说法："睡狮(或醒狮)论"…… 314
　　二、历史和现实的谎言："黄祸论" …………… 317
　　三、东西两兄弟："孔子加耶稣"说 …………… 326
　　四、轻蔑目光下的结论："支那人的气质"说 …… 331

第十一章　在多种文化视角下的中国观
　　——19世纪议论中国的思想文化巨人
　　举隅 …………………………………………… 336
　　一、中国文化的欣赏、同情、推崇和批评者：巴尔扎克、
　　　　马克·吐温、托尔斯泰、福泽谕吉 ……… 336
　　二、中国文化和19世纪的最伟大发现(1)：
　　　　达尔文与中国 ………………………… 351
　　三、中国文化和19世纪的最伟大发现(2)：
　　　　马克思与中国 ………………………… 358
　　四、马克思的中国观评析：世界主义和从世界
　　　　看中国 ………………………………… 383

后　　记 ……………………………………… 387

主要参考书目 ………………………………… 393

2013年重版跋语　我们即世界("We are the world")
　　——"世界"概念杂谈 ……………………… 401

2013年重版后记 ……………………………… 428

修订本后记 …………………………………… 431

第一章　我们拥有一个名字叫"中国"
（代前言）

这是一个同时也属于中国人的外国课题；这是一个需要各种参照系的问题；这是一个振兴中华、走向世界的主题。

一、China—中国：一个同时也属于中国人的外国课题

在人类生存的小小寰球上，有十多亿人口栖息在亚洲东部、太平洋西岸。这是一个占据了近千万平方公里的庞大空间、绵亘了数千年的漫长时间、已经创造并还将创造人类文化奇迹的伟大存在。这个"伟大存在"，无疑是这个创造性的人类世界的重要一员。她以主体性的姿态，向外奋斗和向内建构；于是，她又同时使自己成为人类认识自身的一个对象、一种客体。这真是另一种意义上的主客体统一。正是这种情况，造成了饶有兴味而又斑驳繁杂、富有深意而又变动不居的国外中国观，当然也造成了我们叙述、评论和研究国外中国观的实际可能性和重要意义。

"中国"一词的历史沿革，似乎正是上述所谓"主客体统一"的情形的一个注脚。

"中国"一词古已有之。据考，其在文献上最早出现于西周武王时期，或指一国的都城京师，或指处于一国中土的位置。产

生于两千多年前的《诗经》中,就有"惠此中国,以绥四方"①《小雅》尽废,则四夷交侵,中国微矣"②的句子。可见,一开始"中国"一词就具多义性。至于以后,因年代久远,记载互异,含义演变,更不在话下。据考,从我国历史文献中,"中国"这一称谓大抵可以分辨出十种不同的含义来:1.指国中;2.指京师;3.指帝王都城之地;4.指华夏族;5.指诸夏(周代王室所分封的诸国);6.指中华;7.指春秋齐、宋地;8.指赤县神州;9.指战国时关东六国的总称;10.指三国时魏国。上述十义,基本上都是从地理意义、民族意义和文化意义上来使用的,至于综合诸意义而直接与统一的政权相联系的国体意义,要到较晚才出现。③冯友兰先生曾指出,"中国"一词在古代文化意义最甚,民族意义较少,国体意义尚无。其实,民族意义也带有强烈的文化色彩,从先秦以来,中国人鲜明地区分"中国"(或"华夏")与"夷狄",但这种区分强调的是文化,而不是种族,中国人历来把华夏、夷狄、禽兽当作三种高下不同的生灵。地理意义也与文化密切相关,孔子说过:"知者乐水,仁者乐山。知者动,仁者静。知者乐,仁者寿。"④这与后来黑格尔把人类文化区分为高原文化、平原文化和海洋文化有异曲同工之处。所以,统而言之,"中国"一词,在古时最为突出的是它的文化意义,尤其是对外部世界来说。

18世纪的法国经济思想家魁奈(François Quesnay,1694—1744年)曾认为:"欧洲人称这一帝国为China,这一名字的来源难以有确切的解释。中国人自己并不用此名,他们实则也

---

① 《诗·大雅·民劳》。参见《辞海》,上海辞书出版社1979年版,第1047页。
② 《诗·小雅·六月序》。参见《辞海》,第1047页。
③ 中国台湾学者王尔敏在《中国名称及其近代诠释》中,归纳"中国"二字在先秦古书中共出现172次,有五类含义,大抵与此中所列十义一致,外加"中等国力之国"一义。
④ 《论语·雍也》,转引自杨伯峻编著《论语译注》,中华书局1958年版,第66页。

没有一个固定的国名。"①但是,中国人经常改变对自己国家的称呼,这也影响了他国。17世纪末,俄国彼得一世的使者,荷兰人伊兹勃兰特·伊台斯就记录了这种情况:"邻近的民族把强大的中华帝国称为ХИна、СИна、ТИна、ЦИна或ШИна,鞑靼人则一直称她为中国,交趾支那和暹罗称她为'支那',日本人和其他岛屿的居民称她为唐,许多鞑靼人称她为汉,其他人称她为高亚。"②类似的记载,在17世纪初期的利玛窦(Matteo Ricci, 1552—1610年)那里也可以见到。但不管怎么样,"秦""汉土""唐家"等这些文化最发达时期的称谓总是最有影响力和生命力的。据说,北宋末年以后,政府曾屡次力图使诸蕃废唐称宋,皆无实效,这说明,文化的烙印是最深刻的。在利玛窦看来,连China这一称谓,也是由葡萄牙人从交趾人和暹罗人那里学来的,交趾人和暹罗人称中国为Cin③,这和"秦"有关。

"中国"一词的文化意义随着其国体意义的出现获得了更丰富却又更确定的内涵,这又是一个作为创造性主体的中国和作为认识对象的客体相统一的过程。

国体意义上的"中国"一词,最初正式出现于中外签订的外交文件上。1689年9月7日,中俄签订的《尼布楚条约》开首即是"中国大圣皇帝钦差分界大臣议政大臣领侍卫内大臣索额图……",但当时并没有汉文本,只有拉丁文、满文和俄文本。18世纪的诸多外交条约,一般也为满、蒙、俄或拉丁文本。直到1842年8月29日中英《南京条约》(《江宁条约》)签订,这才在汉文原本上出现了"中国"一词;以后,19世纪的中英、中美、中

---

① Quesnay, "Despotism in China",转引自L. A. Maverick, *China: A Model for Europe*, San Antonio: Paul Anderson Company, 1946, Vol. 2。
② 伊兹勃兰特·伊台斯、亚当·勃兰德:《俄国使团使华笔记(1692—1695)》,商务印书馆1980年版,第233页。
③ 利玛窦:《利玛窦中国札记》,中华书局1983年版,第5页。

法条约均有汉文本,国体意义上的"中国"一词也就反复出现,而中俄之间的条约却迟至1858年的《天津条约》才有汉文本。之前的《伊犁塔尔巴哈台通商章程》和《瑷珲城和约》仍无汉文本。①

历史真是既冷酷又深刻。作为国体的"中国"一词的正式启用,竟会是在中国近代史上最耻辱的一页中。但是,历史的痛苦总是伴随着历史的补偿。对国内来说,"中国"一词在国体意义上的启用,是对数千年封建王朝以一家一姓的喜好称谓国家的"家天下"的冲击,当然也冲击了"东方一隅为中国,余皆夷狄"的自大心理。而且,历史的耻辱更唤醒了先进的中国人,所以才会有辛亥革命从积极的一面把"中国"这一称谓固定下来。1911年10月11日,革命军在谘议局议定十三条重要方针,其中第二条即"称中国为中华民国"②。1949年中华人民共和国成立,毛泽东在天安门城楼宣告:"中国人民从此站起来了!"至此,"中国"这一称谓获得了最广泛的普遍性。

对国外来说,"中国"一词在国体意义上的正式出现,规范了国际上原来就存在的对地理、民族、文化意义上的"中国"的研究范围。最明显不过的证明,就是"中国学"(Sinology)在19世纪走向了专业化和职业化,在20世纪又成为国际社会科学界的一个重要组成部分,并随着太平洋地区的崛起,成为包括中国人自己在内的一个世界性的令人瞩目的课题。

可见,作为历史主体的中华民族的创造性的活动和文化,恰是外国人认识中国的源泉、对象,或曰客体;而外部的强烈刺激(包括国外中国观和中国学),则促进了中华民族主体性的实践活动的发展。这一发展,无疑又影响了国外中国观的变化。因此,关于国外中国观的问题,真可以说是"一个同时也属于中国

---

① 王铁崖编:《中外旧约章汇编》(第一册),生活·读书·新知三联书店1957年版,第3—44页。

② 中国史学会编:《辛亥革命》(五),上海人民出版社1957年版,第130页。

人的外国课题"。

二、China——瓷器:文化现象的世界性

1921年春,我国河南省渑池县仰韶村发现了以细泥红陶和夹砂红陶为主的彩绘土器,经同位素碳-14测定,其年代约为公元前4515至前2460年。这一重大发现,表明中国古文化在距今数千年以前已进入新石器时代,这对于进一步研究中国文化的源流、特色和演化具有重要意义,人们称之为"彩陶文化"或"仰韶文化"。但是,大发现同时也带来了大问题,以瑞典地质学家安特生(J.G. Andersson)为代表的一批西方、日本学者,以仰韶发现的土器与欧洲新石器时代后期以及金石并用时代之物相一致,而且与分布在"西土耳其斯坦"(俄属)及北部希腊、意大利西西里岛、多瑙河下游等一些地方的东西也很近似,而断言:仰韶陶器"近则与俄属土耳其斯坦相通,远则或与欧洲有关"。于是,曾经几起几落的西方文化东移造成了中国文化之说,一时又沸沸扬扬。安特生在《中华远古文化》一书中,断定"巴比伦在公元前三千五百年即有彩陶,中国彩陶远在其后,故必由西来,而非东传"。日本学者石田干之助甚至推测出了具体的西方文化东渐的路线。另一位日本学者西村真次,在同意上述说法的前提下,表示:"假如最近期内,能于中国土耳其斯坦(约今新疆一带——引者)发见此同一之物,则两地间连锁,可谓毫无遗憾的完成了。"①当然,以后的研究和发现,并没有为这种"西方中心论"提供更多的证据,相反,愈来愈多的学者采取了文化发生多元说。而考古学和陶瓷史研究也表明,恰恰是在新疆,过去被认为属于新石器遗存的"细石器文化""彩陶文化"和"砾石文化",

---

① 西村真次:《文化移动论》,商务印书馆1936年版,第69—70页。

现在看来,除"细石器文化"尚属新石器时代外,其他的年代都较晚,如彩陶,虽分布很广,但往往与铜、铁器共存,因而其年代的下限仅与中原地区的战国初期相当。显然,事实并没有像西村真次所期待的那样。而且,作为陶器发展的更高级的产物——瓷器,恰恰也是中国人经由造出白陶器、印纹硬陶器,到商周青瓷,再到春秋战国和秦汉的原始瓷器,从而在距今 1800 多年前的东汉晚期,独立而且率先发明的。除了瓷器诞生的确切年代尚有争议之外,这一事实已如同中国在世界上的存在一样无可怀疑,以至在国外,瓷器与中国共有着一个词:China。

谈论这些的主要目的并不在于批驳早已过时了的"西方中心论",也不在于介绍一个人所共知的中国文化对人类的贡献的事实。我们想说明的乃是:即便连 China—瓷器,这样一种发明权显然属于中国的东西,其诞生和演化的历史,也相当典型地体现了各类文化犬牙交错的多元化的发展模式。

我们知道,瓷器是由陶器的制作发展而来的。如果说瓷器的诞生是陶瓷史上的一次质的飞跃,那么,陶器的出现,更是人类文明史上的一次质的飞跃。当人类第一次为着生活和劳动,用泥土制作了盛器,这一杰作,无疑标识了人类开始有意识地将一种自然物改造成了另一种物品。由于这一创作是与人类对火的使用和农业劳动方式相联系的,所以,它具有极为广泛的普遍性,以至于在古文化的不同区域,都出现了人类的这一发明。所以,考古学把对陶器的发掘和鉴别,作为制定新石器时代文化发展的重要依据是理所当然的。正如我们不能同意,有了西方的彩陶技术,才有中国的仰韶文化一样,我们也不必反其道而行之,只认中国陶器为唯一正宗。这里,有两个立场必须肯定:一是人类文化发生的多元论,二是人类文化发展的交错论(这两点以后将多次谈到)。

这里,仅从陶瓷史的角度略述一二。《中国陶瓷史》一书在列举了大量遍布于东西南北的古代陶器之后,指出:"可能分布着更多的早期陶器的遗存,在不断发展和相互交流中逐渐形成统一的文化整体,并在这个基础上产生了原始瓷和瓷器,成为我国特有的创造发明,并对世界文明做出了一定的贡献。"①至于说到中国文化与别种文化在那个时代的交流,尽管暂时还拿不出确凿的实证材料,但人们还是一直努力地做着这方面的研究,当年安特生等人的工作,从积极的方面看,也属于此类努力。李泽厚在谈到彩陶文化中"有意味的形式"时,这样说:"陶器纹饰的演化是一个非常复杂而困难的科学问题,尚需深入探索。"②我想,这其中或许就包括中外文化的交错问题。虽然问题是如此繁难,但也不等于说毫无线索和进展,罗伯特·路威(Robert Heinrich Lowie)早在20世纪20年代就以陶瓷为例,说明了他"文明是一件东拼西凑的'百衲衣'"的观点。他谈到,在中国,也和在他处一样,简单的手制陶器,可以追溯到石器时代。公元前3000年以后,陶轮从近东传来,其后又若干年,中国人在他们的制陶术上又加上了另一西洋花样:涂釉。但他们又非纯粹的模仿者。我们知道,陶轮的运用和上釉都是陶瓷发展史上关键性环节。这一情况,后来又为日本学者三上次男在《陶瓷之路》一书中证实,不过三上次男更区分了灰釉技术和绿褐釉技术,认为后者"可能是由罗马地区传来的",因为,这已是公元2世纪左右了,"西方的罗马地区和东方的中国之间有了通商关系"。③

这种文化发展中犬牙交错的关系,在瓷器正式诞生后,随着瓷器向中东、非洲、南亚、欧洲等地的传播,表现得更为突出。最典型的要数明清之际青花瓷在国外,特别是在欧洲的流传而表

---

① 中国硅酸盐学会编:《中国陶瓷史》,文物出版社1982年版,第2—3页。
② 李泽厚:《美的历程》,中国社会科学出版社1984年版,第29页。
③ 三上次男:《陶瓷之路》,文物出版社1984年版,第12页。

现出的文化交错的情景了。由唐代至明代,我国瓷的釉彩大多为青、白等色,并有长期的制作实践;至明代,中国的青花瓷已震撼了世界艺坛。各国不仅大量进口,而且竞相仿制,著名的有荷兰的"德尔费特"(Dolft)和英国的"柳树图案"青花瓷等。但是,我们切莫忘记了,赋予青花瓷以"青肤肉肌"的颜料,恰是郑和下南洋带回的苏门答腊岛的苏泥和槟榔岛的勃青。以后,南洋进口的颜料用尽,青花瓷的颜料又来自阿拉伯国家的回青。如果说,原料进口还仅仅属于外在的联系,那么中国制瓷艺术与外国艺术的交流,则是地地道道的高层次文化交流了。日本学者指出,清代的瓷器在康熙初期,是致力于仿古;到乾隆年间,艺术上成熟,并开始有所创造。其中相当重要的一个表现,在于康熙后期,清代瓷器吸收了欧洲、阿拉伯国家的瓷器、瓷瓶、珐琅和玻璃器皿等艺术上的长处,还有西洋的绘画艺术。大量的、博采众长的文化交流,造成了中国制瓷艺术的新的高峰,使 China—瓷器光彩长在。

这难道还不足以说明人类文化是世界性和民族性的统一吗?当人们把 China 一词同时叫作中国和瓷器时,无疑表示了一种对中国文化的肯定和赞赏,当然也是一种典型的国外中国观。但我们切切不可忘了这种中国文化观的产生又正是一种世界性的文化现象。

三、China—"支那":文化现象的历史性

众所周知,China 这个词的又一音译是"支那",并曾一度成为中国的别名,如梁启超有一个笔名,就叫"支那少年",黄兴等创办的一份杂志,名为《二十世纪之支那》。1907 年,日本早稻田大学清国留学生部存藏的毕业纪念题名录《鸿迹帖》(第四册)中,共有 95 人题词,其中有 62 人附记了自己的籍贯,其写

法如下：

"支那"	18人
清国	12人
中国、中华	7人
不附国号者	25人

在大量模仿、转借日本对西文的译名的近代中国，这种情况并不奇怪。况且，追根穷源，China 倒是"支那"的音译，因为"支那"这个名称，是起源于印度的。至于古代印度何以如此称呼中国，学术界颇有争论，我们将在以后专门谈到。所以，在原来的意义上，"支那"不具有什么政治色彩，倒是一种国外对中国文化的反映。但是，这种国外的中国文化观是在一定的历史和时代大背景下演变着的。19世纪以来，China——"支那"，在近代中国的政治和外交史上掀起了一场旷日持久的轩然大波，成为国外中国观变动的一个极有趣味和意味的事例。

从古时候至明治中叶，日本人通常称中国为 Morokoshi(モロコシ)、Kara(カラ)，稍后一些又称 Toh(タウ)。这些都是日本人对汉字"唐"的读音，大体反映了中国文化，特别是唐朝文化对日本的深远影响，以致后来宋、元、明、清，历代更迭，都无法更改日本人称中国为"唐"的习惯，也没有改变日本人对中国文化崇敬、钦慕的心理。

当然，也有偶尔用"支那"一词的情况。1106年出版的《东大寺要录》扉页上，有"印度支那未尝见闻矣"一语。在《今昔物语》中，有支那国。空海大师在其诗集《性灵集》中，有"支那台岳曼殊序"之句。这里，他们模仿早年三藏佛经的汉译者对于"支那"的用法，并把"支那"作为 Morokoshi 的别名或美称。显然，在当时，"支那"一语的使用，只不过是偶尔为之，并有着某种新鲜味儿。1713年,新井白石奉江户(东京)幕府之命,查询罗马的漂流者史多提(Giovanni Battista Sidotti, 1668—1715年),趁机了解了不少世界情势,参考中国的《坤舆图说》,编写了一本题名《采览异言》的世界地理书。他把从史多提处听来的关于China的读意,用片假名(チセイナ)来表示,并在左下角附以"支那"两个小号字。新井此举,成为一个分水岭:在此以前,日本的地图上,中国全部以汉土称呼;在此以后,多改用"支那"了(不是全部)。但是,这在当时不过是一个单纯的地理名词而已。

也有人在谈到"支那"时,渗入了侵略色彩。1888年,在甲午战争之前印刷出版、作为日本陆军将士必读书的《宇内混同秘策》(佐藤信渊著,1823年)便是一例。书中表达了一种疯狂的征服野心,并以轻视的态度对待中国人,书中用"支那"一词来指称中国。不过,若没有机遇的暂时惠顾,此书也许连印刷出版的机会也没有,"支那"一词还没有直接与对中国的歧视联系在一起,这个词,尚未在日语中生根。

1894年的甲午一战,把近代中国的耻辱推向了极点。次年的《马关条约》,获得了日本人"日本胜利!'支那'败北!"的一片欢呼声。于是,"支那"取代了Morokoshi和Kara,成为日本人称谓中国的普遍用语,特别是,带上了战胜者对于失败者的轻侮的情感和心理。当时更直接的辱骂性的称呼,还有"chanchan"(猪尾巴)、"chankoro"(清国奴),以致气走了中国首批13名官费留日学生中的四名。这种现象不仅发生在日本,因为近代中国给予世界的形象,就是老弱、保守、落后。19世纪以来到第一次世界大战前的荷兰字典《标准范德罗字典》,在记述"支那"时这样写道:"支那,即愚蠢的中国人,精神有问题的中国人等。"西方其他字典对"支那"一词的解释也大同小异。不仅如此,当年,在欧洲许多国家中还都有一些含着对中国持贬义的词,如荷兰有一个专指华人的字,叫"西内逊",其原意也不过是中国人或中国事物;法文的"Chinoiserie",原来也专指中国的东西。但这些字在当时同时又是侮辱中国和中国人的,"Chinoiserie"的另一个意义就指愚蠢的人、不可理解的事物。

近代中国给予世界的另一面形象,则是觉醒、自尊、奋斗,这一历史和时代的大背景也同样影响了国外的中国观。其标识之一,又可以"支那"一词的渐趋死亡为例。

早在1908年,印尼华侨就曾向统治印尼的荷兰殖民当局提出抗议,反对"支那"的侮辱性称呼。更强烈的反应和抗议是在中日"二十一条"、日本出兵西伯利亚、巴黎和会和五四运动等事件之后。有人作文揭露了"支那"一称的恶劣用意:"盖倭人自战胜前清以后,即称我华为'支那',垂为国民教育。且多方解释支那二字若无意义适可代表华人之蒙昧者,于是支那二字乃风行三岛,以资倭人轻侮华人之口实。每逢形容不正当之行为,则必曰'支那式',借以取笑,此种教育早已灌输其国民之脑海。"[1]郁达夫、夏衍等都以文学的形式,表达了中国人不堪蒙受这种耻辱的情绪。有些留学生和华侨还投书日本报纸,要求日本人不再用"支那"一称,改用"中国"两字,引起了一场几起几落的关于对中国国名称谓的争论。到1930年,事态由民间转向官方,当时的中华民国中央政治会议通过了一项决议,并由当时的中国国民政府外交部通知了日本政府,决议对外交部的辞令如下:"中国政府中央政治会议鉴于日本政府及其人民以'支那'一词称呼中国,而日本政府致中国政府的正式公文,亦称中国为'大支那共和国',认为'支那'一词意义极不明显,与现在之中国毫无关系,故敦促外交部须从速要求日本政府,今后称呼中国,英文须写'National Republic of China',中文须写'大中华民国'。倘若日

---

[1] 王拱璧:《东游挥汗录》,转引自实藤惠秀《中国人留学日本史》,生活·读书·新知三联书店1983年版,第10页。

方公文使用'支那'之类的文字,中国外交部可断然拒绝接受。"这样,从1930年底起,日本政府的公文都改"支那共和国"为"中华民国",但社会上一般书面语及口语,仍沿用"支那"名称,民间的论争非但没有停止,且更热闹了。郭沫若认为这种比"欧洲人称犹太人还要下作"的事情,其症结在于"英支、法支、德支、美支、俄支、鲜支、满支,中国始终是处在最劣等的地位的"①。直到日本接受《波茨坦公告》,成了战败国,这一问题才有了根本解决的可能。当时盟军占领了日本,中国以战胜国身份也派代表团到了东京的麻布区,这个代表团于1946年6月用"命令"的方式通知日本的外务省,从此以后不许再用"支那"这个名称。这样,同年6月6日日本外务次官向各报社、出版社,7月3日日本文部次官向各大专院校校长,发出避免使用"支那"名称的正式文件,其中这样说:"查支那之称呼素为中华民国所极度厌恶者。鉴于战后该国代表曾多次正式及非正式要求停用该词,故今后不必细问根由,一律不得使用该国所憎恶之名称。"

中华人民共和国成立后,一方面是新中国以其年轻的姿态向全世界昭示其活力;另一方面,昔日的惯性还在起作用(更何况中日关系史上令人不愉快的痕迹未能很快消除),所以,在对中国的称谓上,日本表现出了再度的混乱:"中共""中国""支那""中华人民共和国""中华民国"等各种称谓都有。一位日本的中国学家指出:"对邻国的国号而有三种以上的称谓,这正说明是由于日本语的混乱所致;而日本语的混乱,说明日本人心目中对中国观的混乱。"然而,"语言总是与意识相连的,而意识又总是要反映客观现实的,即使政府默不作声,'中国'一词也会从日本人口中溢出"。② 果然,到了20世纪60年代以后,对中国的称谓

---

① 《日本人对于中国人的态度》,《宇宙风》1936年9月号。
② 实藤惠秀:《中国人留学日本史》,第203页。

问题渐趋统一。1969年出版的《角川国语辞典》,在"支那"一词的释义下写道:"しな〔支那〕,名词,中国之旧称。"这表明这一词汇在日本语中已成为过去的死词。而"中共"之称,亦在消失,日本三大报纸,《读卖新闻》自1962年9月起,《朝日新闻》自1964年10月起,《每日新闻》自1967年12月起,均改称"中共"为"中国";日本国家电台(NHK,日本放送协会)亦自1969年8月28日起,决定取消"中共"称呼,一律改称"中国"。当然,今天在欧洲各国的文字中,也已经找不到公然轻侮中国的称谓了,"西内逊"一词,现已仅指"到中国餐馆里去吃饭"这件事,"Chinoiserie"一词,已很少为法国人所用,即便使用,也不再有瞧不起中国的意义。

从研究国外中国观的角度,审视上述一切,我们可以发现一条浅显而重要的真理:国外中国观的变动,是与历史发展一致的,是与时代前进同步的,是与中国社会的发展、中国人民的觉醒密不可分的,也是与全人类的成熟休戚相关的。

四、China—震旦:让东方之光更加灿烂

古时,中国还有一个出口转内销的译名,叫"震旦"。据《辞海》"震旦"条:"古代印度人称中国为 Cinisthāna,在佛教经籍中译作'震旦'。东晋帛尸黎密多罗译《佛说灌顶经》第六卷云'阎浮界内有震旦国',即此。异译亦作'振旦''真丹'等。"还提到"或以此名与支那皆为秦国的'秦'字的对音"。

笔者不知道,当初把梵文译作"震旦"的译者,除了音近之外,有否别的考虑。但中国译事,向有求吉利的传统,赋自己的祖国以"震旦"这样响亮而辉煌的称号,很可能表达了译者美好的感情和愿望。《易·说卦》曰:"震,东方也。"这样,似乎可以说:"震旦"者,东方之光也。当年,著名教育家马相伯接受蔡元

培先生介绍的一批因反对压迫、高呼"祖国万岁"而退学的南洋公学学生,初创"震旦学院",就是取"中国之曙光"之意。至于三年后,又因反抗法国教会势力对"震旦"的控制,另创"复旦",乃名出《尚书大传·虞夏传》的"日月光华,旦复旦兮",仍富有恢复"震旦"初衷的爱国意向。这成为20世纪中国的时代精神之一。

问题在于如何实践这一美好心愿?当年高喊China—震旦的人们为此奋斗了一生,以后又延续了一代又一代。今天,人类已进入21世纪,中国当然已在相当程度上实现了先辈们的心愿。但毕竟还差得太远。实在地说,当今不少外国人的眼中,中国大体上尚属于一种"潜在的力量"。把这种潜在的可能性转化为现实性,正是我们今天的中国人的使命,今日改革的呼声和昔日"震旦"的呐喊,是20世纪中国历史的主旋律,这一使命不完成,这一历史过程不会完结。

在这一历史任务面前,回顾和研究历史上的和现实中的国外中国观,无疑具有很大的意义。但是相当长时期以来,我们忽视了对这一方面的研究,或者只把这种研究交给中外交通史的专家们。也就是说,对于中国向国外发出的信息的反馈,我们在相当大的程度上是忽略了。

对国外中国观的研究,不仅是历史,更是政治。19世纪以后,各国正式把中国学当作一门学科来研究,但这种科学研究却是大量地用了肮脏的侵略和掠夺的手段来进行的,这种局面的根本性改变是在于新中国成立之后。埃德加·斯诺在北京对毛泽东说道:"当你在中国进行一场革命的同时,你也革了外国的'中国学'的命。"[1]这是很正确的。但问题还远远不止于此。国外中国学的发展提醒我们,当我们从旧中国的黑夜中走出之后,我们生活于其中的是一个全球范围的向现代化进军的时代,同

---

[1] 埃德加·斯诺:《漫长的革命》,上海人民出版社1975年版,第208页。

时也是一个有着多种可能性的未来的时代,能不能战胜这个时代的挑战,正是当代中国和中国人的最大的政治,而在这一奋斗过程中,国外中国观作为一种理论化的信息反馈,将对我们的社会产生不可忽略的影响。

对国外中国观的研究,从深层的意义上来看,还是文化。一种文化的产生、发展和其传播、演变究竟是一种什么样的关系?其中有什么机制和规律?东西方文化怎样互相撞击、吸引?怎样互相评说、估量?中国文化在世界文化中地位如何?作用如何?怎样与世界各类文化交互作用,并在这种交互作用下建构自身?这些文化研究中的重大课题,都可以在国外中国观的考查和研究中获得一种新的视角。我们知道,现代化绝不仅仅是一个经济概念,我们可以而且应当把对国外中国观的研究,提到对外开放和文化交流的高度来认识。在这个时代,在这个世界上,时间与空间已远不是那么僵硬和绝对了,而马克思预言的时代精华,世界文明的思想则更为令人神往和鼓舞人趋赴。所以,中国人研究外国,外国人研究中国,中国人再研究外国人对中国的研究,变得十分自然而迫切,不可避免而需要自觉。

当然,研究变动中的国外中国观,研究者自身的素养和态度是至关重要的。这里,不妨参考一下鲁迅的意见。

1936年8月,上海开明书店出版了一本书,题为《一个日本人的中国观》,作者是鲁迅的一位日本朋友,著名的内山书店的主人——内山完造。关于这本书,鲁迅写了一则"序",并给书的中译者尤炳圻写了一封信。①鲁迅在这些记述中,表达了他对外国人的中国观的态度。

1. 尽管"内山氏的书,是别一种目的",但鲁迅读此书首先想

---

① 内山完造:《一个日本人的中国观》,开明书店1936年版,第1—4、161页。

到的是他毕生关注的国民性问题。在致译者的信中,他说:"日本国民性,的确很好,但大的天惠,是未受蒙古之侵入;我们生于大陆,早营农业,遂历受游牧民族之害,历史上满是血痕,却竟支撑以至今日,其实是伟大的。"我们尽可以用各种别的观点来谈论国民性问题,但在如何看待国外中国观的问题上,把思维定向在国民性问题这种深层的文化比较上,而且不惜跳出原作者的视野,这正是鲁迅式的深刻了。

2. 对外国人的中国观应取分析态度。比如:"明治时代的支那研究的结论,似乎大抵受着英国的什么人做的'支那人气质'的影响,但到近来,却也有了面目一新的结论了。一个旅行者走进了下野的有钱的大官的书斋,看见有许多很贵的砚石,便说中国是'文雅的国度',一个观察者到上海来一下,买几种猥亵的书和图画,再去寻寻奇怪的观览物事,便说中国是'色情的国度'。连江苏浙江一带,大吃竹笋的事,也算作色情心理的表现的一个证据。然而广东与北京等处,因为竹少,所以并不怎么吃竹笋。倘到穷文人家里或者寓里去,不但无所谓书斋,连砚石也不过用着两角钱一块的家伙。一看见这样的事,先前的结论就通不过去了,所以观察者也就有些窘,不得不另外摘出什么适当的结论来。于是这一回是说支那很难懂得,支那是'谜的国度'了。"原因何在? 鲁迅这样解答:"据我自己想,只要是地位,尤其是利害一不相同,则两国之间不消说,就是同国的人们之间,也不容易互相了解的。"

3. 当然,并不是说外国人对中国的评说全不可信、毫无用处。鲁迅又认为:"倘使长久的生活于一地方,接触着这地方的人民,尤其是接触,感得了那精神,认真的想一想,那么对于那国度,恐怕也未必不能了解罢。"例如《一个日本人的中国观》一书,"著者是二十年以上,生活于中国,到各处去旅行,接触了各阶级的人们的,所以来写这样的漫文,我以为实在是适当的人物"。

而且,"他所举种种,在未曾揭示之前,我们自己是不觉得的。所以有趣,倘以此自足,却有害"。为什么自足便有害?这就联系到鲁迅的另一看法。

4. 所谓"旁观者清",所谓"不识庐山真面目,只缘身在此山中",除了主要的是要求认清真相和全貌外,还常常有借旁人的视角和见解了解自身的弱点之意。因此,鲁迅认为,内山完造此著的第一个不足之处,就是"有多说中国的优点的倾向,这是和我们意见相反的……"一些常常陶醉于外国人对我们的溢美之词下的人们,当引以为鉴。当然,如前所引,鲁迅也真情地赞叹中华民族的"伟大";不过,他马上指出:"但我们还要揭发自己的缺点,这是意在复兴,在改善。"

5. 反对结论式的意见。因为无论哪一个高明的观察者或研究者,在发表他的中国观时,总不免掺杂主观的成分,其中他自身的状况和所属国家民族的根性,常常构成了他看问题的文化背景。这是一种新的视域,亦是一种新的局限。如鲁迅认为"日本人是喜欢'结论'的民族",所以,内山先生的这本书,还有另一点"不足","就是读起那漫文来,往往颇有令人觉得'原来如此'的处所,而这令人觉得'原来如此'的处所,归根结蒂,也还是结论。幸而卷末没有明记着'第几章:结论',所以仍不失为漫谈,总算还好的"。其实,要中国观的发表者完全避免结论式的意见,是不可能的,但我们却完全可以不把这些"结论式的意见"看作"结论",或曰"定论"。取一个开放性的基本态度,无论对己还是对人,都是有益的。

第二章 希罗多德时代的终结
——前中国观时期

也许这是一个无所谓中国观的时代,但既然是人的历史,其间必有人的劳作和天机的惠赐,于是,在猜想和实证之间,留下了一串魅力永在的谜。

一、人之谜之一:体质人类学的考察

人类常常回忆自己的早年,就像一个成年人喜欢从自己那些依稀可辨的幼年记忆中获取欢悦、启发灵感和认识自我。所不同的是,个人的幼年相对于成年毕竟是较为短促的,按照个体与系统发生相一致的观点,个体从胚胎到婴儿到幼年,高度浓缩了人类走过的早年时代,而且是愈往前浓缩程度愈高。但是,人类的文化史却恰恰与个体的发育史相反,人类文化的早年是如此进展缓慢,而一旦进入了文字、石头建筑、车轮、耕犁的时代,文化的发展却在只占全部人类文化史二十分之一的时间里高度浓缩了,并且是愈往后浓缩程度愈高。罗伯特·路威教授这样形容这一情形:"人类的进步可以比做一个老大的生徒,大半生消磨在幼稚园里面,然后雷奔电掣似的由小学而中学而大学。"所以,他认为:"我们不能丢了那无文字以前的百分之九十几的路程不管。"①

---

① 罗伯特·路威:《文明与野蛮》,生活·读书·新知三联书店1984年版,第4页。

这正是与文化发展史、文化传播史、文化交流史有关的各门学科都保留着或者新产生着形形色色的关于初民社会的谜面的原因。这些历史和文化之谜形成了一种神奇的力量，或者推进了一些实证科学的发展，或者给人类的想象力提供了驰骋的天地；反过来，实证和猜想的发展，又把这些历史和文化之谜的谜底不断地引向深入。尽管，其中有许多谜是永远无解的，但是，设谜和解谜的过程本身，就反映了人类认识自己的幼年时代的意欲和水准。到19世纪晚期，终于诞生了包括体质人类学和文化人类学在内的人类学。

从人类学的观点看国外中国观的问题，我们将发现，在人类的幼年时代，当然谈不上有作为观念形态、带着理论色彩的国外对中国的知识和意见，但存在着中国与外部世界的早期联系。文化交流自古始，这或许是求解诸多具体的"人"之谜的一个总体思路。

在实证和猜想之间，体质人类学提供了较好的实证的材料。

我们现在知道，20世纪20年代在非洲发现的南方古猿，已能制造石器工具，这不仅把人类的历史向前推进到了200万年之前，而且意味着人与人之间的交往活动有着同样久远的历史。普列汉诺夫曾从历史哲学的观点上指出："从人的人为器官开始在他的生存中起决定作用以来，他的社会生活本身就跟着他的生产力发展的进程而变化着。……人为的器官，劳动工具，这样便成了与其说是个别人的器官，毋宁说是社会人的器官。"①当考察到著名的山顶洞人、中国猿人时，人们不能不切实地考虑中国原始文化与外部世界的关系了。

古德里奇（L. Carrington Goodrich，傅路德）曾经在澳大利亚

---

① 普列汉诺夫：《论一元论历史观之发展》，生活·读书·新知三联书店1961年版，第109页。

国立大学举办的第 23 届莫里森(Morrison)讲座上(1961 年),回顾了一些知名学者的意见。首先是 1938 年体质人类学大师魏敦瑞(F. Weidenrich)在仔细比较了现代各种族的人的头骨后,评论山顶洞人的头骨说:"不能不得出这样的结论:我们所收集到的三个头骨分别代表了两个不同的类型,第一个头骨类似于虾夷人(Ainu),第二个属美拉尼西亚人(Melanesian),自然是最初的印第安人,第三个为'爱斯基摩型'(Askimo),或者无疑是前哥伦比亚—得克萨斯的印第安人。"魏氏还举出其他一些例子,来证明在旧石器时代后期,欧洲和中国已有着广为传播的相似的习俗。哈佛大学的胡敦(E. A. Hooton)教授基本赞同上述意见,只是他认为第一个头骨"似为原始欧洲白种人,而杂有古澳洲土人血液"。但是,还有一些人类学家则坚持认为,山顶洞人的资料只代表了一个种族,这就是高加索人,他们在更新世的最末期曾经移植于东亚一带。

仅凭骨骼以分辨两万余年前的人种,自然是难以做出十分肯定的回答的,因为我们知道,现代美拉尼西亚人和虾夷人,一为黑种人,一为白种人,都已杂有一些其他人种的血液了。古德里奇在做了上述介绍后指出:"不论这场关于山顶洞人究属何人种的讨论最终的结果如何,但是,在一两万年以前,曾经有过一次向东亚的移民运动,这是清楚无疑的。"[①]

问题还不仅如此,人类学家们甚至再上溯到距今约 50 万年前的"北京人",继续讨论"中国人种之由来"问题。如有的认为,"北京人"或者为现代蒙古种人北派的远祖;有的认为,"北京人"可能源于中国南方,甚至爪哇一带;还有的认为,北京人也许来自步氏巨猿(Gigantopithecus blacki),他们从印度山脉附近经云

[①] L. C. Goodrich, "China's Earliest Contacts with Other Parts of Asia", Canberra, 1962.

南再至北方。

我们知道,关于中国人种问题的讨论至少已有300多年的历史。尽管在讨论中,许多西方学者受"西方中心论"和种族主义、殖民主义的影响,得出了不少一厢情愿的、令人难以接受的结论,比如,在"中国人种西来说"的大前提下,提出中国人种(蒙古人种)是从高加索迁来的,这不仅与历史文献和考古材料不合,而且体质人类学的研究也表明,蒙古人种和高加索人种的肤纹差异很大。根据"人种不同,肤纹差别大;民族不同而人种相同,肤纹差别小"的人体测量理论,可知中国人种并非源自高加索人种,但是,这并不意味着应当取消问题本身,更不意味着否定文化交流自古始的事实。因为,从上面的叙述中,我们已不能同意中华民族仅为一类的说法;至少可以说,早在旧石器时代,中华大地上,已确确实实地存在不同种族、民族之间的交往,有疑问的仅仅是交往的幅度和程度如何。这个观点,证之古籍,《诗经》中有"西方美人"之说,《列子》中有"西方圣人"之谓;证之今人,更有裴文中教授的科学论证:"就目前所有的知识来看,我们中国的旧石器时代的文化,从人类开始使用工具,开始劳动的时候起,就发展成了相当的中国猿人的文化(如使用火)。……到现在止,我们看不出任何迹象,可以说明中国旧石器时代的文化和欧洲同时期的文化,有什么相同的地方。但与亚洲,特别是印度、巴基斯坦、缅甸和印度尼西亚爪哇已知道的旧石器时代的文化,在制作方法和形态上,都有一定的相近的地方。"① 怎样具体解释这种文化上的"相近",是一个仍待解决的问题,但抽象地说,总还离不了文化之间的关联和交流。文化间的关联和交流是以文化的多元化为前提的,也是文化的多元化的必然结果。

---

① 郭沫若、裴文中等:《中国人类化石的发现与研究》,科学出版社1955年版,第88页。

今天,体质人类学正在并且还将继续证明文化的多元化及其互相的关联和交流。就中国大陆内部而言,将黄河流域认作中国文化的唯一发祥地之说已经过时。1986年1月3日,上海《文汇报》报道了一则最新科研成果,题为《我国以北纬35度为界线,中华民族分南北两大发源地》,简要介绍了上海市输血研究所的科技人员应用血清中的GM血型技术,首次揭示了这一研究我国人类起源、迁移问题的崭新论据。由于GM血型基因是遗传获得并终生不变的,而且不同民族、人种,GM因子的基因频率具有特定值,因此,当科研人员在收集了20个省(地区)近10个民族3000多人的血清,检测其GM血型后,发现约以北纬35度为界,人类血清GM抗原有很大差异:南方人血清AFB抗原成分明显高于北方人,而北方人血清AXG又明显高于南方人。就中国大陆与外部世界的关系而言,也有不少令人感兴趣的情形,如《帝王世纪》写着帝喾"断齿,有圣德",这与大汶口文化的年代、地域、内涵都有一致的地方。然而,考古学却又发现中国的东海岸和美洲都有"拔牙"头骨。又如,甲骨文所见"夒""兕"字样,额顶有一深沟,又与台湾高山族和印第安人的头部畸变一模一样。《山海经》等书明确记载,东北夷先祖颛顼及其父韩流也是有着"变形头"的。无怪,香港中国文化研究所名誉所长、著名的太平洋考古专家郑德坤教授说:"太平洋两岸极可能存在古老的文化联系。"

二、人之谜之二:文化人类学的猜想

在实证和猜想之间,文化人类学提供的证据,虽较少实证意义,但绝对不乏启发意义。

毛泽东有一首《念奴娇·昆仑》的词写道:"安得倚天抽宝剑,把汝裁为三截,一截遗欧,一截赠美,一截还东国。太平世界,环球同此凉热。"昆仑在中国文化传统中具有神圣的象征意义,以昆仑会友,自然是国际主义的博大胸怀的体现。但是,在人类的初民时代,无须分割昆仑,因为不同文化的人们都有自己心中的"昆仑山",而且居然是地同名不同。

我国古籍中,昆仑之名,层出不穷,仅《山海经》就有9处,《淮南子》亦有数处。此外,屈原的《天问》《离骚》,乃至《吕氏春秋》等,不胜枚举。其中有的把昆仑看作联结天地人间的重要去处,如《龙鱼河图》曰:"昆仑山,天中柱也。"[1]连共工与颛顼争帝,怒触不周山,导致天柱折、地维绝的地方,也属于昆仑地区。有的把该处描摹成神奇的乐土,如"诸天之野,鸾鸟自歌,凤凰自舞。凤凰卵,民食之,甘露,民饮之。所欲自从也"[2]。有的则称那里是帝王西巡的圣地,如"昆仑之丘,实惟帝王之下都"[3]。[4]

古时中亚各族中流行的阿尔泰信仰恰与此异曲同工。阿尔泰信仰描绘了一座巨大的"世界山",山顶在北极星上,人不能至,而最高的神坐在那里的黄金宝座上,创造了世界,后来这座山降落,盖住了大地,山的下面形成我们的天空,而未盖严的山边沿则成了日月出入之处。这个神创的地方就是阿尔泰地区。

类似的传说还存在于古印度和古希腊。古印度神话中也有一座叫苏迷卢(Sumenu)的山,其高无比,位于大地中央,而在该山以北的地区,亦有一块叫北俱卢洲(Uttarakurus)的极乐世界。远在西方的古希腊人那里也有一个这样的乐园,诗人品达(Pindaros,约公元前518—约前438年)赞道:那里的人们,过着无忧无虑的幸福生活,盛筵供奉他们的阿波罗,歌舞欢乐,无疾病,无衰老,寿长千岁,公正无争。这一地方,据后来托勒密的

---

[1] 《艺文类聚》卷七。
[2][3] 《山海经·海外西经》。
[4] 本书将成之际,读到何新《诸神的起源》一书,一反旧说,认为昆仑原即中岳泰山,在汉代后才在传说中西迁,西迁的原因,在于追溯黄河之源和地理观念的扩大。作为一家之言,特在此记录之。本书借用昆仑的传说,不在考证,只在借喻,以说明初民文化就有一种指向未知区域,特别是对立方向的本性。

《地理学》考,在艾摩达(Emoda)和赛里山之北,那里的人,他们称为"北风以外的人",并使用了源自印度 Uttarakuru 的名称 Attacorae。

昆仑、阿尔泰、北俱卢洲、"北风以外的人"的居地,这一系列代表了远古人们的理想的地方,反映了人类自古就有一种对天国乐园的憧憬,同时也说明了人类从来就有一种超越时空的想象能力。从文化的本性上来看,这种想象能力,往往是指向自己未知的方向的,是指向另一种文化的,没有这种想象力,就不会有文化交流。非如此,就不能解释这样一个耐人寻味的事实:古希腊人想象中的乐土实际上是在东方;古印度人的乐土指向北方;中国人的乐土却在西方。三个箭头所指,恰是同一地域,即阿尔泰和昆仑山两端之间的地区。

人类关于海的传说同样古老而且充满意蕴。

郭沫若曾吟诗一首,名曰《洪水时代》,唱道:"我望着那月下的海波,/想到了上古时代的洪水,/想到了一个浪漫的奇观,/使我的中心如醉。/那时节,茫茫的大地之上/汇成了一片汪洋;/只剩下几朵荒山,/好象是海洲一样。/那时节,鱼在山腰游戏,/树在水中飘摇,/孑遗的人类/全都逃避在山椒。"这位集诗人与历史学家于一身的大学者,自然绝非是面壁虚构,他的依据就是初民社会关于洪水的种种记载。当然,古人的记载未免有言过其实之处,如按《创世记》第 7 章第 20 节所述,洪水覆盖全球时,最高的山除了 22.5 米的顶尖以外,都为水所淹。有人曾以精细的分析指出了这一说法具有很大的夸张性。但正如在一个幼童眼中一缸浴水也会留下游泳池的记忆一样,古人的传说和夸张是无须指责的。相反,如下的事实则更值得研究:人们公认,"洪水之说"是一个地球上最为普遍流传的发生在人类幼年时代的故事。半个世纪前,据德国学者考察,全世界大约有 300 个民族的原始文化中都保存有这样的记载或传说,当我们读到"汤汤洪水方割,荡荡怀山襄陵,浩浩滔天"①之类的古书,怎能不为天南地北的人类在遥远的上古时代就有着共同的命运而感叹?这种人类命运的共同性,自然会刺激我们探究人类文化的共性和个性,这又可以成为研讨文化交流自古始的一个课题。

科学首先证明了洪水之说的真实性,那就是更新世冰河的作用:在恐龙消失后的几千万年间,全球曾经有过持续的气温下降过程,至距今100万至200万年前形成了一次冰期,大块的冰——大陆冰川——在北半球形成,并向南延伸。其间至少发生过四次较大的结冰和融冰。大概在12000年前,冰开始融化,水位上升。这意味着,在以往5000年或以上的人类历史中,凡是沿海岸的任何人类建筑或其他地面上的人工制品,都已经被海水浸没过,这样,洪水之说也就没什么可奇怪的了。然而,从探求人类早年文化交流的角度提问题,人们也有理由这样发问:既然沿海一带有过被洪水淹没的时候,那么在这些地方被淹以前,是否也有过直接或间接地与别的地区的文化交流的情形?回答应该是肯定的。所谓直接的文化交流之例,可以举出亚洲与美洲的联系。今天已有充分证据说明,人类在大约30000年前,从亚洲经由阿留申—白令海峡进入美洲的陆桥是存在的,因为那时世界海面较低。至于间接的交流方式,自然离不开海洋的媒介,有学者已经指出:从常识判断,既然亚洲的航海者能到达波利尼西亚岛上定居,他们就该有继续前往美洲的航海技术。当然,要验证这一点实属不易,但也不是一筹莫展。近年来文化人类学的研究已提出:数年前在美国亚利桑那州出土的一件印第安人彩钵上,刻有七个表意符号,与中国仰韶文化和西安半坡遗址出土古物上的符号一致,因为中国易经的卦象,与"复卦"内容相符,从而得出早自7000年前,中国半坡氏族后人即已辗转移居美洲。

---

① 王世舜:《尚书译注》,四川人民出版社1982年版,第8页。

这真是又一部"山海经",它表明人类学的研究愈来愈多地透露了人类各种文化间的初期关联和交往的消息,并充分证明,文化的交流是一个属人的课题,因为"关系"只属于人类,"动物不对什么东西发生关系,而且根本没有关系"①。正是在人性和文化的基点上,才逐渐发展出国外关于中国的知识,并进而演变为国外中国观。对初民社会的考察,使我们一开始就获得了叙述本书主题的基础和方法。

三、在铁与血的洗礼下

如果说初民社会的种种"人"之谜还主要是基于神话和考古资料,那么到了青铜时代,中外文化交流的线索越来越多,而且留下了文字的记录。中国史书中曾经记录了黄帝北逐獯鬻的事;到了夏代,獯鬻又与夏族为邻,交往甚密;殷商时,"武丁征西戎、鬼方,三年乃克",留下了"自彼氐羌,莫敢不来王"的颂诗;西周时,由于猃狁的来犯,造成"靡室靡家""不遑启处"的状况。如此等等,无不意味着民族间文化在战争的媒介下,有了广泛的接触和交流,并出现了由此及彼、愈传愈远的现实可能性。在中国,青铜文化与商文化的对应最为直接。有趣的是,这两个概念本身就具有文化交流的意蕴:以青铜这种合金为标志的这一时代的文化,恰可以看作一种合金文化;而商朝这一名称则反映了这一王朝的起源与商业的渊源关系,商人祖先王亥曾经驾牛经商,玉和贝成为商人的货币。所以,有人断言:"商文化是一种非常复杂的东西,代表了许多文化之流的一种融合。"②

根据郭沫若的考证,铁器时代当不晚于西、东周之交(约周

---

① 马克思、恩格斯:《德意志意识形态》,人民出版社 1961 年版,第 24 页。
② Lichi(李济), *The Beginning of Chinese Civilization*, Seattle: University of Washington Press, 1957, p.37.

平王时)。从此时起直至希罗多德时代(公元前5世纪左右,亦即战国之初),成为中外文化交流的一个更重要的时期。日本学者石田干之助这样说:"在新石器时代的远古,我们以为存在了的东西文化的交涉,其后似乎因为什么现在不能知道的事情而中断了,暂时没有存留足证其存续的痕迹。然而到公元前6世纪、前5世纪之交,这种情势,再发生变化,东西的接触又开始来了。"①

根据一般的说法,公元前5、6世纪,中外文化交流的勃兴,是内外两个原因造成的。

就中国外部而言,公元前553年,波斯人居鲁士(Cyrus,公元前600—前529年)乘当时的统治者米底人(Medes)内乱,领导波斯人起兵反抗,于公元前550年消灭米底王国,建立起阿黑门尼德(Achaemenid)王朝。以后几经外征内战,直至大流士(Darius,公元前558—前486年)镇压了各地反抗,继承了波斯王位,才使波斯帝国巩固下来。大流士在文化史上之所以值得一提,第一,在于他对外扩张,建立起一个横亘欧亚大陆的波斯大帝国,这本身就是文化交流和文化发达的一个巨大载体。至今人们还可以在伊朗西部的克尔曼沙赫高地贝希斯敦的石崖上,看到他当年用古波斯语、埃兰语和阿卡德语三种语言同时刻下的记载他统治初期事迹的铭文。这就是著名的贝希斯敦铭文。文中记下了大流士出征19次、俘虏了9个王的赫赫战绩。第二,世界史上著名的大流士改革,客观上促进了各种文化交流。例如为便于军队的调遣和政令的传达,大流士修筑驿道,其中最大的干线即所谓"御道",从小亚细亚沿岸的以弗所经撒尔迪斯,通过美索不达米亚的中心地区,到达波斯帝国的都城苏萨(Susa)。另外,从巴比伦穿越伊朗高原到巴克特里亚和印度的

---

① 石田干之助:《中西文化之交流》,商务印书馆1941年版,第7页。

边境，也修筑了一条大道。这些驿道四通八达，信使日夜飞奔，商旅络绎不绝。这样，在大流士统治时期，东至印度河、巴克特里亚，西至爱琴海岸、埃及，广泛的经济文化交流获得前所未有的条件。在此期间，伊朗（Iran）文化流传四方和别的文化经此得以流传，都是理所当然的。

就中国内部而言，这一时期正是春秋向战国过渡的时期。长期的分裂，使国内出现了"分久必合"的趋势。不过，值得注意的问题在于：秦国在统一中国之前，已经先期将势力伸张到西方，这等于打开了东西文化方面的通道。这一举动，是伴随着与西部和北部少数民族的战争与和平而进行的。据史书记载，早在周厉王时代（约公元前9世纪），由于"厉王无道"，"戎狄寇掠，乃入犬丘，杀秦仲之族"。后来，厉王、宣王都曾命令秦仲讨伐西戎，结果却"为戎所杀"。秦仲何许人也？原来是秦庄公的父亲。秦庄公"舆兵七千人伐戎，破之"，秦国的壮大正以此为契机。到了春秋初期，"自陇山以东，及乎伊、洛，往往有戎"。秦国先是对这些少数民族施以武力讨伐，到秦穆公，却得到了名叫由余的西戎人的支持，于是秦国"遂霸西戎，开地千里"。这是公元前7世纪时的事情。这一时期还有一个值得研究的现象，这便是：为抵抗北方和西方少数民族的侵扰，由春秋五霸兴起攘夷运动的同时，当时的西北部诸国（燕、赵、秦）纷纷修筑长城以御敌。从文化交流角度看问题，这一素来被认为是趋于封锁和阻隔的运动和措施，客观上倒产生了两个完全相反的效果。其一，攘夷运动迫使原在黄河河西一带的阿里马斯普人（Arimaspea）西迁，而他们的向西攻掠，又使原来由东向西平行而列的诸民族一个接一个地西移。于是出现了最西之斯基泰人（Scythians）与西密利安人（Cimmerians）之入侵亚述帝国，造成该国衰微，最后为米底人及加提人所灭。再由于米底人的统治极不稳定，遂提供了居鲁士反抗的机会，这样就演出了本节前面叙述到的波斯帝国的建立和大流士的改革的历史。其二，这些城墙（包括后来秦统一后，连接起来而成的"万里长城"），有效地阻止了北方少数民族的侵扰，迫使这些游牧民族（一般指匈奴）掉头西向，朝亚细亚中部进发。郑寿麟先生认为，"因为这一冲动，西亚和东欧的民族都受很大的影响，就成为世界史上那个很著名的民族迁移的原因（公元4至6世纪）"①。其三，有长城作屏障，阻止了戎狄的侵扰，就能够把被分散了的力量集中起来。所以，后来不久，中国就开始了主动而积极地向西方开拓的工作。这当然也是后话了。

从初民社会以自然地理为媒介的文化交流，到此时以人类战争为媒介的文化交流，中外文化交流的条件，在铁与血的洗礼下，是越来越有利了。因此，我们已经可以拿出一些比较实在的证据，来表明这时国外关于中国的知识达到了怎样的水准。

四、至希罗多德时代止的国外中国知识

我们把希罗多德作为这一时代的终结，不是出于偶然的考虑。

希罗多德（Herodotus，约公元前484—约前425年），这位被西塞罗称为"史学之父"的古希腊大学者，以他那皇皇巨著——九卷《历史》而盛名不衰。虽然一般认为，这部巨著主要是记述希波战争的，但其实只有后五卷叙述了这场战争，而前四卷中有两卷写了亚述、巴比伦和波斯，一卷专写埃及，另一卷则记欧亚草原地带的斯基泰人。希罗多德的伟大并不在于他仅仅是有闻必录的史官，他之所以被尊为"史学之父"，更在于他对历史与文化的探究，形成了良好的史学传统。在西方语言中，"历史"一词

---

① 郑寿麟：《中西文化之关系》，中华书局1930年版，第30页。

最初源于古希腊,其原意正是"探讨"或"研究"。所以,希罗多德虽受了颂赞古希腊,特别是雅典的功业的重托而著《历史》,但他选取了面向世界的角度,强调的是全人类的功业。他在30岁至40岁间,在东方各地广泛旅行,希腊人当时足迹所至之两海(地中海和黑海)三洲(西亚、非洲与东欧),他都走到了,所以又有"旅行家之父"的美称。特别是他在《历史》中那段著名的开场白,更道出了他以人类文化为探索目标的宗旨。他这样写道:"在这里发表出来的,乃是哈利卡尔那苏斯人希罗多德的研究成果,他所以要把这些成果发表出来,是为了保存人类的功业,使之不致由于年深日久而被人遗忘,为了使希腊人和异邦人的那些值得赞叹的丰功伟绩不致失去他们的光彩,特别是为了把他们发生纷争的原因给记载下来。"①

那么,希罗多德所说的"异邦"是否包含了中国呢?对这一问题,后世学者曾有过争论,法国人德经(Joseph de Guignes, 1721—1810年,人称"老德经")及海伦(Herren)均相信希罗多德为首先述及远东人民者,如德经认为希罗多德书中的阿尔吉派欧伊人(Arigppaei)即中国人。而法国赛代斯(George Coedés)所著《公元前4世纪至公元14世纪希腊拉丁作家关于远东之记述》,则认为希罗多德之知识,殆不可能达于如此之远。目前,大多学者大概比较赞同赛代斯的意见。但希罗多德的著述,至少代表了迄他那个时代为止,外国人对中国的认识的程度,这是由其人其著的盛名所决定的。

概而言之,希罗多德时代关于中国的知识有这么几条:

第一,建立起一个既明确又含混的"东方文化"概念。古希腊文化也是一种合金文化,其中包括汲取东方成果,谁都知道历史曾经有过一个东方化的时期(约公元前8—前7世纪)。所以,

---

① 希罗多德:《希罗多德历史》(上册),商务印书馆1985年版,第1页。

几乎所有为古希腊文明奠基的代表人物,都有尊东方文明为师的表示,希罗多德是其中最甚者。苏联学者卢里叶曾说,在希罗多德看来,"东方是一切文化和一切智慧的摇篮"。当然,希罗多德所述的东方,主要还是指波斯、腓尼基、埃及等,但也并不能排斥中国文化在那时已影响到了西方。《旧约·以赛亚书》第49章第12节记有这样的话:"看哪,这些从远方来,这些从北方、从西方来,这些从秦国来……"一些研究者指出,"秦国"原音希民,即Si-nim,显指中国人,而且很可能最初是从中国丝的传出而得此名的,因为Si-nim或可认作"丝人"的译音。《旧约》中还有两段话也提到了中国丝:"我也使你身穿绣花衣服,脚穿海狗皮鞋,并用细麻布给你束腰,用丝绸为衣披在你身上","这样,你就有金银的妆饰,穿的是细麻衣和丝绸,并绣花衣"。这两段话分别见于《以西结书》第16章第10节和第13节。以赛亚一般被认为是公元前8世纪的人,以西结是公元前6世纪的人,而作为犹太教圣经的《旧约》约成书于公元前6至前4世纪间(有意思的是,它也与波斯大帝居鲁士、大流士扶植犹太教有关)。可见,中国丝也许是早在春秋时代之初,甚至更早些,便已为西方人所知晓。物质文化充当文化传播和彼此了解的先锋,这大概可以看作文化交流的一个规律。公元前5至前4世纪的中国文化遗物,又出现在俄罗斯的阿尔泰地区,据说在巴泽雷克古墓出土遗物中有我国的精美丝织品、漆器和四山纹铜镜。①

　　上述中国的物质文化的西传,无疑加强了西方人的"东方文化"观念。因为一方面,所谓东方和西方,本就是一个相对的概念,中东地区对于希腊是东方,对于中国却是西方;另一方面,中国文化通过一个又一个中间地区的媒介,愈传愈远,这也是事

---

① S. I. Rudenko, *The Culture of the Population in the Altai Mountains in Scythian Times*, Moscow and Leningrad, 1953, pp. 357-358.

实:公元前 4 世纪,印度乔胝厘耶的《政事论》中有"中国丝卷"(Kauśeyṃ Cinapaṭṭāśca Cinabhumijaḥ),以后著名的两大史诗《摩诃婆罗多》和《罗摩衍那》开始称中国为"支那"(cina);公元前 5 世纪,波斯文中也称中国为 Čin、Činistān、Čināstān,与粟特语中的 Čyn 相近,在费尔瓦丁神的颂词中有称中国为"秦尼"(Čini,Sāini)的;公元前 416 至前 398 年,希腊人克泰西亚斯(Ctésias)用"赛里斯"(Seres)来称呼中国,这一名称以后在西方流传甚广。总之,无论是在印度、波斯还是希腊,各种称呼音异义近,大抵都与久享盛名的中国丝有关。所以,说希罗多德时代已有了一个明确的"东方文化"概念,就是指东方文明确凿无疑地影响了西方。

为什么说这一概念同时又是含混的呢?后人关于"支那"一词的起源颇多争议,本身就说明了当时国外对东方文化,尤其是中国文化的认识及其认识途径和来源很不一致且相当含混的情况。就笔者所见,今人关于"支那"一词的来源问题,至少有四种推测:一为得自当年秦国的盛名;二为来自中国丝(绮)的影响;三为对羌族的指谓;四为对中国人智慧的称道。①除第四说未见更详细的论证,其余三说都持之有据。在这种情况下,定于一说是不易的,倒不如把问题交还给古人,说明那时人们的地理知识还太有限,以致只能通过物质、通过传闻、通过描绘人的形象来指谓一个地区。

第二,地理知识已及现在中国的西北部。希罗多德之前,希腊人已分世界为亚细亚(Asia)和欧罗巴(Europa)。希罗多德知道两洲以地中海为界,但说不清这样的地理划分由何而来。希

---

① 此四说:第一说影响较广,本书第三章将较详地述及;第二说可参见《中西文化交流史》(沈福伟著,上海人民出版社 1985 年版);第三说可参见《译余偶拾》(杨宪益著,生活·读书·新知三联书店 1983 年版);第四说可参见《从"支那"说开去》一文(舒展文,《新民晚报》1986 年 2 月 24 日)。

罗多德曾到过波斯，故亦知印度，知有印度河，但以为印度河流域以东系沙漠地带，故人类所到区域到此为止。不过，对于现在中国的西北部，却已有相当的认识。从希罗多德书中可知，公元前 7 世纪时，自今黑海东北隅顿河河口附近，经伏尔加河，北越乌拉尔岭，自伊尔克什而入阿尔泰、天山两山间之商路，已为希罗多德所知悉。

第三，描述了一条交通线路。这是一条古老的经过欧亚草原的东西方贸易线。我国洛阳古墓中曾发现有玻璃制的装饰品目珠，这是来自地中海的公元前 5 至前 4 世纪的遗物。无独有偶，阿尔泰地区突亚赫塔（Tuiakhta）古墓中也发现了同样的玻璃目珠。洛阳—突亚赫塔—地中海，三点联结，恰好表明在当时或者更早，这里曾是一条交通线。《斯基泰人》一书的作者莱斯（T.T.Rice）指出，在公元前 5 至前 4 世纪期间，巴泽雷克是东西方贸易的中心。巴泽雷克在哪里？这正是希罗多德在叙述斯基泰之路时，有所不知之处。原来，希罗多德在访问斯基泰人和希腊人时，了解到一些有关斯基泰之路的情况，又利用前人阿里斯特亚斯（Aristeas）的长诗《独目人》（Arimaspea），夹叙夹议，介绍了一条由斯基泰东界顿河开始，渡河至萨尔马泰、布迪尼、图萨格泰、伊尔岭，抵阿尔吉帕（秃头人）所居地的路线。由阿尔吉帕再往东，分两路：东北行，经阿尔泰地区至巴泽雷克和明努辛斯克为一路（正是这一路希罗多德茫然不知）；东南行，沿阿尔泰山麓前进，至准噶尔地区，再前行至伊塞顿人居地，再至独目人（亦即阿里马斯普人）、守护黄金的格立芬人，直至"北风以外的人"，这便到了海边。希罗多德毕竟是严谨的学者，他对阿尔吉帕以东的种种记述，都抱存疑态度，而且又缺乏对阿尔吉帕以后往东北方向的贸易之路的了解。尽管如此，古代欧亚之间一条通道已明晰可见，这正和人类文化史上独特的动物纹艺术——"斯基泰艺术"相呼应，也和公元前 8 世纪欧亚草原游牧民族大迁徙的历史相联系。

第四，隐约所见对中国人的神秘感。希罗多德在《历史》第四卷中指出"北风以外的人"，其居地"延伸至海"，这已可知其所指正系中国了。当然，他并不知道更多。或许他写作曾参考过的阿里斯特亚斯的消息更直接一些，因为这位诗人出于宗教信仰，曾为寻找阿波罗所宠爱的"北风以外的人"，旅行到了斯基泰之路的东端，即在准噶尔地区的伊塞顿人那里听到了关于"北风以外的人"的美好传闻。后世不少学者断言，伊塞顿人告知阿里斯特亚斯的"北风以外的人"，正是中国人。当然阿里斯特亚斯并不知底里，他拿这些美好的传闻去附会他所信奉的希腊宗教传说了，而希罗多德并不相信这样的宗教传说。

这一切，都还说不上对中国的真正认识，甚至还只是国外初步认识中国的前夜。希罗多德时代应该终结了。

第三章 亚历山大东征以后
——初步认识中国

多种途径的文化大交汇,使关于东方古国的知识在远播,在增长,在澄清。但一切似乎都是那么艰难,因为它耗去了将近800年的时间,得到的只是一些直观的、狭窄的、外加几分理想色彩的初步印象。

一、第一个世界性的文化开放期:古希腊、古印度和中国先秦文化的同步

公元4世纪的时候,西方史料中突然出现了关于亚历山大(Alexandros,公元前356—前323年)曾经到过中国的传说。据说,传闻的作者卡利斯提尼(Callisthène)是这位马其顿最著名的国王在征服东方的事业中的同行者,证据是在一根廊柱上刻有卡利斯提尼署名的铭文中提到了亚历山大的名字。这一传闻以小说的形式风靡一时,被上百次地转抄。但是,研究者们终于发现,这是一部伪作,它伪托了卡利斯提尼之名来写一部亚历山大的传记,其中所谓亚历山大中国之行一说亦属无稽之谈,就像人们也曾传说亚历山大之前的毕达哥拉斯和之后的圣托马斯的中国之行一样,至少看不到有力的证据。

但是这不等于说,在亚历山大之前,西方人对中国处于一无所知的状态。前一章,我们已提及了诸多的线索和可能性,并举

出了被称为"希罗多德的后继者"之一的古希腊地理学家克泰西亚斯的例子。克泰西亚斯曾是波斯国王阿塔薛西斯·梅隆（Artaxerxes Mnemon）的医生，到公元前398至前397年才返回自己的祖国。他是地理学史上的一个开创者，比如他实际上提出了经济地理学的研究课题，他的地理学著作还兼有博物学的内容，等等。特别是他对东方的认识，显然比希罗多德要确切而广泛。和希罗多德不同，他把历史著作和地理著作分开来写。他的地理著作包括一部三卷本的《旅行记》（只保留下来六个残缺不全的片段）、一卷《亚洲的重赋》和一卷《印度记》。后来的汉学家米勒（Andreas Müller，1620—1694年）和裕尔（Henry Yule，1820—1889年）都曾辑录克泰西亚斯关于中国的一段话："赛里斯人与北方印度人，身躯魁梧，男高十三骨尺（Cubits，由中指之端至肘为一骨尺），寿逾两百岁。在格忒罗斯河（Gaitros）畔某处，有人与兽相似，皮如河马，箭不能入。"据研究古希腊地理学史的法国学者保罗·佩迪什的观点，亚里士多德"对东方的认识大部分是依据克泰西亚斯的"①。而我们知道，亚里士多德正好是亚历山大的老师，正是以亚里士多德为代表的古希腊文明和腓力二世遗传给其子的马其顿的野性，共同磨砺了亚历山大这柄利剑。当然，上述事例还不足以说明问题，因为，我们知道，亚里士多德在《动物的历史》一著中，曾叙述过西方丝的生产，其中并没有直接提到这些丝源自东方。而且后人也有对上引克泰西亚斯的话表示怀疑。而亚里士多德在《政治学》一书中的另一段关于东方民族和专制政体的述评，尽管在西方相当出名，但出名时已是千年之后了。在那段话中，亚里士多德第一次把西方和非西方的政治组织形式做了系统的区别，他指出："还有一种君主政体，它在各野蛮民族国家中常常可以见到，并与专制制度极

---

① 保罗·佩迪什：《古代希腊人的地理学》，商务印书馆1983年版，第60页。

为相似,但它是合法的和世袭的。因为野蛮民族比希腊民族更富于奴性,亚洲野蛮民族又比欧洲蛮族富于奴性,所以他们并不发动反对专制政府的抗争。这样的蛮族王制具有僭政专制制度的性质,因为它的臣民生来就是奴隶,而且它的王族也没有被推翻的危险,因为他们是世袭的和合法的。因此,这些蛮王如同国王一样,他们的卫队是由本国臣民组成的,而不像专制君主们那样依仗雇佣来的武士。"①这样深刻的话题,当然要待后人来理解。

但是,下述两件也与亚历山大有关的事实都是不易推翻的:
另一位古希腊地理学者斯特拉波(Strabo,约公元前54或前63—约公元24或20年)所著的游记中,亦引用了上述克泰西亚斯之记载,据说他是从亚历山大的一个部将欧奈西克瑞塔斯(Onesicritus)那儿转借来的,此其一。其二,亚历山大另一个部将尼阿库斯(Nearchus)在驻军北印度时,曾穿赛里斯所制之袍。日本学者及川仪右卫门所著《东洋史》在叙述这一事实时指出:"Seres(赛里斯)者原由中国'丝'字一音推演而成,即丝商人之义,于是常称中国人为Serica。"他还从文字上做了考察,说:"希腊文称呼丝蚕为$σηρ$,故对中国人则称为$ε\bar{n}pes$,意指供应蚕丝之人。其后拉丁文称为Sericum,英文乃称为Silk。"

可见,在亚历山大时代,甚至以前,国外关于中国知识的最初来源之一,便是与中国丝绸有关,这当然是因为丝绸乃中国文明的最伟大成果之一。②尽管当时还没有今天人们常说的丝绸之路,但今天,谁也不会再把丝绸之路看作一个早晨突然出现的,如同过去人们常常把张骞通西域看成中国历史上对外贸易的开端一样。事实上,正是张骞在西域看到了早在他之前便传出的

---

① *The Politics of Aristotle*, Oxford: The Clarendon Press, 1950.
② 据考,在汉语最通用的5000个方块字中,就有230多个带有"系"的偏旁的字。

中国产品：蜀布和邛竹杖。

但是，如果仅仅把亚历山大东征看作西方对东方知识有所长进的一个例证，那就不免是过于看轻了这段历史。实际上，这是在古希腊、古印度和中国先秦文化同步发达之际，一场世界性的文化大交汇的一个重要信号，我们称之为第一个世界性的文化开放期。自然，既然文化发达是同步的，文化开放也具同步性。

有人曾经把亚历山大东征看作历史上东西方文化交流的"第二次波浪"（第一次波浪大概系指波斯王大流士时代，但就文化发达程度和开放的自觉而言，都远不及这一时代，故我们称此为"第一个开放期"），因为，亚历山大的远征探险，行程达 4 万公里，确认了黑海、锡尔河和印度河的彼岸还有大片陆地，这就打开了希腊人的眼界。佩迪什曾感叹："描述希腊地区，即希腊本土，这对于希腊人来说，该是多么简单的事情呀，然而却没有人从事这项工作。"所以，"必须承认这一点：希腊没有能吸引住这些地理学家"。对于地理学史来说，这并不值得称道，但对于文化交流史来说，也许这正体现了色诺芬的"万人军"、西拉克斯的远航、希罗多德的旅行以来的古希腊文化的开放性传统。而亚历山大的远征，可以说既是对这一传统的承继，又是对这一传统的光大，因为，这次东征所伴随的希腊化的文化，对于东方世界，或者直接的冲击，或者间接的交会，那种层层相袭、逐浪相推的文化交流之波，是历史上颇为壮观的一幕。

古希腊文化随亚历山大经伊朗、阿富汗，而终于与印度佛教相遇。亚历山大在亚洲的主要继承者为塞琉古一世（Seleucus I，约公元前 358—前 280 年），塞琉古一世曾企图拓境至印度，因而与旃陀罗笈多（Chandra-gupta）统治下的摩揭陀国孔雀王朝（约公元前 324—约前 187 年）发生龃龉，后又修好。而旃陀罗笈多则是力促佛教传播于印度之外的推进者，特别是他打开了一个良好的内政与外交的局面。旃陀罗笈多死后，由宾头娑罗（Bindusara，约公元前298—前273年)继位,随后其子阿育王(Asoka,约公元前273—前232年)接位,建立了除印度半岛南端以外,北起喜马拉雅山,南到迈索尔,东抵阿萨姆西界,西达兴都库什山的印度历史上第一个幅员广大的统一帝国。阿育王原信奉婆罗门教,于公元前261年改信佛教,并采取大量措施广布佛教事业,特别是有计划地派遣布教师于国内外,被称为"人文史上第一重要之事实",而且收效甚大。其结果,不仅使佛教在印度、锡兰(今斯里兰卡)成为最有势力之宗教,而且播及缅甸、暹罗(今泰国)、柬埔寨、东印度群岛、朝鲜半岛、日本、蒙古等地,西达波斯、希腊、埃及等。至于是否也传入中国,尽管学界一般把佛教传入中国之初,定在西汉时期武帝通西域之后,但这是就影响已达一定程度而言。其实,阿育王派遣布教师于国外之时,也正是公元前243年及前217年,西域沙门室(释)利防等18人携梵本经典进入中国之际。

当时中国的情况如何呢?中国丝显然已传入西方,当然也传入了印度。据季羡林先生的研究:"至迟到公元前四世纪中国丝就已经输入印度。在梵文里,有许多与丝有关的字,如Cinapaṭṭa(成捆的丝)、Cināṃśuka(丝衣服)等,都有Cina(脂那)这个字作为组成部分。可见中国丝在古代印度影响是非常大的。"[1]不过,如前一章所述,对Cina(脂那,亦作至那、支那、震旦等)一词源于什么,学界聚讼纷纭,其中最值得注意的是将"支那"一名看作"秦"的译音,是由秦国而起,经秦帝国传播于远方。这一说法,最早由传教士卫匡国(Martino Martini)在1655年首先发表,以后许多人力主此说,特别是中国学家伯希和(Paul Pelliot)更进一步认为欧洲人所称"支那",与印度人所称实出一源。至于印度为什么称中国为"支那",《大唐西域记》中玄奘答问"大唐国"时的两

---

[1] 季羡林:《中印文化关系史论文集》,生活·读书·新知三联书店1982年版,第76—78页。

句话,似乎可以作为"支那—秦"一说的佐证。当印度的戒日王问"大唐国在何方?经途所亘,去斯远近"时,玄奘答曰:"当此东北数万余里,印度所谓摩诃至那国是也。"又曰:"至那者,前王之国号,大唐者,我君之国称。"而且,戒日王与玄奘两个人的对话,还表明当年从秦国至秦帝国"早怀远略,兴大慈悲,拯济含识,平定海内。风教遐被,德泽远洽,殊方异域,慕化称臣",而且"闻其雅颂,于兹久矣"。可见,与亚历山大的东征探险、阿育王的广布佛教差不多时代,中国的文化也正处于一个开放期。这一开放期也是伴随着疆场征战而始终的。这就是前一章已提及的自西东周之交便开始的对北方少数民族的抵抗和征战。这一征战一直持续了数百年,直接和间接地开辟了东西方文化交通的道路,并将以"丝"或"秦"为代表的关于中国的知识带到近邻远友中,就如亚历山大促成了希腊化的东渐一样,东方也出现了华夏化的某种程度的西渐。

这就是我们所谓的第一个世界性的文化开放期,在中国历史的日历上,它大体相当于先秦时代。这一时期,国外关于中国的知识还相当零星,而且不准,甚至谁也没有真正搞清过他们所谓的"赛里斯人"或"秦人"居住的确切方位。然而,文化开放的真义往往更在于深层,没有这次世界性的文化大开放,就不会有不久以后出现在罗马、中亚、西域、汉朝之间的热烈交汇,更不可能产生第一批记录关于中国知识的史籍和史料。

二、从斯特拉波到普林尼:公元前后的
国外中国知识

公元前后国外关于中国的知识主要是由诗人、学者和商人们留下的。

公元前后,拉丁文"东方"(Oriens)一词在古罗马地区格外引人注意,他们把它看成一个与古希腊、古罗马文化相对峙的另一文

化系统,所以"亚细亚"概念在古罗马时代的著述中即指非、欧两洲以东之另一世界。在这种情况下,古罗马诗人笔下出现了较多的关于丝、丝国、丝人的字眼,如维吉尔(Publius Vergilius Maro,公元前70—前19年)、普罗佩提乌斯(Sextus Aurelius Propertius,公元前50—前15年)、奥维德(Publius Ovidius Naso,公元前43—公元17或18年)、西利乌斯(Silius Italicus,公元25—101年)、卢坎(Lucanus,公元39—65年)、斯塔提乌斯(Statius,公元40—96年)等。但诗人们依据的材料,仍限于古希腊时代的地理概念,他们的知识也往往有赖于拥有更直接资料来源的学者和商人,所以,下面我们将着重介绍一些有代表性的学者和商人们的中国知识。

首先是古希腊著名地理学家斯特拉波,此人生卒年有多说,但他是一个跨公元前后的人物则是确定无疑的。除了前面我们已引用到的斯特拉波借亚历山大部将欧奈西克瑞塔斯之口重述了古希腊更早的地理学家克泰西亚斯关于"赛里斯人"的记载之外,他还多次提到 Sericos(丝绸的)或 Seres(丝国人);特别是,他还记载了关于大夏(Bactria,有时译作巴克特里亚)和大月氏的一些事。他写道,巴克特里亚"诸王拓其疆宇至赛里斯及佛利尼国(Phryni)而止",这实际上即指汉文景之时,大月氏灭大夏之后(斯特拉波仍沿用了"Bactria"这一原名来称大月氏),疆土与汉之西域都护府所治境相接的情形。我们知道,亚历山大东征制造了一个希腊化的大夏,而先秦时代的北伐西战,也曾制造了一个远离本土的中亚的大月氏(即后来的贵霜帝国)。这两个国家都在东西方文化交流史上产生过重大影响。

另一位罗马地理学家梅拉(Pomponius Mela)系公元1世纪人,著有《论地球之位置》一书。他写道:"亚细亚极东有印度人、赛里斯人、斯基泰人。印度人处于极南,斯基泰人处极北,而赛里斯人则差不多占有东方的中部。"他继续描述到这几个国家的旅行路线,说过斯基泰与释启(Sagae,或者中国史所言之塞种)

两部落"有空旷地区野兽繁殖,直到大比斯山(Thabis),山峙立海滨。而达乌鲁斯(Taurus)高山,离此颇远。赛里斯人居于两山之间"。看来,梅拉大概是西方最早较确切地指明中国人所居地点的一个学者。①

历史学家佛罗鲁斯(Florus,公元1世纪末)、哲学家塞涅卡(Lucius Annaeus Seneca,约公元前4—公元65年)和博物学家普林尼(Gaius Plinius Secundus,23—79年)的记载,又各自构成了罗马人对中国认识的不同侧面。佛罗鲁斯的《史记》颂扬了古罗马皇帝奥古斯都(Augustus,公元前63—公元14年)的功绩,故记下了这样的情况:"其余世界,不属罗马帝政所治者,亦皆知罗马国之光荣盛强,见罗马人而生敬心……远如赛里斯人及居太阳直垂之下之印度人,亦皆遣使奉献珍珠宝石及象牙,求与吾人订交好之约。据其人自云,居地远离罗马,须行四年之久,方能达也。视其人之貌,亦知为另一世界之人。"这似乎是直接见到中国人了,不过据考证,这里所谓中国使节,恐怕只是商贩或个人旅行家抵罗马京城者,不是汉朝政府所派遣的正式使节。塞涅卡曾为古罗马暴君尼禄(Nero Claudius Caesar,37—68年)的老师,后为尼禄勒令自杀。他的话透露出对于罗马帝国命运的重重忧虑,他说:"今天你们认为谁是最聪明的呢?是知道用隐藏的管子,把郁金草的香气升到最高处的人吗?……还是那知道告诉别人,也告诉自己,自然所加于我们的,决不是残酷的、艰苦的,我们可以无须大理石和冶工而安居,我们也可以没有丝国人(Sericorum)贸易而蔽体。"显然,他是针对当时罗马帝国上上下下穷奢极欲的挥霍生活而发的议论。再请听:"妇女们,脱去这些金绣的绯色衣服吧!底尔人所织的红衣,遥远的丝国人从

---

① 对此,杨宪益先生有不同看法,他认为:梅拉和本书后面提到的普林尼所记的 Serica 人,是另一个东方民族 Saragha(疏勒人)的音转。参见杨宪益:《译余偶拾》。

他们的树上所采集的丝线,远远地离开我吧!"

哲学家的忧虑不无先见之明,因为,罗马帝国的衰败,从财政经济上来说,的确可以在相当大程度上归因于对当时来说是极其昂贵的中国丝的沉溺和过量消费。普林尼以事实和数据证实了塞涅卡的忧虑。照普林尼的记载,当时"据最低之计算,吾国之金钱,每年流入印度、赛里斯及阿拉伯半岛三地者,不下一百万赛斯特斯(Sesterces,罗马货币名)。此即吾国男子及妇女奢侈之酬作也"。不过,普林尼和塞涅卡都闹了个笑话,他们并不知道丝是如何产生的。这种把丝看成一种植物纤维或者看成如同羊毛一样的东西的观念,在公元前后中国以外的世界中,甚为普遍。普林尼又一个关于中国的笑话是他相信了锡兰使者拉切斯(Rachias)对赛里斯人的描述,这种描述与黑眼睛黑头发的中国人毫不相干,如"赛里斯人的体材超过了锡通的人,红头发,蓝眼睛,嗓门粗糙,没有互相交流思想的语言"。但是,普林尼也许也看出了拉切斯的描绘与他们原来的知识相异,故说,除上述相貌上的描绘之外,"其余所言者,亦皆与吾国商人所述相同"。

不管怎样说,普林尼毕竟是一个著名的博物学家,他留下的《自然史》达38卷,是一部百科全书式的关于古罗马文化和生活的巨著。他关于锡兰使者拉切斯的记载,常被专家们认为是罗马帝国在喀劳狄执政期间所获得的有关赛里斯人的首批资料。他关于中国知识的两个错误,恰恰反映了当时罗马人对于中国知识的一般水准。另外,普林尼的失误,从中外交通史上看,也许与当时的历史背景和条件尚不利于国际交往有关,因为自张骞于公元前190至前124年凿通丝绸之路以后,关于中国的知识伴着丝绸的远销而广为传播;但当人们要想进一步发展这种知识时,比如,想弄清中国丝的来龙去脉时,中外交通却由于政治的和科学技术的原因受到了阻滞。普林尼出生两年后,中国的王莽篡位事件才平息,这件事使陆上丝绸之路受阻数十年,一直到汉明帝永平十六年(73年),才出现"西域自绝六十五载,乃复通焉"的局面。另外,从作为中外交通的重要方面,而且越往后越显重要的海上交通情况看,当时由于航海技术低下和自然气候的局限,大多数贸易"其货物都要经过多次的驳运",这就难怪人们不易得到准确的有关遥远地方的知识了。

三、从托勒密到科斯马斯:公元头500年关于中国的知识

不久,公元2世纪以后,事情就变得明朗了。

班超在公元75至105年间出征中亚和甘英在这期间出使大秦,可以看作中国方面外交政策的一个转机。而且,班超于公元87年攻下莎车,打通了丝路的南道;公元94年攻击焉耆、尉犁、危须,又打通了丝路的北道,这样才有马其顿商人马埃斯·蒂蒂亚诺斯(Maès Titianos)派遣他的商业代理人——蒙奇(马其顿)和兜勒(色雷斯)的商使于公元100年(汉和帝永元十二年)来到"赛里斯国都城赛拉(Sera,即洛阳)"之事。这是陆路上中国与欧洲的直接贸易之始。

也正是在此之前不久,罗马水手伊巴露斯在印度洋上发现了信风,于是,欧洲商人可以出红海而航行于印度洋了。印度洋航路打通,一举改变了以往必须依赖南阿拉伯人作中转贸易的情况。古罗马皇帝马可·奥勒留(Marcus Aurelius Antoninus,121—180年)于公元161年即位后,又东征帕提亚帝国(Parthia,即安息帝国)并获胜,掌握了波斯湾,这样,往东方的海道无复阻障,于是便演出了公元166年(汉桓帝延熹九年)"大秦王安敦(即马可·奥勒留)遣使自日南缴外,献象牙、犀角、玳瑁,始乃一通焉"①这

---

① 《后汉书》卷八十八,中华书局1965年版,第2920页。

重要一幕。这是海道上中国与欧洲的直接贸易之始。

自从伊巴露斯发现印度洋信风之后,不久便出现了一些用希腊文或拉丁文写的有关印度洋、红海、波斯湾及其港口的书,其中不乏关于中国的消息。

《厄立特里亚海航行指南》一书所记为公元 80 年间航行红海、波斯湾、印度半岛的情形。此书作者住在埃及,可能是一个希腊商人,也可能是一位航海的船员,可能是在埃及的亚历山大城写下了此书。书中介绍了中国的地理和物产,曰:"过克利斯国(Chryse),又到了最北部,海止于秦国(Thinae),在其国内部,有一极大的城,名秦尼(Thinae 或 Thinai),那地方出丝、丝线和绸绢(Serikon),由陆路经拔克脱利亚(即大夏国)而至巴利加萨(Barygaza),另一方面,又由恒河水道而至里姆利亚(Limuria)。进入秦国是不容易的,因为从那里回来的很少,也是很难得的。那国家正处于小熊星之下,并且据人说,那国境就在黑海与里海对岸(指东方),其旁有梅奥底斯(Maeotis),可通大洋。"据认为,这是欧洲文字上最早记中国为 Thinae(秦国)的,也是古代人第一次谈到从陆、海两路接近中国的。作者把所记各港口、城市都放在世界范围的商业贸易网中,这就从经济上把中国纳入了世界。

马里纳斯(Marinos)是公元 2 世纪前期的地理学家,其著作名曰《地理学知识》,亦即地图学。正是他收集了马其顿商人马埃斯·蒂蒂亚诺斯同中国经商时所谓的从地中海至中国的全面考察的材料。尽管马里纳斯不很相信商人提供的资料,但是由于马埃斯·蒂蒂亚诺斯的叙述是关于中亚情况的唯一来源,他还是采用了。由此,马里纳斯确定了地球上有人居住的世界面积之大小。他认为,在纵的方向上,从幸运群岛(加那利群岛)一直伸展到赛里斯和卡提加拉;横的方向上,从图勒延伸到阿基森巴。这样,中国的位置第一次被标在世界地图上,尽管并不准确。

另一位地理学家就是大名鼎鼎的克劳狄乌斯·托勒密(Claudius Ptolemacus,约90—168年)了。他是公元1至2世纪时人,著有《地理学》一书。托勒密是马里纳斯的介绍者、修正者和继承者。没有他的介绍,马里纳斯以及马埃斯·蒂蒂亚诺斯的长途陆路旅行的资料恐怕早已散失。托勒密专门写了《赛里斯国记》和《秦尼国记》。他告诉我们:"赛里斯国"紧靠粟特国的东部,从石城到赛里斯国首都"丝城"需要七个月的行程。外国商人们一拥入丝城,便抢购丝绸。在"赛里斯国首都"的东部,则是一片未知的无名之地,因为那里只是一片沼泽和积水潭,芦苇丛生。这些芦苇长得坚挺粗壮,人们甚至能从其上部攀缘而越过沼泽面。从丝国首都出发,又有两条交通要道,一条是经石城而通向大夏,另一条通向印度。赛里斯国以北的地方更不为人所熟知,据说赛里斯国的北部疆土居住有食人肉者,他们以放牧畜群为生……所有这些,当然比前人具体得多了。但是,托勒密也犯了两个错误:一是他把赛里斯国(Serice)和秦尼国(Sinae)搞成了两个国家,这或者是由于西方人很久以前就把从海路到达的丝国认作 Sinae,而把可以从陆路到达的丝国看作 Serice;另一个错误是,他把印度洋看成内海,所以他所谓的秦尼国不滨大洋而仅临海湾。此外,他还把中国看成世界上人类居住的最东端。

托勒密的地理学在西方享有长期的声望,但他对中国的地理知识,也不过尔尔,这就可见当时人们的认识水准了。果然,希腊历史学家帕萨尼雅斯(Pausanias)在所著《希腊纪事》(174年)中,甚至把"赛里斯"(他写作 Sérié)当作厄立特里亚海中的一个岛屿,又说赛里斯人原籍为埃塞俄比亚……也可能是粟特人和印度人的混血种。不过,帕萨尼雅斯亦有比别人高明之处,他指出:"赛里斯人用来纺布缝衣的丝不是从树皮中抽取的。""其法如下:其国有虫,希腊人称之为赛儿(Ser,即蚕),赛里斯人不称之为塞儿,而则有他名以名之也。虫之大,约两倍于甲虫。他种性质,皆与树下结网蜘蛛相似。蜘蛛八足,该虫亦有八足。赛里斯人冬夏两季,各建专舍,以畜养之。虫所吐之物,类于细丝,缠绕其足。先用稷养之四年,至第五年,则用青芦饲之,盖为此虫最好之食物也。虫之寿仅有五年。虫食青芦过量,血多身裂,乃死。其内即丝也。"很明显,这在关于中国丝的知识方面是一个突破性的进步。但帕萨尼雅斯的进步并没有成为公众的常识,时隔200年,有名史家之称的马尔塞林努斯(Ammianus Marcellinus,生于公元380年左右)在其所著《史记》一书里,仍然出现了"林中有毛,其人勤加灌溉,梳理出之,成精细丝线"的谬说,而他的地理知识也不过承袭了托勒密的老谱;不过,在他的地图中,首次出现了中国的长城。

一直到公元6世纪上半叶(也正是在这时,中国蚕种经印度人、波斯人介绍而入罗马),才出现了这一时期的代表性史料,即科斯马斯(Cosmas)于公元545年所著《世界基督教诸国风土记》。科斯马斯是生于埃及的希腊人,本是一个富商,到过红海、印度洋、波斯湾,到过埃塞俄比亚和索科特拉岛等地,也到过印度、锡兰,并因此而得一外号叫"印地科普勒斯太斯"(Indieopleustes)。他老年为僧,在西奈半岛入寺写书,据说前后持续写了12年。书中述其所闻中国风土,亦记了一些中国的情况,称中国为Tzinista,这与古代印度、波斯人对中国的称呼同出一源。此书还简述了陆、海两路丝绸贸易的路程和距离。张星烺先生认为:"科斯麻士(科斯马斯)可谓第一希腊罗马著作家,记述中国由于真正事实,脱离古代半神话之风者也。记载虽不详,然已示大进步矣。"①

---

① 张星烺:《中西交通史料汇编》(第1册),中华书局1977年版,第54页。

四、关于第一个 800 年的思考和评说

自公元前 4—前 3 世纪至公元 5—6 世纪,历史走过了 800 年左右的时间。就世界各主要文化系统而言,这是第一个自觉自悟的开放期;就各种文化间的关系而言,这是第一个规模宏大的交流期;就国外的中国知识而言,这是真实地认识中国的第一阶段。

这一阶段,人们对中国的认识有着不少共同特点,下面略加分析和评说:

第一,知识范围比较狭小,反映出文化交流和互识是一个漫长的过程。从公元前 4 世纪的克泰西亚斯起,中国之名已出现在西方的著作中;在亚历山大的远征军中,一些将军身着中国丝绸。这些都说明古希腊和古罗马时代的人们对中国丝绸的迷恋。这一简单的事实,却规定了这一阶段关于中国知识的主要范围:1.搞清国名;2.谈论丝绸;3.关于国名和丝绸的关联。关于中国国名,就出现了"Seres""Serice""Cathay""Thinae""Sinae""Cina""Jenasdan""Chinistan"等词。要搞清这些称谓的来龙去脉,是过于专门而又是本书力不能逮的事。但从这些驳杂不一的现象,至少可以看出,这一时段的中国知识,只能说尚处于初级阶段。汉学家裕尔在其编纂的四卷本《契丹及其通道》(*Cathay and the Way Thither*)中写道:"在知识不充分的情形下,把比较远而称霸民族的名称加于与它最邻近的隶属的种族上,和把这些最邻近的种族的特点移之于称霸的民族,是很自然的。"①他是在论及古代西方地理学关于"秦"(Thinae)的知识时说这些话

---

① Henry Yule, *Cathay and the Way Thither*, Nendeln/Liechtenstein: Kraus Reprint Limited, 1967.

的。这一分析具有普遍性,例如稍晚期出现的"契丹"(Cathay)一名,先是指中国北方及那里的民族,尔后便扩及全体了;而"吴",则是三国时期日本人对中国的称呼,这是由于那时吴国与日本的联系特别多。在这种情况下,以偏概全的思维方式是难以避免的。倒是这种文化交流过程,为我们提供了又一值得研究的现象:文化交流往往起源于地理上的探险和发现。地理发现是一个充满失误和风险的过程,它一直伴随着人类文化的扩展和交往,至少在从半球文化(东半球)走向全球文化(美洲发现)期间是如此。

关于中国丝绸,则更使人们津津乐道,并且还乐此不疲地把道听途说、猜测想象的东西一本正经地写入史籍乃至学术专著中。最典型的是关于丝如何生产的种种猜想了。根据司马迁的《史记》记载:"自大宛以西,至安息,国虽颇异言,然大同俗,相知言……其地皆无丝漆,不知铸铁器。"①这当然不是说那里还没有中国丝传入。既然有丝,又大受欢迎,自然会生出想要知道它的来历的好奇心,更何况,这将从根本上改变耗费巨资去依赖进口的状况呢!但是,一方面由于中国对于养蚕技术的保密,这种好奇心只能长时期处于猜想和传闻的基点上,如《大唐西域记》卷十二记瞿萨旦那国云:"昔者此国未知桑蚕,闻东国有之,命使以求。时东国君秘而不赐,严敕关防,无令蚕种出也。"瞿萨旦那国即西域的于阗国,今天我们知道,于阗是古代西域唯一养蚕出丝的地方。既然中国方面保密,他们又是如何窃密的呢?原来,于阗国王用了求婚之计,他"卑辞下礼,求婚东国",当得到应允以后,又"命使迎妇,而诫曰:尔致辞东国君女,我国素无丝绵桑蚕之种,可以搞来,自为裳服"。另一方面的原因,恐怕更合于文化交流的规律,即技术知识的传播要比物质文化的传播更困难些。

---

① 《史记·大宛列传》,中华书局 1959 年版,第 3174 页。

以上面那件事为例,西藏也有这一类似的传说,别的情节差不多,只多了一段波折:当中国公主把蚕种带到于阗去,并在当地培养了一些之后,中国大臣想从中破坏,告诉于阗国王,说蚕会变成毒蛇。国王居然听信了这一谗言,把蚕室放火烧了,幸亏公主抢出了一些,以后又用此缫出丝来,制成衣服,穿在身上,把详情告诉了国王,国王才大悔。上述故事,由希腊历史学家普罗科匹厄斯(Procopius,约 500—565 年)和拜占庭人梯俄方内斯(Theophanes,公元 6 世纪末生)做了绘声绘色的记录。人们确知养蚕和缫丝技术,要到本章所述这一历史时期的尾声,这表现了文化交流往往是由实到虚、由易到难、由近到远的(比如中国的蚕业传入日本就要早 300 多年)。

第二,评价方式是直观而理想化的,表现了人们对另一种文化的热情和向往。

从梅拉开始,我们就可以在国外文字记载中读到对中国人的评价了。梅拉说的是中国人的贸易方式,说:"这是很公正的民族,他们把货物放在旷野中,购货的人,在卖主不在时来取货,这种经营方式是很著名的。"不管这种说法有多少可靠性和普遍性,但至少比希罗多德时代以前关于"北风之外的人"的神话般传说要现实得多了。

在关于中国的地理知识和丝绸来源等问题上并无建树的马尔塞林努斯,对于中国所发的一番评论,却颇能代表当时西方人的见识。他赞美中国的地理和物产:"赛里斯国疆域辽阔,沃原千里……赛里斯国地形地貌斑驳陆离……物产也很丰富,有五谷杂粮、干鲜水果、牛羊牲畜,真是应有尽有,品繁而量众。""那里城市较为稀疏,但规模较大,物产丰富,人烟稠密。"他赞美中国人:"赛里斯人完全不懂得进行战争和使用武器。""赛里斯人最喜欢安静地修身养性,所以,他们是最容易和睦相处的邻居。在他们那里,晴空万里,皓月朗朗,气候温和宜人,即使刮风也不是凛冽的寒风,而是和煦的微风。"此外,他还以赞美的口吻说到中国人的贸易方式和对外交流情况。显然,这些溢美之词的不实之处俯拾皆是,但代表了当时国外对中国及中国人的一种倾向性看法。现代西方两位中国学家戈岱司和李约瑟在公元4世纪的许多拉丁文著作中也摘到了一些对中国人的颂词,如"在这一辽阔的疆土中,既不会发现任何圣殿,也没有妓女;既没有水性杨花的奸妇,也没有不法作案的偷窃犯;既没有杀人凶手,也没有遭受不白之冤的屈死鬼"。而且,"在赛里斯人中间,他们对祖先法律的崇拜要比那种由星辰决定命运的观念强得多"。与此前不同的是,这里已透露了对中国文化的一些较深层的看法,也就是,关于中国的知识和评价已有了某种观念上的表现。

几乎所有的评价都是如此毫不掩饰地大加赞美,这也许是"爱屋及乌",因为,以中国丝为代表的物文化实在太令人着迷了。这当然也是人们还囿于识见,或识见过于直观,因为,这些评价显然既不确切又缺乏逻辑。所以,更能解释这一现象的,则是文化交流中的一种互补心理,太熟悉的东西往往使人麻木不仁,提不起兴趣,而异国情调往往让人耳目一新,兴味盎然,连评价也常会远远高于实际情况,这时的"不识庐山真面目",不是由于"身在此山中",而是由于"身在此山下",过于抬头仰视,带上了感情和理想的色镜。外国人看中国如此,中国人看外国亦然,当时中国的史书,如《后汉书》,记到被称为"大秦国"的古罗马时,也随处可见那种推崇备至的口吻。所以,法国中国学家L.布尔努瓦说:"东西历史如同出一辙,都把遥远国家当作自己理想中的王国;为了使商人们在交往中彼此之间建立互相信任的气氛,史料中都喜欢表现一种乐观主义情绪。"[1]

第三,交往途径是艰难的,代价是高昂的,从中可以看到文

---

[1] L.布尔努瓦:《丝绸之路》,新疆人民出版社1982年版,第147页。

化交流的一些推动力。

中外交通的道路究竟有几条？是如何开通的？作用如何？这些常常是专家们热衷的话题。从目前的研究来看，我们知道，偏于北方的中西交通线——斯基泰贸易之路，或许是迄今比较清楚的最早通道。位于中国西南方的由四川、云南等地进入缅甸、印度等国的道路也是很早就存在的。另外两条通往印度的道路，则是著名的"丝绸之路"和南面环绕中南半岛的海路。这两条道路都是在公元前后繁忙起来的，具有特别重要的意义。"丝绸之路"从玉门关和阳关出发，又分南北两道通向西域。南道，依傍天山的北麓行进，然后，又逶迤盘旋，朝塔里木和叶尔羌河一直到达莎车国，再翻越帕米尔高原，继续西行至大月氏和安息。北道，沿天山前进，再沿疏勒河而回环旋绕，到达疏勒，再越帕米尔高原，西行到大宛、康居、奄蔡。"丝绸之路"的艰难，是与张骞10多年出使的奋力凿通，班超30余年征战的再度打通等历史联系在一起的。与此相比，海路的艰难也毫不逊色。那些航海者乘坐的是帆桨船，他们的技术仅仅只有人工所做的标记和沿海岸线航行的经验。伊巴露斯发现信风，当然大大提高了海上贸易的效率和规模，但并没有从根本上改变航海条件，因为人们面对的是喜怒无常的大海、贪婪凶残的海盗，还有为独占贸易利益而从中阻挠的中亚、南阿拉伯各国。为此，公元前70年，古罗马统帅、执政官庞培发动了地中海战役，主要目标就是为了打击海盗及其支持者本都国王米特拉达梯六世。六个星期下来，俘获的海盗船不下400艘，摧毁的达1300多艘，近万名海盗被投进大海，两万多名被俘。庞培的胜利，也从一个侧面说明了海上交通的艰巨，而且，这种胜利，是无法从根本上改善海路文化交流的条件的。

但是，人们并没有畏缩不前，他们跨过了前人的尸体，汲取了前人的知识，继续开辟人类文化交流和文化互识之路。这其中究竟包蕴着何等动力？

首先是物质需求的诱惑。据普林尼说，罗马帝国向印度、赛里斯和阿拉伯半岛输出货币，按最低估计，每年可达一亿赛斯特斯。尽管如此，罗马每年还是有 120 艘商船从埃及到印度，同亚洲商人进行贸易，他们当然也追求利润，所以，《后汉书》曰："大秦国一名犁鞬……与安息、天竺交市于海中，利有十倍。"①而且，对罗马贵族来说，他们流水似的花钱，也无非是满足私欲。问题在于，这种对于利益和私欲的追求着实地推进了文化的交流，这也许正是物质利益原则在文化交流中的基本地位的体现。所以，古代外国人对中国人在商业和贸易活动中过于豁达大度的说法，并不完全可信，因为这等于取消物质利益原则的普遍性。不过，我们也真的不能忘记中国确曾有过轻视商贸、耻言利欲的虚伪传统。

其次是战争的力量。在古代，战争是频仍不息的，仅就《春秋》一书所记，言"侵"者 60 次，言"伐"者 212 次，言"围"者 44 次……还有许多地方提到了"取"和"灭"。在世界范围内，金戈铁马、血洒疆场、尸横遍野也是屡见不鲜。的确，战争在人类生活中是一个令人憎恶却又难以消除的怪物，值得做多方面的研究。仅就文化交流而言，战争一方面是人类文明的破坏力，另一方面却又是人类文化得以传播的媒介物，尤其在文化传播的手段尚不发达和丰富的古代，战争这种血腥的和野性的力，几乎成为每一次大的文化开放、文化交流的推动力和冲击力。前面已一再提到，中国各民族间的内部战争，特别是与北方民族的战争，造成了匈奴西迁，这对于西方文化影响甚大。由此而起的公元后的那次民族大转移，甚至被认为是西罗马帝国瓦解的重要因素，并且，在此过程中，由于日耳曼人的兴起而发生了基督教的突进、西方

---

① 《后汉书》卷八十八，第 2919 页。

各国的初创,乃至一些西方语言的发生。别的重大的战争行动,都可作如是观。亚历山大的东征自然是这一历史时期中最具划时代意义的事件,所以,我们以此作为本章的标题。

再次是海洋的作用。日本学者内田银藏曾指出:"海洋固然一方面可以把国家和国家隔开,但同时也可以把国家和国家结合起来。因为远程交通每多经由海道反而更加容易。即使在古代,海上交通也一定格外方便,而且很频繁。"事实也正如此。我们知道,希腊土地贫瘠,幅员狭小,其之所以能孕育出灿烂的古希腊文化,首功在于海洋。正是海洋提供了希腊人向外部,特别是向东方寻求别种文化的可能,并且在长期的实践中,形成了其开放性的良好的文化性格和传统,这大概也为后来罗马水手伊巴露斯能发现被称为"贸易风"的信风提供了心理准备。相形之下,中国的甘英,人到了波斯,却为波斯人几句关于海的可怕的描述所唬住,最终大大推迟了中国人最早抵达罗马的时间。这实在令人在遗憾之余,深长思之。

不过,中国东部漫长的海岸线也告诉我们,中国文化传统也是多元的,其中也有海洋文化所具的那种游走特点和开放性格。近年来,在文化交流史上对东南沿海一带的研究,正在证明这一点。

最后是世界观的影响。被我们视作这一阶段终结的埃及僧侣科斯马斯,之所以耗其一生,先是四处游历,继而埋头著书,无非是出于信仰上的原因,他的书名《世界基督教诸国风土记》就说明了这一点。在书中,他首先宣传的是他关于世界是平的而非球形的宇宙观,然后再分述各国情况。信仰就这样督促了一些人去四处游说宣传,客观上传播了本土文化,认识了异域文化;信仰当然也制约了人们的认识和观念,托勒密的地图把中国当作东方世界的尽头,这或许造成了当时受其影响的人们把中国看成一个缄默无声、清静少欲的国度。

第四，近邻在认识中国的过程中扮演了重要角色。

"近邻"这一概念在漫长的中国历史上具有相当的不确定性，而且从文化的角度看，又往往属于中国文化的辐射范围，至少也属于东方世界。鉴于此，本书不拟多述这些国家和地区关于中国的知识和观念的演变。但这绝不意味着这些国家和地区在中外文化交流和国外中国观的变迁中无足轻重，恰恰相反，它们扮演了颇为重要的角色。

印度及古印度文化是人类文明史上永远不可忽略的一脉。我们已经多次谈到并且还将经常涉及印度在中外文化交流和国外中国观的变迁中的地位和作用，这里不做专门讨论。

日本是东方世界中的又一主要成员。公元前3—前2世纪，中国文化即开始传入日本。日本山阴、北陆等地曾发现了很多形状酷似先秦古镜的日本造铜镜；同时，中国的铜剑、铜铎等也经朝鲜横渡对马海峡传入日本北九州等地。日本学者木宫泰彦在《日中文化交流史》一书中认为，当时"日本海上由于里曼海流和对马海流便出现了大体上沿着周围陆地向左旋的环流"。他称之为"日本海环流路"，正是它联结古代日中两国的交通。①两汉三国时，中国与北九州一带交通更多，《汉书》《魏志》等史书中记"倭国""倭人"即指那一带。从公元238年开始，曹魏与"倭女王国"（北九州）正式联使来往，10年中达6次之多。在3世纪初，中国蚕业已传入北九州，当地居民把茧含在口中抽丝。到4世纪中叶，北九州归日本大和朝管辖，不久又和南朝正式通聘，其后《宋书》等提到"倭国"，已泛指日本。而日本由于早在三国时代同孙吴来往，故一直沿称南朝的宋、齐、梁、陈为"吴"。日本人也开始学习汉字和中国书籍。日本史称中国人为"秦人""汉人"，这些中国人由朝鲜半岛的乐浪、带方等处移入日本，许多人

---

① 木宫泰彦：《日中文化交流史》，商务印书馆1980年版，第1、2页。

从事织工和裁缝，有些人并以织绢技术而取得了"绫人"称号。到了6世纪前后，在热衷于引进中国文化的圣德太子的推动下，中国的儒、道、佛诸家学说跨越滔滔东海流入日本，从而使中日文化交流和日本的中国观，在世界范围内率先进入高层次，并在这一基点上，逐渐发展起异质的日本式的儒家文化和日本的汉学、中国学。不过，这是后话了。

中国与印度尼西亚的交往最早至少可溯至公元132年，《后汉书·列传》卷七十六云："顺帝永建六年，日南徼外叶调王便遣使贡献，帝赐便金印紫绶。"所谓"叶调"，据一般史家考证，即为爪哇。中国史书在汉朝时称柬埔寨为"扶南"（或作"夫南"）。公元226至231年间，东吴孙权派朱应、康泰泛海到"扶南"，这是我国第一次正式派使臣到柬埔寨。中国和缅甸的交往，由于流贯中缅的江河是天然通道，故远在公元前2世纪，中国商人便循江入缅，并很可能转入印度、阿富汗。《汉书·地理志》所记邑卢没国、谌离国、夫甘都卢国，都在现在缅甸境内。这些国家都曾派人从海道来中国，汉武帝时也派人从南海郡（今广东）航行到那些地方去。其他如中国与朝鲜、越南，以及北方诸民族的交往都有悠久的历史，不一一列举了。

重要的倒还不是这些交往本身，而是这些交往在中外文化交流和国外中国观变动中的地位和作用。从中国与上述邻国的关系，再加上前述中国与西域诸国、阿拉伯诸民族的关系，可以得出这么几点印象：地理的便利使得中国与诸多近邻交往十分频繁，所以，近邻对中国的知识和认识要比西方人更直接更准确些，这大概可以称为文化交流和互识中的一种"近水楼台先得月"的地域效应，此其一。这些国家对中国知识亦有很大局限，主要是"偏于一隅"，如一般与东南一带的中国地区和人民交往较多，故说不上有整体的认识，加之，过于直接的低层次的交往，反而冲淡了观念形态上的评述的兴趣。就此而言，并不比西方同期的中国知识高明多少,这是上述地域效应的负面,此其二。这些国家加上西域和阿拉伯诸民族,在中国与欧洲的交往中起了极其重要的中介作用,此其三。

这一中介作用具有特别重要的意义,我们将看到,自从中国与欧洲在陆、海两路开始直接贸易之后,一些重要的国外关于中国的知识和看法,多先出自这些中介地区或与这些中介地区有关,其中最突出的例子可以举埃及的亚历山大城,这是马其顿的铁腕人物亚历山大建立的,被斯特拉波赞为"优良的海港""埃及的唯一的海上贸易地",也是"埃及唯一的陆上贸易地",甚至是"世界上最大的市场"。这一历史名港名城,在当时东西方贸易史、文化交流史上起了极重要的中介作用,而且本章所记一批著名的人物,如马里纳斯、托勒密、科斯马斯等都与此地有关。特别是当这些中介地区不仅在地域上,而且以第三种文化的形态介入文化交流的诸极之后,其地位和作用更不容忽略。自公元6至13世纪的又一个800年左右的历史,主要就是东方世界领了世界之先的时代。

第四章 马可·波罗时代以前
——准中国观时期

第二个800年是在中世纪度过的。但是,站在世界文化的高度,这只是"东边日出西边雨",因为,同样出现了一个文化开放期、交流期和互识期。在这一背景下,关于中国知识和观念的大发展是必然的,当然还算不上充分意义上的国外中国观。

一、第二个世界性的文化开放期:拜占庭、阿拉伯和中国盛唐文化的同步

如果说公元前后国外对于中国的认识的发展,是与第一个世界性的文化开放期密切相关,那么,公元10世纪前后国外对中国认识的又一次大发展,则与下述第二个世界性的文化开放期直接相连。

第二个世界性的文化开放期,在中国历史上大致相当于盛唐时期。这时,尽管欧洲由于进入中世纪的长夜而陷入文化危机,但是,从世界文化高度俯视全球,人类文明的进程却并未中断,它再演了一幕各种文化大开放的话剧。主角依然有三个,它们是:被罗马帝国奉为正统的基督教文化、正在崛起的阿拉伯世界的伊斯兰文化和盛极一世的中国唐文化。

恩格斯曾说过:"古代'世界秩序'彻底瓦解以后才产生了基

督教,基督教不过是这种瓦解的表现。"①这个"世界秩序"首先指的就是罗马帝国雄踞西方世界的黄金时代。然而,为什么最初以对于现存政权的破坏力量出现的基督教,不久却能成为该政权的有力支持者呢?从文化的角度来分析,首先是由于文化的继承和吸收。古罗马文化继承的是古希腊的传统,吸收的是周围其他民族的养分,基督教就深深地带有犹太文化的烙印。其次是由于文化渗透到了普通人的生活之中。基督教的宗教生活对于已经有了古希腊哲学、古罗马法制之后的西方文化是一种有力的补充,并渐次成为西方文化的几个基本元素之一。在这种情况下,尽管罗马帝国处于风雨飘摇之中,但西方文化由于注入了基督教文化这一新的因素,依然十分活跃,并在种种必然和偶然的事件中向四方扩展流播。其中"聂斯托利派"(Nestorians)的命运具有相当典型的意义。

聂斯托利生于叙利亚,公元428年出任君士坦丁堡大主教。他对教父思想家奥古斯丁的"三位一体"的教义提出异议,并认为基督不仅具有神性,而且具有人性,所谓基督乃人体而为"Theophore"者;Theo,神也,Phore,盛也,意思是基督为盛神之器,而非真神。聂斯托利派的教义,遂成为"异端",为此,公元431年,在以弗所(Ephesus)召开的世界基督徒大会上通过一项决议,宣判聂斯托利派犯了"异端"罪,将聂斯托利革职流放,没收财产,禁其传道。然而,以弗所大会上的众口一词和严厉禁止,却转化为东西交通大道上的聚讼纷纭和自由宣传。聂斯托利出奔波斯,4年后逝世,但该派教徒,却大量流亡到东方各国,乃至公元635年,波斯人阿罗本(Olopen)"占青云而载真经,望风律以驰艰险,贞观九祀,至于长安"。此时正当我们所说的第二个世界性的文化大开放期。

---

① 恩格斯:《论原始基督教的历史》,人民出版社1961年版,第22页。

聂斯托利派的理论与东罗马正统的基督教义是相对立的，但我们仍把它作为这一时期基督教世界的开放性文化的一例，理由何在？其一，尽管聂斯托利派是基督教文化内部的异端，但对于东方文化来说，仍然是地道的外来文化，难怪中国后来的学者一般不区分输入中国的基督教各派，而统称之为景教。其二，中古时期东罗马帝国的拜占庭文化，在文化交流史上有独特的贡献，因为，它表现为中世纪西欧教会的异质文化。拜占庭文化保留了古希腊、古罗马文化传统，同时又具有浓重的世俗化气息。就与中世纪西欧教会的相异来看，聂斯托利派与拜占庭文化是一样的。

但是，聂斯托利派的基督教在流亡东方的过程中，已裹挟了沿途各色文化，如在当时中国所用的那种经典的术语中，既有该派本来的用语——叙利亚语，又有中期的波斯语及方言——窣利语。所以，有的国外学者也把景教传入中国看作与祆教、摩尼教的传入中国一样，属于伊朗文化东渐的序列。

在中世纪世界文化潮流中处于领先地位的阿拉伯伊斯兰文化，也是在这一时期诞生和迅速发展起来的。在某种程度上，可以说阿拉伯伊斯兰文化的发生是东西方文化交流的结果：从消极方面说，正是阿拉伯半岛在东西方交往中有利地位的丧失，才形成了阿拉伯各民族统一自强的民族意识。发生在公元6至7世纪间的波斯同阿比西尼亚（今埃塞俄比亚）和波斯同东罗马（拜占庭）帝国间的战争，致使原来作为东西方贸易中转要道的红海商道遭到破坏，而红海商道几乎是南阿拉伯经济的命脉。从积极方面说，尽管红海商道衰落了，但它刻印在阿拉伯人心中的良好的文化交流的习俗和观念仍在。在伊斯兰教产生以前，在商贸最发达的汉志地区，就已存在一些犹太教社团和基督教会组织，这表明，阿拉伯文化早就具有兼容并蓄的宽容态度。所以，穆罕默德（570—632年）和他创立的伊斯兰教从一开始就具备了弘扬阿拉伯民族精神和广交世界文化的双重优点。

横跨亚、欧、非三大洲的阿拉伯帝国是继两次震撼世界的"伊斯兰远征"之后才出现的。这两次远征分别发生在公元634年和公元7世纪末到8世纪初,其共同的引人注目的特点在于东征和西讨并举。于是,到穆罕默德死后100周年之际,阿拉伯帝国已经是一个东起印度河,西临大西洋,北自黑海,南到尼罗河流域的伊斯兰封建大帝国。而伊斯兰教也已经发展成世界性大宗教,其教区东起亚洲的帕米尔高原,西至非洲撒哈拉大沙漠,北到欧洲的西班牙。阿拉伯伊斯兰文化在人类文化史上的巨大贡献是有目共睹的,只需举出闻名于世的阿拉伯数字与零的发明、传播和得名,就足以说明这一点了。如果从文化交流和传播的角度看,阿拉伯伊斯兰文化的更显著特点恐怕还在于对人类各种文化的聚积和扩散,就像当年他们在红海之滨从事的中转贸易一样。没有阿拉伯人对古希腊、古罗马智慧和知识的聚积,没有阿拉伯人将伊斯兰文化向欧洲扩散,就不会有以后的欧洲文艺复兴。在与东西文化的关系上,这种聚积和扩散作用也相当突出,这又有东西并举的"伊斯兰远征"的遗风。公元651年,伊斯兰教哈里发奥斯曼(Caliph Uthman)派遣使节来唐,成为外交史上中国与阿拉伯世界的第一次交往。《旧唐书》卷一九八有"大食传",传中记"永徽二年,始遣使朝贡。其王姓大食氏,名噉密莫末腻,自云有国已三十四年,历三主矣"[①]。三主,当为穆罕默德及艾布·伯克尔、欧麦尔,而"噉密莫末腻"(Emir almu-menin)一词,意为"信徒之王",乃奥斯曼的尊号。另据中国史书记载,阿拉伯国家派使至唐共达37次之多(其中当然亦有一些系阿拉伯大商人假借使节之名、行做生意之实的情况)。

---

① 《旧唐书》,中华书局1975年版,第5315页。

自公元7世纪以来,中国和阿拉伯世界之间的交通,基本循着陆、海两路施行:陆路系指从波斯、中亚细亚,通过新疆的"丝路"到达长安;海道则是从巴格达经波斯湾、印度洋绕马来半岛到广州。与外交、外贸乃至战争相伴,伊斯兰教也由这两路传入中国。梅森(Issac Mason)在《亚洲评论》1933年10月号上撰文指出:"回教入中国有二途,其性质及目的皆绝相异者。陆道仅能输入回教于西部,殖民之力实为有限;海道则能布散殖民于各地或近海之区,不久而遍入内地。尚有藉旅行而渗入者,为时既久,所积遂多,故中国回教人口率能其广大。"元朝以后的历史表明,从陆路进入中国西北部的回教,在中国产生了更为重大而持久的影响。

这一开放期的文化大交汇,也是由中国文化共同参与的。这主要表现为盛唐文化磅礴雄伟、不拘一格的宏阔气度,不胫而走、惠泽四方的旺达景象。

以景教在中国受到的待遇为例:当波斯人阿罗本带着景教的经典来到长安,唐太宗令当时的宰相房玄龄、魏征等迎之于宫中,允许其经典的翻译和宣传,并且命令建筑波斯寺(当时以为景教出自波斯,至高宗天宝四载,即公元745年,改为大秦寺),度景僧21人。唐高宗时更以阿罗本为镇国大法主,到德宗建中二年(781年),大秦寺僧景净建著名的"大秦景教流行中国碑",其中记高宗时(649—683年),"于诸州各置景寺……法流十道,寺满百城"。当时唐分全国为十道,如碑中印记属实,则可见只数十年工夫,景教便已传遍全国。这一情况随唐室之盛衰而盛衰。

上行下效,当时全国有志之士,发扬"万里山川,拨烟霞而进影;百重寒暑,蹑霜雨而前纵"的精神,向西土求知,向外国求知,绵延数百年,西行人数,现在可数者尚有100余人,其中以太宗之世为最盛,又以法显与玄奘为最著。

在这种开放政策和氛围之中,盛唐时期对外贸易发展极快,出现了七条国际海陆通道。公元7世纪末,阿拉伯商人在广州、泉州、杭州诸港者,动辄以数万计,而唐朝只在诸港设置提举市舶使,对外来商船只收舶脚(船税),不收商货税。唐朝的开放又是较彻底的,在政治上和军事上也唯才是举,唯贤是用,而不分民族、国籍,乃至昔日死敌、手下败将都可能委以重任。试读《新唐书·诸夷蕃将列传》,即可知其时唐代对于外族之优渥,以及诸蕃将仕唐之热忱,这真是名副其实的"如将彼俘来一样,自由驱使,绝不介怀",鲁迅此语,原意是称颂汉唐时代的文化开放,这种文化开放自然是与经济、政治等方面的开放相依存的。的确,正因为唐文化向来欢迎异国情趣,所以,长安城里,华夏国中,才会有这么多菩萨蛮、昆仑奴、遣唐使、学问僧,有这么多唱不完、吟不尽的"胡音、胡骑与胡妆"。而唐文化也才能远被四海,流芳百世,以至于自古就有"唐家子"之称,至今仍有许许多多的"唐人街"。

二、阿拉伯人领世界之先:公元7至10世纪的国外中国知识

伊斯兰教的创始人穆罕默德这样说过:"学问即使远在中国,你们也要去寻求。"这一阶段,如论国外对中国记述最多的人物,大部分都属于阿拉伯民族或伊斯兰文化圈。即使像公元7世纪初的东罗马历史学家西摩卡塔关于中国的记载,也被认为是与他之后的阿拉伯人关系密切,而与他之前的拉丁文和希腊文著作关系较远。比如,他把中国称为"陶加斯"(Taugas),而不是如古希腊、古罗马那样称为"秦""赛里斯"。据日本学者桑原骘藏考证,这与中世纪伊斯兰教徒称中国人为"堂格资"(Tamghaj,或作 Tomghaj、Toughaj),唐代突厥碑文"塔布加紫"(Tabgač),

北宋时回鹘人的"塔普卡紫"(Tapkac)，元时西域人指中国人为"桃花石"等，都是一致的，实乃"唐家子"的音译，是中国盛唐文化的巨大影响在国外关于中国知识中的一个反映。与前一阶段国外对中国的记载不同，西摩卡塔的著作，对相去不远的中国历史，即隋文帝统一中国之事已做了记载，并说到了中国政治："陶加斯国王，号天子(Taissan)，犹言上帝之子也。国内宁谧，无乱事，因威权皆由国君一家世袭，不容争辩，崇拜偶像，法律严明，持正不阿。"西摩卡塔的知识，仍得自传闻，所以不免失准，如把洛阳和长安看成亚历山大东征时所建。但是，他开始注意中国的历史和政治，这是一个不小的进步。

今天所知，最初作中国游记的阿拉伯人当推苏莱曼(Suleiman)。作为商人，他曾于公元9世纪上半叶到中国旅行，甚至在广州居住了好几个月，所以，他在公元851年著成《苏莱曼中国印度游记》。尽管此书在后来的研究者那里引起过许多怀疑和争论，但现在人们都同意，这是那个时代国外关于中国知识的最重要文献之一。这部游记于1845年由法国莱奴德(U.Reinaud)重译并详加考证，附阿拉伯原文，全书名曰《耶稣纪元第九世纪阿拉伯人及波斯人之印度中国纪程》。书的前半部为苏莱曼(或者还有别的佚名者)亲自游历中国的见闻，原作开头部分有缺页；书的后半部则出自波斯湾上的商港锡拉夫城(Siraf)人阿布赛德哈散(Abu Zaid Hassan)之手笔，是其根据传闻所记，自己并没有亲自到过中国，因为当时锡拉夫的船只已不再开往中国了。公元916年前后，他编辑了苏莱曼的游记，并补充了自己的记录，特别是附录了他与其友人伊本·瓦哈布(Ibn Wahab)的对话，详述了后者在长安京城与唐僖宗的一次谈话。

这部游记的出现，表明国外关于中国的知识有了明显的长进。

与西摩卡塔一样,他们对于中国政治和历史亦有相当的兴趣,并且了解得更为具体。阿布赛德哈散一开始就指出,苏莱曼书成后60余年间,中国国内情形大变,阿拉伯世界与中国贸易几乎全部停滞,并较详细地记录了中国国内事变的原委,即黄巢起义对唐王室的动摇,以及此次起义对广州的破坏性影响,特别是由于起义军杀死了多达12万的外籍伊斯兰教徒、犹太教徒、基督教徒和袄教徒,砍倒了桑树和其他树木,导致阿拉伯航海家们最终放弃了广州,而改在马来亚停留。作者指出,这一事变使"中国断绝了与外国的一切海路联系。这就等于毁灭了这个国家,各种法令都废止了"。对于中国最近发生的历史事件做如此直接而迅速的记述和评论,在以前是少见的。

当时对于中国文化的了解,在深度和广度上都有拓进。对于中国茶的介绍也是前所未有的。苏莱曼说:"中国人用一种干草冲水喝。所有中国城市都出售这种干草,而且数量也相当巨大。人们称之为'茶'。茶比苜蓿草的香味更加浓郁,但略带一股苦味。人们把水煮沸之后用来冲泡这种草。这种浸剂用作解毒药以消除身体的各种不适和微恙。"苏莱曼的时代,饮茶已成了唐代人的风气,然而作为最重要的出口商品,则要到两个世纪以后。苏莱曼的介绍还涉及中国的官制、行政、学校、民俗、货币、宗教等,特别对商贸情况记载更详,如对当时对外贸易的中心城市广州(Khanful,译作康府,一般认为即广府、广州)的描述,若非在其中生活了数月,是难以如此细致入微的。这与以前对于中国的地理知识不仅不准确而且空乏的时代相比,不可同日而语。当然,苏莱曼对于中国的地理知识缺乏自觉的重视,这大概也与需要有关。因为那时人们纷纷亲自跑到中国,人类文明史上第一次地理探险和发现的成果已转化为现实生活的进步,地理学也从猜想进入实证(当然尚属经验层次的实证)。

这部游记最令人感兴趣的,还是那位久居中国的阿拉伯人伊本·瓦哈布在黄巢起义前,由广州北上至长安,经耐心等待,得以觐见皇帝,并与之面对面交谈的情景。因为,这件事典型地反映出当时阿拉伯人对于中国的强烈兴趣。当皇帝问他为何不远万里跑到中国时,他答曰,除了阿拉伯帝国内部的原因外,主要还是"久闻中国之繁华,好奇心盛,欲身历其境,以扩眼界",并表示"余不久即回故国,当宣传中国之华丽及其土地之广大,且宣皇上之恩意也"。满足好奇心和颂扬中华文明,这种动机算不上新鲜,但这位阿拉伯人又特别强烈地对中国最高统治者的世界观和宗教意识等高层次问题表现出兴趣,这却又是前所未有的。如他们讨论了"世界之寿命"有多长的问题,讨论了各种宗教观念及其创始人的情况,记下了中国皇帝对当时国际政治的看法,等等。他借中国皇帝之口表示,在当时伊拉克国王、突厥国王、印度王、希腊王、中国皇帝五者之间,以伊拉克国王为王中王,中国皇帝次之。人们不难看出,这一定是伊本·瓦哈布将谈话记录做了变更,中国皇帝怎么可能甘居世界第二呢? 这种以世界第一自称的心理,也从一个侧面,说明了阿拉伯人在当时确实在许多方面领了世界之先。

稍晚些的《黄金牧地》一书,由于其所言大致与苏莱曼等相同,如也记述了黄巢起义及其对中国外贸事业的影响,也几乎重复地提到了阿布赛德哈散说过的几个城市,所以,可以看作是对苏莱曼等所著游记的可靠性的一个支持。因为,众所周知,《黄金牧地》一书,系当时阿拉伯著名的纪传体历史和地理书,作者马苏第(al-Masudi, ?—956年)是阿拉伯最负盛名的历史学家和地理学家,自幼年即周游列国,曾到过埃及、东非、叙利亚、伊朗、印度、东南亚、中国等地,晚年定居叙利亚与埃及,写成《黄金牧地》一书,其中包括各地的地理和社会风习。

中世纪阿拉伯人的地理学是处于领先地位的,除了上述《黄金牧地》之外,还可以举出伊本·库达特拔(Ibn Khurdadbeh,约

820 或 830—912 年），他著有《道路与省区记》一书，与他作为邮务长官的身份相符。此书专记各站地名及相距里数，并附有详注，其中记到中国，叙述了一连串沿海城市的风土特产，曰："中国有三百名都大邑，皆人烟稠密，富厚莫加也。"伊本·罗斯德（Ibn Rosteh）在公元 903 年所著的百科全书式的一书，亦记到了中国，但过于简略，而且不够准确。稍晚些，还有伊本·穆哈伊尔（Abu Dulaf Misar Ibn Muhalhil）。他在 10 世纪中叶旅行中国，自称是中国派至波斯之使者的伴随者，著有《游记》，从中但见他浪迹天涯，纵横无定，而且所记人名和地名皆不可考，据说可能是原文佚失，而断章则补缀不全，排比未善。尽管如此，此书亦为当时一重要资料，因为到 13 世纪，人们还常引用该著。其他还有阿尔比鲁尼（al-Birūni, 973—1048 年）所著之《地理书》，可惜其书已失。

10 世纪真是阿拉伯地理学的黄金时代，于是国外关于中国的知识便自然地水涨船高了。地理学发达之原因，一为疆域辽阔，阿拉伯帝国乃中世纪最大的新生儿；二是阿拉伯人的邮驿制度较完备，以至于出现了邮务部长官亲自写地理书的事；三是伊斯兰教徒在一生中有到麦加朝圣一次的规矩，而这些人又惯于施舍和断食情况下的生活，这就为其远途旅行提供了条件。不过，诚如我们前面所述，最根本的原因，恐怕还在于世界性的文化开放期，阿拉伯人又身逢盛世，具备了一种良好的心态。

但是，11 世纪以后，阿拉伯地理学开始衰退，除一二例外，一般都只能重述前人所言，而乏新知。最典型的要算西西里岛人伊德里西（Idrisi）奉岛主之命，于 1153 至 1154 年间撰写的地理书。书中所记中国及其他亚洲部分，皆简略而杂乱，甚至认长安为河名，并且重复了托勒密地图中的某些错误，如把非洲海岸不合比例地一直东伸，其边缘与中国接壤，印度洋就此又成了一个封闭海。

对于这种倒退现象，可以做出许多解释，比如知识传播的广度不够，主要的传播者是阿拉伯商人，其游记往往具有诡谲性，而且经贸情况和科学知识是不成正比的，等等。但作为一种总体上的知识的衰退，不能不从更为广阔的历史背景下寻找原因。从文化的角度，我们可以推测：一定是什么重大因素，暂时地阻挠了文化交流的顺利进行。果然，证诸历史，我们发现10世纪前后，被我们称为第二个世界性文化开放期的三大文化——基督教文化、伊斯兰教文化和盛唐文化，都已经或者正在走向衰退或没落。实际上，唐武宗会昌五年（845年）废景教等外来宗教一举，就表明中国的唐朝已失去了极盛期的那种对外来文化的自信心和吸收力。之后便是内部的黄巢起义、外部的北方胡族骚乱，致使对外关系处于停滞状态。五代时不提，就是宋代，除了对外贸易尚算兴旺（因为，它很大程度上支撑了国家财政），至于与外部的文化交流，则明显减少。当然，前一阵连续数百年的文化大开放，留给人们许多需要慢慢咀嚼的东西。所以，也许可以说，宋代是一个思维上的收敛期，文化的民族性、区域性和传统性在突出地发挥作用，从而酝酿了理学的诞生。这一过程要不是蒙古民族急风暴雨式的冲击，恐怕会与明朝的历史衔接得更好，所谓宋明理学，此话不虚。而说到伊斯兰文化，最出风头的时代已随着公元9世纪后期阿拔斯王朝的衰落而成为过去。在中亚，阿拉伯统治解体后，新兴的一个个王朝，也往往好景不长，如塔吉克人的萨曼王朝（874—999年），不过100多年就一命呜呼了。而伊斯兰封建统治的大本营，也仅由于法蒂玛王朝（909—1171年）（中国古称"绿衣大食"）在叙利亚、巴勒斯坦以及阿拉伯半岛的西部地区偏安一方，才得以继续维持。至于基督教文化，自从公元4世纪罗马帝国一分为二之后，就潜伏了以罗马为代表的西部教会和以君士坦丁堡为代表的东部教会日后长期的明争暗斗。一方面，拜占庭帝国的出现是罗马帝国政治重心东移的结果,拜占庭文化也由于其得天时地利之便,而与世俗生活,与其他文化有了更多接触的机会;另一方面,西部的欧洲天主教,其势力迅速扩大,到公元8世纪中期,法兰克国王亲自把意大利中部一块土地赐给教皇(史称"丕平赠土"),从而奠定了教皇领地的基础。于是,基督教世界的东、西两大派的最后决裂便势不可免,一直到东西方教会互相开除,最后分裂乃告完成,时值1054年,公元11世纪。尽管拜占庭帝国一直存在到15世纪,并从文化的发展形态上看,开始走上了多种文化结合的道路,成为东欧文明的直接先导,但这毕竟是后话了。而在盛唐文化和伊斯兰文化衰落得差不多的时期,拜占庭文化也随拜占庭帝国的削弱而走向末路。1071年拜占庭帝国在曼西克特战役中失利,甚至使科穆宁王朝的皇帝阿莱克修斯一世数次屈膝求救于教皇和德意志皇帝。

在这种形势下,文化交流自然非受影响不可,于是,国外关于中国的知识和评论也一度沉寂下来。但是,这仅仅是暂时的,数百年的文化大开放,还非强弩之末。

三、数位传教士和四大旅行家:公元13、14世纪的国外中国知识

继续弯弓射雕的是蒙古大汗和罗马教皇。

蒙古民族历史上的真正飞跃是发生在13世纪初期。这之前,他们还不过是处于氏族部落时期的游牧民族,而一跨入13世纪,却已经以一个统一的民族出现在世界舞台上,并随即扬起他们那"上帝的神鞭",马不停蹄地进行大规模的侵略性远征,历经半个多世纪。其间,自1219年成吉思汗西征花剌子模,到1237年拔都和1253年旭烈兀的两次西征,使中国抵欧洲的交通畅行无阻,并一直到忽必烈1271年在北京建立元朝,1279年

灭了南宋,统一中国。历史的评说往往难以一概而论,当我们称赞成吉思汗为"一代天骄"之时,西方的人们却对所谓"黄祸"如谈虎色变。但是,从文化交流和文化发展的立场出发,谁也不能轻视成吉思汗的巨大影响,因为,他为中国文化注入了尚带有原始意味的新力量。这种力量又挟汉文化的先进和丰富,向西方世界做了交锋和交换,从而把中国的版图扩张到空前绝后的程度,创造了与基督教文化和伊斯兰文化及其他各种文化直接会面的地理和交通条件。1000多年来时断时续的东西海陆交通,这时更畅通无阻,真所谓"四海为家","无此疆彼界"。这种情况给国外关于中国的知识和观念带来了三个直接的结果:其一,中国的物文化进一步西传,其中包括火药、罗盘、印刷术、造纸等极为重要的发明,多是在这一时期辗转西传的。其二,大批外国商人和旅行家来到中国,这些人回去以后口述手记,使国外关于中国的知识大增,甚至造成了国外中国观的萌芽,最著名者可以举出马可·波罗(Marco Polo)和伊本·白图泰(Ibn-Battutah)。其三,罗马教廷产生了对于向中国派遣传教士的急迫心理和浓厚兴趣。照 L.布尔努瓦的说法,元帝国的崛起,使"西方人的视野范围突然间扩大了,他们骤然感到茅塞顿开,豁然旷达,获悉天外有天,即在穆斯林帝国之外还有一个强大的和数量众多的基督教民族,这个基督教民族征服了中亚、俄罗斯、中国北部和印度之后,接着又向波斯和欧洲推进"①。

再看看罗马教廷。中世纪的罗马教廷,从来是人们厌恶和诅咒的对象,由教皇乌尔班二世(Urbanus Ⅱ,约1042—1099年)首先发动的十字军东征,更是血腥和掠夺的代名词。十字军东征是西欧封建主、大商人和罗马天主教会以维护基督教为名,对地中海东部地区发动的侵略性远征,自1095年的克勒芒宗教

---

① L.布尔努瓦:《丝绸之路》,第238页。

会议之后，历时近 200 年（1096—1291 年），前后达八次之多。十字军东征并没有达到发动者预想的目的，即巩固和扩大天主教会的势力，排斥信奉伊斯兰教的地中海东岸国家和信奉基督教东正教的东罗马帝国，建立"世界教会"。但是，历史地看问题，我们发现，十字军东征却是冲破了中世纪对西方文化在时间和空间上的禁锢，是早期资本主义在其中躁动的结果，同时也是原因。因此，十字军东征也在客观上造成了东西方文化交流的新态势，与蒙古大汗的西进所带出的三个结果相应，也可以找出三点。其一，由于打破了拜占庭和阿拉伯商人在东方贸易中的垄断地位，威尼斯、热亚那、马赛、巴塞罗那等城在地中海的商业优势从此确立，这就使中国文化与外部文化的交流更进一步延伸到地中海以西和以北。《元史》卷一四九《郭侃传》载蒙古旭烈兀西征大军与十字军在叙利亚交涉一事就表明处于东西两端的人们在这一时期各挟军威、直接会面的新情况。其二，十字军的出现，主要出于宗教和商业的原因，如几乎与蒙古大汗们开始扬鞭西指同时的第四次十字军东征（1202—1204 年），就是在威尼斯这一新兴的商城中的大商人们怂恿下进行的；而这次东征的发动者教皇英诺森三世（Innocentius Ⅲ，1160—1216 年），同时又是基督教僧侣组织托钵修会的扶持者。这一组织的两个主要派别是方济各会和多明我会。这样，威尼斯等新兴城市的商人和方济各会、多明我会的传教士就成为这一时期东来的主要人物。其三，由于十字军东征并没有达到使穆斯林改宗的目的，而蒙古大军的西征也没能消灭伊斯兰教，相反，却再一次创造了多种文化互相交流的条件；所以，这一时期，阿拉伯人对于中国的记载，仍然是国外关于中国知识和观念的主要成分之一。这也是我们把 13 世纪继续归入第二个 800 年的重要依据。

　　在上述大背景下，一度中止和沉寂的国外中国知识和评论又起一个高潮，这一高潮主要的推波助澜者是传教士和旅行家(或兼商人)。

13世纪中期起,基督教传教士陆续受派东来。当拔都率蒙古军队继续西进,威胁到罗马教廷时,教皇英诺森四世(Innocentius Ⅳ)即于1245年在法国里昂召集欧洲各天主教国会议,先图谋策动与蒙古大军的武力对抗,未果。13世纪40年代起,英诺森四世、法国国王路易九世便开始派出传教使团到蒙古地区去了解蒙古的各方面情况,并到蒙古地区传教,以便使蒙古统治者信奉基督教,停止进攻基督教世界。这是13世纪传教士东来的直接原因。

传教士东来的另外两个因素也不应忽视。一是在中国西北地区及阿拉伯中亚一带确实存在信奉基督教的信徒,这便是当年在东方,包括在中国兴旺一时的聂斯托利派,亦即景教徒的后代。中国自唐武宗的"会昌灭法"以后,景教在中国几乎销声匿迹,但在五代和北宋政权鞭长莫及的西北边陲,仍在流行。蒙古各部都有信景教者,所以到12世纪初,欧洲各国已遍传中亚细亚一带有信基督教的一派,且势力颇盛。因而,当成吉思汗骑兵西进时,欧洲人还以为在东方忽然发现了一个同样信奉基督教的民族,在替他们摧毁伊斯兰教徒。而一旦发觉情况不妙,便欲借宗教之力,劝阻蒙古西进。二是蒙古民族自来对宗教遵循一种普遍宽容的宽大政策。据道森(Christopher Dawson)分析,蒙古土耳其斯坦是世界上各种宗教会合的地方,蒙古人作为新来者发现,佛教、基督教、摩尼教和伊斯兰教已经在一些民族中扎下了根,这些民族却又是蒙古人的初步文明的启蒙者,而蒙古人的原始的萨满教(Shamanism)是不能提供精神统一的任何原则的。①所以,成吉思汗亲自规定,一切宗教都应受到尊重,不得偏爱,对于各种教士都应恭敬对待,并把它作为法令的一部分。这

---

① 道森编:《出使蒙古记》,中国社会科学出版社1983年版,第18页。

项原则,他在东方和西方的所有后裔历代都遵守之。

1245年4月,60多岁的柏朗嘉宾(Plano Garpini,约1182—1252年)从法国里昂出发,到达过拔都的帐营,参加过贵由的登位大典。1247年秋,他带回了贵由答复教皇的蒙文诏书及波斯文译文,内称:"自日出之处至日落之处,一切土地都已被我降服。谁能违反长生天的命令完成这样的事业呢?"并盖上刻有"敕旨所至,臣民敬肃遵奉"的玉玺。

显然,柏朗嘉宾没有完成其原来的使命,但他留下了一份详述他这次出使的报告,这份报告用拉丁文写成,并以《蒙古史》或《柏朗嘉宾行纪》的书名留传至今。这是欧洲人最早记述蒙古人情况的著作,其意义当然首先在此。书中也叙述了蒙古国的发达史,以传闻所得记录了蒙古民族兴起的历史。从国外中国知识的发展角度看,如果这类记述仅是对苏莱曼时代重视中国当代史的一种继承,那么柏朗嘉宾对中国宗教和中国文化的重视,则属于某种首创。他写道:"契丹人都是异教徒,他们拥有自己特殊的字母,似乎也有《新约》和《旧约》,同时也有神徒传、隐修士和修建得如同教堂一般的房舍,他们经常在其中进行祈祷。他们也声称拥有自己的圣人,崇拜唯一的一尊神,敬重新主耶稣——基督,信仰永恒的生命,但却从不举行任何洗礼。他们敬重和崇拜我们的《圣经》,爱戴基督徒,经常大量施舍。他们表现为通融之士和近乎人情。他们不长胡须,面庞形状非常容易使人联想到蒙古人的形貌,但却没有后者那样宽阔。他们所操的语言也甚为独特。世界上人们所习惯从事的各行业中再也找不到比他们更为娴熟的精工良匠了。他们的国土盛产小麦、果酒、黄金、丝绸和人类的本性所需要的一切。"对于柏朗嘉宾的贡献和局限,法国著名汉学家韩百诗有一个估价,他指出:"柏朗嘉宾对契丹人所作的描述在欧洲人中是破天荒的第一次;同样,他也是第一位介绍中国语言和文献的人,但由于其中所涉及的都是寺庙和僧侣,所以他所指的很可能是汉文佛经。对于其他情况则相当含糊不清,唯有对汉人的性格和体形的描述除外。"①

当时被派遣东去,负有相同使命的还有多明我会的亚旭林(Asselin,又名安瑟尔莫,Anselmus)和隆如满(A. de Lonjumeau)等,同样是无功而返,只得了一封措辞傲慢的回信。

在中外关系史上可以与柏朗嘉宾并提的同时期传教士是方济各会的会士鲁布鲁克(法文作 Willelmi de Rubruk,拉丁文作 Guillaume de Rubruquis)。1253年初,30多岁的鲁布鲁克奉路易九世之命前往蒙古地区传教和了解情况,主要是了解西欧各国统治者发动的十字军东征有无可能拉拢蒙古统治者作为同盟者参战。5月7日,他从君士坦丁堡起程,先来到钦察草原,见了拔都长子撒里答,因为据传闻撒里答是基督徒。撒里答把鲁布鲁克一行送至伏尔加河畔都汗营地上,遇见了拔都。拔都认为自己无权准许鲁布鲁克在蒙古人中传教,便让他到蒙古帝国大汗蒙哥处去。1254年1月4日,他受到大汗蒙哥的接见,以后,又随蒙哥来到蒙古帝国京城哈剌和林。5月24日,他又被召见一次,得到一封蒙古文的复法王的书信,婉言拒绝了让基督教士在蒙古地区传教的请求。7月,鲁布鲁克也只得踏上归程,并于1255年8月15日到达的黎波里。当地的主教不允许他赶到法国觐见圣路易王,叫他把经历写下来,另派人转交国王。一年后,他用拉丁文写成了给路易九世的出使报告,也即他的《东方行纪》,又名《鲁布鲁克东行纪》。

这也是一本欧洲人记述蒙古情况的早期著作,由于"他是一个罕见的观察力敏锐的人,具有一位艺术家的气质和眼睛","结

---

① 《柏朗嘉宾蒙古行纪·鲁布鲁克东行纪》,中华书局1985年版,第129页。

果是,他写出的游记,成为整个游记文学中最生动、最动人的游记之一"。①道森在说了这些话之后,又把鲁布鲁克的这部著作与马可·波罗等人的名作相提,甚至认为比之"更为直接和令人信服"。《鲁布鲁克东行纪》在13世纪国外对于中国知识的发展上,也是极重要的文献。与前人相比,鲁布鲁克关于中国的记述有三个突出的优点:他是欧洲第一个具体说明了被阿拉伯人和西方人称为"Cathay"(契丹)这一地区的人。契丹是中国北部的一个民族,历史上曾征服过中国内地,所以,很长一段时间内,国外都有指中国北方为"Cathay"的,但同时,又用"赛里斯"、蛮子(如中古中亚作家的著作中,常称南部中国为"蛮秦""Machin")②来指中国南部。可是,这种对中国南北方的区分又是不自觉的,常常把两者看成两个国家,或者混淆不清。鲁布鲁克从丝的产地,推测到了所谓"赛里斯"和"契丹"其实是一个国家,因为当时人们常将各种类的丝以其出产地来加以区分(在当时欧洲也有用"Cathay"来称一种丝的),而这些丝无不源于中国,这样鲁布鲁克须指出:"大契丹(Grand Cathay),我相信,那里的居民在古代常被称为赛里斯人。他们那里出产最好的绸料,这种绸料依照这个民族的名称被称为赛里克(Seric)。而这个民族是由于他们的一个城市的名称而获得赛里斯这个名称的。"这就弄清了一个常常混淆不清的中国地理和名称的对应及统一的问题。这是鲁布鲁克著作的第一个优点。第二,他对中国文化的观察和介绍涉及一些前人甚至后人都有所忽略的领域。关于中医,他说:"他们的医师很熟悉草药的性能,熟练地按脉就诊,但他们不用利尿剂,也不知道检查小便。"关于中国书写和文字,他又说:"他

---

① 道森编:《出使蒙古记》,第17页。
② 裕尔对此有不同意见,他认为:Machin系Mahachina之省书,即"大支那",与"蛮子"无关。但这又回到了我们在前面介绍过的关于"支那"一词来源的争论。

们使用毛刷写字，像画师用毛刷绘画。他们把几个字母写成一个字形，构成一个完整的词。"据分析，鲁布鲁克所言之中国文字及书写，包括马可·波罗在内的中世纪游历家无一人言及之。鲁布鲁克还提到了中国的钱币，说："契丹通行的钱是一种绵纸，长宽为一巴掌，上面印有几行字，像蒙哥印玺上的一样。"今天留传下来的元钞皆忽必烈时代所印行，但据《元史》记载，鲁布鲁克所述的纸币，在忽必烈之前是有过的，只是今天未发现实物罢了。我们知道，纸币的发明也是中国古代文化的一大贡献。第三，鲁布鲁克澄清了西方对于东方宗教情况的谣传或误传。例如，关于蒙哥汗、贵由汗以及拔都的儿子撒里答是否是基督教徒，鲁布鲁克写道：某些聂斯托利派基督教徒"传播着关于撒里答的事，说他仿佛是个基督教徒，他们说蒙哥汗与贵由汗也同样。这些汗只不过对待基督教徒要比对待其他人尊敬一些，实际上他们并不是基督教徒"。鲁布鲁克对中国的宗教情况的了解程度确实胜于前人，如他事实上提到了被蒙古人称为道人的佛徒和穿着狒狒血染红的衣服的喇嘛僧，并与之有直接的交往和交谈。特别是，他还亲自参加了发生在元代的一次由佛教、道教、基督教、伊斯兰教的众信徒一起参加的宗教辩论会。

13世纪后期，传教士的东来又起一高潮。1288年，教皇尼古拉四世（Nicholas Ⅳ）即位，第二年7月13日，便致书元朝皇帝忽必烈，告知他已派约翰·孟高维诺（J. de Monte Corvino）前往中国传教。在这之前，孟高维诺已往东方一次，1289年返罗马后，曾报告基督教在亚洲西部盛况，并谈到蒙古统治者对教徒甚宽厚。这样，他立即又被教皇派往东方，随身携带了尼古拉四世的几封介绍书，马不停蹄地开始了漫长而艰巨的传教活动。直到1307年春，教皇克雷芒五世（Clement Ⅴ）听到他在东方传教成绩卓著，便特设汗八里（即今北京）总主教一席，由孟高维诺担任。同年，复派主教哲拉德、裴莱格林、安德烈、尼古拉斯、安德鲁梯斯、赛福斯托德及威廉等7人携诏书来华襄助孟高维诺。1311年,教皇又派托玛斯(Thomas)、哲罗姆(Jerome)及彼得(Peter)为主教,来协助孟高维诺。到1313年,首次一行7人中只有哲拉德、裴莱格林、安德烈3人到达北京,这3位先后由孟高维诺任命为刺桐(泉州)主教。第二批的彼得也曾任此职。1328年,孟高维诺卒,年81岁。

孟高维诺奉派来远东,曾有三书致西方友人,最早为1292年在印度所写,没有提到中国。1305年1月8日和1306年2月的两信则为中西文化交流史上的重要史料。孟高维诺记录了当时在中国境内的两大基督教派的情况:景教派"在东方势力颇大,竟不许举行其他仪式的任何基督徒甚至建立一座小教堂,也不许刊印不同于景教信仰之任何经义"。"景教徒名义上信奉基督,而实际远离基督教信仰。""他们常常拥我于法庭,以死相威胁。最后,蒙上帝保佑,由于某些人忏悔,皇帝始知我清白无罪,是受敌诬陷,于是皇帝将诬陷者及其妻室逐放。"天主教派在孟高维诺等大肆宣扬下,也很有发展,例如孟高维诺自道:"我在汗八里建一教堂,此地是大汗主要居处。""据估计,在此地经我施洗者约六千人。""我陆续收养四十名儿童,他们是异教徒之子,年龄在七至十一岁之间……""我已谙熟鞑靼人常用的语言和文字。现在我已将全部《新约》和《圣咏》译成其文,并请人用最优美的书法抄写完毕。……无论是弥撒的主要部分还是序祷,我皆用当地语言文字。"当然,所谓"当地语言文字",是指蒙文和蒙语。因为,我们知道,迟至1615年1月25日才准许耶稣会士用汉语举行弥撒。不过,由此可知,孟高维诺其人是一个"中国通",或许可以称为最早的"中国通",因为他是当时极少数在中国生活这么久且又熟谙当地文字语言的外国人之一。不过,这位"中国通",完全沉湎于宗教事业,谈到中国本身,仅说:"东方诸国,特别是大汗帝国,其疆土之广无与伦比。我作为教皇代表在大汗廷中有一职位,可按规定进入宫内。……大汗本人对罗马教廷和罗马诸国情况虽有许多听闻,但仍然渴望诸国派来使节。东方各国拜偶像者有许多宗派,各有其信仰。每派信徒甚多,各有其礼节习惯,比起罗马教士,他们遵守规矩要严厉得多。"不仅语焉不详,而且三句不离本行。

在元代,基督教传教士来到中国留下姓名和文字的还有不少,不过,其中国知识大都赶不上他们的总主教孟高维诺的水准,所以,不必一一列举。还有几位虽然师出之名为传教,但实际却是以旅行家而闻名的。

说到旅行家,又必得重提阿拉伯人,这是阿拉伯人在中世纪领先的又一骄傲所在。当然,或许已是最后的骄傲了。

阿拉伯人及伊斯兰教徒在元时的中国占有相当优势,这八成与元朝的兴起大有关系。成吉思汗西征,招降了中亚和波斯的一些伊斯兰教上层人物,其中有些随蒙古统治者来到中国,子孙后代定居下来,其间入朝做大官的亦不乏其人,今考汉、回文中所载之波斯字,明显所见其取道土耳其,由陆路输入中国。所以,跨过公元10世纪以后的低谷,到蒙元时代,阿拉伯人对中国的认识又比较丰富了。

拉施特,亦称"火者·拉施特哀丁"(Khodja Rashid-eddin),约于1310年用波斯文写成《史集》(即《世界史》,包括《中国史》在内),是比较重要而可靠的,因为他曾为蒙古人手下的官员,并向一位中国医生学习汉文,有机会接触官方文件,而且还有一位中国助手,更便于使用中国史料。他把中国分为12省,又提到一系列城市,其中大约有二三十个城市多不见于其他阿拉伯史料。他还把这些城市依中国史料分成等级,依序是京、都、府、州、军、县、镇和村。在中国史稿本中,他又列举了隋以前的6个朝代的疆域或首府。作为学者型的人物,拉施特还特别注意中国的文化特色,指出:"契丹国幅员甚广,文化极高。最可恃之著作家皆云,世界上无一国开化文明,人口繁盛,可与契丹比拟者。"比如,他提到了中国早知利用指纹的特点来提高条约的法律效力。尤其是拉施特还是亲自翻译汉籍为波斯文的人,据他的著作总目,共有四部汉籍:1.契丹人的医学理论和实践,2.中国医疗法,3.蒙古药物,4.契丹王国的组织和行政及其理国惯例。现在仅有"1"和"3"两部的写本藏于土耳其国家图书馆。四部书的总标题是《伊儿汗国关于契丹各学科的宝书》。拉施特写了一个"导言",表述了他对中国文化的一些具体方面的看法,如高度评价中国医学,鼓励波斯医生引进中国医学;比较中国文化圈和地中海文化圈的异同,认为虽然语言文字不同,但在科学知识方面(如天文历法)是同一水平的;汉字的优越性在表意,不是标音,所以中国许多方言,写出字来是一样的,不需翻译。他还报道了中国的造纸、印刷、纸币、音乐,并这样总结:"中国人娴于辞令,诚恳认真,在所有的学术和艺术领域都有所创新。我只学到了中国文化的一点点,我在翻译这些书的过程中,知道了不少他们的机智而明哲的格言,现在写下来一些,供聪明、智慧、博学的人们用。"

可见,拉施特的中国知识和评述在14世纪之初确实不同凡响,但拉施特还不属于人们公认的旅行家之列,他的学究气的著译,毕竟缺少些眼见身染的鲜活感。

伊本·白图泰及其《游记》则刚好相反。伊本·白图泰,又名阿布阿伯特拉摩哈美德(Abu-Abdullah Mahomed),摩洛哥国丹吉港(Tangier)人,生于1304年2月24日。他21岁开始旅行生活,即1325年6月14日自摩洛哥东行。在中国一段,他是从印度沿海行向孟加拉,转往爪哇,然后经占城至泉州到中国,历访广东、杭州等地,于1349年返回家乡。此后复游历数年,全部旅行止于1355年,计28载,75000里。《游记》是因摩洛哥苏丹之命,由苏丹秘书穆罕默德·伊本·玉萨(Muhammad Ibn Juzai)

执笔记录而成的。可惜,《中国游记》一章,是全书在地理上最为混乱的,尤其所记中国北方之事,经考证,皆为传闻所得。这正印证了当时的阿布尔菲达(Abulfeda)在《地理书》(1321年)中所谈的情况:"地理著作家记述世界各国风土人情者,佥谓中国有省道、城邑、川河甚多。各地气候、寒暖不一。惟各地确名,皆未达吾人,其情况亦多不确也。故吾人于诸地,犹之完全不知也。少数游历家至自诸地者,亦未能多告吾人。故诸地详细情形,无从述之也。"可见,伊本·白图泰的记录大体上能体现当时阿拉伯旅行家的中国知识的水准,而旅行家在当时是最捷足先登也最能影响人的,所以,也是最能反映一般意义上的国外中国知识水准的。像拉施特那样的毕竟属个别。而且,旅行家的记载也有比拉施特一类高明之处,这便是更生动而具体。

伊本·白图泰的《游记》,以观察细致入微、描述形象生动见长。他在谈"中国人技艺上特别之天才"这一问题时,举绘画为例,说"即希腊或他种人亦当退避三舍也",并以亲身经历说明之。某次,他穿着伊拉克人的服装与朋友经过卖画的地方,去皇宫。晚上回归时,他再次经卖画处,竟发觉自己与友人的像已被绘在纸上,贴于墙上,并且画得极为逼真,丝毫不差。由绘画又联系到中国司法,即以画像作为协助刑事查访罪犯之用,这在世界上也是较早的一种发明。另外,又谈及"中国瓷器""中国鸡""中国礼俗""中国钞币""中国居民用土代煤作燃料""防阻商人道德坠落方法""保护行路方法"等,仅从罗列的这些问题,便可知这位旅行家既想包罗万象又体察入微,可惜囿于条件,只能达到这种程度了。

除此之外,我们还想专门提一提伊本·白图泰一实一虚的两段话。一实为描述了泉州港的发达后,说:"刺桐港为世界上各大港之一,由余观之,即谓为世界上最大之港,亦不虚也。"在别处,他还详细描绘过中国的艨艟巨舰的壮观。可惜,当此14

世纪之时,东西方航海业本将同步并进,而且中国眼见就将率先走向世界,却没过多久,历史之船搁了浅,从此本书前面所述世界性文化的同步发展现象不复出现,怎不叫人痛哉惜哉?一虚之处为伊本·白图泰在叙及中国礼俗之后,发了一番议论:"中国人甚富裕,乐安居。惟饮食衣服,冀免饥寒而外,无他求也。余尝见一富商,家珍不可胜数,而所衣之袍,仅粗棉而已。盖中国人全生目的,亦仅在求多有金银器皿耳。"这样的议论,在那个时代的外国人中的确不多见。伊本·白图泰或许不过是从具体观感中生发出几句评说而已,肯定不像后来几个世纪的外国人的中国观那样,经过一番理性的检验。但我们今天听来这样的议论还是不觉陈旧,这难道不是中国的历史之船终于搁浅的一个原因吗?

伊本·白图泰是后来人们公认的中世纪四大旅行家之一,就旅行规模、贡献、影响等综合而论,他排行第二,在马可·波罗之后;但在鄂多立克(Odoric da Pordenone)和尼哥罗康悌(Nicolo Conti)之前。除了他,其余三位均是意大利人,这正好与当时意大利经济、文化、商业的迅速发展相一致,预示了中世纪的末路,以及这些旅行家们对新时代的贡献。雅各布·布克哈特这样指出:"在他们一度熟悉了地中海的所有东方口岸以后,他们之中最富有进取精神的人被诱使参加伊斯兰教徒以这里为门户的广泛的世界活动是很自然的。世界的另一半就好像新发现的一样,展现在他们眼前。或者,像威尼斯的马可·波罗一样,他们被卷入了蒙古人的洪流中,被带到大可汗的朝廷上去。"①

马可·波罗生于1254年,他的名字系为纪念他的伯父老马可·波罗而起的。波罗一家是当时欧洲名城威尼斯的富商,其

---

① 雅各布·布克哈特:《意大利文艺复兴时期的文化》,商务印书馆1979年版,第280页。

父尼古拉·波罗和叔父马菲·波罗都长于经商。1260年,尼古拉和马菲二人出外经商,因种种原因,于1266年来到蒙古大汗忽必烈住处,这是忽必烈与欧洲人的初次接触,所以很高兴,并托波罗兄弟带了一封致罗马教皇的信回欧洲。1269年,两人回到威尼斯,其时,马可·波罗之母已去世。1271年夏,当他父亲和叔父再次动身去中国时,马可·波罗便随他们一起离开威尼斯,并于同年11月正式奉新教皇格列高利十世之命从阿迦启程。由于历经艰险,随行的两位多明我会教士半途而返了,他们三人仍坚持不懈。三年半以后,波罗家族的三个旅行家终于在1275年5月到达蒙古大汗的驻处上都(即开平府,今内蒙古锡林郭勒盟正蓝旗所在地东约40华里的闪电河北岸),在此见到了忽必烈。忽必烈对年仅21岁的马可·波罗十分喜欢,聪明的马可·波罗逐渐熟悉了东方风俗,掌握了蒙古语,多次受忽必烈派遣出使国内外。当时元朝正取代南宋,戎马控偬,需要用客卿,因此,从1275年至1291年17年间,马可·波罗一直以客卿身份在元朝供职。据说他还曾被任命为扬州地方官,在东南各地驻了三年。他曾到过江南一带,取道运河南下,经淮安、高邮、扬州、南京、苏州、杭州、福州、泉州等城市。他还曾从今河北到山西,由山西过黄河进入关中,然后由关中逾越秦岭至四川成都,再由成都西行至建昌,并到过藏族地区,渡金沙江到云南。1291年,波罗家族三人奉命陪同阔阔真公主下嫁波斯汗阿鲁浑。1293年4、5月间,他们会见了阿鲁浑之子、波斯汗的继承者合赞汗。他们完成使命后返回祖国,于1295年回到离别20多年的威尼斯。马可·波罗漫游东方的消息,以及他们带回的奇珍异物,轰动了威尼斯,使之一举成名。所以,三年后,当马可·波罗因参与威尼斯和热亚那之间的战争,成为热亚那人的阶下囚时,仍能向慕名而来的人们讲述东方的海外奇闻,引起了同狱人、比萨的鲁斯蒂谦(Rusticano)的兴趣。此人为小说家,精通当时欧洲流行的法语,于是,马可·波罗口述,鲁斯蒂谦手记,成就了一部脍炙人口、广为流传的游记。马可·波罗死于1324年,终年70岁。

《马可·波罗游记》在13世纪末年问世后,一般人为其新奇所动,争相传闻和翻印,成为当时很受欢迎的读物。1477年德文译本出版,是为此书的第一个印本。600多年来,《马可·波罗游记》在世界各地用各种文字辗转翻译,还有许多学者对照各种版本进行校勘注释,在世界范围内形成了一门"马可·波罗学"。至1938年,穆尔(A.C. Moule)与伯希和的《马可·波罗寰宇志》(Marco Polo: The Description of the World)合订本在伦敦出版,已有143种版本对照表。伯希和遗著《〈马可·波罗游记〉注释》,20世纪70年代由法国出版社出齐,成为中外学者翻译研究《马可·波罗游记》的标本。我国商务印书馆1982年也决定翻译出版穆尔和伯希和编订的《马可·波罗游记》。《马可·波罗游记》最初不分卷,大略可分两大部,第一部述个人历史,第二部记各地情形。以后,庇庇诺(F. Pipino)翻译的拉丁文本,将其内容分为三卷。法国的鲍悌(G. Pauthier)又将其分为四卷,此后的注释者,皆仿其例。我国最早介绍马可·波罗的文字,是在1874年映堂居士的《中西闻见录》中的一篇,题为《元代西人入中国述》。1949年前,我国出版过五个不同版本的汉译本,近年又有一些新译本。目前常用的仍为1935年冯承钧译的沙海昂的注本(1949年后重版过)。该版本译名为《马可·波罗行纪》,全书共四卷。第一卷记马可·波罗诸人东游沿途见闻,直至上都止。第二卷记分三部分:1.蒙古大汗忽必烈及其宫殿、都城、朝廷、政府、节庆、游猎等等;2.自大都(今北京)西南行至缅国,沿途所经诸州城等事;3.自大都南行至杭州、福州、泉州及东南沿海诸州等事。第三卷记日本、越南、东印度、南印度、印度洋沿岸及诸岛屿、非洲东部。第四卷记君临亚洲之成吉思汗后裔、诸鞑靼宗王的战争和亚洲北部。每卷分章，每章叙述一地的情况或一件史事，共229章。书中叙述的国家、城市的地名达100多个，举凡山川地形、气候物产、商贾贸易、风俗信仰，及至琐闻逸事、朝章国故等，林林总总，应有尽有。

马可·波罗在中国逗留时间最长，故以记述中国为主的第二卷共82章，在全书中分量最重。书中记载了当时中国的各个方面，包括区域、民族、政治、经济、军事、劳动生产、风俗习惯等；描绘了北京等一大批历史名城和商埠的繁荣景况；介绍了中国科学技术、育蚕治丝、制盐造纸，以及使用货币、建筑桥梁和宫廷、城市规划、市政管理、社会救济、植树造林等方面的成就和经验。其中大多数内容是可靠真实的，许多情况可以同我国史料相印证，并填补了我国史料的不少空缺。就国外中国知识而言，可以说，到马可·波罗，那种夹杂着神奇色彩的传闻和情不自禁的赞叹的实录式的描述与介绍，已是登峰造极，难怪人们要说，马可·波罗"替欧洲人心目中创造了亚洲"。

与伊本·白图泰和马可·波罗并称的中世纪另两大旅行家鄂多立克和尼哥罗康悌则要逊色多了。鄂多立克为意大利弗留利（Friuli）人，关于他的出生日期，有多种猜测，一说1265年，一说1286年。鄂多立克系日耳曼人后裔，故在日耳曼人中又称乌尔立克（Ulric）。年少时即加入圣方济各会，在乌丁（Udine）寺内修道，以能节欲苦行著称。1316年左右他便开始东游，1321年居留印度西部，后来到中国，居北京三年。当时总主教孟高维诺还在，但已年过八旬。鄂多立克传教成绩甚佳，但他感到传教士太缺，想回欧洲再召同志来中国，同时为了探寻新路，所以，他取道陕西、四川而入中亚，于1331年1月13日卒。《鄂多立克游记》是他回归以后，由人代书而成的，至今也已成为专家学者们研究的对象。他的记述也有马可·波罗的一些特色，如非常具体，故事性强，对行在（今杭州）的描绘即是。在钱塘江上流，他还亲眼看到了渔人用鸬鹚捕鱼,在杭州城看到了妇人缠小足,富贵之家喜留长指甲等。这些风土人情,是对《马可·波罗游记》的补充。当然,没有质的飞跃。尼哥罗康悌游历东方诸国,却已是15世纪明英宗的时代了。当时,东西方交通由于天灾人祸又一次濒临绝境,只有小规模的传教事业还在继续。对于这位旅行家是否到过中国,学术界尚有争议。不过,在他的《命运变化论》一书中,确有专门一节记录中国的事情(也是由别人代记。其人学博奇奥,名 Poggio Bracciolini,其时为1438年)。由于他是个人旅行,加之言语不通,只能靠同伴代达,而同伴又皆为阿拉伯、波斯等地之人,这样,所述情况,不免令人感到缺乏新世纪的特点而仍停留在蒙元时代。

除上述中世纪数位传教士和四大旅行家之外,这一时期,来中国和记中国的人还颇有一些,正如鄂多立克曾说的:"我在威尼斯也遇到许多到过此地(指杭州)的人。"其中,值得一提的还有《马黎诺里奉使东方记》,此乃意大利佛罗伦萨人马黎诺里(Giovanni de Marignoli)奉使东方后所作的回忆录。1336年,中国元顺帝,并一批基督教徒,致信罗马教皇请派主教。中国皇帝的信开首便称"七海之外,日落之地,法兰克基督教徒之主罗马教皇阁下"。这大概就是当时中国人对西方的一般认识了。信中还提到要与对方"经常互派使节",希望对方派人来时,"允其带回西方良马及珍奇之物"。1338年6月,教皇复函元顺帝,10月给马黎诺里等人写了赴东方的介绍信。马黎诺里1342年到达北京,献马。这些情节,中国史书多有记载,其中所谓"拂郎献马"一事,更传为佳话。马黎诺里奉使中国的前前后后的这段故事,其主要意义在于完整地保留了蒙元帝国与罗马教廷之间的官方交往。然而,毕竟已是走下坡路的时期了。马黎诺里尽管在游记中仍对中国诸多事情赞赏有加,但他似乎已看到了元室趋向腐败,逆料将有大乱,故以思乡为托词,四年后即归去了。

此外,与中国有关的知名的人士和书籍还有:波斯国孙丹尼牙城总主教约翰柯拉(John de Cora)的《大可汗国记》(约1330年),佛罗伦萨市巴尔底公司经理裴哥罗悌(Francesco Balducci Pegolotti)的《通商指南》,小亚美尼亚果利葛斯亲王(Prince of Gorigos)海敦的《东方诸国风土记》中的《契丹国记》等。直到15世纪末,还不时可以见到关于中国的记述。可见,蒙元时期的开放政策,或者说得更远一点,公元6、7世纪以来的文化大开放和大交汇,到明初还有相当的惯性。

四、关于第二个800年的思考和评说

开始于盛唐的又一个世界性的文化开放期,又对国外认识和了解中国发生了800年左右的影响。这一事实促使我们认真地思考文化的开放期对于文化交流、文化互识乃至文化创造的意义。我们看到,一个盛大的世界性文化开放期的出现,其意义在于:首先,一方面,它分别地造成了各种文化内部既百花齐放又渐现特质的勃勃生机,如中国的先秦文化之于西汉经学,盛唐文化之于宋明理学。另一方面,它又整体地培育了各种文化之间既取长补短又推己及人的良好心态,又如中国秦汉之际以丝绸之路为代表的对外交往,隋唐宋元时代包括"陶瓷之路"、四大发明在内的全方位多层次的对外联系。其次,就国外中国观而言,往往并不是在文化开放初期产生了多少对于中国的新知识、新认识,而是在经过一段孕育之后,再出现的对中国的知识和看法的飞跃。这又要归功于文化的开放,因为如果没有这种文化开放期对于人们世界观的改造,对于旧的心理定势的打破,对于知识结构的重建,无疑将抽去各种文化间互相认识和评估的前提。中国认识外国是如此,外国认识中国也如此。用这样的观点看待19世纪后半期以来,至今尚在继续的人类文化的最近的

一个开放期,人们似乎应该给自己提出一个充分开放和交流的任务,而不是匆匆忙忙地去生造一种半生不熟的民族新文化,或者肤浅地去给别种文化下结论。

另一个需要认真思考的问题,是文化交流的多极性问题。人们习惯于把文化交流看成一种双边关系,就像简单的商品交换一样。但是也正如发达的经济贸易必然要经过种种中介一样,发达的文化交流也必然是一种多极并存、循环作用的状况。在前一个时期,即公元前4至公元6世纪前期,我们已经看到,伴随着海、陆两路贸易的发展,东南亚、印度、中亚、阿拉伯和非洲的埃及扮演了重要角色:中转站的角色。当然,这些地区本身同时也是经济和文化交流的对象。这显然已大大不同于初民社会和远古时代,人类主要靠大规模的迁徙来扩散文化和交流文化的情景。到了公元7至15世纪,仅仅用中转站来形容上述地区也已不够了。特别是阿拉伯文化的兴盛、基督教文化的巩固和分化,使这一时期世界各种文化的交流呈现错综复杂的局面。加之原来的中国文化、古印度文化、古希腊文化、古罗马文化,以及这些文化由于扩散和交流而形成的新变体,如日本经圣德太子后,开始为日后创设融合中、印文化,又有自己特点的日本文化的新局面,打下了良好的基础。再如,由于东、西基督教的分裂,留有古希腊、古罗马文化余绪的拜占庭文化也开始为以后的东欧地区文化做了铺垫。所有这一切,都强化了人类文化的多极性及其对于文化交流的影响。当然,这一时期最重要的还是阿拉伯文化在时间和空间两个意义上的中介和参与。就与本书有关的问题而言,几乎所有中国的重大发明都是经由阿拉伯再传到欧洲的;而且,阿拉伯文化也渗入了所有途经该处的事物,传入中国的景教便是最好一例。看来,自觉地寻找和发现文化交流双方之外的第三极、第四极……对于促进交流和理解对方是必不可少的。

再一个需要思考的问题：物质文化在文化交流中的地位问题。物质是基础，物质的诱惑是文化交流的原动力之一，这一点我们已说明了。正因为如此，一般人都"唯物主义"地把物文化的交流看作交流的初级阶段，一些人还易于养成一种对物质的"舶来品"的鄙夷，以此自命清高和附庸风雅。其实与一些过分看重物质上的"舶来品"的现象相反，也有一些只注意精神上的"舶来品"的情况需要纠正。因为，首先，物质的东西正是文化交流的基础要求，是人类生生不息的欲望所在。这一点，从宋朝，特别是南宋，精神性的文化交流几乎停滞，而对外经贸却仍然繁荣这一事实，就可知，没有物质文化的交流的要求，就不会有开放政策的坚持；而且，正是物质上的交流，使任何冥顽不化的闭关自守政策，都难以把大门关死。其次，物质的东西也是衡量交流各方地位高下的重要标尺。虽然，从丝绸开始的国外关于中国的知识，只能是一种初级的文化交流的结果，但它毕竟可以说明，那时中国文化有足以震慑对方的更高明的东西。所以，在文化交流中，中国是处于主动地位，并具有一种自信的心理。只要中国继续在物质文化方面保持优势，这种地位和心理就是稳固的。这在唐以后，直至蒙元时代都还是如此。比如尽管外国人已不大称中国为"赛里斯国"了，但中国的一些物产仍令人叹服，所以，还继续有从中国的物产来认识中国的，如瓷器被称为"china"，糖在现代印地语中仍被叫作"Cini"（其基本含义是"中国的"），还有硝被阿拉伯地区的人称为"中国雪"，等等。但是，明朝以后，情形就大变了。最后，应该把物质的东西也提高到文化意义上来认识，甚至应看到其中所含的文化的神髓。就此而言，在我们已叙述到的那个时期，国外的人们都还没有懂得。但后来就有人注意到这一点了，这首先就是17、18世纪的一些思想巨人和中国学家。联系到我们今天对国外物质文化的引进常常忽略其背后的文化深意，这实在也是一种近视。

现在，让我们把话题回到对"马可·波罗时代以前"的国外关于中国的知识和认识上，看一看何以我们要称此为"准中国观时期"。

第一，人们已超越了对于中国疆域知其一，不知其二的狭窄范围。这一时期，人们已经不是从某一点上（如丝绸这一商品，秦这一国家）来认识中国的地域，在那种情况下，是谈不上一个整体性的地理上的认识的，如那时对东南沿海一带就少有提及。而当人们开始从一个一个的面上来认识中国地域时，就有可能把这些面连成一整块，从而建立起一个较完整的中国地理观念。这些面包括：西北部，这一由古老的丝绸之路所开发的地区，人们习惯称之为"陶格斯"或"桃花石"；北部，这一由于北方蒙古民族等崛起而引人注目的地区，人们常常称之为"契丹"；南部，这一由于唐以后，经济文化愈益发达起来而异军突起的地区，人们往往称之为"蛮子"。当然，并不是所有谈到中国的人都认识到了上述几大块实际上是一个整体，不少人还是囿于自己的经验和经历，只知道其中某一面，而当时中国的客观形势，也易于造成人们的这种以偏概全的认识，如那时，"契丹"一度扩展为对中国的一般称呼即是一例。甚至，还有不少人仍把中国南方与印度相混淆（这也是一种历史性错误的惯性，古时人们谈到的印度往往与今天的印度不是一回事，除北部印度外）。但是，毕竟出现了像鲁布鲁克那样清醒地意识到契丹和赛里斯是一回事的人，至于像马可·波罗那样久居中国的人，其足迹遍及东西南北，他们的头脑中，当已有一个较完整的中国（东方）版图。

第二，人们已突破了对于中国事物知其然、不知其所以然的层次。与了解中国丝的生产问题的那种漫长过程相比，其他属于中国"国粹"之列的东西，如造纸、印刷术、火药、罗盘、瓷、茶、纸币等的外传，一般不再是成品与生产技术完全分离的了。关于中国瓷器的制造，尽管直到16世纪，意大利一位科学家还认为,中国瓷器是由石膏、鸡蛋白和在地下埋藏达 80 至 100 年后的贝壳三者合成的。直到 1709 年,德国人柏特才首先用红黏土成功地仿制了流传到欧洲的江苏宜兴紫砂陶器,以后又用高岭土造出了真正的硬质瓷器。但早在这之前数百年,著名的苏莱曼已首先报道了中国生产瓷器的原料系采自一种黏土。而中国的造纸法外泄的故事,则可以表明当时阿拉伯人在认识外来文化方面已有了知其所以然的自觉。《新唐书》卷五《玄宗本纪》载:"(天宝年载)七月,高仙芝及大食战于怛逻斯城,败绩。"这场战斗本身不算什么大事,但在文化交流史上却有非同一般的意义。从阿拉伯方面的记载可知,在怛逻斯之战中,被俘的中国士兵中有造纸工人,中国的战俘把造纸法输入撒马尔罕。从那以后,许多地方都造起纸来,以满足当时的需要。我们又知道,撒马尔罕的纸厂,是专门在那时设立的,以及后来"撒马尔罕纸"变得相当出名。此外,拉施特在《史集》中记载的中国雕版印刷术和他译介的中国医术,也是这样的事例。

第三,人们已开始追求和进入一种深一级的文化氛围。这当然与整个世界的文化发展有关,如出于与工商界的基尔特(Guild)在 10 世纪前后出现相近的原因,教育界也开始创办了近世诸大学(基尔特本来又名 Universitate,与大学 University 一词相类),如法国巴黎大学(8 世纪末)、英国牛津大学(11 世纪),稍晚的英国剑桥大学、意大利的波伦亚大学和那不勒斯大学、德意志的布拉格大学和莱比锡大学,等等。13 世纪时,有一位在北京长大的维吾尔族人,名叫"扫马",就曾去巴黎参观过巴黎大学,他的欧洲之行,成为中国人到西欧留下记录的第一人。而第二位被派任基督教北京总主教之职的尼古拉斯(Nicholas),也是巴黎大学宗教学教授(不知何故他未能到达北京)。

这种深一级的文化氛围在国外关于中国知识上,最突出地表现在两个方面:一是对城市文化的极大兴趣,几乎所有重要的游记、报告、史书都对日益发达的中国诸城市加以特别的关注，不惜笔墨、不厌其烦地介绍北京(汗八里、大都)、杭州(行在)、泉州(刺桐)、广州(广府)等新兴的政治、经济中心城市。考虑到城市文化是世界资本主义前夜的一种历史现象，同时又是公元10世纪前后(主要是以后)的一种世界性政治、经济和文化现象，我们就不能忽视那些具体入微，甚至有点过于细琐的描绘。或许对于商人和旅行者来说，这仅仅是一种不由自主的结果，但它所表现和鼓吹的那种城市生活气息，无疑对走出中世纪有相当积极的作用。可惜，那时人们还谈不上对这一问题有任何程度上的自觉性。①二是宗教文化的相对突出。这当然又与中世纪宗教世界笼罩一切的情景有极大关系，所以，大多数写下中国观感和传闻的作者不是基督徒就是穆斯林，不少还是完全以传教为目的来到中国的。这样，在向国外报道中国情况时，宗教问题就成为一个热点。而宗教，从根本上来说是一种深刻的文化现象，宗教不仅有束缚人们手脚、困扰人们视界的中世纪式的消极作用，宗教还会在一定历史条件下，被当作打破禁区、超越现状的工具。同时，它还深刻地反映了人类面临的这样一种矛盾："一方面，要毫无遗漏地从所有的联系中去认识世界体系；另一方面，无论是人们的本性或世界体系的本性来说，这个任务都是永远不能完全解决的。"②因此，就国外对中国的认识的发展而言，宗教问题的突出，无非是表现了认识者在让宗教走向世界的旗帜下，自己走向世界的现实，在介绍宗教在异国的情况的表象下，理解异国文化的努力。这一切，恰好与地理大发现的新世纪相

---

① 当然，18世纪及以后的许多思想家和学者，都看到了中国的城市与西方城市颇多不同，甚至认为这正是东西方文明在近代以后愈益分岔的典型事例。对中国城市文化的研究，20世纪以后直至今天仍是西方中国学家的一个兴奋点。

② 《马克思恩格斯选集》(第3卷)，人民出版社1972年版，第76页。

衔接，共同验证了人类本性和世界体系本性中所蕴含的矛盾。也许正是这种矛盾，推动人们不倦地认识别人，认识别种文化，认识整个世界。

由上可见，很明显，这一时期，国外关于中国的知识和评价已基本摆脱了狭窄的具体事物的轨道和神秘的道听途说的猜想。不过，还谈不上有严格意义上的中国观。因为，要称得起"中国观"三字，就需要有这么一些必要条件：对中国文化，特别是理论形态的文化的较为完备的介绍；对中国文化或其中某一部分产生了抽象度较高的评说或论述；有一批专门从事对中国文化的介绍和研究的学者，或者有一些真正称得起思想文化史上的伟人对中国文化发表了认真的意见。很明显，在马可·波罗以前，这三条都还不具备。因此，尽管已经有了一些雏形阶段的中国评论，如拉施特的中国文化介绍和评说，尽管也已经有了一些具有象征意味的事实，如到后期，意大利人较多地占据了我们的篇幅，这自然会令人想到文艺复兴，但是，至此，我们还不能称之为完全意义上的中国观，而只能称之为准中国观的时期。

第五章 世界走向中国
——从教士中国观到职业中国学

中世纪的破晓,离不开东方之光的照耀,但窃火者来自西方。世界走向中国,中国却未走向世界。尽管如此,文化交流仍以其自己的规则进行,但国外中国观和中国学开始迈出了第一步。

一、东方之光和中世纪破晓

1403年,西班牙使臣克拉维约(Ruy González de Clavijo)奉命通好于帖木儿(Timur)帝国,抵达撒马儿罕。归去后写了著名的《奉使东方记》,其中提到了中国的明朝皇帝,提到明王朝与帖木儿等国恶化了的外交关系,提到了汗八里城的壮观,还特别记录了中国人的自大。他写道:"支那货物,在撒马儿罕者,最良且最为人宝贵。支那人者,世界最精巧之工人也。其人自夸,世界民族仅其种人俱有二眼,法兰克人一眼,而摩尔人(Moors,即西撒哈拉阿拉伯人)则皆瞽者也。故其人为世界最优秀之种也。"然而,好景不长,这种自大心理很快转化为开始衰落的现实。造成衰落的原因是多种多样的,但最致命的恐怕还在于明太祖朱元璋的那种"自古帝王临御天下,皆中国居内以制夷狄,夷狄居外以奉中国"的"中"国观。这种以不变应万变的观念,当然非自朱元璋始,也更非至朱元璋终。但是,以明代所面临的那种世界局势，却去强化孤傲自大的心态，并频频采取封闭的政策，如朱元璋一度曾有"片板不许入海"的"海禁"政策，明仁宗朱高炽曾下令停止下西洋，明世宗朱厚熜罢市舶、闭海关……这就不能不认为是对历史的反动。由此开始，中国文化在世界文化交流的大势下时时、事事被动，甚至常常采取防卫和拒绝的态势，失去了以往两次文化开放期中的"拿来主义"。

也许，这是这一时期东方世界共同的毛病。中亚的帖木儿帝国像是从恒河到爱琴海刮过亚洲的一阵飓风，有着成吉思汗式的残忍，却没有成吉思汗对异教的宽容。道森认为"在十四世纪后半叶中，整个中亚细亚的基督教和聂思托里派教会的东方诸教区都被帖木儿的征服所摧毁。……从十五世纪起，东方和西方之间比中世纪中的任何时期都更为隔绝了"①。以后，奥斯曼土耳其帝国也对红海、波斯湾和黑海通往地中海的交通线进行控制。

但是，人类既然使历史之船驶入了各种文化交汇的海洋，当然还会继续使它扬帆远航，开往更广阔的天地。在西方中世纪的长夜即将结束的时候，一批自觉或不自觉的窃火者来到东方，将东方之光带了回去，对欧洲的文艺复兴和宗教改革产生了显著影响。所以，在16、17世纪之前西方主要是消化以马可·波罗为代表的窃火者们的成果，这种方式，也许既可以说是不同文化间互识互补中的一个必经阶段，又可以看作文化交流受阻期中的一条变通的途径。

这种对东方文化的消化可以分为有形的和无形的两类。

有形的：

中国古代四大发明对于世界文化的影响已为人所熟知（尽管国外还有人否认其中的一些发明出自中国）。马克思对这种

---

① 道森编：《出使蒙古记》，第29—30页。

影响阐述得十分深刻而生动,他指出,在欧洲,"火药、指南针、印刷术——这是预告资产阶级社会到来的三大发明。火药把骑士阶层炸得粉碎,指南针打开了世界市场并建立了殖民地,而印刷术则变成新教的工具,总的来说变成科学复兴的手段,变成对精神发展创造必要前提的最强大的杠杆"①。这里没有提到造纸,也许造纸术传入欧洲较早些。我们知道,我国约在公元1世纪左右发明造纸,不久便向恒河流域、葱岭以西传播。8世纪中叶,造纸术传入阿拉伯世界的撒马尔罕。大约9世纪左右,在欧洲便出现了纸,到公元12世纪的20年代和80年代,造纸术便先后为欧洲的伊斯兰教国家和基督教国家所掌握。不久,意大利造纸业高踞欧洲之冠,成为文艺复兴运动的一个重要原因或曰物质基础。所以,有人曾说:"造纸一事,尤为重要,即谓欧洲文艺复兴之得力于纸,亦不为过。"并且,很自然地把这些功劳归之于那些风尘仆仆、踏浪蹈海往来于东西方之间的人们:"人们的想象力总是倾向于把每一个惊人的果实归之于马可·波罗。他成了所有这类交流的典型和象征。"②

中国文化对于文艺复兴的另一类有形的影响属于精神文明之列。如果从中世纪的长夜中最先破晓的一些晨曦算起,前后三四百年,艺术家、文学家、科学家、思想家们的不少作品中,都留下了马可·波罗等人带来的东方文明、中国文化的印记。生活在13世纪的罗吉尔·培根(Roger Bacan,约1214—约1292年)是实验科学的先驱,同时又是对经院哲学的最早发难者,并因此而被教会幽禁10多年。卡德曾告诉我们:"欧洲著作家最早述及火药的,当推培根,培根是13世纪人物,他知有火药,是由于阿拉伯的故事书,或从旅行家鲁布鲁克间接得

---

① 《马克思恩格斯全集》(第47卷),人民出版社1979年版,第427页。
② H. G. Wells, *The Outline of History*, New York: Garden City Books, 1961, pp.595, 567.

来,则不甚可考。"①但是,别的学者则对培根与鲁布鲁克的关系取肯定无疑的说法,苏慧廉这样写道:鲁布鲁克的"《东方行纪》为罗吉尔·培根的《大著作》(*Opus Majus*)提供了重要的材料"②。罗伯茨(Roberts)也在所著《到达中国的西方旅行家》一书中证实了这一点。道森对此写得更详细一些。他谈到鲁布鲁克从蒙古回归后,开始被留在巴勒斯坦,后终于获准回到巴黎,"在这里他遇见了罗吉尔·培根,培根对他旅行的经历深感兴趣,并在其著作《大著作》中详细地提到了他。……的确,这是我们拥有的关于他的唯一的同时代的记录"③。另一位深受中世纪旅行家影响的英国人是曼德维尔(John Mandeville),人称胡子约翰(John the Beard),他是英国散文的始祖,又是英国式的方言文学的实践者,所著《东方闻见录》是一部游记形式的虚构小说,其流传之广,几与《马可·波罗游记》不相上下。其中许多有关蒙古和契丹的知识,系得自鄂多立克的游记。可惜,此著被辗转传抄,许多重要内容已查不出其所记的确切年代了。这部著作还曾为马克思《政治经济学批判》一书所引用过。此外,还可以举出不少已为人熟知的例子,如达·芬奇的《蒙娜丽莎》一作的背景,似为中国式的山水画;薄伽丘的《十日谈》采用了契丹的题材;莎士比亚的作品也有中国文化的印记。再就是文艺复兴时期的另一些文学家和诗人,像博亚尔多、阿里奥斯托等的作品中,都借用了中国的人和物。这些,朱谦之先生曾有细致的罗列。④当然,如何估价东方文化,特别是中国的文化对文艺复兴时

---

① Thomas Francis Carter, *The Invention of Printing in China and its Spread Westward*, New York: The Ronald Press Company, 1955, p.92.
② William Edward Soothill, *China and the West: A Sketch of their Intercourse*, London: Oxford University Press, 1925, p.43.
③ 道森编:《出使蒙古记》,第 106 页。
④ 朱谦之:《中国哲学对于欧洲的影响》,福建人民出版社 1983 年版,第 26—28 页。

期精神文化的影响,仍然是一个没有解决的问题。笔者以为,不宜估价过高,但肯定有相当的影响。因为,文艺复兴的表层是对古典文化的复兴,这就离不开中古时期阿拉伯文化,而当时的阿拉伯文化又是与远东的以中国为主要代表的文化有不可分割的联系的。这一点,前一章已有大量介绍。这里,再可以举出完成于公元8至16世纪,对西方文艺复兴亦有相当影响的阿拉伯世界的文学巨著《一千零一夜》。这部作品中的一个水手辛巴达,已被作为联结中国与阿拉伯世界的一个象征性人物。

文艺复兴的根本意义在于对人的发现和对世界的发现。从上面的叙述可以看到,消化中国文化是有助于对世界的发现的,虽然对人的发现作用还不甚显著,这一则由于中国文化本来就缺乏文艺复兴意义上的对人的发掘和研究,二则由于文化传播的媒介者大都是教士、商人、游者,他们只具有向外观察的眼睛,缺乏向内体认的心智。不过,说到对世界的发现,有形的影响毕竟是有限的,无形的影响才是不可估量的。

有没有无形的影响呢?有。主要表现在:

对世界观和思维方式变革的促进。任何一次世界观的大变革都莫过于睁开眼睛或擦亮眼睛,重新认识世界。而任何一次思维方式的大变革又都莫过于破除迷信,自由研讨问题。从前述以《马可·波罗游记》为代表的那个时代对于中国的知识和认识来看,它对于欧洲文艺复兴和宗教改革正是具有这样重大的作用。

文艺复兴时期的文化是一个从半球文化走向全球文化的过程。这一过程的第一步开始于东半球——刚经过中世纪的西方向东方寻求文化。一方面,他们要从东方找回保存在那里的古希腊、古罗马文化;另一方面,他们要向东方汲取充满新奇和生机的另一种文化。马可·波罗等商人、旅行家、传教士部分地满足了这种欲望,然而却刺激了西方人更大的欲望。于是,从半球文化走向全球文化的第二步开始了。如果说第一步还只是文艺复兴时期的准备和前奏，那么第二步则已是一种地地道道的新世界观的表现了。

第二步即是从东半球走向西半球，伴之而来的美洲大陆的新发现，和在阴差阳错中打开了各条通向亚洲的海路。确凿无误，这第二步也与以马可·波罗为代表的那个时期的准中国观有重要关联。我们知道，寻找和发现一个完整的地球，是与一些著名的探险家、航海家的名字连在一起的。其中最著名的有巴尔托洛梅乌·迪亚士(Bartolomeu Dias)的发现非洲南端，克利斯托弗·哥伦布(Christopher Columbus)的发现美洲新大陆，瓦斯科·达·伽马(Vasco da Grama)的发现东印度航路和费尔南多·麦哲伦(Fernao de Magalhaes)的环球航行。现在所知，这四个人中起码有两个人是明显地受到了马可·波罗等人的影响而踏上航程的。特别是哥伦布，当他怀揣着西班牙国王致中国皇帝的国书，抄录了保罗·托斯加内里(Paolo Toscanelli)向他介绍契丹国的复函，于1492年8月3日清晨，指挥三艘拉维尔船于巴罗士港顺风起航时，他心中的目的地当然是在中国和日本等东方各地。寻访契丹国，成为一件时髦的事情。1497年，葡萄牙航海家达·伽马为寻求契丹，发现了绕好望角而至印度的航路；1436年，英国人喀博德(John, or Giovanni Cabot)为寻求契丹，由英国第一次向大西洋西北航行，到达加拿大海岸；1558年、1559年间，英国探险家詹金生(Anthony Jenkinson)及约翰生(Johnson)兄弟为寻求通往契丹的路，由俄国陆路东行，直达布哈拉(Bokhara)城；1602年，葡萄牙人鄂本笃(Benoit de Goëz)为寻访契丹，由印度阿格拉城(Agra)北行，不幸客死中国边境。所以，有一位外国教授曾说："探寻契丹确是冒险界这首长诗的主旨，是数百年航行业的意志灵魂。"这段历史的方法论意义更在于："凡可以震动世界的伟业，无不从梦思幻想而来，古时因寻

'哲人石',为后世化学打了基础;现代的航行地理学者实导源于当时探寻契丹的热诚。"①当然,马可·波罗等人带给时人和后人的并不只是激发幻想的梦思,而且还有在当时够得上先进水准的知识。我们知道,1320年,马里诺·萨努托的世界地图中,新的地理资料大都取自《马可·波罗游记》,特别是1375年西班牙加泰隆大地图,更以《马可·波罗游记》为主要参考书。图中的印度、中亚和远东部分都取材于《马可·波罗游记》,这是中世纪最有科学价值的地图,打破了宗教谬论和"天圆地方"说。此后,1410年的博尔贾地图、1442和1448年的利乐杜斯地图、1459年的毛罗地图、1538年的默凯特地图也多半取材于此。

与此同时,文艺复兴和宗教改革中那种破除迷信、自由研讨的多元化的思维方式也为马可·波罗等人所强化。首先,一种积极健康的好奇心被唤醒了。马可·波罗对每一研究机会都决不错过,如他对20来种重要鸟雀做了考证,甚至描写了某些鸟尾巴的长度,所以,写作《世界史纲》的韦尔斯说:"游记所述的各方面,欧洲人最初闻而惊疑,跟着便引起许多想象。"其次,研讨的注意力移向世俗文化和具体事物,这就突破了中世纪经院哲学和神学的樊篱。翻开马可·波罗等人的作品,举凡充裕的财富、繁盛的人口、舒适的生活、清明的政治、丰富的物产、发达的工贸、便利的交通、华丽的建筑以及诸多发明创造、民俗情趣等等,林林总总,多姿多态,充满了世俗气息。之后,西方人仿制瓷器的热情,发明活字的智慧,等等,尽管各具某种独立性,但却不能说独立到与上述东方的世俗文化无缘。最后,是一种对多元化的客观实在的确认和宽容精神的滋生。保罗·托斯加内里曾经这样告诉哥伦布:"吾人亦可与其国学人、哲士、天文家等交

---

① 沃尔特·雷利:《英国16世纪的航海业》,转引自朱谦之《中国哲学对于欧洲的影响》,第18页。

谈,互换知识。统治国家之才能,巧慧战争之方法,吾人皆可自其人学习取材也。"哥伦布没能做到这一点,以后的耶稣会士们却做到了。这段话也许还表明了一种对更高层的文化交流和互识的自觉,其前提只能是对多元文化的肯定。此外,众多方济各会士在蒙元时代来中国传教,尽管明知景教徒即是他们视为异端的聂斯脱利派,但为了传教方便,不惜在中国人面前委曲求全,借用一下景教早入中国的历史,以投合中国人尚古的心理(所以,元时的中国人并不区分这些派别,而统称信仰上帝的宗教为也里可温教),这实际上也已蕴含一种对多元化的客观现实的认可。正是这种不得已而为之的比较宽容的态度,再加之宗教改革运动的冲击,造成了天主教会内部的某些改良派,如耶稣会等。又正是耶稣会(Societas Jesu)的教士们,在国外中国知识和评说的历史中产生了特别重大的影响。

二、传教士东来和教士中国观

16世纪40年代开始到18世纪后期,持续了两个世纪的天主教在中国的传教,是自唐朝的景教和元朝的也里可温教之后,第三次大规模的传教活动。由于历史和文化背景的不同,却产生了远较前两次更为深刻的影响。就中外文化交流和国外对中国的认识而言,这一段历史是划时代的。

其之所以是划时代的,从根本上说,它象征了一个新的历史时代。这是一个发现新世界和海外殖民、文化交流和侵扰掠夺交织在一起的时代,换言之,又是一个历史主义与伦理主义二律背反的时代。

新航路的发现是这一新时代的一大背景。15、16世纪之间,葡萄牙和西班牙所在的伊比利亚半岛成为欧洲人逃脱奥斯曼帝国对地中海贸易控制的唯一出路,从这个半岛出发,就是茫茫的海洋。时势造英雄，重赏出勇夫，于是，这两个国家中产生了一批又一批杰出的航海家和探险者，如葡萄牙的达·伽马发现了绕好望角东至印度次大陆的东印度航路（1498年）和奉西班牙政府之命的费尔南多·麦哲伦以美洲南端的海峡（麦哲伦海峡）为中介走通了大西洋至太平洋的环球航路（1522年）。这两件事同时也具有象征意义，这就是，它们表明当时，葡、西两国已成为早期资本主义殖民者中的明星。这两个国家各自划定了势力范围：葡萄牙人绕过好望角后，进而抵达印度，然后再继续进抵马六甲，更进而至中国广东、福建、浙江的海面，最后占领澳门；西班牙人则掌握了绕南美洲麦哲伦海峡而抵马尼拉，再由马尼拉至中国台湾、福建等处的另一航路。这一划分是由罗马教皇以保教区的名义而对两国争执所做的判决。这种情况，对于中国来说，关系并不重大，所以最初，在中国人眼中，他们都被视为"前代不通中国""高鼻深目""争利而哄"的"佛朗机国"。①但是，对于葡、西两国天主教各教派的传教事业却颇有影响。

当多明我会等派的传教士们沿着西班牙保教区的路线来到东方，一方面，由于这些教会缺乏在新的历史条件下的自我改良能力，另一方面，还由于沿途（由西班牙至墨西哥至菲律宾）晦于中国文化的消息，所以，他们基本上采取了殖民地式的传教方式。这也许就是后来他们与耶稣会中的大多数教士发生尖锐矛盾的一个起因。

葡萄牙由于达·伽马的捷足先登，占有了更有利的保教区。果阿（卧亚）、满剌加（马六甲）、安南、马尼拉等东南亚一带成了他们进入中国的踏板，而东南亚一带原有的浓郁的中国文化氛围，使沿该线东来的传教士的态度和传教方式都优于西属传教

---

① 张维华：《明史欧洲四国传注释》，上海古籍出版社1982年版，第2—4页。

士。葡萄牙著名历史学家巴罗斯(J. de Barros)曾依据1517年满剌加总督遣使中国的史事，详细记载了葡萄牙在16世纪初欲通过东南亚一带与中国通商的情况，尽管直到1557年，他们才被允许合法地长期上岸居住，但这之前私下的活动已屡见不鲜。比如，巴罗斯在其巨著《十年》中，提到了他的奴隶——在欧洲的中国先行者——的情况，他说："我们在《地理篇》的插图中列出了一张航海家所不知道的中国沿海地图，以及伟大的中国内地的所有情况，这些都录自中国人印刷的一本论述天地情况的书籍，上面以旅行记的形式谈了该国的状况。此书由中国传来，并由一个中国人予以翻译，我们要弄到此人就是为了让他翻译此书。"根据他在该著别处的说明，这个中国人是与一张中国地图及地理等书籍一起被他们"购买"去的。这个中国奴隶"也会阅读和书写我们的文字(葡文)，并且精于阿拉伯数字"。这大概是1540年左右的事情。这种典型的殖民主义的掠夺行径，却对于巴罗斯了解中国文化颇有影响，并与他及其同时代人在描述印度和伊斯兰教诸国时流露的蔑视和厌恶心情形成了鲜明的对照。巴罗斯的这种态度在葡萄牙保教区是有代表性的，对不久后东来的传教士产生了相当的影响。

以耶稣会为首的西方对中国的第三次大规模传教活动一般可以1687年为界，分为前后两大时期。而在1687年以前，大体经过如下：

明代天主教史是由在东南亚一带的华人和中国南部沿海岛屿上的居民接受传教士的洗礼而掀开第一页的。但一直到1581年，几乎没能越广州一步，是为传教的受阻阶段。不过，这期间有两件大事是至关重要的。第一件事是1540年在罗耀拉(S. Ignatius de Loyola)率领下，圣方济各·沙勿略(François Xaviers)等9人在罗马觐见教皇，立誓"以护教为心，崇敬为念，苟奉谕旨，地不分遐迩，人不论文蛮，万里长征片时无缓，此心此志，睿鉴及之",云云。自此,耶稣会正式诞生。该会实行严明的纪律、灵活的策略,注重高深的学问,等等,这无疑在风雨飘摇的罗马教会中,暂时地注入了一股改良的清新之气。第二件事便是罗耀拉的亲友、耶稣会主脑之一沙勿略的东来,他先到日本传教,深感欲归化日本,应先到中国传教。于是,1552年11月,他搭葡萄牙商船前来中国,至广州港外的上川岛登岸,却碰上了中国海禁最严厉的时候,只得在岛上葡人茅屋中暂留,至12月3日,染疾而亡。后人一般都把1552年看作耶稣会到中国传教之始。这一时期著名的耶稣会士还有范礼安(Alexandre Valignani)和罗明坚(Michel Ruggieri),正是这两位奠定了日后耶稣会传教士的基本策略,即摒弃会内利培拉(P. Ribera)等和会外其他教士的生硬做法,力求与中国文化相容。范礼安在澳门扎下了大本营(澳门已于1557年为葡属),罗明坚则获得了一年到广州两次的权利,算是真正进入了中国内地。特别是罗明坚还于1583年把利玛窦带入了中国。这样,以利玛窦为突出代表,真正开始了耶稣会在中国传教的第一时期。这一时期的过程颇曲折。利玛窦逝世前(1610年),已经打开了天主教在中国传播的大局面,如1583年底,只有1人在肇庆秘密地接受临终洗礼,第二年是2人,第三年是20人。但到1610年,全国至少已有2500人,其中包括徐光启、李之藻、杨廷筠等达官、名士。这一阶段,辅助利玛窦最得力的为庞迪我(Didace de Pantoja)。以后,南京的礼部侍郎沈㴶等发难(1616年),造成"南京教难"。至1622年,才由明熹宗撤回禁教令。这之后数十年,传教士中的代表人物有龙华民(Nicolas Longobardi)、阳玛诺(Em. Diaz Junior)、罗如望(Jean de Rocha)、艾儒略(Jules Aleni)、毕方济(François Sambiasi)、熊三拔(Sabbathin de Ursis)、金尼阁(Nicolas Trigaut)、邓玉函(Jean Terrenz,别名Schreck)。而最重要的是汤若望(Johann Adam Schall von Bell),他于1622年经澳门来中国,亲历明崇祯、清顺治和康熙三朝，以卓越的天文、数理、机械、炮术等知识，赢得了士大夫阶层和三位皇帝的宠信，官至钦天监监正。据沈云龙《天主教传入中国概观》说，清顺治帝"屡临天主堂及若望住宅，坐与笑语，周旋历数小时之久，若值午刻，即命之进便膳而同食焉"。汤若望的时代与利玛窦不同，后者是以对中国文化的尊重和西方的新奇玩意，如自鸣钟等，打开传教的局面，而前者则主要是以与中国王朝统治地位直接有关的科学技术，如铸炮和修历等取胜的，同样成就可观。如到1639年，中国奉教者已达38000余人，其中有宗室140人、内宦40人、宫女70至80人、高官14人、进士10人、举人11人。而到1664年，则更发展到164400人（一说248000余人）。不过，1660年，杨光先发动清史上有名的"回回历士杨光先与耶稣会士之争"，致使汤若望等人，包括1659年刚到中国的南怀仁（Ferdinand Verbiest），被判凌迟处死。后虽因突发地震大火，受到赦免，但汤若望还是于1666年忧愤而死。1669年，杨光先的回回历因经不住检验，南怀仁特上疏辩明，于是，康熙帝又罢斥了杨光先，启用南怀仁，复用西法历法。这样，南怀仁成了这一阶段传教士的主要代表。南怀仁与汤若望有相同之处，他也在清室做了官，官拜工部右侍郎等，直到1688年病死。

由上可见，耶稣会在天主教来华传教事业中占据了最主要的地位。当然，其他各会也派出教士来华，重要的有方济各会、多明我会，还有奥斯定会、外方传教会等。不过，其他各派的天主教传教士加入来华的队伍，其意义并不在于壮大了传教的力量，恰恰相反，倒在于他们与耶稣会的大多会士发生了尖锐的矛盾和争论。特别是所谓"礼仪问题"（Question des Rites）①，客观

---

① 所谓"礼仪问题"，包括：1.尊父祖之礼，2.祭祀之礼，3.祭天之礼。其理论实质在于：在天主教教义和中国文化传统之间有没有或有多少共通之处。这场论争，当然是服从于传教事业的，并且受制于天主教各派间的明争暗斗的。

上促使传教士们对中国文化进行研究,各抒己见,并且在17世纪后期,双方矛盾炽烈之时,传入欧洲学术界,引起对中国文化的普遍关注(这一情况也与我们对传教活动的分期以1687年为界大体一致)。考狄(Henri Cordier)的《中国学图书志》表明,在这场争论中,共出版了262部书,未出版的日记、文书尚有数百种。因此,说"礼仪问题"刺激了国外中国观的飞跃和国外中国学的诞生,是并不夸张的。

于是,传教士东来的第一时期便出现了教士中国观。

1. 关于中国的儒、释、道

耶稣会士深知,他们的传教事业面对的不是初民土人,而是有着数千年悠久文化的炎黄子孙。所以,他们采取了一系列灵活的传教方针,最主要的是两条。其一,用科学知识、西洋新鲜玩意儿开路。这一招不光对于传教是有效的,而且在明末清初愈益封闭的中国文化中吹入了新鲜的南窗风。①其二,以基督教"华化"的形式,赢得同情、支持和归宗。很明显,从利玛窦"借佛传教"到"削发称儒",典型地表现了传教士那种急传教之功、近传教之利的根本宗旨。尽管到后来,利玛窦使用中文似乎已甚于使用他的母语——意大利文,但我们决不能说中国文化已经改造同化了他。但是,由于这一"华化"方针的采用,毕竟使传教士们在学习中文、钻研经籍的过程中,浸染了中国文化,从而产生了各自不同的看法,形成了颇具特色的教士中国观。

天主、天、上帝三者的关系问题。基督教信奉主宰宇宙之神:Deus。这一词,在翻译成中文时,曾颇费踌躇。最初是音译成"陡斯"。利玛窦来华后,开始意译成"天主",待到研习了中国经籍后,又改用天或上帝。以后关于天主、天、上帝三者关系问

---

① 当然,不必过高地估价传教士带入的西方科学,因为这主要还不是以牛顿—伽利略体系为代表的近代科学知识,而是亚里士多德时代的东西。这一点,大概与他们的神学世界观有关。

题成为17世纪30年代正式开始的与多明我会等教士的"礼仪问题"之争的肇端,在耶稣会内部亦有不同意见。这一问题,在形式上表现为能否继续容许按照中国民间文化传统进行祭祖尊孔之礼仪,在理论上则表现为对中国儒家学说的看法,而由于所有的传教士都是从宗教的眼光来审视儒学的,所以形成了他们的儒教观或曰孔教观。

以利玛窦为代表的大多数耶稣会士都是主张天主教与孔子学说相调和的,事实证明这对他们的传教事业相当有利,即便位尊如大学士的徐光启也为之动心,说:"我信天主教,非弃儒教,只因中国古经失传,注解多舛,致为佛说所诬,信天主教乃可以辟佛教之谬说,补儒教之不足耳。"①最先打动徐光启,使其"彻夜捧读,决意受洗"的是《天主实义》。这本书是利玛窦在1593至1596年间写成的,是一本假托中士与西士答问的两卷本著作。此时,利玛窦已"淹留肇庆韶州二府十五年,颇知中国古先圣人之学,诸凡经籍亦略诵记,粗得其旨",确定了"是尧舜周孔而非佛"的基本方针。除了"非佛",他其实还排斥孔子以后的各派儒学和儒学以外的其他学说。

对于孔教,他们做出了哪些评说呢?

(1) 孔教与天主教一致,但需后者补足。在《天主实义》中,西士在排斥了道教的"无"、佛教的"空"之后,说:"夫儒之谓,曰'有'曰'诚',虽未尽闻,其固庶几乎?"后来,殷铎泽(Prospero Intorcetta)甚至这样说,孔子如生在他那个时代,而了解基督教义,那么他一定是最先改宗基督教的第一人。当然,如果把儒教说成与基督教完全一致,则会取消传教的意义,所以,利玛窦等把孔子看作"大圣",而非救主,并编织了这样的故事:当民众为善的本性泯灭,沉溺于恶之中,再也难以建立善心之时,于是天主

---

① 《性理真诠》。

便以父亲般的慈心怜恤之,自古便让每一代都出现圣人,为民众树立典范,以后又亲自降临世间,唤起民众普遍的觉悟。这样,儒教便成为天主教的准备阶段了。

(2) 天主等于儒经中的"上帝",在一定意义上也等于儒经的"天"。《天主实义》明确指出:"吾天主乃古经所称上帝也。"在做了大量引经据典之后,又说:"可知历观古书,而知上帝与天主特异以名也。"之后,利类思(L. Buglio)等也多有发挥。那么"天"是否也能等于"天主"呢?利玛窦一派的意见是,抽象的"天"可以这么看,所谓"如以天解上帝得之矣。天者,一大耳";利类思说得更明:"至经书所言尊天事天畏天,天生物皆指主宰者而言耳。"但物质的"天"却不可以这么看了,"上帝索之无形,又何以形之谓乎?"由此,天与地并提就更不行,一则会造成两个至尊,二则有形的物质的"上天既未可为尊,况于下地,乃众足所践踏,污秽所归寓,岂有可尊之势?"

(3) 先儒亦信仰灵魂不灭和天堂地狱之说,此又与天主教一致。灵魂不灭与天堂地狱说是天主教的基本信仰。利玛窦等耶稣会士自然也要尽力将中国先儒的说法附会上去,请看《天主实义》:"(西士曰)吾遍察大邦之古德书,无不以祭祀鬼神为天子诸侯重事。故敬之如在其上,如在其左右,岂无其事而故为此矫诬哉?"至于天堂地狱之说则更是随意的推论,从诗曰"文王在上,于昭于天,文王陟降,在帝左右"认定有天堂,然后推论:"有天堂自有地狱,二者不能相无,其理一再。如其文王、殷王、周公在天堂上,则桀、纣、盗跖必在地狱下矣……"

应当指出,以上主要是利玛窦一派的耶稣会士的孔教观,以龙华民、庞迪我、汤若望等为代表的另一派则并不赞成把中国经籍中的"上帝""天"等同于"天主"。据樊国梁说:"龙华民之意见,与利玛窦相左,谓中国经典内,多有涉及异端者,奉教人不得尽用,有日本耶稣会巡行上司巴巴约者,曾寄书与龙华民,言曰本传教士等,俱不准奉教人尽用国家典礼。龙华民即详核礼典之义,果有涉于异端之条,即严禁中国奉教之人,不准称天主为天,为上帝。"至于多明我会、方济各会教士的态度自然更因种种复杂的原因而与利玛窦一派相左了。而且,即便是利玛窦,他在专门写给西方人看的《利玛窦中国札记》中,说到中国儒教,口气也与《天主实义》一类以向中国人宣传为目的的著作有很大不同。在那里,他更多的是客观的叙述。尽管他还继续认为儒教中的那些箴言"完全符合良心的光明与基督教的真理",但还是不得不看到,儒教"不提天堂或地狱",并且看到"儒家不承认自己属于一个教派,他们宣称他们这个阶层或社会集团倒更是一个学术团体,为了恰当地治理国家和国家的普遍利益而组织起来的"。①

耶稣会士对于中国佛教又是怎么看的呢?

传教士对中国文化的实用主义态度,最突出地表现在对中国佛教的态度上。利玛窦原想既到中国传教,就得迎合中国原来的宗教信仰,于是穿上了僧衣,自称来自"天竺国",使中国人见了惊诧莫名,呼之为"西僧"。后来他才知中国文化最深层的还是儒学,又马上改着一身儒服上北京去了。而且,利玛窦也不讳言自己对佛学知之甚浅,他承认"窦未晓佛书"。但他又要说:"此为力屈,非理屈也。"在这样的情况下,他批评的佛教只是民间一般的佛教信仰而已,如轮回、不杀生、口念阿弥陀佛等,并未能深入到其核心思想中。他也看到"这一教派的书籍……一直在增多,成为了维持它广泛流行的热情之火的燃料,看来它似乎是不大可能消灭的"。但他却又用历史上的一些偶然因素来解释佛教传入中国的原因。在《天主实义》中,他这样说:"考之中国之史,当时汉明帝尝闻其事,遣使西往求经,使者半途误值身

---

① 利玛窦:《利玛窦中国札记》,第105页。

毒之国,取其佛经,流传中华。迄今贵邦为所诳诱,不得闻其正道,大为学术之祸,岂不惨哉。"在《中国札记》中又说,佛教传播和基督教传道几乎同时,中国人想到西方学习福音书,却"或者由于他们使臣方面的错误,或是因为他们所到国家的人民对福音的敌意,结果中国人接收了错误的输入品,而不是他们所要追求的真理"。利玛窦以后的传教士几乎都继承了这一对中国佛教的基本立场和粗疏的批评。

对于中国道教,传教士们也是取反对态度的。利玛窦的《天主实义》编造了如下一段对白,中士曰:"……吾中国有三教,各立门户。老氏谓物生于无,以'无'为道。佛氏谓色由空出,以'空'为务。儒谓事有太极,故惟以'有'为宗,以'诚'为学。不知尊旨谁是?"西士曰:"二氏之谓,曰'无'曰'空',于天主理大相悖谬,其不可崇尚明矣……。"对于道教的来龙去脉、理论学说,他们的了解也很有限,只是利玛窦在《中国札记》中关于老子的一段介绍,因为可能是西方较早提到老子的言论,所以值得在这里转录。他写道:"第三种教派叫作老子(Lauzu),源出一位与孔子同时代的哲学家。据说他出生之前的怀胎期曾长达八十年,因此叫他作老子,即老子哲学家。他没有留下阐述他的学说的著作,而且好像他也没有想要建立独立的新教派。然而在他死后,某些叫作道士(Tausu)的教士把他称作他们那个教派的首领……"

2. 关于中国的理学

宋明理学的出现,是中国文化在中国的中世纪社会中的一次巨大的断裂和继承。文化的断裂和继承常常是孪生子,是新的文化形态得以诞生的前提。宋明理学前所未有地吸收改造了释道哲理,弥补了儒学传统中缺乏细密严谨的思辨理论的缺陷,同时也承继了先秦哲学所奠基的中国哲学以伦理为本位的传统。由于它是在经历了盛唐时期世界性文化大开放期的洗礼之后,对外来文化和传统文化的咀嚼消化的产物,所以它在一定意义上具有欧洲中世纪后的思想观念。但它又是在中国中世纪中孕育出来的,所以,在根本上又是封建意识形态的一个界碑。后人常常从各自不同立场和使命出发去阐扬或咒骂宋明理学,看来与理学的上述两重性有关。至于外国人的纷纭众说,也不能完全脱离这一点。明末清初的天主教传教士众口一词地反对理学,无非出于两大原因。第一个原因是由于传教的策略。他们很了解中国人尚古的社会心理,所以把儒学分为"先儒""后儒",认为只要把孔子拉到一条板凳上,便可以在中国通行无阻了。至于孔子以后的儒学,不管是秦汉思想,还是宋明理学都排斥之;甚至对"亚圣"孟子,也对不住,直接开销:"是故吾谓以无后为不孝,断非中国先进之旨。"第二个原因恐怕更为根本,因为理学中某些自然主义的趋向和人本主义特点,天主教实在不敢赞同。比如对于程颐所谓"道则自然生万物"和"夫天之所以为天,本何为哉?苍苍焉耳矣。其所以名之曰天,盖自然之理也",汤若望驳斥道:"夫无主者,必谓万物生于自然(如火自炎上,水自流下),不知自然之说,殊非究竟之旨。格物者既从物生得自然,又必从自然求其所以然。(如火自炎上,所以然者,体轻故也。水自流下,所以然者,体重故也。)设无以使之自然者,亦安得自然而生乎?"不过,对于某些以人为本位的思想,则不大见到传教士的批评,这大概与他们不大提到王阳明的心学有关。而作为宋明理学的重要一环的王学,恰恰是"明中叶以来的浪漫主义的巨大人文思潮(例如表现在文艺领域内)的哲学基础"[1]。

传教士毕竟离不开宗教的眼光,他们对理学的批评,主要还是在造物主的宝座上一争高下。所以,从利玛窦开始,传教士们个个攻击太极、道、体、理、气等一系列理学概念和观点。

---

[1] 《李泽厚哲学美学文选》,湖南人民出版社 1985 年版,第 141 页。

利玛窦还是从先儒那里找根据,他写道:"余虽末年入中华,然窃视古经书不息,但闻古先君子,敬恭于天地之上帝,未闻有专奉太极者。如太极为上帝万物之祖,古圣何隐其说乎?"他又驳斥宋儒的"理",提出:物可以分为两类,一为自主之物,一为依赖之物。以白马为例,马乃自主者,白乃依赖者。因为"虽无其名,犹有其马,如无其马,必无其白"。自主者在先,较贵,依赖者在后,较贱,而且"一物之体,惟有自主一类,若其依赖之类,不可胜穷",以此推论宋儒之"理"则可知"理"只是依赖者而已。因为,中国文人学士所讲的理,一般总说理在人心或理在事物,事物之情合于人心之理,则事物为真实,而人心能穷事物之理,则为格物。据此,可见理并不是物的原因,而且总是在物后,哪有后者为先者之源的呢?所以,理不能代替造物主,理是依于物的。此外,他还论证了"理无灵觉""理卑于人"等观点。龙华民的《灵魂道体说》一书,则专为反驳宋儒的道体说而作,他的结论是:"人奈何徇其与物同之道体,而忽其与物异之灵魂。又或以灵魂之美妙,并归道体,遂使人性不明,灵魂混乱……如世论徒以太极大道虚空等,为生造天地万物之本是也。夫以道体当灵魂,已屈人同物,而以道体当天主,则是屈至尊至神之主,下同于所造之物也。"有意思的是卫匡国,他在《真主灵性理证》中,说了一大通赞成"气"有浮沉升降动静相盛的妙处,临末却轻轻发一疑问:"吾人日处气中,而曾不知气之主可乎?"还是推翻了张载的"唯气论"。

对于传教士的理学观,还应该提到如下一些情况:

首先是关于传教士中间的观点异同问题。几乎所有的传教士都是反理学的,在这一点上,多明我会、方济各会与耶稣会没有分歧。所不同的是,利玛窦似乎对太极说表示了一些宽容,只是他认为当年孔子所说的太极并非创世的主宰,谈不上有对太极的崇拜。而后来的卫方济等人则更为严厉了。另外,有的耶稣会士还承认过理与天的相似之处,如利类思在《不得已弁》中就说过:"无以其形,无物不包,理以其神,无物能离,谓理与天似则可,而谓天即理可乎?"不过,这种不够坚定一致的理论现象,并不是由于立场不同,而是由于知识不够。

第二,对理学了解尚处于肤浅与片面的阶段。这从他们对佛学的完全拒斥中便可知晓。须知,佛教中的禅宗本为理学的一个重要思想渊源。排斥佛教,对禅宗无知,也只能意味着对理学的无知,充其量不过一知半解而已。

第三,惯于从西方传统文化角度加以评判。按照现代解释学的观点,这本无可厚非,但问题由于这些传教士所戴的"眼镜"往往属于前一个时代的西方文化的产物,宗教的眼光自不待言,从托马斯到亚里士多德的倒退法也常常在用。如方济各会士利安当就说:"儒者论太极五运形质已具,既云物质,仅可称质者、模者,而不可称造者、为者明矣。且万物一太极,则不分其体于万物中,是既为物质,而与物俱焉,岂能立于物外而造之者。"这不是在用亚里士多德哲学批判宋明理学吗?真是又一出"关公战秦琼"的闹剧。

3. 关于中国的一般知识和看法

明末天主教在中国的传教活动,特别是耶稣会士的努力体察和播扬,使国外对中国的总体认识发生了质的飞跃,对此,利玛窦有相当的自信。在他晚年撰著的《中国札记》中,开卷便说:"虽然在欧洲流传着很多有关这类问题的书籍,但我认为任何人都不会讨厌从我们同伴那里听到同样的东西。我们在中国已经生活了差不多三十年,并曾游历过它最重要的一些省份。而且我们和这个国家的贵族、高官以及最杰出的学者们友好交往。我们会说这个国家本土的语言,亲身从事研究过他们的习俗和法律,并且最后而又最为重要的是,我们还专心致意、夜以继日地攻读过他们的文献。这些优点当然是那些从未进入这个陌生世界的人们所缺乏的。因而这些人写中国,并不是作为目击者,而是只凭道听途说并有赖于别人的可信性。"利玛窦的合作者,《中国札记》的编译、增修、出版者金尼阁则把这之前写中国的著作概括为两类:一类是想象得太多,另一类是听到很多,并不加思索地照样出版。所以,他主张:"唯一合情合理的就是相信我们最近的这部叙述将取代在它以前出现的那些撰述。"

以利玛窦为代表的耶稣会传教士对于中国的知识和评价究竟比前人"优"在哪里呢?

地理上的认识总是文化互识的第一步。但是,直到马可·波罗时代,人们还没有从地理上搞清古时的"Sina"和"Cathay"是一回事,13世纪的鲁布鲁克也许是个例外。[①]利玛窦这方面的知识则要丰富多了。他对于中国的许多名称,无论是外国人称谓的(如托勒密时代的Sina、马可·波罗时的Cathay、葡萄牙人起名的China、暹罗人所称的Cin、日本人所称的唐、鞑靼人所称的汉等),还是中国人自己称谓的(如夏、商、周、汉、唐,以及各个时代一直沿用的称号:中国"Ciumquo"、中华"Ciumhoa"),都断然判定:这些其实是同一个国家的不同称呼而已。他把这一判断写入书中,并利用写信的机会,广为传布这一见解。这在知识的广度和传播的广度上,都是前人不可匹比的。特别是他及时地把葡萄牙兴起后称中国为China这一新情况也考虑进去了,明确指出"支那"(China)亦即契丹。利玛窦在给印度诸同事的信中,告知"契丹乃支那帝国之别名"。但由于人们仍听信了契丹和支那是两个国家的说法,所以,修士鄂本笃受命由印度去中国时(1602年),还是走的陆路,即由中亚往中国,以至劳累而死。不过,死前,他已到达了中国肃州,并证明了利玛窦的说法是对的。

---

① 学界有人认为,利玛窦确认契丹和古代丝国为一回事,"可以和亚美利哥·维斯普西之证实哥伦布所发现新大陆并不是印度相媲美,堪称近代初期西方地理学史上的最有意义的两大贡献",看来不妥。

关于中国历史。苏莱曼叙述唐末黄巢起义的事迹,首开了对古代中国现、当代史的记录,这种情况,以后常有出现。不过,以往的所有记录,都不及耶稣会士卫匡国在17世纪中叶出版的《鞑靼战纪》那样系统而真切。它记载了1644年清军入关前后的战事,特别这种记载"不是道听途说"而是亲眼所见的,使之堪为研究清初历史的参考史料。历史学家方豪称此书"于清军入关及南下情形,所记至详,直言不隐,足补我国正史之阙略"①。1658年,卫匡国又在慕尼黑出版了一部《中国上古史》,成为国外叙述公元前中国史最详尽的著作。据统计,1552—1687年,总共69部教士中国学著作中,历史类著作有11部,不过,大都属于两种内容:天主教在华传教史,明代覆亡和满人入关的历史。

对中国政治的认识在这一时期也是前所未有的。利玛窦对中国政体,从中央到地方,都有详细介绍,他说过:"要详尽地论述这个问题,如果不是好几本书的话,那也会需要好几章。"这足以表明他对于中国的东方式政治的强烈兴趣。当然,利玛窦不会停留在猎奇上,他有自己的评说,他写道:"从远古以来,君主政体就是中国人民所赞许的唯一政体。贵族政体、民主政体、富豪政体或任何其他的这类形式,他们甚至连名字都没有听说过。"之后,他又写道:"虽然我们已经说过中国的政府形式是君主制,但……它还在一定程度上是贵族政体。"这两者在封建主义森严的等级制度中得到了统一。并且,据利玛窦的见解,皇帝和老百姓都"很满足于自己已有的东西,没有征服的野心",知识阶层则依附于并控制着政权,"宁愿做最低等的哲学家,也不愿做最高的武官,他们知道在博人民的好意和尊重以及在发财致富方面,文官要远远优于武官"。而这些,正是中国政治"与欧洲

---

① 杜文凯编:《清代西人见闻录》,中国人民大学出版社1985年版,第1页。

人不同"之处。对此,利玛窦是抱了七分欣赏、三分批评的态度。

这其实已涉及了中国的民族性问题,除了对儒、释、道、理学诸类观念形态的中国文化的品评之外,通过对民俗风情、生活方式等实践形态的中国文化的分析,使关于民族性的了解变得既较有深度又比较丰富。比如,利玛窦在专讲中国某些风俗的一章中指出:"他们的礼仪那么多,实在浪费了他们大部分的时间。"连"简单地谈谈中国人的宴会",也用去了利玛窦好几千字的篇幅。这种把食文化推广到各种人际关系领域,淋漓尽致地发挥食文化的功用,正是至今仍为世人所感叹的中国文化的一大特质。然而,重礼节、讲友情的中国却对外国人怀有极深的成见,"他们甚至不屑从外国人的书里学习任何东西,因为他们相信只有他们自己才有真正的科学和知识"。这种排外心理"是许多世代以来对外国根深蒂固以恐惧和不信任所形成的"。但是两极相通,"这种无知使他们越骄傲,一旦真相大白,他们就越自卑"。

至此,我们可以认为国外中国学已经在传教士们之中出现了,他们是西方中国学家的先驱。尽管"Sinologist"(中国学家)一词还远未出现①,一般传教士也没有把研究中国文化当作自己的主要事业,但就他们往往毕生与中国文化相关联和对中国文化的了解而言,他们已具有一种完全称得上"观"的中国知识和对中国的认识。而且这里又出现了历史上常见的"种豆得瓜"的现象:他们致力于传教,但却给自己造成了第二种身份——中国文化的传播者和研究者。显然,后一种身份比原来的传教士身份影响要深广得多。

这后一种身份足以标识国外中国观和中国学诞生的第一个

---

① Sinology 的字根来自拉丁文 Sina(中国),流行的译法有两种:汉学和中国学。本书取后一种译法。根据《牛津英语词典》,Sinologue 和 Sinologist 成为通用词分别始于 1860 年和 1880 年。

阶段：教士中国观和中国学的阶段。从沙勿略1552年抵中国台山上川岛至1687年之前，这一阶段也经历了与传教时期大略相当的过程：

前利玛窦期。1585年，西班牙籍奥斯定会教士门多萨（Juan Gonzalez de Mendoza）出版了一本介绍中国的游记，书名叫《中华帝国风物志》。此书得到了后人这样的评价："缺乏深刻的社会及经济思想，但却无误地指出一个高等文明。"① 该书校录了另两位教士更早一些的著作：克鲁兹（Gaspar de Gruz，曾居广东一个月）在1569年发表的文章和拉达（Uartin de Rada，曾在中国短期停留）1575年携100卷中国书籍去马尼拉后所写的一份报告。此外，1589年还刊行了《异方风土短札》，系16世纪最初的教会报告书，其中一些信自称是"由最光辉的日本皇岛，接着直由地球的极端，即最伟大的中华帝国而发出的"。这一时期，最重要的人物是Juan Cobo，其中文姓名按厦门方言被音译为高母羡，也是一位西班牙籍多明我会会士。他16世纪在马尼拉附近的华侨区传教，1592年经台湾海峡赴日，途中遇台风，漂至台湾，一行人均被当地原住民所杀。高母羡虽未临中国，但由于与华人有很多的接触，所以留下了不少在中国学史上开创性的著作。如1589年的《中国指南》，此书由马尼拉华侨口述中国内地情形，高母羡用西班牙文写下来；《中文字典》是现存最古老的一本中西字典；还有《中国语言的艺术》和《明心宝鉴》的译本。其中《明心宝鉴》是范立本所编，辑录了孔、孟、荀、老、庄、朱熹等人的言论，该书流行于菲律宾群岛，被用作华人子弟教育的教本。在浩如烟海的经籍中，这本书并不出名，但却因高母羡的翻译，而成为首次被译成西方文字的高层次的中国文化的代表。

---

① L. A. Maverick, *China: A Model for Europe*, San Antonio: Paul Anderson Company, 1946.

利玛窦时期。以利玛窦命名这一时期的教士中国学是合理的。除了前面已谈到的对中国儒、释、道、理各学说及中国一般知识的介绍和评说外，利玛窦最重要的中国学著作有三本：一为《中文字典》，此字典系利玛窦在肇庆时期与罗明坚合编的，以葡文→罗马拼音→中文解释→意大利文解释的方式排列，后来利玛窦又与郭居静（Cattaneo）及中国钟鸣仁一起将罗马拼音加以改革，用中国五音做读音符号。此书完成于1559至1560年间。二为《四书译本》，1591年奉范礼安之命，开始工作，至1594年方告完成。这恰是利玛窦改弦更张，埋头研究中国经籍的时期。利玛窦将之用拉丁文译出，寄回本国。此为中国"四书"翻译的滥觞。三为著名的《基督教远征中国史》，这是利玛窦在临死前留下的大量记录中国情况和在中国传教事业的手稿，用意大利文写下，原打算先送耶稣会会员审阅，然后再让别的欧洲人阅读。1614年，金尼阁奉命往罗马，要求增派来华传教士把此著由澳门携回，并在漫长的旅途航行中着手将它译成拉丁文，并增添了一些有关传教士和利玛窦本人的内容，附有利玛窦死后荣衰的记述。拉丁文第一版于1615年在德国奥格斯堡出版。于是，该书不胫而走，成为一部名著，我国学者对照此本和20世纪后陆续刊布的利玛窦意大利文原稿，翻译了此著，此即《利玛窦中国札记》。

以汤若望为代表的传教期相应的时期。这一阶段的中国学必须提到一件事和一个人。一件事，即是大秦景教碑之翻译及注释。1625年，在北京的耶稣会听说西安府附近发现了大秦景教碑，便派金尼阁前往研究，金尼阁将碑文译成拉丁文，由罗雅各（Jacques Rho）寄往罗马。三年后，便出现了部分法译本；五年后，又有了意大利文本。景教碑的中文注释，亦由阳玛诺于1644年完成于杭州，名为《景教流行中国碑颂正诠》，给予此碑以十足天主教教义化的注释。教士们在景教碑的翻译和注释中表现出来的热情和兴趣,实非偶然,因为这至少可以用来做"利用中国古人,向中国人传教"的强有力证据,果然李之藻等便说:"三十余载以来,我中土士绅习见习闻于西贤之道行,谁不叹异而敬礼之。然而疑信相参,诧为所说者,亦繁有焉。讵知九百九十年前,此教流行已久……唐天子尚知庄事。而况我圣朝重熙累洽,河清玺出,仪凤呈祥之日哉。"李之藻有所不知,景教实在与耶稣会士效忠的正统天主教宿有怨仇,然则耶稣会士却明知景教是当年的异端,故意隐去这段历史公案,实用的目的十分明显。大秦景教碑的研究至今仍历久不衰,从国外中国学的历史来看,这件事情的意义,实在是开创了大家一起来研究中国问题的风气。

一个人,即卫匡国,此人1643年到中国,时值明清鼎革之际。他在大纷乱的情况下,旅行各地,尔后定居杭州,从事布教。此时"礼仪问题"之争已经正式开场,面对教皇1645年9月12日发出的禁止祭祖祭孔的礼仪的命令,中国耶稣会士特遣卫匡国于1651年返回欧洲,途中不幸遇暴风,流荡海上,经爱尔兰到挪威,再经由荷兰、德意志,方到达罗马,促使教皇亚历山大七世颁布了"教徒在不妨害根本信仰的情况下,可以自由参加中国礼仪"的新指令。卫匡国完成使命返回中国,途中又遇暴风,更遭海盗之难,回到杭州以后,不久便成了不归之客(1661年)。在这一多灾多难的公差期间,卫匡国完成并出版了多部重要著作,其中最著名的有《中国新图》,此书以明陆应阳的《广舆记》为蓝本,全书有图17幅,包括中国总图及各省、日本图,译文171页。作为著名的地图书家布劳(Blaeu)的《新地图》的一部分,1655年在荷兰出版,并成为到18世纪末为止,欧洲最完整而正确的中国地图。在此书中,卫匡国首创"China"一名出于"秦"字之说。另外,还有《中国上古史》《鞑靼战纪》和讨论理学的《真主灵性理证》。

以南怀仁为代表的传教期相应的时期。卫匡国由欧洲返华,带回了几个新的教士,都是值得一记的人物,其中南怀仁我们已把他作为这一时期的代表。还有就是殷铎泽、柏应理(Philippe Couplet)和纳瓦莱特(Fernandez Naverrete)。

除了《中国布教纪要》和《中国祭祀例证》两著外,殷铎泽在中国学方面的主要功绩是与另一位耶稣会士郭纳爵(Ignatius da Costa)连在一起的。他们于1662年出版了合译的拉丁文本《大学》,名曰《中国的智慧》,1667年至1669年,殷铎泽又公布了《中庸》译本,名曰《中国政治道德学》,并附了《孔子传》。此外,他们还有《论语》的最早译本。虽说中国经籍的西传,殷、郭之前还有利玛窦、金尼阁(1626年译"五经"为拉丁文,在杭州刊印),但殷、郭的翻译影响似乎更大些。因为,一方面,殷铎泽把《中庸》译本的一部分带到果阿去印行(殷铎泽在杨光先发难时,受派返罗马陈情),并于1672年在巴黎刊行,同时公刊法语本,这就在欧洲造成了直接影响。另一方面,他们所译的《大学》及《论语》一部分被收入柏应理一本以《中国箴言》为名的书中,此书于1662年公刊,用木雕整版印刷,书的用纸、体裁都充满中国风格,从而成为在中国的基督徒刊行的书籍中的一个珍品。

柏应理除了刊行上述《中国箴言》外,于1687年,又在巴黎如法炮制,公布了更博大的一书,拉丁文书名叫《中国的哲人孔夫子》,又名《西文四书直解》,此书是《大学》《中庸》及《论语》的拉丁文译本的综合,还附有孔子传略,内容与殷铎泽等人一起完成,柏应理做了主编工作。这是试图做中国经籍全译的合订本,所以理应有相当的地位。柏应理也是于1681年奉命回罗马汇报工作的,在欧洲期间,除了上述工作,还有不少著述,包括从太古到1683年的《中国史年表》等。他在返回中国途中,也遇到暴风雨,被摇晃而从高处坠落的行李压住,死于非命。

纳瓦莱特是1658年在一条驶往澳门的船上遇见卫匡国的。他听到所谓"礼仪问题",便生了兴趣,决定前往中国。后在杨光先事件刺激下,更决心研究中国的宗教,直到1670年离华。他的中国学著作有:有关中国书籍之资料、论文及翻译;讨论中国宗教问题和中国礼仪问题的论述。最重要的是第二类,在那里,他将发生在远东的礼仪之争直接带入欧洲社会,而不仅仅是罗马教廷。1675年,他用6个月的时间,写了近30万字,1676年6月正式出版,分7部分,介绍中国之位置、物产、士、农、工、商,及政府、礼仪、庆典、孔子学说及孔门弟子、中国古书,以及造成礼仪之争的原因等。此外还有一部游记,记述由墨西哥至中国澳门、福建、浙江、江苏、北京之间的旅行。此书在数十年之内,便有英、法、意、德文本出现,不啻在欧洲引起一场风波。伏尔泰(Voltaire)在其《礼俗论》中称赞说:无人能比他将中国介绍得更好。但反对者也不少。于是毁誉交加,使此书流行愈广,连书中所附高母羡译的《明心宝鉴》也因而影响大增。

三、传教士东来和职业中国学

耶稣会在中国的传教活动以南怀仁的病重和逝世而走完了第一个阶段。不过,南怀仁在病重时,已经看到了中国教区人才凋零、内部矛盾(包括"礼仪之争")愈益加重的危机,遂于1678年从北京给欧洲耶稣会士写信,呼吁全欧耶稣会士来中国传教。

南怀仁向全欧洲的一声呼吁,偏偏让法国人接应了过去,这当然不是偶然的。

伏尔泰以文化史观的眼光纵观西方古今大势,曾指出2000年中,只有四个时代"值得重视",即伯里克利到亚历山大的希腊时代、奥古斯都的罗马时代、意大利文艺复兴时代,还有就是法国的路易十四时代。路易十四仅5岁时便继位为王,到1667年23岁方才亲政,直到1715年,在位72年,造成了一个"今后很难超过,如果它在某些方面被超过,它仍然是其将产生的那些更加幸运的时代的榜样"①。伏尔泰的上述褒扬肯定有些过头,但路易十四的勃勃野心和宏阔气魄,的确使法国得了近代文化的风气之先。这个近代文化是以变革为背景的,如伏尔泰所说:"在这段时期内,我国的文化技艺、智能、风尚,正如我们的政体一样,都经历了一次普遍的变革,这变革应该成为我们祖国真正光荣的永恒标志。"②我们知道,任何变革的时代,都只能是大开放、大交流、大吸收、大创造的时代。路易十四不是这个时代的英雄,相反还是这个时代的潮流所要摧垮的主要对立面。但是,他在位期间,特别是前期,在政治上、经济上、文化上向全世界,特别是向东方的全面扩张和进击,却在客观上加快了这个时代到来的步伐。这是他个人的悲剧,却是人类历史的幸运。

1685年3月3日,路易十四派遣的6位有"皇家数学家"之称的传教士踏上征途,除1位留于暹罗传教外,其余5位在几经周折之后,于1687年7月23日到达中国宁波,又于1688年2月进入北京,3月25日到乾清宫谒见了康熙皇帝。天主教在中国传教事业的第二时期就是从这5位传教士那里开始的。这5位的姓名是:洪若翰(Jean de Fontaney)、张诚(J. Fr. Gerbillon)、白晋(Joachim Bouvet)、李明(L. Le Comte)、刘应(C. de Visdelou)。由于这些法国传教士学识渊博,深得清政府赏识,于是康熙帝想让白晋回国招致更多的俊秀之士。白晋于1697年返回法国,并随身带回了康熙皇帝给路易十四的49册汉籍。白晋在法国招罗了马若瑟、雷孝思、巴多明等10人来华,并力促"安菲特里忒"号首航中国。1698年3月6日,该船由法国西海岸的洛瑟尔港开出,7个月后,驶抵上川岛,尔后,随船而来的路易十四的使节、海军官员、传教士和商人们便各奔自己的使命而去。这就是中法关系史上一个历史性的事件——"安菲特里忒"号首航中国。

①② 伏尔泰:《路易十四时代》,商务印书馆1982年版,第491页。

这件事具有深刻的象征意义。

它首先象征了法国正通过经济贸易的途径，大量吸收中国文化。路易十四时代，葡萄牙和西班牙两颗"明星"已黯淡下去，荷兰和英国这两股远东贸易和海外殖民的新旋风刺激了法兰西的雄心。法国于1664年，也像英、荷两国那样，成立了东印度公司，并借荷兰在海外迭遭挫败，英国正经历资产阶级革命的阵痛之机，一跃成为欧洲大陆的第一强国。此时东方的情形也成全了路易十四，几乎与此同时，中国与南邻印度支那诸国的友好贸易又有发展，特别对暹罗国的贸易更为优厚。在顺治十一年（1654年）的禁海期，就准许暹罗商使所运货物，"愿至京师贸易者，听其自运，其愿在广东贸易者，督抚委官监视"。到康熙二十三年（1684年）开海，更是对暹罗商使的货物，"听其随便贸易，并免征税"。我们知道，1685年暹罗与法国缔结了外交条约，法国东印度公司的商船可以依约停泊暹罗，将暹罗所有之中国美术品输入法国。当然，中国政府本身的对外政策是至为关键的。这一时期，清政府终于打开了大门，改变了"寸板不许下海""片帆不许入口"的闭关政策，自1684至1840年，是清朝实行限制性对外贸易的一个时期。

在这样的有利条件下，"安菲特里忒"号首航中国无疑是一个良好的开端。自该船1701年直接从广东返抵法国以后，整个18世纪，差不多每年都有一艘乃至数艘法国船载运着中国物品到达西方，但仍供不应求。这些物品主要是中国的丝、瓷、画、漆器等工艺品，而正是这些"闪现于江西瓷器的绚烂彩色，福建丝绸的雾绡轻裾背后的南部中国的柔和多变的文化，激发了欧洲社会的喜爱和向慕。欧洲社会本身正在孕育一种高度发展的深远的文化，它没有自觉到和这种事物的内在联系"[①]。这一文化

---

① 利奇温：《十八世纪中国与欧洲文化的接触》，商务印书馆1962年版，第21页。

交流和吸收的直接产物,从中国文化的角度而言,即为"中国风格"(Grotesque)在17世纪后期和18世纪法国及欧洲的弥漫,这种"中国风格"或曰"中国趣味",以采用中国物品、模仿中国式样为时尚,本身含有新奇别致的意味。而从西方文化的角度而言,即为"洛可可"(Rococo)作风的兴起。洛可可作风作为一种新的艺术风格,以生动、优美、轻倩、自然为特色,它是对文艺复兴之后,新专制主义的巴洛克(Baroque)作风的否定和取代。"中国风格"和"洛可可"作风成为新时代艺术风格的异名同义词,直接的契机,当然是贸易的开通;但更深刻的原因恐怕需要一个历史的、阶级的、民族的、文化的综合性回答。概要地说,17世纪后期,历史已经从文艺复兴以后一度笼罩欧洲的君主专制主义开始向新的时代迈进,对宽松的环境、宽容的态度、宽放的风格的追求,已经成为人们的普遍的社会心理,法王路易十四时代的拘谨、刻板的气氛开始退化。于是,洛可可风格与富有浪漫传统和艺术素养的法兰西民族一拍即合,并且不只在艺术生活和创作上,更在日常生活和人生态度上,表现出对纤细入微的情调、自由不羁的精神、轻歌曼舞的生活的向往。由于东西方文化交流的发展和便利,使这种向往找到了寄托,这便是与西方,特别是与罗马传统一脉相承的那种厚重而繁缛、庄严而繁饰的巴洛克风格大相异趣的中国文化,还不是中国文化的全部,甚至不是中国文化的主导部分,而是中国文化中枝蔓别生却又不可或缺的那部分——利奇温(Adolf Reichwein)教授称之为"奇妙的长江流域"的中国南部文化。

　　这并不等于说中国正宗的传统的那部分文化与18世纪法国无缘。恰恰相反,由于能够直刺人们的心灵深处,这种更多的是属于思想理论形态的文化交流和影响是更为重要的。这一层次的文化交流和影响也与"安菲特里式"号有关,因为这艘船上坐着白晋等10余位法国传教士,这大概可以算该轮首航中国的又一个象征意义。何以见得？

就天主教的传教事业而言，第二阶段的传教，除了一开始有过一些短暂的兴旺之外，并没有很多成功的记录。"礼仪问题"的争论还在继续，这场争论对于欧洲了解和研究中国文化，仍然具有重要意义，但对于耶稣会的传教活动，却是一块越来越大的阴影。1704年和1715年，分别有教皇克雷芒十一世的禁令，1742年又有教皇本笃十四世的断谕，一次比一次严厉，耶稣会在"礼仪问题"之争中节节失败。而中国皇帝康熙、雍正、乾隆对传教的反感也在加深。所以，到后来，一些传教士只能以韬晦之计，留在清宫内，做些工作，如郎世宁、蒋友仁等帮皇帝或朝廷绘画、编地图、设计园林等。一位传教士叹道："终日供职内庭，不啻囚禁其中，凡有绘画，限于庸师，不能随意发挥，倘非为事君上，而希天上之永尝，余必悻悻而去。"但这种委曲求全、等待时来运转的策略，一时也并无见效的迹象，相反，形势日趋严峻。1762年，巴黎议会通过了一个抨击耶稣会的议案，说他们"论衣冠于禽兽，变教友为邪徒"。1767年，西班牙下令驱逐耶稣会士。两年后，法国、西班牙、葡萄牙、那不勒斯等四国更联合要挟教廷解散该会。1773年教皇克莱门特十四世终于接受四国要求，颁布了解散耶稣会的命令。

这又是路易十四始料不及的，他精心选择了一批传教士来中国，这些人论才学、能力都不在第一时期的葡籍、意籍耶稣会士之下，然却只能走每况愈下的下坡路。原因固然很多，但时代精神的演变却是最根本的原因。启蒙运动的浪潮已听得见阵阵涛声了，理性之光已在驱赶宗教的晦暗。在这时，路易十四尽管建有空前的文治武功，但毕竟属于该淘汰的那个时代。所以，1715年他死时，法国老百姓都喝酒、唱歌、欢笑，像庆祝盛典。耐人寻味的是，人们还把耶稣会及其教士与路易十四晚年的失败连在一起，愤怒地要去烧毁耶稣会的房子。在这种情况下，不管那些来华的法籍教士具有如何值得称道的个人素质,但他们的失败却是必然的。也许,悲剧正在于他们成功地向西方传播了非西方正统的东方文化。当然,我们并不主张把西方启蒙运动的兴起与中国文化的影响做过分的联结。

但是,有一点是确凿无疑的,即传教士东来的第二时期造成了西方中国观和中国学的重大变化,是教士中国观走向职业中国学的开始。

任何一门学科的进展,总是以出人和出书为主要标记的。下面,我们择其要者,略述一二:

1. 三大名著

《耶稣会士通信集》,简称《通信集》。巴黎耶稣会的总书记郭弼恩(Charles Le Gobien)想独立编纂在中国及东印度方面活跃的耶稣会同志的报告书简之类,以"满足信仰与好奇心",遂于1702年,在巴黎创办并主编了《通信集》的第1卷。翌年,第2卷出版时,方改称此名。以后,该著成为一种期刊性的原始资料。从第9卷到第24卷(1711—1743年),由杜赫尔德(Jean Baptiste Du Halde)继续主编下去。第25卷到第34卷(1749—1776年),则由帕都叶(Louis Patouillet)接任主编。如果不是1773年耶稣会被迫解散,这套史料性的通信集还可能像接力跑似的编下去。现有的这套34卷之巨的书,以通信的形式,将观察所得的中国政治制度、风俗习惯、历史地理、哲学、工商情况等详加报告,因而成为18世纪及至以后,许多中国学家和对中国文化感兴趣的人们的主要资料来源,还在陆续刊行期间,就曾被屡次部分地重版过。到1780年,又在增补改编之后,全部重版。重版后的第1至第5卷,专收近东的通信;第6至第9卷,载亚美利加的通信;第10至15卷,收录印度的通信;而在第16至第26卷中,收载了由中国寄来的通信。此书的版本、译本相当多,难以一一叙尽。这部书为国外中国学和中国文化研究提供了鲜活而详细的原始材料，缺点是过于庞杂，侈陈灵异之处也不少。

《中华帝国全志》，即"关于中华帝国及满蒙地理、历史、年代、政治及物产等的记述"，共4册，杜赫尔德主编。杜赫尔德18岁（1692年）入耶稣会，专事编纂。当他接替郭弼恩继续主编《通信集》第9到24卷时，读到许多传教士的报告，便起愿，对100多年入华耶稣会士的各种著述和通讯，在消化、选择的基础上，做系统的编排，使之成为一部综合性的著作。经过多年的材料收集工作，该著终于1735年在巴黎出版，第二年便在海牙出第2版。不久，英、德、俄译本先后面世，影响极大，有"西洋中国学之金字塔……真正可以夸耀于世的纪念碑"之称。此书第1卷记中国各地地理，并有夏至清二十三朝的历史大事记。第2卷论政治经济，并述中国经书和教育。第3卷述宗教、道德、医药、博物等，并转录法籍耶稣会士马若瑟所译元剧《赵氏孤儿》。第四卷记述满洲、蒙古，并涉及西藏、朝鲜的研究。全部内容得自20多位传教士的研究成果。

《中国丛刊》，即"北京教士所写的关于中国人的历史、科学、艺术和风俗习惯的札记丛刊"，书背简称"中国丛刊"。该著自1776年至1814年，共出了16卷。主编三易其人：一为曾当过耶稣会士，希伯来、希腊和罗马古币的研究者布罗蒂埃（Gabriel Brotier, 1723—1789年）；一为法国王家学院的叙利亚文教授、匈奴突厥蒙古史专家德经；一为著名东方学家、波斯和阿拉伯学专家、比较文法学的先导者之一萨西（Antoine Isaac Sylvestre de Sacy, 1758—1838年）。从该著的编纂时间和主编就可知，这部著作是从以耶稣会士为主干的教士中国学向职业中国学（东方学）过渡的产物。无怪意大利学者利奥纳洛·兰乔蒂要说："这部巨著的出版标志着几世纪前顺利地由利玛窦开创的一种事业的完成，标志着耶稣会士的中国学研究达到了

'顶峰'。"①它似乎是紧接着《耶稣会士通信集》出版的,但却对"耶稣会"及与之有关的字眼讳莫如深,当然这仅仅是现象上的联系与区别,实质上的联系则在于该丛刊的材料来源,主要还靠那些在中国的传教士提供,区别则在于该著已是以学术性论著为主要内容了。当然还有一些适时的译文,如为克服拉丁文译本的不足而刊出《大学》《中庸》等书的法文新译本,为适应当时颇时兴的中国式园林运动而刊行中国的庭园诗,以及包括《本草纲目》在内的中国科学文化名著等。

以上是被日本学者后藤木雄称为欧洲18世纪关于中国的"三大名著",这三大名著一为原始资料,一为观察和介绍,一为学术论著,正好是一个历史和逻辑的统一,并且与18世纪欧洲学术史上研究范围日益宽广、比较方法渐受重视等趋势相吻合。

2. 一本历史书和一本地理书

"三大名著"的主编者都未到过中国。如论在中国的法籍传教士的论著,则更多不胜举了,其中一本历史书和一本地理书不可不提及,这就是冯秉正(De Maillac, 1669—1748年)的《中国通史》12卷和所谓丹维尔(D. Anville)的《中华新图》。

冯秉正1703年到中国,主要从事中国历朝兴亡史的研究。当时康熙皇帝正命令将朱子的《通鉴纲目》继续译成满文,于是冯秉正便参照满文译本,用法文翻译汉文原本,同时还翻译了明朝的《续通鉴纲目》,补充了宋末、元、明的史实,对于明末清初之事,更以其他各书及自己见闻追补之。这样,直到1737年才完成其稿,寄回法国。不料,由于偶然的变故,此稿竟被人遗忘了数十年,到1773年,耶稣会解散后,才在里昂大学院图书馆发现

---

① 中国社会科学院情报研究所编:《外国研究中国》(第4辑),中国社会科学出版社1980年版。

这部书的原稿。于是,这部书稿便转移到教王的侍讲格鲁贤(Abbé Grosier)手中,并终于艰难地于 1777 至 1783 年在巴黎出版了。格鲁贤又把自己编的《中国志》作为第 13 卷,附录其后,于 1789 年出版。

丹维尔是当时法国著名的宫廷制图师,他曾收藏了《中华新图》的原稿,并为之制版,所以可谓这一本地理书的功臣。而当时一批在华的传教士才是该书的始作俑者。原来传教士巴多明(Dominique Parrenin,1665—1741 年)到中国以后,得到康熙帝的信任,他向康熙帝进言,指出过去所绘的中国地图,杜撰成分太大,要求重新实测描图。这一工作,由与巴多明同来中国的雷孝思(Jean Baptisde Regis,1664—?)主持,经众多传教士通力合作,才告功成。1708 到 1716 年他们完成了实地测量工作,回到北京,将各人所绘部分进行统一审查,加入西藏地图,又参考了朝鲜制作的半岛地图,于 1717 年综合成一幅总图,献给皇帝,被赐以《皇舆全览图》之名。以后,清廷又将此分为数十部分,订成一本地图册。传教士们把所绘的内地各省并关外各地分图的原稿本,计 32 幅,寄给了在法国的杜赫尔德,杜赫尔德又请丹维尔改描制版成 42 页,收入《中华帝国全志》。不过,很快在第二年的《中华帝国全志》的海牙版中被略去,而另外于 1737 年以《中华新图》之名在荷兰出版。之后,格鲁贤著《中国志》,初版时,也曾将这些地图作为附录再版过。可惜,目前所见的作为冯秉正《中国通史》第 13 卷的《中国志》中却没有这些地图附在后面,否则,这将是一本洋洋大观的中国历史和地图的巨著。

这一本历史书和一本地理书,已经在西方中国学史上留下了不可磨灭的功业。一直到 20 世纪前叶,国外还没有真正能全面超越它们的同类著作。对于 18 世纪的国外中国学和中国文化研究而言,这两部巨著的影响更大,几乎可以与"三大名著"媲美。

3. 其他重要的人和书

除上述之外，还应当提及的人和书还很有一些，如：

李明(1655—1729年)，他曾为"礼仪问题"之争推波助澜，却又受害于这场争论，但他的《中国现状新志》，尽管曾遭到过禁止，但由于较全面地以赞颂的口吻介绍了中国政治、宗教、历史、语言、书籍、道德乃至国民性、孔夫子、康熙帝等，而一度风行欧洲。

刘应(1656—1737年)，他发现了多尔普罗的权威性著作《东方文库》(初版)中关于中国历史的错误，于是专门研究、翻译中国北方民族的历史，当《东方文库》再版时，被收入其中。刘应在景教碑文的重新翻译上也有相当功劳。他还翻译了《书经》《礼记》。

张诚(1654—1707年)，他曾八进八出满蒙等地，以沿途见闻，写下《鞑靼纪行》，介绍了居住在这个地区的满、蒙、回等族的历史、生活、习俗和宗教。这显然比前一阶段卫匡国的《鞑靼战纪》和南怀仁的《鞑靼旅行记》视野要宽广得多。对蒙满等中国边缘地区及少数民族的了解、介绍和研究，是这一时期国外中国研究的一个组成部分，对此，张诚和刘应都是有贡献的。

白晋(1656—1730年)，由于他与康熙帝日夕亲炙，过从较密，所以他的一部《中国皇帝传》，是不可忽视的著名帝传。此外，他还有《中国现状志》，是对中国服饰文化的具体描摹。当然，白晋的更重要的学术研究特点，恐怕是在于通过对《易》《道德经》等的研究，在当时关于中国古代史和宗教教义关系问题上，形成了以他为代表的"形象学派"(Figurists)。

马若瑟(Joseph Marie de Premare, 1666—?)，他与白晋、傅圣泽(Jean François Fouquet)等一起，致力于《易》《春秋》《老子》《淮南子》等古籍的研究，共同组成了形象学派。他还著有《关于书经所见以前的时代与中国的神话研究》，译有《赵氏孤儿》，这部译作在 18 世纪给予伏尔泰等人以重要的影响。马若瑟的力作是《中国语札记》,这是最先将汉语的性质、构造较正确地传于欧洲的一部专著,尽管一度曾遭人剽窃并诋毁,但百年之后,还是水落石出了。

宋君荣(Antoine Gaubil,1689—1759 年),他 1722 年来华,正值康熙帝驾崩、雍正帝即位之时,中国对传教士的政策变得更为严厉了。宋君荣却能以他的才学取胜,得以留驻北京。他未来中国之前,已在神学、哲学、希伯来文、天文、地理等方面有很深的造诣,来华后又研习中文,有"18 世纪最伟大的汉学家"、"耶稣会中最博学的"教士之称,是法国许多一流科学机构的成员。他的中国学著作重点在中国科技史(天文学史)、中国古代史、中国边疆民族史、中外关系史。他翻译和注解《书经》(1770 年巴黎版),是其最负盛名的一部著述。此外,他还翻译了《易经》和《礼记》,主要译出了其中孔子对文王和周公的评述。

钱德明(一名王若瑟,Jean Joseph Marie Amiot,1718—1793 年),1750 年来华。这又是一位饱学多才之士,他在人文科学方面涉足之广,在此前后,几乎无人匹敌,著述的质量也与马若瑟、宋君荣等可以齐名。所以,他有幸被后人编写了传记,这在传教士中是少有的。他的大量著作,都被收入前述《中国丛刊》之中,如他以裁判者的口气否定了中国文化起于埃及说;他编了好几部汉、藏、满、蒙、法等文的对照字典;他对中国古史进行许多文化学意义上的考证;他的《孔子传》和《孔门弟子传略》,载有孔子的祖先到乾隆时代的孔子的后代的系谱,日本著名学者石田干之助认为"这一点使欧洲人大吃一惊"[①]。

韩国英(Pierre Martial Cibot,1727—1780 年),他 1759 年来华,是 18 世纪法国来华教士的殿后者。他兴趣广泛,富于想象

---

① 石田干之助:《中西文化之交流》,第 121 页。

力,著作多被收入《中国丛刊》之中,其中有《中国古史》,由于提出了中国历史在尧以前均为神话的异说而引起重视;《中国的孝道》,说到了中国朝野对待孝的理论情况及皇帝如何实践这一理论。他还探讨了中国文字的起源、发展及哲学意义,翻译了《大学》《中庸》等书,记载了许多中国的植物和矿物。

由于政治、宗教等方面的限制,18世纪法籍传教士的著译未能全部及时刊行于世,即便出版了的那部分,也难免有以偏概全和主观臆断的毛病。但他们毕竟将国外中国研究实实在在地提高了一大步,造成了西方中国学史上的一个重要转折——由非职业的教士中国学向职业化的中国学的转折,不能说法国的教士和学者们已完成了这一转折,但他们成就了为19世纪国外中国学专业化做准备的伟大事业。

这一转折的主要表现在于:

1. 来华人员和目标上的变化。作为天主教在中国传教事业的两大时期,当然在人员和目标方面有显而易见的共同点,这就是有一条宗教的主线贯穿着近两个世纪的全过程。但是,无须细辨我们就会发现,两大时期的差异也是巨大的,这种差异的根本点也正在于宗教色彩和研究趣味的消长。从以意籍、葡籍传教士为主(占第一时期人员总数的71.4%,作品总数的67.2%)到以法籍传教士为主(占第二时期人员总数的64.2%,作品总数的83%),这本身就表明了传教背景随着世界大势的演变在转换。第一时期的传教士,一般完全以传教要求为转移,明显不过的是中国"四书"中独独《孟子》一书未见译出,这是因为其中较少论及可资传教士引用的宗教问题,而且,宣扬孟子也与传教士以孔子为"古儒""先儒",排斥后人的传教方针相悖。在这种态度下,教士中国学尽管具有开创性地位,但毕竟未能贡献大量的成果。据统计,这一时期,传教士作品中与中国学研究有关的著作有69件,占总数644件的10.9%。而第二时期传教士作品中与中国学研究有关的著作达 359 件，占总数 745 件的 47.3%。具体内容上的差异，我们可以从下表中看出：

类　　别	1552—1687 年 传教士中国学著作		1687—1773 年 传教士中国学著作		比　　较	
	数目	百分比	数目	百分比	数目	百分比
1. 综合报导	21	30.40	69	21.40	＋48	－9.00
2. 礼仪之争	17	24.30	26	8.00	＋9	－16.30
3. 历　　史	11	16.00	25	7.80	＋14	－8.30
4. 地理天文	2	2.90	56	17.40	＋54	＋14.50
5. 宗教与哲学	3	4.30	31	9.70	＋28	＋5.40
6. 自然科学	2	2.90	42	13.00	＋40	＋10.10
7. 译　　书	4	5.80	43	13.40	＋39	＋7.60
8. 字典与文法	9	13.00	29	9.00	＋20	－4.04

很明显，属于传教政策的"礼仪之争"，已急降至最末一项，而且已在欧洲转化为诸如神学哲学一类的新的学术问题。泛泛的简报式的综合性作品，所占比重也有减少。当然，在总数上还居首位，因为，对西方来说，东方毕竟还是陌生得很。至于历史类著作比重的下降，只是相对意义上的量的现象，因为，著作的质和所涉及的面，再加上"译书"一项中对中国史书的介绍，都是前所未有的。总之，从表中可以明显感觉到，法国传教士比前一时期的传教士要少了一些宗教的局限，多了一些学术的气味。他们的视野宽广多了，其目光远不止停留在孔儒一家，而是对中国各类经籍都加以重视。值得一提的是，雷孝思、白晋、傅圣泽还都或译或注过《易经》。岂止经籍，许多历史、文学、民俗、民族的情况都受到相当的注意。这是一个从大文化的角度来介绍和研究中国的时期，尽管还是以介绍为主，以传教士的工作为主。其实这些法籍传教士从一开始就自觉到有双重的身份（第一时期的许多教士也兼有传教士和中国学家的身份，但并不自觉）。

我们知道，早在1663年，法国就设立了有关研究机构，1666年又设立了国家科学院。国家科学院的一项重要任务，就是派员到世界各地考察地理，以补订地理学知识，只是当时唯独中国和印度等由于尚在葡萄牙势力范围之内，不易打入。所以，法籍传教士得以主宰第二时期的天主教来华传教事业，对法国不啻是天赐良机。正是来华人员和来华目标上的这一变化，促成了职业中国学的出场。当然，职业中国学的基本标志是应该有一批完全以学术为指归的研究者。

2. 职业研究者的出现。在第一和第二时期之交，传教士的工作已影响了一些欧洲学者，他们既不是传教士，又没有到过中国，却也开始热心于中国文化。最出名的有两例：其一，当卫匡国的《中国新图》问世时，"恰恰影响到克察（Athanasius Kircher，1602—1680年）刚好着手的名著"①。克察，又译其儿歇、基尔旭，他的名著即《中华文物图志》，这本书1667年用拉丁文出版，不久译为法文，1672年又由德国人米勒附了乐曲和"修正"的拉丁文本在柏林出版。利奇温指出："克察的书在后来的几十年中，成为爱好中国事物的权威读物。"②在比较了中国和埃及的象形文字之后，他认为中国的人种及文明均来自埃及，此书此说都曾一度风行欧洲，而作者本人也被认作德国中国学的开业祖。卫匡国还向当时欧洲硕学哥利乌斯（Jokob Golius，1596—1667年）教授过中国语，后者则邀请卫匡国至莱顿大学，修订中国历法，著书立说。其二，柏应理返欧洲期间，也教授过汉语汉文，特别是他教会了普鲁士医师门策尔（Christianus Mentzelius，1622—1701年）。后者编了一本《拉汉小辞汇》和《中国小年表》等，又想编《中国语初步》和《中国辞汇》，可惜未成。门策尔的著作与传教士相比，还是幼稚的。与门策尔差不多时代的这样的学者，还有

---

①② 利奇温：《十八世纪中国与欧洲文化的接触》，第16页。

英国之海德（Thomas Hyde）、德国之米勒和法国之多尔普罗（Barthélémy d'Herbelot）等。海德是牛津大学教授、波德利安（Bodleian）图书馆馆长、著名的东方学者。他从陪伴柏应理游历欧洲的中国南京人沈福宗（Michal Tchin Fotsang）那里获得了研究资料，编著了《中国度量衡考》（1688年）等，被认为英国中国学的先觉者。米勒除了上面提到的修正《中华文物图志》外，后半生致力于中国研究，出版了多种著作，如《马可·波罗纪行校本》（1671年）等，分量都是不轻的。多尔普罗是法兰西学院叙利亚语教授，确切地说，他是一位东方学家，在17世纪的东方学史上颇为著名，他的著作《东方文库》是17世纪东方学的综览性工具书，其中收了不少中国方面的项目。此书可惜直到他死后，才于1697年在巴黎刊出。前面说过，法籍传教士刘应曾为该著修正了关于中国北方民族历史的错误。这是传教士和职业研究者合作的一个事例，而前述18世纪欧洲中国学的"三大名著"，更是这种合作的结晶。

到18世纪，这类职业研究者越来越多，难以一一列举。不过，这些人常常是兼有两种以上的身份，即中国学研究者兼教士、东方学家（中国以外东方地区研究者），乃至文学家、政论家、哲学家，或者其他职业者（严格地说，这后面几类人不能算作中国问题的职业研究者），一些重要的人、书、观点，我们将在后面几章陆续谈到。这种现象毕竟不同于19世纪以后的职业化、专业化的中国学研究，所以我们称之为由教士中国学向职业中国学的转折。

四、国外中国观的解释性特征和文化互识三步曲

17、18世纪的国外中国观有些什么样的共同特征呢？大而言之，有三种情形是必须看到的：

第一种情形,立足于需要的基本肯定。突出的例子是对中国政治教育制度的赞许。这主要是指科举制度,即通过形式上人人平等的考试,来选拔进入权力机构的人才。中国的科举制度,曾经在本国历史上起过积极作用,但到明末清初,已经是走向腐朽了。不过,由于当时西方社会,无论是资产阶级革命前的君主专制主义还是资产阶级革命后的"政党分肥制",都在政治上暴露出了日益严重的弊端和腐败现象,这样,中国古老的以科举制为基础的文官制度,对于西方人来说不仅是新鲜的而且是颇具吸引力的,因为,它们似乎包含了所谓的"机会均等"的原则。早在马可·波罗时代,他就较多地描述过中国古代的文官制度;之后,早期奥斯定会教士门多萨在《中华帝国风物志》第14章中,详细介绍了中国科举制的考试方法和内容;利玛窦的《中国札记》对此也颇多赞美之词。据说,从1570年到1870年的300年间,用英文出版的有关中国官僚制度和政治制度的书籍达70种之多。英国不少学者,如威廉·坦普尔(William Temple)等对中国教育及考试制度极感兴趣。著名杂志,如《绅士杂志》《中国旅行家》等,均载文赞美之。在法国,狄德罗、孟德斯鸠、伏尔泰等都曾提及中国的科举制度,而且在18世纪后期一度实行了考试制度,至大革命后才中断。所以,20世纪40年代,美国学者卜德(Derk Bodde)在列举中国对18世纪欧洲启蒙运动中新思想的种种刺激因素时说:"特别是中国被羡慕地看作这样一种国家,它的政府不像欧洲那样掌握在封建贵族手中,而是由一些有高度教养的官员来管理,这些人能取得他们的官位,仅仅在通过了一系列国家举行的考试,以证明了他们的价值之后。"①人们普遍认为,正式诞生于19世纪的西方文官制度与中国古代的这种

---

① Derk Bodde, *Chinese Ideas in the West*, Washington, D. C.: American Council on Education, 1948.

制度不无关系。这一事例同时也说明,西方对中国文化的基本肯定,决非出于一种盲目的新奇感,像中世纪以前的大多数人那样,而是与彼时彼地的社会需要直接或间接有关的。

第二种情况,囿于文化成见的批评态度。这种现象较多地表现在对中国的文字、逻辑思维和自然科学状况的批评等。如认为中国文字过于艰深难学,妨碍了中国人对其他知识的追求,还认为中国人缺乏逻辑思维能力,中国的美术无立体感,题材单调,中国的音乐单调而多重复。至于自然科学方面,许多人突出地对中国的医学进行了批评,而对其他学科,则几乎很少注意过。这种批评态度,尽管在当时一片中国热中,并不占主导地位,但却有相当的稳定性,不仅从利玛窦时代起到18世纪无甚变化,而且不少看法一直影响到今天,成为变动中的西方中国观中相对不变、少变的东西(当然也有一些例外)。这就说明这些批评是根植于西方文化传统和氛围之中的,其中有不少不合理的偏见,但成见不都是偏见,其中必有不少可以攻玉的他山之石。

第三种情况,见仁见智的分歧意见。这种众说纷纭、各持己见的现象,是对外来文化大量引进后的必然现象,也只有在实行了"拿来主义"以后才会大量出现。分歧涉及的面很广,较深刻也较突出的有中国民族的起源问题和中国宗教问题。关于中国宗教问题的分歧,是和欧洲学术思想的变迁及学者各自的立场有密切关系的。同一对象,可以被同时解释为无神论、泛神论、自然神论和一神论。关于中国民族的起源问题,发端于17世纪中叶卫匡国留下的《中国上古史》。该书将伏羲氏的年代定为公元前2852—前2738年,比《圣经》所载大洪水的年代还早了好几百年,这一情况,加上人们对中国人德行的再三报道,等于向基督教神学提出了一个尖锐的问题:"美德是否必须产自宗教?"于是,人们纷纷提供各自的答案。以后,问题又转化为中华民族的起源问题,又带来一场旷日持久的争论。这类历史和文化之谜,常常直到今天还未有求得真解,也许永远只是一个争论和解谜的过程。

　　上述三种情形又共有了一个更带普遍性的特征,即由注释性的介绍向解释性的评说的发展。所谓注释性的介绍,是指在对中国文化的译介中,主要还限于客观介绍,以了解为目标;或者将所介绍的中国文化,充作天主教教义的注脚,以传教为目标。当然,这后一种情况也可看作是一种解释。从现代哲学解释学的观点看来,任何翻译介绍都可以是对研究对象的一种理解或解释。但从注释到解释,毕竟有自觉与否、创造与否、研究与否之别。我们说,到18世纪,解释性的评说明显发展了,这主要表现在这样三个特性上,即:传播东方文化,以推进西方文化的目的性;结合西方情况和背景有选择地译介中国文化的主动性;将东西方文化进行比较研究的自觉性。正是这种解释性特征的突出,才使得西方中国观变得越来越丰富,但却越来越复杂化;变得越来越深刻,但却越来越主观化。

　　影响这种解释性特征的主要因素,不外如下几个方面:

　　各派观念和立场的因素。人们对任何一个客观对象的理解和解释,常常同时也是对自己的观念和立场的展示。比如当中国的上古史与天主教教义发生冲突时,一部分传教士站在维护宗教教义的立场,先假设"中国古经中有人类最原始宗教的痕迹(创世、人的堕落、洪水、先知、三位一体等)","中国上古史中的圣王即为旧约中的先知",然后,再从《圣经》《道德经》及有关对这些书的评述中搜集合于这一假定的理论,并用形象主义(Figurism)的术语加以注释。这些人以白晋、傅圣泽、马若瑟、郭中传(J. Alexis de Gollet)等为代表。1732年,法国中国学家弗雷烈(Nicolas Fréret)与马若瑟在通信中,最先把这一派称作"形象学派"。可见,观念与立场造成了学派的产生,而学派的产生则说明介绍和研究在深入。

个人经验和实践的因素。经历也是一种文化,是一种影响人的心理结构的活的文化。17、18世纪各类人物的不同经历,对于他们的中国观,是有着十分显著的影响的。传教士李明曾这样严厉地批评从事东方贸易的商人的报告书,他指出:"那些游历家们常常欺骗我们,因为他们自己也早已受他人之骗。有多少人,他们到一个新的国家,就自以为可以一眼便通晓所要知道的一切!他们一登岸,便四处奔走,见到什么就贪婪地大口快嚼,好像饿夫饥不择食似的;在他们的记述中充满了道听途说和庸俗的无聊之谈。"商人们当然也对耶稣会士进行了报复,并且最终得益于社会历史的因素,而在18世纪末占了上风。教士与商人在介绍中国文化时有不同的侧重点,在评述时更有不同看法,这个事实,还直接影响到一批未亲自到过中国的西方人对中国的看法,成为他们的中国观中先入为主的因素。

社会演变和发展的因素。从17世纪末到18世纪,正是西方社会大变动的时期。从精神生活领域来看,随着封建专制政治的瓦解,洛可可风格满足了人们轻松、幽雅的心理要求,但当启蒙运动开始兴起并汇成资产阶级革命的大潮时,严谨和崇高的精神又被唤起,这两股思潮是一个交错的递嬗过程,是一种对立的统一。德国学者利奇温用"沙龙的幽香芬芳的气味"和"书室的冷静严肃的气氛"来形容洛可可和启蒙时代。这两者"一方面追求超越于任何限制和规律之上的普遍性;另一方面唯理思想追求固定的立场,用规律作为进行审慎的批判事物的指导线,直觉与科学二者都集中在中国史上最伟大的两位人物身上,即老子和孔子"①。选择老子还是孔子?这与洛可可时代还是启蒙时代有关。而老子的书终究未在当时就被译出,大概也与洛可可还仅停留在一种艺术风格,没有得到哲学上的升华有关。另

---

① 利奇温:《十八世纪中国与欧洲文化的接触》,第67页。

外,从物质经济生活领域来看,到18世纪后期,对中国的批评越来越多,越来越尖锐,以致到了偏执和不公正的程度,也明显地与西方社会以较快速度大体完成了社会革命、工业革命、经济起飞有联系。

文化背景与物质的因素。广泛地说,以上几个因素也是文化背景与物质的问题。但是,这里我们强调的是对文化的传统、文化的比较、文化的民族性有特别的自觉和深层联系的那些人及其理论。这些人几乎都是那个时代最杰出的思想家,他们没有到过中国,甚至不能直接读懂中国的书,但他们凭着思想家的敏锐,意识到了中国文化对于那个时代和社会的意义;凭着思想家的胆气,勇敢地提出自己对于中国文化的见解;凭着思想家的深刻,把关于中国文化的意义和见解融入自己的理论体系之中,使之成为18世纪欧洲政治思想和学术主潮中的一分子。因此,无论他们对中国文化是褒是贬,他们都使中国文化对18世纪欧洲产生了历史性的影响,这自然一方面得益于他们不同一般的地位,一方面更得益于他们作为哲人、智者的思想深度和广度。因为,好的思想往往具有超越时空的力量。当然,任何思想家都有其局限性和肤浅之处,而且站在不同的文化背景和处于不同的文化物质之下,谁也不用奢望实现绝对权威式的思想统治。正是这样,才使我们在以后三章中对此做一番饶有兴味的概览。

尽管,解释性特征在国外中国观产生以后,便具有无处不在、无时不在的广泛性,但这并不取消国外中国观发展的阶段性。因为,说到底,所谓国外中国观,无非是一种文化上的互识现象(当然也是一种文化交流和评价),文化互识,亦即一种文化对另一种文化的体察和认知。文化互识是以文化交流为前提的,又是与文化评价相伴随的。三者密切相连,但又不尽相同,文化交流较近历史学,文化互识较近知识学,文化评价较近价值学。关于文化交流和文化评价,始终是本书依凭的纵横两线,而文化互识则是兼有历时和共时的性质。当一种文化对另一种文化的体察和认知达到相当高度以后,文化互识将会呈现出一个螺旋式上升的过程。具体地就国外中国知识而言,当可以称得上"观"的国外中国知识和评价出现时,一个类似"正、反、合",或曰三步曲的国外中国观的发展线索也就出现了。文化互识的三步曲是这样的:第一步,从自己看他人;第二步,从他人看他人;第三步,从人类看他人。相应地,国外中国观的三步曲是这样的:第一步,从外国看中国;第二步,从中国看中国;第三步,从世界看中国。这种三步曲的构想,可以从人们日常的认知体会验证之:当我(已经具备了相当认识能力的"我")乍看到一个人或一事物时,最先引起注意的总是最与我原先的心理和思维定势相合拍的那一部分或那个样子;接下来,定定神,我便试图把对方细细打量一下,以求得一个全而真的面目;最后,我将把这一对象置于一个更大的背景(历史、时代、文化、利益等)之下,认真地研究。就国外中国观而言,17、18世纪,是从外国看中国的第一阶段,前面提到的三种情形和解释性特征便是明证;19世纪,是从中国看中国的第二阶段,其突出标志便是专业化、职业化的中国学正式诞生和大量考查、勘察活动的进行;20世纪是从世界看中国的第三阶段,因为,20世纪是世界主义和全球意识最为鲜明并为人们普遍接受的时代,此时,文化互识的解释性特征将依托在一个更大的背景下展现。这一文化互识和国外中国观的三步曲,本章随后将会经常提到。必须说明的是,三步曲或三阶段之说,只是表现一个大体的过程,并不是截然分离的,出现某些和部分超前或滞后的情况不仅不奇怪,而且几乎是必然的。

第六章 在理性的眼睛里
——从西方看中国之一

17、18世纪,人称理性的时代。理性主义笼罩了欧洲大陆,也支配了西方的中国观。尤其是那些思想文化界的知名者,他们带上理性的眼镜,审察了他们感兴趣的一切,也把中国文化纳入他们的视域和视角,从而造成一种典型的从自己看别人,即从西方看中国的文化互识现象,而且,谁也没有离开民族性的制约。

一、笛卡尔及其法国后继者和批评者:
帕斯卡、马勒伯朗士、培尔

每当人们谈到近代哲学史,就必得谈到笛卡尔(René Descartes,1596—1650年),谈到他的怀疑主义、他的二元哲学、他的实践哲学、他的著名命题:我思,故我在。谁都不会反对把笛卡尔作为近代哲学,特别是影响深远的近代理性主义哲学的始祖。哲学家罗素说他并不接受前人奠定的基础,却另起炉灶,努力缔造一个完整的哲学体系;物理学家、数学家毕奥(Jean-Baptiste Biot)说他的数学"是不用母亲生产的儿子"。这是对笛卡尔科学和哲学成就的极度褒扬。毫无疑问,笛卡尔的成就是怀疑主义和理性主义的共同产儿,而这两者正是笛卡尔的旗帜。但是,或许并不是凑巧,当我们的叙述进入到17、18世纪,打算考察一下在理性主义背景下一些西方思想文化知名者对中国文化的种种见解时,也必得从笛卡尔谈起。

就目前所见,笛卡尔对中国并没有很多的议论,在他的主要著作《方法论》中,一共提到了三次。在第二章里,他写道:"在我旅行的时候,我更承认凡与我的意见冲突的未必就一定是野蛮的,或者比较我们具有更多的理性。一个相同的人,并有相同的精神,如自儿童起即养育在法国或德国比较他一生是在中国的或野蛮人中,一定有极大的不同。"在第三章里,他说:"我开始视我自己的意见为一无所有,因为我想把他们一一加以研究,我曾料定最好是服从靠得住的判断。虽然在中国人、波斯人中与我们自己中一样,也有这种靠得住的判断,但在我以为最好使我的行为能与我在一块生活者的思想结合。"还是在第三章,他又说:"大概要使我相信除了我们自己的思想以外,没有一件东西能在我们的能力范围之内……这正如我们不能具有中国或墨西哥的王位,就觉得这是我们的不满足。"

有人把这几段话,作为笛卡尔的思想不是异军突起的,而是源于外来文化的实例,在笔者看来,证据是过于单薄的。但如果我们再做些分析,就会发现,笛卡尔谈论中国的原因和方法,对于他的后继者(或曰批评者)们,也具有某种程度的开创性。

首先,这种信手拈来的谈论,表明到了笛卡尔时代,来自东方的中国文化之风确实在欧洲普遍地吹拂了。特别是在那些率先兴起或者领导东西方文化交流新潮流的地方,如前面我们提到过的意大利、西班牙、葡萄牙等,现在则是荷兰。荷兰从16世纪的后期起便开始与西班牙、葡萄牙争夺海上贸易控制权,据我国古籍记载:"至若红毛番(荷兰人)一种,其夷名加留巴,与佛朗机争利不相得……一心通市,踞在台湾。"①到17世纪荷兰就一

---

① 顾炎武:《天下郡国利病书》,转引自张维华《明史欧洲四国传注释》。

度取葡萄牙、西班牙而代之,在中国与西方文化交流史上占据了领先地位。笛卡尔在荷兰住了20年(1629—1649年),正好躬逢其盛,他在一封信中,叙述了他当时的生活情形:"如果你看到果园中生出果实来,就要感到快乐……那么你以为我在看到各种船只带来印度(在当时泛指包括中国在内的东方各国——引者)的一切产品和欧洲的一切珍奇时,没有同样的快乐么?在这个地方,人类的一切安适品和人所欲望的一切珍宝,都很容易找到,在全世界上你还能找到这样一个地方么?"喜悦之情,溢于言表。完全可以想象,当外来文化变得比较容易触摸的时候,人们是乐意以此为一种参照系,来拓宽人的思维空间的。所以,自笛卡尔时代起,人们可以从那个时代许多思想家的著作中不时地看到"中国""中国人"之类的字眼,这样,了解中国就不再是少数教士、商人、旅行家的专利,中国已经进入世界上最伟大的思想巨人们的视线。有了这一前提,随之而来的兴趣和探究就是理所当然的,从中我们将可以听到不少发自哲人的宏论。

第二,人们要问,笛卡尔何以发出这种对中国不乏好感的议论?稍事探究,我们发现,笛卡尔对中国的态度与当时欧洲的宗教状况有关。笛卡尔自幼就在法国拉夫雷士(La Fleche)地方的一个耶稣会派的学校修业,这一经历使他一生与耶稣会有特殊的联系。罗素用不无贬义的语言说:"他一贯阿谀教士,尤其奉承耶稣会员,不仅当他受制于这些人的时候如此,移往荷兰以后也如此。"①在欧洲宗教史上,17世纪是一个复杂的时期,宗教改革引起的各派纷争尚未平息,一些先进的思想家又开始在宗教内部造反,激进的实践型的人们,开始酝酿用理性的法庭来取代宗教的法庭。深刻的思想型的人们,则把问题引向了理性所难以企及的人和历史问题的另一面。这种宗教色彩颇浓的外在形

---

① 罗素:《西方哲学史》(下卷),商务印书馆1981年版,第81页。

式和丰富多彩的思想内涵,也一起出现在笛卡尔时代的思想巨人们对于中国文化的看法上。

所以,第三,笛卡尔对中国的谈论,一步也没有离开他的思想。当他说生长在中国与生长在法国或德国的人将会有"极大的不同"时,他无非是想继续说"因此可知影响我们最深的是风俗习惯,而不是任何确定的知识",以此为他清扫一切现存的知识的影响,使理性有一个几何学般确凿的公理为怀疑论服务;当他说在中国人中也有同欧洲人一样"靠得住的判断"时,他实际上是贯彻了他在《方法论》中所声明的"好的理由(Le bon sens)是宇宙中的东西,为人人所同具",这是在讴歌普遍存在的人的理性;当他说到"我们不能占有中国或墨西哥的王位"时,他不过是以此为喻,表明人除了自己的思想之外,并不再有别的属于其能力范围之内的东西,这就是他的著名命题"我思,故我在"的一个重要含义。

概而言之,笛卡尔对中国的种种议论表明,中国及中国文化已较为普遍地进入了近代欧洲思想大师们的视界,突出地反映在以形形色色的宗教眼光来谈论中国,并把这些议论融入了各自的理论见解和思想体系。

帕斯卡(Blaise Pascal,1623—1662年)是紧接着笛卡尔在近代科学和哲学的舞台上登场的法国思想家,他在科学的领域中是如此天才地发挥了理性的威力,从而使他拥有了不止一个以他的名字命名的科学定律。但是,在哲学领域,他却是超越时代的人物。向后,他越过了文艺复兴,与中世纪的奥古斯丁接上了头;向前,他跨过了理性主义,为现代哲学中的非理性主义潮流提供了源头。由于他与中世纪神学的某种重要的思想联系,加之他作为基督教忠实的圣徒的生平,使得他那卓越的思想蒙上了一层厚厚的宗教迷障,既阻藏了他自己思想的锋芒,也掩蔽了后人的视线,以致在哲学的领地中,帕斯卡常常受到有意无意的冷遇。其实，帕斯卡并不一概地反对理性主义，他只是揭示了理性主义在解决人的问题上的局限。在这一点上，他承继了奥古斯丁的思考，同时又是笛卡尔主义的驳难者，而且是尖锐而深刻的驳难。在帕斯卡看来，人是"一根能思想的芦苇"，人之所以为万物之灵，正在于人有理性，但当进一步思考理性本身时，便会发现理性有许多软弱、局限和内在矛盾。而最根本的局限和内在矛盾是根植于人自身的。帕斯卡的《思想录》有一处提到了中国，他说："如果上帝把我的灵魂结合于一个中国的身体，那么同一个身体 idem numero（同一数目）也就会在中国，在这里奔流的同一条河水，与同一个时间在中国奔流的那条河水乃是 idem numero。"因为，帕斯卡认为物质在同一时间是具有同一性。但令人不可思议的则是在于灵魂为什么能够与肉体结合在一起？这个问题使当时许多哲学家大伤脑筋，与笛卡尔二元论在认为灵与肉平行之后，强调上帝为"绝对实体"的回答不同，帕斯卡的办法是干脆把两者的对立挑明了，并注重这种平行和对立的本身。他说："两件事物相结合而没有变化，就不能使我们说一件变成了另一件。"这样灵魂和肉体的结合，恰恰导致了人最深刻最内在的矛盾：事物都是单一的，而人却是由两种相反的本性即灵魂与身体所构成的。这使帕斯卡感叹不已："人是怎样的虚幻啊！是怎样的奇特，怎样的怪异，怎样的混乱，怎样的一个矛盾主体，怎样的奇观啊！"所以，他将把握人的非理性一面的希望交给了宗教。但是，决不能把帕斯卡与一般的信仰主义相提并论，他并没有去苦苦论证上帝的存在，并没有以为宗教可以解决人认识自身的问题，他是用宗教的神秘、晦涩、荒谬去把握人的内在矛盾中那神秘、晦涩、荒谬的一面。帕斯卡的深刻已为 20 世纪所证明，今天人们仍在为揭示和把握人的种种非理性的一面而努力，尽管不一定用宗教和上帝。

当我们把帕斯卡在其《思想录》中为数不多的几段关于中国

的议论纳入他的思想轨道,便会得出一些与通常的结论不一样的看法。人们通常引用帕斯卡的这样一段话来说明帕斯卡出于宗教信仰而根本否认中国有古老的历史。① 这段话是这样的:"中国的历史——我仅仅相信凭它那见证就扼杀了它本身的多种历中。(两者之中,哪一个才是更可相信的呢?是摩西呢?还是中国?)这不是一个可以笼统看待的问题。我要告诉你们,其中有些是蒙蔽人的,又有些是照亮人的。只用这一句话,我就摧毁了你们全部的推论。你们说'可是中国使人蒙昧不清',但我回答说:'中国使人蒙昧不清,然而其中也有明晰性可寻;好好地去寻找吧。'"在我们看来,帕斯卡并没有在实证的现实意义上否定中国的历史,而是又一次用使人困惑的问题(我们知道,这里说的"中国的历史"系指耶稣会士卫匡国1658年出版的《中国上古史》一书,而该书的出版确实在欧洲宗教界引起过一场混乱和辩论,因为该书表明还存在比《创世记》所说的更早的历史)来论证他那关于宗教是充满神秘、晦涩、荒谬的理论,帕斯卡运用了他所喜欢的两极对立的矛盾说法:蒙蔽人又照亮人,蒙昧不清而又有明晰性。正是这些矛盾更增加了上帝的隐秘性,而真正的宗教却只是为上帝的隐秘做辩护的。如果一切都是那么确定(包括摩西的晓喻),为什么不在摩西和中国历史之中做非此即彼的选择呢?帕斯卡说:"这不是一个可以笼统看待的问题。"这个态度才是合乎帕斯卡关于人与宗教的理论,否则就不过是普通的有神论与无神论之争了。当然,帕斯卡也表示了对卫匡国的《中国上古史》的轻视,这对于帕斯卡来说也是合乎逻辑的。首先,帕斯卡一直是坚决反对耶稣会的斗士,他代表的冉森派与耶稣会的论战毕竟是教派之间的斗争,宗派性一定会使他本能地反对耶稣会士卫匡国的著作。其次,根据帕斯卡的宗教立场,他认

---

① 朱谦之:《中国哲学对于欧洲的影响》,第203页。

为其他宗教都是虚妄的,因为"它们都没有见证",只有犹太人的宗教才有见证,这就是《圣经》。据此,对卫匡国的书,帕斯卡只需从那里面居然有"见证",就断定其不真实。这就涉及帕斯卡对历史书的看法。所以,再次,帕斯卡并不否认别的民族也写过各自的历史。他说:"我并不惊奇希腊人写过《伊利亚特》,也不惊奇埃及人和中国人写过他们的历史。"不过,问题的实质在于"一部书和另一部书有着怎样的不同啊!"帕斯卡在这里把历史书分为两类。一类是各式各样的历史书。他指出:"这种杜撰的历史学家们并不是他们所写的那些事情的同时代人"①。所以,他断言:"凡不是同时代的历史书……都是假的。"另一类自然是"同时代的作家"写的书。这类书帕斯卡只指出了一本,即《圣经》,他认为这是"一部其本身便造就出一个民族的书籍","我们无法怀疑这部书不像这个民族一样古老"。帕斯卡推倒一切历史书的立场并不可取,但他的合理性还是在于使我们能把问题想得更复杂些。

马勒伯朗士(Nicolas Malebranche, 1638—1715年)与笛卡尔、帕斯卡一样也讨论灵魂与肉体的关系问题,不过他是一个十足的神学家,仅仅把灵与肉的协调一致的可能性归于上帝了事,而灵与肉互相之间的作用不过是"偶因"或"机缘",直接原因和真正原因都在上帝。本来,马勒伯朗士的这套理论并不深奥也不深刻,不过是把笛卡尔的哲学更多地拉向神学领域罢了,但由于他写了《一个基督教哲学家与一个中国哲学家的对话——论上帝的存在与本性》一书,却使他的名字和思想必然地要在本书中占一席之地。

这部著作诞生的经过及原因是这样的:1689年,巴黎外方传教会派遣的传教士、天主教主教梁宏仁(Arthus de Lionne)来

---

① 这里再一次证明,帕斯卡否定的是这类历史书,而不是"那些事情"。

到中国,1702年回到罗马。梁宏仁在中国亲耳听到了中国儒学家们关于理学的阐述和对基督教上帝的看法,便请法国索邦大学的哲学、神学教授马勒伯朗士撰文驳斥,目的当然在于传播天主教义,"以便使用真理让他们接受,以纠正他们关于上帝本性的错误观念"。撰写该书的另一个原因,是出于一种可以理解的学者的虚荣心。马勒伯朗士在全著的附录中写道:"我不知道,为了说明我遵命的理由起见,我是否能够再说说,我提到的那个人(指梁宏仁——引者)告诉我说中国人对于我的意见很感兴趣,而在一个在中国的耶稣会神父给他们在法国的神父们的信里我看到这样的话,大意是说:不要把你们的哲学学者派到这里来,而要派来精通数学的人,并且送来马勒伯朗士神父的著作。"每一种文化都有扩张和外渗的欲望,这种欲望有时也许正出于人的虚荣与自尊;然而,这毕竟是合理的,有意义的。马勒伯朗士高兴自己的思想为中国人所重视(尽管这只是间接的传闻),而他在自己批判性的著作中实际上也传播了中国思想。在同一篇"附录"中,他归纳了中国理学的两条基本看法。这些归纳当然不可能是精当的,但在当时,仍不失为一种无意的却又是有影响的介绍。

马勒伯朗士的这部著作(还有同一时期的其他著作,如下面要谈到的莱布尼茨)还表明,到17、18世纪之交,由于思想家们的介入,欧洲学界对中国文化的注意力已从原先比较具体而单一的宗教性的"礼仪问题",转移到对中国文化的定性和判断,当然还是相当笼统和粗糙的。从这个角度看问题,我们并不十分赞成把马勒伯朗士的著作看作"礼仪之争"的继续。自然,作为非耶稣会的教士,梁宏仁是希望借一位颇有名望的神学家兼哲学家之口煞一煞耶稣会教士在欧洲,特别是在法国掀起的中国文化热,使已经在"礼仪问题"之争中陷入窘境的耶稣会继续败下去。果然,马勒伯朗士此著一发表,就遭到了耶稣会在法国特雷乌(Trévoux)办的哲学评论刊物《特雷乌杂志》的指名批评,批评的焦点是马勒伯朗士"随随便便地把无神论算在一个中国哲学家的账上",为此,马勒伯朗士又做了反驳。后来的事实证明,这种争论中主题的转变,对欧洲的思想界,尤其是对欧洲思想家的中国文化观的影响是重大的。

马勒伯朗士这部著作另一个重要意义在于,它实际上已成为东西方比较哲学史上的一部名著。马勒伯朗士在这部著作中相当详细地论证了上帝的本性及存在问题,比较了中国哲学的"理"与基督教哲学的"上帝"的异同。他确实看到了中国哲学不同于宗教神学,中国哲学"理"并不具有"上帝"的性质,中国哲学中的"天"也与基督教神学中的"上帝"含义很不相同。他一再告诫说"不要在我们的学说上弄错了","不要把神性给人性化了"。他要求:"那么请你不带成见地把你们的学说和我们的学说比较一下吧。你的永恒的幸福必然取决于这个比较研究。"他的结论是:"我认为在斯宾诺莎的无神论和我们的中国哲学家的无神论之间有很多的相同之处。"

培尔(Pierre Bayle,1647—1706年)是把笛卡尔的理性主义进一步发挥到反宗教的重要人物,所以,马克思和恩格斯曾说:"使十七世纪的形而上学和一切形而上学在理论上威信扫地的人是培尔。"[①]培尔思想的最重要之处在于进一步抬高理性,而且是在贬抑宗教的基础上抬高理性。培尔也看到宗教的荒谬和神秘,也提出理性无法证明宗教;但他与帕斯卡不同,他没限制理性,却采取了祛除宗教的立场:既然理性无法证明神秘的宗教,所以宗教信仰只不过是强迫的或盲目的,是不含理性的。培尔的这些思想,为行将到来的法国启蒙运动,"为在法国掌握唯物主义和健全理智的哲学打下了基础"[②]。在培尔反宗教的思想

[①][②] 《马克思恩格斯全集》(第2卷),人民出版社1957年版,第162页。

中,有一条叫作:宗教信仰与国家没有必然的联系,教会与国家必须分开。一个由清一色的无神论者组成的社会是可能的。培尔把中国当作这一观点的例证。

最初,培尔曾站在科学的立场,批评过中国的占星术,指出这是天文学尚未发达的例证。当他进而以无神论姿态出现时,他却充分利用了传教士提供的材料和观点(如龙华民认为儒教是无神论的观点),借鉴了威廉·坦普尔等的观点,明确指出中国思想的无神论倾向。这些话主要出自他最重要的著作《历史的批评的辞典》(1697年发刊)。比如,在"Spinoza"条目的注中说到,古代的中国人承认万物之灵中,以天为最灵,天能支配自然,即自然界中其他之灵非顺天不可。然诸灵亦有相当之力,能以自力活动,形成和他灵不同的自相。这种在德谟克利特(Democritus)和伊壁鸠鲁(Epikouros)那里出现的思想,在东方却极为普遍。但伊壁鸠鲁否认有统摄一切的天理天则,而肯定神的存在;而儒者却肯定有一种天理天则,而否定神的存在,这是中国儒学与伊壁鸠鲁的不同处。他也把中国人的无神论与斯宾诺莎的无神论相比,只觉得中国人的无神论更为彻底。到1702年,他又写了《中国通讯》,更强调了中国人的宗教是无神论的宗教,把中国社会当作他假设的"无神论社会"的典范。

与笛卡尔、帕斯卡、马勒伯朗士、培尔等差不多同时代,还有一些法国学者发表了各自的中国文化观,重要的有勒瓦耶(La Mothe Le Vayer,1582—1672年),著有《异教徒的美德》,其中有一章为"孔子——中国苏格拉底"(1641年),据说这是第一位西方的世俗学者论及孔子,也是第一个将孔子与苏格拉底并提的人。贝尼埃(François Bernier,1620—1688年)在晚年对孔子发生了兴趣,曾试将柏应理的《孔子传》由拉丁文译成法文,但未出版。费内隆(François de Salignac de La Mothe Fénelon,1651—1715年)是反耶稣会的天主教士,于1699年发表了《苏格拉底与孔子对话录》,用苏格拉底反对孔子,刚好与勒瓦耶相反。还有未到过中国的耶稣会士郭弼恩曾大量地介绍过周敦颐的"太极图说"。总之,正如前一章我们介绍过的,法国在中国文化观上是开风气之先的,但特别令人瞩目的是18世纪启蒙运动和后来的"百科全书派",以致我们必须在下一章中专门讨论之。

二、维柯:意大利传统的承启者

在笛卡尔主义沸沸扬扬、声名日盛的时候,已经有少数思想家看到了笛卡尔思想理论的重大缺陷,意大利那不勒斯大学的修辞学教授维柯(Giovanni Battista Vico, 1668—1744年)是其中最突出的代表。一篇关于维柯的传记曾写道,当维柯过完了九年幽居生活,"带着这套学问和才能回到那不勒斯,他竟成了他父母之邦的一个外来人"[1]。这句话富有象征意味,它表明:当笛卡尔的学说已经在意大利弥漫时,维柯却与众不同地返回到了他的故乡。

这是早在14世纪便兴起了人文主义思潮的故乡。维柯的意大利前辈、人文主义的早期代表之一彼特拉克(Francesco Petrarca)就强调了人的创造能力,即"人也有根据自己的需要和目的创造自己的世界的能力"。维柯继承这一传统,把他的注意重心放在对人文科学和历史科学的研究上,成为"第一个试图设计一个'没有神的'历史系统的人"。很明显,这是对笛卡尔主义的挑战。因为,在笛卡尔看来,只有思维的自我才是可靠的,其余一切都靠不住,所以,人可以凭借抽象的逻辑思维明确肯定地把握事物的性质,甚至可以把认识到的真理用数学语言描述出来,但却不能把握住人的感性的实践的活动。这样,笛卡尔就把

---

[1] 维柯:《新科学》,人民出版社1986年版,第632页。

种种属于人类社会范畴的理论都排除在科学的真知之外。这当然与17、18世纪近代科学技术的突破性发展密切相关,但却与文艺复兴时代的人文主义的一些重要传统拉开了距离(当然就笛卡尔高扬理性的旗帜而言,他的学说仍可看作人文主义的继承和发展)。对此,维柯在他的主要著作《新科学》中提出了尖锐批评:"民政社会的世界确实是由人类创造出来的,所以它的原则必然要从我们自己的人类心灵各种变化中就可以找到。任何人只要就这一点进行思索,就不能不感到惊讶,过去哲学家们竟倾全力去研究自然世界,这个自然界既然是由上帝创造的,那就只有上帝才知道,过去哲学家们竟忽视对各民族世界和民政世界的研究,而这个民政世界既然是由人类创造的,人类就应该希望能认识它。"在这一见解之下,维柯所做的大量研究工作:他的真理和创造同名,真理即实践的人性理论和认识观点;他勾画的在人类生活多种形式中表现出的基本统一的历史规律;他从各民族制度文物、社会习俗入手研究历史的方法;他对语言问题的关注;他对想象的重视和对神话的解释……都是既承继意大利文艺复兴传统又超越笛卡尔理性主义时代的。其中有的成为19世纪文学的浪漫主义思潮的前奏,有的成为19世纪哲学的狄尔泰历史阐释学的基石,更多的则为20世纪思想家和学者们所关注。

有意思的是,维柯在他的研究中大量地提到了中国;岂止是提到,而是在一定程度上,把中国文化作为他研究的实例或对象。

正如维柯的《新科学》一著的英译者之一费希(M. H. Fisch)在英译者的引论中所指出的:"维柯写作和印行他的著作虽然在十八世纪,他却是十七世纪那个'天才的世纪'的儿子……十七世纪有一个异常突出的特点,就是在科学的和假科学的著作标题上频繁出现'新'和'前所未闻'之类字眼……但是十七世纪的新奇事物主要是数学、物理学、生物学和医学。维柯的雄心却是要创建一种人类社会的科学。这种科学在'民族世界'这个主题上要做到伽利略和牛顿等人在'自然世界'所已做到的成绩。"①维柯认为,霍布斯(Thomas Hobbes)在他之前涉足了三个领域,但失败了,主要原因是霍布斯没有从人类各民族的原始社会研究起。这样维柯给自己的《新科学》提出了"第一条无可争辩的大原则",即"这个包括所有各民族的人类世界确实是由人类自己创造出来的"。按照费希的解释,"原则"一词在维柯那里还有着"发育"的意义。"至少是作为一种陪音或暗示(overtone)它有两层意思,一层是维柯的这部著作只是新科学的开始或起点,另一层是新科学的焦点是诸民族世界的起点。"用维柯的说法,这一"焦点"又可叫作"寻找真正的荷马"和"发现真正的荷马"。这里又包括两层意思:一是维柯认为"希腊各族人民自己就是荷马",这样根据他的第一大原则,"荷马"在这里比喻世界各民族人民;二是维柯发现各民族都有自己的"荷马","凡是最早的民族都是些诗人"。所以,古代人类具有"诗性智慧",其特点是用具体的形象代替抽象的概念,其实质则是人类创造自己、创造历史的实践。维柯用这样的思想,尽他当时所能获得的材料,观照了世界上各民族的原始文化,其中也包括中国。

维柯不止一次地提到了"龙"在中国古代文明中的意义。维柯把这种具有象征意味的古代文化,称为"纹章方式",并由美洲印第安人的国王们拿干蛇皮来代替王杖,想到"中国人的国王徽帜上也有一条龙,把龙作为民政权力的徽章",进而推论"用血写下雅典法律的那条龙(即Draco,德拉柯)也一定代表国王徽帜"。这种"纹章方式"在埃及、在日本都存在过。维柯感叹:"这一点值得惊讶,中国和雅典这两个民族相隔那么久又那么远,竟

---

① 维柯:《新科学》,第30页。

用同样的诗性方式去思考和表达自己。"这正好证明了他关于"诗性智慧"的理论的普适性。所以他又说:"古代民族中的波斯人以及近代才发现的中国人,都用诗来写完他们最早的历史。"

这种"诗性智慧"的普适性,使维柯进而去寻找各民族和社会发展共同的历程。他借用埃及人所使用过的术语,把人类历史依次划分为三个时代:神的时代、英雄时代、人的时代。与此相应的有三种类型的政权、法律、语言。在谈到语言问题时,维柯又多次提到了中国文化,他指出:"中国土俗语言只有三百个可发音的元音词,它们在音高和音长有各种不同的变化(指平上去入——中译者注),来配上他们的一万二千个象形文字,因此他们是用歌唱来说话。"按照维柯关于三种语言、文字与三个时代相对应的理论,中国的象形文字,只能属于英雄时代的语言文字,这种语言文字的特征是些英雄徽志(所以维柯有时从这个意义上理解中国的"龙"),或是些类似、比较、意象、隐喻和自然描绘,运用类似点是其最基本手段。但是,在另一处维柯又把中国文字放在第三个时代相应的土俗字母(文字)中去讨论。他说:"中国人至今还用各种方式从十二万个象形文字中造出少数字母,都归结到这些少数字母,好像就归结到总类一样。这是令人费解的。"但也难怪,维柯关于中国语言文字的知识只不过间接地得之于一些传教士,所以朱光潜先生在这段话后专门加了一个注,指出:"维柯说的'字母'似指《说文解字》中的'部首',其实'部首'很难说就是'字母',也可能指一个字可以依平上去入而分成几个音。"正是依据中国至今使用的文字,维柯得出他的结论:中国的历史并不长久古远。他说:"[埃及人和中国人]这两个民族都出于虚荣,夸口说他们曾经保存了足足两万八千年的天文观察的纪录……但是,人们已发现中国人和古代埃及人一样,都是用象形文字书写……不知经过多少千年,他们都没有和其他民族来往通商，否则他们就会听到其他民族告诉他们，这个世界竟有多么古老。正如一个人是在一间小黑屋里睡觉，在对黑暗的恐惧中觉醒过来，才知道这间小屋比手所能摸到的地方要大得多。在他们的天文时历的黑屋中，中国人和埃及人乃至迦勒底人的情况都是如此。"在《新科学》中，有好几处，维柯重复他的这一结论，主要依据是"中国人直到今日还用象形文字书写"，主要原因是"闭关自守"，"在黑暗的孤立状态中"，于是"他们就没有正确的时间观念"。维柯的结论，今天看来是不值一驳的。不过，他在那时已看到处在封闭环境之下将会养成一种锁国心态和自大心理，这几乎可以成为一种规律性的现象，维柯也明确地说出了这个思想："各民族在野蛮状态中都是不可渗透的。"但开放又是必然的趋势，开放的契机在于战争和贸易，他又以中国为例，说："中国人也是如此，他们考虑到贸易的便利，近来也向我们欧洲人开放了门户。"就在维柯讲这些话之后不久，中国历史上最黑暗、最孤独、最封闭的时代开始了。

维柯在探寻人类社会的历史进程的同时，广泛地涉猎了各民族的文化，并发表了自己的见解。其中有些关于中国文化的看法反映了他的中国文化观，如关于孔子。为了与他的关于中国历史并不长久古远的看法相一致，他宁愿相信尼古拉·金尼阁的《基督教远征中国史》，而不愿相信卫匡国的《中国上古史》。他认为："孔子的哲学，像埃及人的司祭书一样，在少数涉及物理自然时都很粗糙，几乎全是凡俗伦理，即由法律规定人民应遵行的伦理。"他还把孔夫子与"东方的德罗斯特、埃及的最伟大的霍弥斯、希腊的奥辅斯、意大利的毕达哥拉斯"并提，目的在说明这些"诗性人物性格本来都是些立法者，最后就被认为是些哲学家"。显然，他把孔子看作是他所谓的历史进程中的第二个时代的"风俗智慧的作家"，所以，他并没有给孔子像当时许多欧洲教士和学者所给予的那样的敬意。关于中国艺术，他说："尽管由于天气温和,中国人具有最精妙的才能,创造出许多精细惊人的事物,可是到现在在绘画中还不会用阴影。绘画只有用阴影才可以突出高度强光。中国人绘画就没有明暗深浅之分,所以最粗拙。至于从中国带回来的塑像也说明中国在浇铸(或塑)方面也和埃及人一样不熟练。从此也可以推想到当时埃及人对绘画也正如现在中国人一样不熟练。"维柯的这些话在洛可可风格正使许多欧洲人为之倾倒的时候说的,确乎有点不同凡响,当然也不是绝无仅有。因为,影响洛可可风格的中国艺术主要是瓷器、漆器、丝织、染色、壁纸等实用艺术,对于中国绘画还是有不同意见的,其中一些反对意见也真实地指出了中国画的弱点。维柯的批评也不无合理处,但是,却有违于他自己主张的审美的历史主义。按照这种审美观,人们应当乐于以一视同仁的理解的态度,去欣赏不同时代的音乐、诗和艺术,因为各个历史阶段和各种民族文化有其独特的思维方式和价值观念。关于中国的人文地理,维柯写道:"鞑靼区的可汗统治着古代的丝绸国人(Seres)那样一种萎靡文弱的人民,形成了(元朝)可汗的一个伟大帝国的一大部分,其中一部分现在已和中国联合在一起。"这里鞑靼区的可汗当指我国的元朝。维柯在这里把丝绸国人、(元朝)可汗和中国分别了开来,暴露了他关于中国的地理知识的落后,因为我们从前几章中已知道,早在鲁布鲁克时代,人们已知道"赛里斯"即指"契丹",而到了利玛窦那里,这两者又已和"支那"连在一起了。这样维柯关于中国人民族特性的评说也就变得前后矛盾了:他从地理环境的影响出发,认为丝绸国人由于处在寒冷的地方,所以是"萎靡文弱的";紧接着,说到中国温和地带时,他则认为那里的人民赋性较平稳;又举例说:"中国皇帝在一种温和的宗教下统治着,崇尚文艺,是最人道的。"

  维柯以其名副其实的"新科学",成为意大利人文主义传统的承启者。维柯也以其令人注目的中国文化观,成为意大利中国学传统的承启者,他上承17世纪诸多意大利传教士的中国介绍和评述(他的中国知识主要得自于此),下启后来意大利的中国学(据有的国外学者介绍,现代意大利的中国学仍有着对语言、艺术之类的文化问题特别关注的特点)。

三、休谟和其他几位英国政论家: 弥尔顿、笛福、坦普尔、哥尔斯密

同是在理性主义统治的时代,由于政治、经济、社会、历史、民族、文化背景的不同,在英国我们看到的是又一种类型或曰特点的中国文化观。

近代以耶稣会传教士为主体的远征东方的活动与英国没有多大的关系,因为不论是恪守天主教旧制的英国国教,还是在革命时期活跃异常的清教,都与反对新教,却又主张在天主教内进行改良的耶稣会格格不入。何况,英国当时正率先跨入资本主义,新旧社会交替的繁乱和阵痛都使它的兴奋点在经济上集中于在国内兴办新的工业、在国外扩展海外贸易,在政治上集中在革命与反叛、复辟与反复辟的斗争上。所以,英国在17、18世纪对于中国的认识主要来自两大方面:一是一些商人、水手、游历者(下面我们将谈到,这些人往往水平不高,素质较差)的见闻或传闻,地位和需求常常使他们与中国的接触局限在南部中国和沿海地带的中下层人物中;二是从欧洲其他国家翻译或介绍过来的材料。时间和环节的增多,自然影响到文化传播和交流。所以,从中国文化西渐,进入英国思想家的书房,并从他们的著作中反馈出来,这一进程就要比法、德、意(如果把一些颇有思想的传教士也考虑进去)等国要慢一些。当然,政治和社会变革的功利主义的需要、经验论的哲学传统,以及英国民族清高孤傲的根性,也明显地在英国思想界的中国文化观上反映出来。比如:

或许是中国文化中太缺乏经验科学的成果或材料,所以,我们很少能在洛克、贝克莱、休谟等哲学家的一些形而上的学说中看到对中国材料的引证。但是当我们听到这些人以政论家的口吻发言时,中国及其文化似乎又成了他们身边可以信手拈来的例证或是可以随意指点评说的对象。我们知道近代英国实在是一个政论家辈出的时代,连霍布斯、洛克、休谟等哲学家,弥尔顿、坦普尔、笛福、哥尔斯密等文学家(诗人)也同时又是著名的政论家。这不能不归结为时势造英雄。

这里我们将首先选取休谟关于中国和中国文化的一些言论作为剖面,然后,再选取弥尔顿、笛福、坦普尔、哥尔斯密等人的一些论述作为纵线,来勾画这一时期在英国政论家们眼中的中国观。

1741年和1742年,休谟(David Hume, 1711—1776年)出版了他的《论文集》(*The Essays Moral, Political and Literary of David Hume*)。这本著作不仅使由于《人性论》的受冷落而深受打击的休谟重新振奋起来,而且奠定了休谟不仅作为哲学家,而且作为政论家、经济学家等在世界思想文化史上的地位。这本文集包括了近50篇长短不一但却同样生动深刻的论文,其中有多处谈到了中国。

关于中国的政治。休谟认为,那是一种纯粹的君主专制的政体,"但恰当地说,又并非绝对如此"。亦即是说,对最高的君主来说,它具有最高的权威性,但对下面的官员来说,又在一定程度上受制于法律。根据休谟的分析,原因在于中国周围除了鞑靼而外,几乎没有邻国,而万里长城、巨大的人口优势又更捍卫了这个国家,所以,军队训练常被忽略,常常仅用民兵来做常备力量。这显然不利于镇服国内的暴动,因此"剑总是在人民手中握着"。这就促使君主要求下属官员(包括各省长官)受制于一个总的法律,以造成君主政权的平静、平稳和民众集体的适度自由这样双重的效果。

关于中国社会和经济。休谟与当时许多思想家和中国学家一样,也注意到了中国的一些致命伤。他指出,中国的人口是最多的,同时又是"在现时仍盛行弃婴的唯一国家"。人口多和弃婴是相辅相成的,其直接的原因在于男子的早婚,而早婚又是贫穷的孪生子。休谟从保守遗产的角度,指出富人是不乐意早早结婚的。中国社会经济的另一大问题在于对外贸易的不发达,休谟在专门论证了对外贸易对唤醒人的机敏和勤奋,刺激人的欲望和功利主义,从而促进国内生产和工业,甚至造成社会新的竞争等巨大益处后,指出:"中国是世界工业最繁荣的帝国的代表之一,虽然它在它的领土之外几乎没有贸易。"这并不矛盾。因为在这句话之前,休谟也分析了在外贸刺激下,社会事务可能进入这样一种情形:赝品充斥市场,人们纷纷仿制经改进过的外国货。而一旦到这时,"一个国家可能会失去大部分国外贸易,但继续保持强大有力"。在别处,休谟更明确地谈到了由于中国地处遥远的东方,地理上的原因也妨碍了与西方的交流。所以,在这种情形下,欧洲不仅保存了更多的金银,而且在总体上,欧洲人在贸易上的熟练和机敏方面超过了中国人。

关于中国的科学和文化。对这一问题的讨论也是与贸易问题连在一起的。休谟认为:"没有什么能比若干邻近而独立的国家,通过贸易和政策联合在一起,更有利于提高教养和学问了。"中国恰恰在这方面有大缺陷,从而使得原来可能生长出更完美和完备的教养和科学的枝干,在许多世纪的进程中,收获甚微。从外部来说,其原因在于没有更多的外贸对象;但从内部来说,更是由于中国处于大一统的状态之下,"说一种语言,在一种法律统治下,赞成相同的生活方式",此其表现之一。对权威的宣传和敬畏是其表现之二,休谟举例,像孔夫子这样的教师的权威,可以很容易地从帝国的一个角落传播到另一角落,而且后代没有足够的勇气去与已为他们的祖先所广为接受的意见进行争辩,没有人有勇气去对抗公众认可的意见的潮流。就这样,休谟早在18世纪中叶,就以自己的理解回答了"为什么在那个非凡的帝国,科学只取得了如此缓慢的进展"的问题。看来,这种答案并非信口开河,休谟对中国文化是有相当程度了解的(以当时的标准衡量),如他在描绘古罗马建筑时,举出了一间一间各自独立的平房这种中国式的建筑特点。这并不奇怪,我们知道,18世纪中国文化对英国产生最广泛、最有形的影响是中国的园林建筑,关于这方面的研究已令人目不暇接,不必在此赘述。

关于中国的宗教和精神。休谟是宗教和上帝的怀疑论者,他专门撰写了一篇论宗教奇迹的长文,其中指出:"不仅神迹摧毁了证据的信誉,而且证据也摧毁了它自己。"他这样证明自己的这一论断:各种宗教都是既不同又相反的,它精心制造的神迹,为的是建立一个独特的系统,这就使它又有同样的力量去推翻别的系统,那么,怎样可以想象所有古罗马、暹罗和中国的宗教都是建立在坚实的基础上的呢?在这里,休谟以中国为例去论证自己的观点,同时又等于否定了中国宗教中的任何神迹和奇观。他对中国宗教问题的正面看法是在另一篇《论迷信和狂热》(On Superstition and Enthusiasm)的文章中,那里他指出中国的知识界是没有教士和教士的机构的;他说到只有在宇宙间、在知识界、在中国的孔夫子的信徒中,才会有唯一正规的自然神论者。当然,把中国的儒家看成一种宗教,又把中国的宗教看成一种自然神论,并不是休谟的发明。他并没有专门研究和讨论过中国宗教问题,也许仅仅是采纳了别人的现成说法而已。不过,休谟谈论中国民族特性时不多的几句话,却是令人感兴趣的。他是反对当时相当流行的气候决定人的性格说的,他指出,中国人与西班牙人、土耳其人都是以庄重和一种严肃的行为著名的,但他们并没有气候上相似的原因;同样,也没有什么气候上的相异,使他们与另一些民族的人们(如法国人、希腊人、埃及人、波斯人等)具有不同的秉性。他认为,中国民族最大的特性是统一性,在这样一个幅员辽阔的、各地有不同气候的国家里,何以使这一特性成为可能?恰恰在于有一个建立了许多世纪、统治范围极广的政府,而这个政府又在整个帝国范围内扩展了一个民族的特性,将一种社会风俗传播到每一地区。

休谟关于中国的论述并不系统和专门,但却体现了一种多元文化的前提下的世界性视界,并且在肯定中国的富庶、广大和悠久的同时,较多地看到了中国的落后的具体态势和缘故。这些都是既有17、18世纪欧洲思想家们的共性,更有英国式的态度和思维方式。这些在我们进一步做了纵向的叙述后,可以看得更清楚。

被我们选取作为这一时期代表的另外几位英国政论家是:弥尔顿、笛福、坦普尔和哥尔斯密。这四个人几乎都是兼有文学家(诗人)身份的政论家,他们的生命几乎联结了我们要说的这个理性的时代的全部历史,他们的中国文化观,各有千秋,从不同侧面反映出英国色彩。

弥尔顿(John Milton,1608—1674年),这位卓越的诗人和政论家,作为英国资产阶级革命的首领克伦威尔的拉丁文秘书,他的革命热情是无与伦比的。特别是他在双目失明之后,在1660年斯图亚特王朝复辟之后的迫害下写出的《失乐园》《复乐园》和《力士参孙》三部杰出的长诗,使他永垂史册。可是,我们只能在《失乐园》中找到极有限的几句提到中国的诗句,如:"那魔王……好像一只……秃鹫……飞向印度恒河或印度河的发源地;/途中掉落在丝利割奈的荒野,/那儿的中国人用风帆驾驶藤的轻车。""于是二魔飞出地狱的大门,/……犹如两极的大风在北冰洋上/冲突之后,把冰山吹集拢来,/堵塞想象中从佩佐拉港外到东方/富庶的中国口岸的去路一样。"

很明显,中国文化没有对弥尔顿的思想产生什么影响,弥尔顿也几乎谈不上有什么中国文化观,《失乐园》中的例子只能反映出他与中国是疏隔的。我们把弥尔顿及其《失乐园》提出来,无非是说明在17世纪的大部分时间里,中国文化在英国的影响十分有限。

较大的转变一般被认为在17世纪的后期,有人统计,17世纪末和18世纪初在英国流通的关于中国的书,已达50—60种之多,所以可以说,到了这时,在英国人眼中,中国才是比较丰满而具有个性了。在这种情况下,思想家对材料的选择和评论将突出地反映其政治上和理论上的立场,笛福便是一个典型。

笛福(Daniel Defoe,1660—1731年),作为英国资产阶级革命的积极拥护者,他的政论文章主要的是服从于英国资产阶级巩固政权、扩大政治权力、发展资本主义经济的需要的。当然,在英国资产阶级各派力量的交锋中,笛福还曾扮演过动摇不定的角色。不过,他的基本立足点是中下层资产阶级式的,所以,他真正倾心的是英国资本主义经济的巩固和发展,也主张取消门第、等级制度,讴歌"人权""自由"。他开出的药方是:以商业,尤其是海外贸易为中心,带动工业、航海业和农业发展;他的口号是:贸易就是一切。他最尊重的是商人(他本人同时也是一位商人,尽管并不是一位成功的商人)。他提出的解决贸易带来的商品市场问题的主要办法就是扩张殖民地。由于笛福是合乎潮流的,所以,在笛福那里,人们可以看到17、18世纪之交的英国正积蓄起了力量,完成了各种准备,雄心勃勃地在走向世界过程中处于领先地位。在竞争中英国击败了葡萄牙、西班牙,尽管还没有击败法国,但却已把竞争的目标对准了法国,而且由于已完成了政治革命,即将迎来工业革命,所以,优势正在显示出来。除了少量守旧派,年轻的英国资产阶级是踌躇满志的,而且相当地趾高气扬。《鲁滨孙漂流记》正是笛福的思想和英国资产阶级状况的形象化。也正是在这部尽人皆知的名著中,笛福和盘托出了他的中国文化观。

早在1705年,笛福在他的著作《凝想录》中已谈到了一些他对中国文化的看法。这是一部典型的笛福式的著作,为什么?人们会记得此前两年多(1702年2月1日),笛福发表了他的《惩治不从国教者的捷径》。从题目到外观、内容,人们还以为笛福是反对非国教会的新教徒的托利党人,而且是一个极右派。一开始,也确实有一部分人这样认为了。然而,笛福是在说反话,他以故甚其词的语气,把托利党人企图惩治非国教会者的意见归谬到愚蠢可笑的地步。为此,笛福受到了严厉的迫害,当然,也成为他一生最光辉的记录。在《凝想录》中,笛福又使出了说反话的本领,这一回他把锋芒对准了中国文明。比如他说:"中国人的血统和知识,是从月球里的人民得来的。所以他们比世界其他各部的人民远远优越。也难怪,假使他们没有月球里得来的知识,则他们也不过跟常人一般罢了。"既然如此,他在别处说到中国的古远、人民的聪慧,也无非是镜中月、水中花罢了。笛福这种讥讽中国文化的态度,实际上表现了他厚今薄古,不屑于欣赏古远而与英国资产阶级眼下利益无关的东西的基本立场。这与他那些政治、经济上的主张是全然一致的,也和他15年后的主张全然一致。

1719年4月25日,《鲁滨孙漂流记》出版。8月,他写出了第2卷,到1720年8月,又出了一本《鲁滨孙感想录》。该书早在20世纪初的中国,就已有林纾和曾宗巩合作的文言译本(包括第1、2卷),之后第1卷又有多种译本,而第2卷和《鲁滨孙感想录》却为人们所忽视。不过,有关中国的描写,恰恰都在第2卷中,而对于中国文化的议论,又多在《鲁滨孙感想录》中。

第2卷写鲁滨孙从荒岛回家后,住了7年,郁郁不乐,于是再度出行。他在巴西处理了种植园后,便开始东印度之行,船过好望角、马达加斯加岛,至波斯湾,因与船员冲突,上岸另谋生计。不久即与一位英国商人一起买船东行,两人像当年东印度公司的人员一样,沿途买卖土特产。过东京湾后,便驶向中国海岸,经澳门,未停留,北行至"会昌"(Quinchang,此地名尚未考实)上岸,陆行至南京。稍住,买了不少宁缎、锦缎、印花布、生丝、茶叶、豆蔻、丁香等,便随法、葡、意三国教士同往北京。在北京待了4个多月,只胡乱逛了一回,主要还是做生意。匆匆离京时,竟雇了18匹骆驼来装运货物,仅香料就装了三匹骆驼。可见,鲁滨孙所走的,正是笛福设计的海外贸易之路,尽管历尽艰辛,却赢得了相当可观的利润。鲁滨孙曾计算他的中国货和西伯利亚货的贸易利润为"三千四百七十五镑十七先令三便士",这一串数字,形象地刻画了"经济人"(homo economicus)的特征,人们至今还会想到有一个计算利润到"三便士"的鲁滨孙,这正好与在荒岛,在欧、非、美、亚四大洲殖民或贸易的鲁滨孙相映成趣。英国有位文学批评家说得好:"人们如果要重新抓到资产阶级在它年轻的、革命的、上升时期的旺盛而又自信的精神,那么最好的导引无过于笛福与《鲁滨孙漂流记》了。"在这种情形下,鲁滨孙(笛福)怎么可能去赞赏作为殖民和贸易对象的中国呢?在书中,他借一个西班牙人之口,盛赞"英国人在困难面前比任何民族更能沉着、稳定",而一个劲地指责西班牙人的"不中用",赤裸裸地表现了在胜过西班牙之后的英国资产阶级的高傲。同样,他睥睨中国的一切:"他们的器用、生活方式、政府、宗教、财富和所谓光荣,这些都不值得挂齿,不值得我记叙,也不值得后人一读。""他们最高明的学者,却又都绝无眼光!他们对于天体的运行一无所知,愚蠢无知之极,乃以为日蚀是大龙抱了太阳……"长城"本用以御鞑靼。厥功甚伟,城跨大小之山,绵亘无穷,虽危崖仄径,均一一备御,余又窃笑其愚。果此危崖敌人能人,则其人已为飞将,虽城何益?……"并夸口:长城若碰在英国陆军手里,10天便可破;而反过来,中国陆军10年也不能攻下欧洲一城。在这种盛气凌人的情绪下,自然最容不得对方的自傲、自夸了,所以,鲁滨孙又说出这样的话:"这些人的骄傲,是无量地厉害的,只有他们自己的贫穷更为厉害。""我看见这些人民在最鄙陋愚钝的生活之中,傲视一切,肆无忌惮,盛气凌人,觉得没有什么比他们更可笑更令人作呕。"在《鲁滨孙感想录》中,又集中攻击了中国的迷信。在骂遍所有的中国艺术、技术等之后,说:"但是我所注意的,不在乎他们在艺术上的技巧,而在乎他们在宗教事体里所表示的愚蠢,和可笑可鄙的冥顽;我竟以为最蒙昧的野人,也比他们略胜一筹了。"这种刻薄凶狠的谩骂式批评,在当时中国风气颇盛的欧洲,甚至英国,也是不多见的,难怪林纾先生当年译到这里,愤怒之极,差一点连译稿带原书一起撕了。但是,我们今天把这些话放到一定的历史文化背景下去看,从前述笛福的政治、经济主张来分析,这些观点还是合乎情理的,即合乎笛福欲张扬英国资产阶级的高贵之情,合乎笛福把异邦异族都作为发展殖民贸易对象之说。出乎此,笛福便容不得当时盛行的对中国文化的赞美之风,所以,用极端的口吻在他最有影响的、最易普及的著作中去抵抗那股风了。此外,笛福的这些话,也早早地预示了不到一个世纪以后"欧洲文化中心论"的泛滥,不过那时的对中国文化的评论,要理论化得多,这是后话。

殖民和贸易所带来的历史进步是无可抹杀的,这种进步不仅仅是社会的、政治的、经济的进步,还是一种意识的、观念的、精神的进步。同样的走向世界,可以导致目空一切的民族自大,也可以造成天下一家的全球意识。比笛福稍早些的17世纪后期英国杰出的散文家和政论家威廉·坦普尔(1628—1699年)就自觉地提出了这种和新时代密切关联的文化观。他在谈到荷兰联邦时说:由于商务频繁的来往,由于各种不同的教义、习俗与仪式发生了相互影响,各国人民加强了和平友好的联系,好像变成了"世界公民"。正是在这种理论的导引下,坦普尔对中国文化的看法与笛福截然不同。在一篇题为《英雄的道德》的杂文中,他大量地评述了中国文化,如颂扬孔子具有"特殊的天才,浩博的学问,可敬的道德,优越的天性",是"真的爱国者和爱人类者"。他大概还是英国第一个对中国的宗教问题发表看法的人,他把中国的信仰分为士大夫的信仰和平民的信仰,后者是一种等而下之的"迷信",但并不是文化的主流,中国的知识阶层崇拜的是"他们之所信为永生的宇宙之神;无庙宇,无偶像,也无祭师"。很明显,他与笛福的看法全然相反。坦普尔的这一思想曾影响了培尔和伏尔泰。

坦普尔并不是关于"世界公民"的思想的发轫者,但与前人不同,他的声音已经能够在时代的峰峦中引起阵阵回响,特别是在率先大步走向世界的英国。游历家喜欢自称为"世界公民",政论家以"世界公民"的名义针砭时事,诗人则这样写道:"要用远大的眼光来瞻顾,/人类,从中国一直到秘鲁。"正是在这种全球意识之下,英国又出现了一本与中国文化密切相关,标题为《世界公民》的文学名著,作者为哥尔斯密(Oliver Goldsmith, 1730—1774年)。

1760年1月24日,刚刚创刊才几天的伦敦《公簿报》发表了两封信:一封是荷兰阿姆斯特丹某商人写给伦敦某商人的短信,带信人来自中国河南,刚到伦敦不久,是一个"哲学家",为人正派,懂英语。另一封信便是这个名叫李安济·阿尔坦基(Lien Chi Altangi)的中国人给荷兰人的信,信中谈了对伦敦的印象。这两封信便是哥尔斯密的名作《中国人信札》连载的开始。连载持续了好几个月,共发表了119封信,第二年,哥尔斯密收集旧作,修订之后,再加4封信,合为8开本的两大册,总计123封信,题名《世界公民》,副题为"中国哲学家从伦敦写给他的东方朋友的信札"。在这部著作中,哥尔斯密借用一个中国哲学家的口吻,发表了大量的对英国社会乃至欧洲社会各类大小问题的看法。这种写作形式,在当时欧洲尤其英国是人们常用的,最著名的便是孟德斯鸠的《波斯人信札》。而且就在哥尔斯密此著之前两三年,伦敦就有好几起借用中国人、中国哲学家之口谈论时事的事情,有意思的是还都用了"李安济"这个名字。这主要与当时英国政治状况有关,因为,其时,英国政党斗争正趋白热化,三大党派巨头彼此攻讦,旧的内阁垮台,新的内阁迟迟组织不起来;而在外部,英国与法国正进行所谓的"七年战争",英国军事形势不利,在地中海地区战败,又在北美吃了败仗。于是,人们开始激烈地批评和反省。至于大家都借用中国哲人之口,主要是由于18世纪中叶,正是中国趣味、中国风格渗透到欧洲社会各个方面的时代,而欧洲社会的剧烈动荡和变革也必然需要借助外来文化的刺激。大凡变革时代,这种诸类文化之间的互补现象总是格外突出,这也是古今、中外同律的。加之,与英国竞争中的法国,正领导着欧洲启蒙运动的思想潮流,而这些启蒙运动的巨子们,无不重视中国文化,而且大多数人都以肯定的态度对待之,这对英国思想界也是一个启示。哥尔斯密作品的诞生,就与上述因素都直接有关。但是,撇开时论的一面,哥尔斯密作品所具有的文化意义,将是更为持久的。

哥尔斯密在《世界公民》中一再表明了他爱整个人类,爱各种人类创造的文化与思想,他批评当时一些欧洲游历家们缺乏文化素养和文化意识,认为传教士和商人们在东方之行之后普遍都没有完成作为一个游历家最有意义的任务。他指出,游历家应是有知识、有教养的文化使者,他们不在于描述岩石与河流,不在于勘查古庙里的断碑或采集海滩上的贝壳,而在于深入民间,描绘风俗习惯、工艺发明和学术水平。哥尔斯密自己就游历了欧洲不少地方,他也曾有过亲自游历东方的设想,可惜未能实现。于是,他把他笔下的中国主人公当作了他所理想的游历家的化身,这个李安济在到达伦敦之前,经过了700多天的旅程,既保持了中国人的眼光,又摆脱了乡土观念和民族偏见,对诸事物发表了各种评论,所以自称"世界公民"。哥尔斯密把他叫作"哲学家""学者"或"哲学流浪者",并写道:"孔子说过,读书人的责任在加强社会的联系,而使百姓成为世界公民。"现在人们尚无从查考出哥尔斯密所引用的孔子的话得自何处,也不知道他为什么会把"世界公民"的桂冠戴到中国哲学家的头上,他当然是在阐发自己的思想,但至少也表明他对中国文化做了如是的评价。

普照欧洲的理性之光,也在《世界公民》一书中反射了出来。哥尔斯密同许多启蒙运动的思想家一样,对各种人类文化也用理性的眼睛去观照,去比较,所以尽管承认各国、各民族由于气候、政治、宗教等不同条件,其文化皆有差异,但还是有一把理性的通用尺度,这就是"合理近情"。他写道:"我的生活目的,主要在于追求智慧,而追求智慧的目的则在于使生活过得愉快。"如所周知,这正是启蒙运动中最流行的人生目的——"追求幸福"。他引用中国哲学家的一段话:"我们要恪守那中庸之道,既不是无动于衷,也不宜悲伤自损;我们的企图不在绝灭情性,而在抑止情性;碰到悲伤事故,不是漠然无动,而在使每一祸害化为有利于己的事情。"这可能是出自朱熹《中庸章句集注·十四》中的一段话,不过哥尔斯密把它搞到孔子头上去了。

近代英国的经验论传统在哥尔斯密那里也毫无例外地凸显着。哥尔斯密笔下的中国哲学家是对社会现实极有兴趣、考察极细微的观察家,从而使揭露和批判变得相当有力,如他可以在教堂的一次仪式中,观察到无视神灵的众生相,从而暴露了宗教的虚假繁荣。哥尔斯密还明确提出了他的理想人物:"他应当是具有哲学头脑的人;应当善于从特殊事物中引出一般有用的结论;既不骄傲自满,也不固执矜持;既不固守一种制度,也不只熟悉一门学问,既不全是植物学家,也不全是古物学家;他的头脑应当渗透着各式各样的知识,又因为他和人家来往多了,他的举止变得通情达理。在某种程度上,他对这一计划应是一个具有热忱的人;他有神速的想象与好动的感性,因而喜爱游历,同时,他有足以忍受一切疲乏的体力,也有不易给危险吓倒的心情。"看得出,这是经验与人性相结合的理想人格,读过当年英国哲学家洛克、休谟等著作的人,大抵不会感到陌生。

最后,我们从哥尔斯密的作品中,还可以看到中国哲学已进入了一般思想家们的书房,成为他们随时要用的工具和材料。不过,他们还没有可能较好地分辨中国哲学的各个派别,在哥尔斯密那里,老子、孔子、庄子、墨子、朱子的话都出现过,有时张冠李戴,有时杜撰了几句语录,更多时则"六经注我"式地发挥一通。真正开始对中国哲学进行研究、做出判断的还是下一章要谈到的法国启蒙思想家,再就是德国的莱布尼茨。

四、莱布尼茨及其前后左右的德国哲人:斯宾诺莎、佛朗克、沃尔弗、赫尔德

莱布尼茨(Gottfried Wilhelm Leibniz, 1646—1716年)是近代德国哲学的先导者,也是近代德国思想家中对中国文化倾注了最大的兴趣和耗费了最多的精力的人。不过在叙述莱布尼茨对于中国文化的研究及其在德国思想界的影响之前,我们还想先扼要地谈谈斯宾诺莎(Benedictus Spinoza, 1632—1677年),因为,尽管斯宾诺莎是一个生长在荷兰的犹太人,但人们通常还是把他看作近代德国哲学的先驱者之一。苏联学者阿·符·古留加正确指出了从斯宾诺莎到莱辛再到赫尔德是德国启蒙思潮中的一个重要派别;另一个重要派别是从莱布尼茨到沃尔

弗再到康德。①不过,对本书来说,最要紧的还是斯宾诺莎确实与中国文化有关系,可惜,人们掌握的材料还不够丰富。据康德说,斯宾诺莎的泛神论和亲近自然的思想与中国老子的思想有关。②1794年6月康德发表《万物的归宿》一文,追溯了斯宾诺莎的思想,康德说:"因此沉思的人遂进入神秘主义。在此境界,人类理性不能理解自己本身乃至任何事物,相当于感觉世界之知的生活,在此世界的界限内,与其说喜欢限定自己,不如说更喜欢耽于玄想。这么一来,便发生以虚无为至善的老子奇怪的教义,即因感着与神性融合,抛却自己的人性而没入于理性的深渊里面,以此意境为至高无上的宗教。感得这种状态的中国哲学家为求此虚无境界的实现,曾努力瞑目静坐于暗室之中。于是由此泛神教(西藏及东方其他民族)及其形而上学的升华,遂发生了斯宾诺莎的学说。这两种说法,都是和那以人类精神为从神性出来(又还没于神性之内)的古代的流出说,有姐妹的关系。"至今,人们还未发现斯宾诺莎直接受老子思想影响的证据,因为,《道德经》的最早译者是卫匡国和傅圣泽,但在斯宾诺莎之后,目前人们能见到的《道德经》的最早译本是1750年的拉丁文译本。法、德文译本也都是在18世纪才出现。不过,却有证据表明,斯宾诺莎确实接触过东方思想。斯宾诺莎曾质询他的学生,一位天主教徒,说:"你自以为到底找到顶顶好的宗教,或者宁可说顶顶好的老师,而决定完全信托他们了。那么你怎样知道他们是过去现在未来所有的老师中顶顶好的老师呢?古代近代所有的各种宗教,这里也有,印度也有,全世界到处都有,你曾否通统研究过了呢?就算你已把它们相当地研究过了,你怎样知道你已拣得那

---

① 阿·符·古留加:《赫尔德》,上海人民出版社1985年版,第8页。
② 康德对中国文化颇为了解,在《地文学讲义》和《永久和平论》中都有述及,但与他思想的关联不大,在国外中国观中也不甚重要。尽管据说尼采曾指康德为"哥尼斯堡的伟大的中国人",但那是挖苦他那道学家式的生活。

顶顶好的呢?"在那时,印度常常是一个包括中国在内的东方概念。可见,斯宾诺莎不仅知道东方的各种宗教思想,而且以此为理由怀疑基督教的至高无上的地位。怪不得,后来马勒伯朗士等在把中国思想看成无神论时,总要与斯宾诺莎的泛神论并提。

斯宾诺莎和他的同代人莱布尼茨的联系是证据确凿的,他俩曾于1676年在荷兰会面,两人谈论了一个月,莱布尼茨还得到了斯宾诺莎的主要著作《伦理学》的一部分原稿。罗素写道:"莱布尼茨受到他很多益处,却对这一点讳莫如深。"① 罗素把这归结为莱布尼茨的哲学品德,也许有点道理。但是,更重要的原因,我们以为是斯宾诺莎反宗教的激烈态度,从根本上与莱布尼茨不同。莱布尼茨一生结交了不少耶稣会的朋友,甚至有人认为,法籍耶稣会士被派往中国,也与莱布尼茨的促成有关。正是从他们那里,他获得了最大量、最直接的关于中国的知识,从而使他在近代欧洲的中国文化研究中处于极其突出的地位。

下面是莱布尼茨与中国文化联系过程中的主要事件:

17世纪60年代,他已阅读了克察的《中华文物图志》(1667年版)和斯比索斯(Th. Spizelius)的《中国文学》。

1666年,写作《结合论》一书,其中提到了中国文字,以此为例说明了自己的观点。后来他回忆,这一思想的产生还更早些,大约在十八九岁的时候。

1669年,起草《关于奖励艺术及科学德国应设立学士院制度论》一文,以肯定的口吻提到了中国的医学等。

1675年,写信给法国财政总监(相当于宰相)柯尔贝尔(J. B. Colbert),说到"欧洲传教士的几何学,正确得惊动了中国官吏"。

1676年2月,在巴黎作日记,设想包括异教徒的世界教会,最先网罗世界的全部知识,编纂百科全书辞典,并设想通过俄皇

---

① 罗素:《西方哲学史》(下卷),第92页。

彼得大帝,从西伯利亚方面与中国接近。

1676年3月26日,写作的文章中又说到了中国文字。

1676年,在汉诺威图书馆,已研究孔子学说。

1679年,他对柏林教会会长米勒印刷中国经典(即《中国孔门哲学》)的计划,发生了很大兴趣,从有关书信可知,他的中国知识已很可观。

1687年,《中国之哲人孔子》一书出版,他给黑森-莱茵费尔斯的恩斯特(Landgrave Ernst of Hessen-Rheinfels)写信,称之为"在巴黎刊行的中国哲学之王——孔子的著作",明白表示已细心阅读过此书。

1689年,游罗马,与刚从中国返回的耶稣会士闵明我邂逅,两人交往达8个月。以后,闵明我回中国,两人便书信往来频繁。这是莱布尼茨认识和研究中国文化的一大转折。

1697年,刊行《中国新论》,这本书用拉丁文出版,副题为"现代史的材料,关于最近中国官方特许基督教传道之未知事实的说明,中国与欧洲的关系,中华民族与帝国之欢迎欧洲科学及其风俗,中国与俄国战争及其缔结和约的经过"。全书174页,均为在华耶稣会士的通信,莱布尼茨写了导论《致读者》,长达24页,是莱布尼茨中国文化观的纲领性文字。

1697年10月18日,白晋由中国返归巴黎,第一次与莱布尼茨通信,并附赠所著《中国皇帝传》一书(该书后由莱布尼茨从法文译成拉丁文,收入1699年《中国新论》第2版,并附康熙皇帝肖像)。

1697年12月2日,莱布尼茨在汉诺威复函感谢白晋的通信和赠书。以后两人多有书信往返,至1702年12月,计有7次。这些书信表明莱布尼茨对中国文化的研究已卓有成效。

1697年12月12日,致书东方学者罗道福(Ludolf),希望俄皇能使欧洲与中国相结合,竭力计划在法、德、奥、俄设立学士院,其中均设中国学研究部门。

1700年,普鲁士学会在莱布尼茨促成下成立。4年后维也纳学会亦诞生,这些学会几年中就出版了不少关于中国文化的书籍,而且从事蚕桑培养。

1715年4月1日,莱布尼茨致法国当时摄政顾问德雷蒙(M. de Remond)一封长信,全面阐述他对于中国哲学中"理""气"等问题的看法,驳斥耶稣会士龙华民和方济各会士利安当的观点。

由上可知,莱布尼茨从20岁不到起至逝世前一年,始终对中国文化极为关注。我们知道,莱布尼茨有着卓绝的智力和令人难以置信的活动能力,所以,他对中国文化的研究是富有成果和深远影响的。

从思想和文化交流的角度看,莱布尼茨的中国文化观主要表现如下:

中国文化对于西方文化具有互补作用。莱布尼茨一般从两个方面说明这一作用:第一方面,由于中国文化的古老,莱布尼茨写道:"中国是一个大国,它在版图上不次于文明的欧洲,并且在人数上和国家的治理上远胜于文明的欧洲。在中国,在某种意义上,有一个极其令人赞佩的道德,再加上有一个哲学学说,或者有一个自然神论,因其古老而受到尊敬。这种哲学学说或自然神论是自从约三千年以来建立的,并且富有权威,远在希腊人的哲学很久很久以前。"第二方面,由于中国文化在实践方面,如政治、道德等方面优于欧洲文化,莱布尼茨说:"在实践哲学方面,换言之,即生活与人类实际方面之伦理及政治的纲领里面,我们实在相形见绌了(这是必须忍受的屈辱)。"他特别提到了康熙皇帝,并以此为典范。所以,为了使人类文化互相交流和补充,莱布尼茨对传教士的行为表示了很高的赞赏,说:"它可以将中国数千年努力的结果输入欧洲,同时又将欧洲所有的输入中国。"他甚至希望中国也能派出传道师去欧洲。对于中国文化,莱布尼茨并没有流于一概否定和全盘肯定的时俗,只不过,从文化交流和互补的需要出发,他更倾向于多多介绍中国文化的优点,他觉得:"如果能够给它以一种正确的意义,那将是非常合理的。"他自信:"我给中国官方权威的信条以合理的意义,而从中抽出来的东西是更为可靠的,并且很好,可能被视为恭维之辞。"

中国思维和西方思维有同构性。最令人惊叹不已的是莱布尼茨发明的二进制和中国古代易学中的八卦图的一致。我们知道,莱布尼茨一直在追求一种明晰简便、精巧严密的思维方式,去表达深奥纷繁的哲学思考,这是当时不少理性主义思想大师所追求的境界,这也是和当时各种自然科学,特别是数学、几何学成就互为因果的现象。莱布尼茨为此在数学、逻辑学和语言学等领域中做了大量研究,我们从前面介绍的莱布尼茨与中国文化关系的主要事件中可以看到,他曾对中国文字发生过相当大的兴趣。他提出了著名的"普遍文字说",即用一种新文字(莱布尼茨很希望能从伏羲画卦得到的文字学意义上的启示)作为哲学符号,来表示抽象的必然的真理,这将有利于消除各民族间的语言隔膜。从莱布尼茨这一设想出发,我们可以判定,莱布尼茨是主张全人类的思维具有同构性的。莱布尼茨的普遍文字说并没有取得重大进展,他的二元算术却是富有独创性和生命力的。早在17世纪70年代,莱布尼茨就提出了二进制,并用它来改进了帕斯卡发明的加法器(被认为是计算机的鼻祖),使之能作乘除法运算。莱布尼茨的这一发现对今天的计算机语言是一个极其重要的前提,但正如控制论创始人N.维纳所说,在莱布尼茨心目中,他的二进制"只不过是他的全部人造语言这一思想的推广"①。可见,莱布尼茨也许并没有料到他的发明会对今天社会产生如

---

① N.维纳:《人有人的用处——控制论和社会》,商务印书馆1978年版,第10页。

此重大的影响,但他却察觉到了他的发明对于人类语言思维和研究的重大意义,谁能担保这一意义一定不比计算机在今天的意义更重大更深远呢?谁能否认莱布尼茨的这一哲学思想所启导的当代分析哲学的突破性成就呢?正是在探究人类思维和语言关系的动机的激动下,使莱布尼茨一旦发现他的发明竟然与他所推崇的中国文明的一个重要方面有如此神奇的一致时,感到"真不知喜欢得怎样似的",惊呼"这其间一定有天意"。当然,莱布尼茨的结论不是在于天意而在于人类,在于人类思维的同构。莱布尼茨较早就了解到了一些关于《易经》的知识,17世纪末和18世纪初,他在与白晋往来信件中共同讨论了《易经》卦爻的二进位制,并发现六十四卦图之数字的配列顺序,与他当年发明的二元算术在思维建构的方式上完全相同:两者都采用了两个符号交错使用的方法,来表示不同的事物和数字;两者都引进了"位"的概念,以增大两个简单符号的容量;两者都用"位"数的增加来表示量的增加,而且是成二倍递增。当然,莱布尼茨的二进制和中国易学中的二分法还是有很多的不同处,最根本的不同在于两者建立的基础不同,前者是欧洲近代科学发展的产儿,后者则是人类猜想和附会的结果。但是,东方与西方、古人与今人的共同努力,并且取得了令人叹服的类似的结果,却明白不过地表明了人类思维有着何等深刻的共通性。难怪,莱布尼茨要自豪地自称是第一个能懂得《易经》的德国人,并认为,如果没他发明的二进制,那么什么六十四卦体系,什么伏羲易图,都是不可理喻的。

中国的理与西方的实体一致。这是莱布尼茨对龙华民的驳斥,也是表明了他对耶稣会另一派的支持。不过,我在第五章中已述及,最初耶稣会士们大都是反对后儒、赞成先儒的,理学问题并没有成为争论的焦点。关于理学是有神论还是无神论的争论,是在17、18世纪之交才突出的。斯宾诺莎和马勒伯朗士两人共同主张理学为无神论,但却采取了截然对立的两种态度,而莱布尼茨却以赞成的口吻来论证"中国人的理就是我们在上帝的名称之下所崇拜的至上实体"。除了宗教上的考虑以外,我们还应注意到莱布尼茨自述其谈论这一问题的宗旨的话,他写道:"我并不想知道中国人的祭祀礼节可以谴责或原谅到什么程度,我只是要研究他们的学说。我认为(总的来说)他们古代圣贤的意图是尊敬理或至上的理性。"这就可以理解,作为理性主义潮流中的一位主将,为什么要赞许和维护中国文化中的"理"的学说。至于莱布尼茨对中国理、气、太极、天等概念的理解是否准确,当然是很值得讨论的,但不必苛求于他,除了客观条件的局限之外,现代解释学也承认这种对外来文化按照自己的理解方式去解释是合乎情理的。

从以上所述莱布尼茨的中国文化观可以得出一个共同点,即莱布尼茨实际上也是世界主义者,有的学者从政治角度把他称之为"和平主义者"。这恐怕是他的中国文化观对于后人的第一个贡献。莱布尼茨在著名的致德雷蒙的长信的最后部分说道:"有很多迹象表明,我们欧洲人如果对于中国文字有足够的知识,那么加上逻辑、评论、数学,以及我们的比他们更准确的表达方式,会使我们在如此古老的中国记载中发现比近代中国人甚至以及他们后来的注释家们(人们认为他们的注释也都是经典)知道得更多的东西。"莱布尼茨不仅自己毕生对中国文化进行研究,而且大力促进欧洲各国成立专门学术机构来研究中国文化。相对于当时其他一些对中国文化感兴趣的人来说,如莱布尼茨的后继者佛朗克等,莱布尼茨的目标要高远得多。所以,利奇温说:"佛朗克从《中国新论》所得的仅为传教于中国的兴趣,莱布尼茨认为东方和西方的关系是具有统一世界的重要性的媒介,而佛朗克就没有看得这样远。"[①]我们已说过,当时已出现"世界公民"的说法,但在18世纪初,对于世界性的文化意识,

---

① 利奇温:《十八世纪中国与欧洲文化的接触》,第74页。

觉悟和实行最有力的莫过于莱布尼茨。

莱布尼茨对中国文化观的又一个贡献是,他实际上开创了对中国文化进行认真的学术性研究的风气,这大概与德意志思想家追求抽象思维的传统有关。但是至黑格尔以前,没有哪一个德国思想家可以和他相提并论。我们说法国的马勒伯朗士的著作在中外比较哲学史中具有重要的地位,但马勒伯朗士的著作毕竟只限于神学的范围,他着力论证的是"理"和"上帝"的不一致性。莱布尼茨的著作尽管也有很重的宗教味,但他从本质上是一种哲学上的比较,他的论证超越了神学,离开了《圣经》。比如他比较了中国和西方的关于"一"与"多"的关系的思想,比较了"理"所蕴含的非原始的精神实体的意义和西方哲学史中的"隐得来希",比较了《易经》中的思想和西方思想史上关于算术进位理论的演变过程,等等。

另一个易为人们所忽略的贡献在于,莱布尼茨实际上预见到了俄国在东西方文化交流中的中介地位。文化交流的中介是多种多样的,其中第三种文化的插足是东西方文化交流史上的重要现象,如公元10世纪前后的阿拉伯文化。到了莱布尼茨的时代,阿拉伯文化已失去了当年的旺势,而俄国却由于彼得一世(1682—1725年在位)的登基和成功的改革,开始强大起来。彼得一世的事业很大一部分就是与扩展俄国与外部世界的联系连在一起的。莱布尼茨敏锐地捕捉到了这一动向,在1697年的《中国新论》的导论中一开头就写道:"全人类最伟大的文化和文明,即大陆两极端的二国,欧洲及远东海岸的中国,现在是集合在一起了。我相信这是由命运的安排,最高摄理恰好配合了这个事实。即使最有教养而最隔膜的二民族,便于互相携手,使介在此二民族间的大帝国,渐渐改善了它的生活状态。何则?联合中国与欧洲的俄罗斯民族,在北冰洋海岸,仍不脱野蛮风气,现在为着支配元老会议之君主自身的奖励,已渐渐和我们从事文化竞争,这决不是夸大的话。"他多次与俄国联系,希望在莫斯科也设立一个学会,以联系西欧及中国的文化。他希望用这个方式,通过与彼得一世保持友好关系,而为普鲁士打开通往中国的陆路。历史的发展,证明莱布尼茨是有远见的,在东西方文化交流中,俄国,包括后来的苏联,扮演了极为重要的中介的角色。

莱布尼茨的中国文化观对他的德国学生和后继者们产生了重要的影响,这大概可以算作他的又一个贡献。

莱布尼茨的两个大弟子佛朗克(A. H. Franke)和沃尔弗(Christian Wolff, 1679—1754年)是直接的受惠者。

佛朗克在莱布尼茨《中国新论》发刊后,于1697年7月9日致函莱布尼茨,说:"您刊行的《中国新论》及其中的导论,言词优美,体例完善,我不能不为这部伟大的著作而向您致谢。"但是如前所述,佛朗克过分地重视传教方面,如同他的思想主要是从政治宗教方面继承莱布尼茨一样。所以,他缺乏莱布尼茨所具有的世界文化的自觉意识。当然,佛朗克在教育方面做了工作,对于国外中国学进入西方正规教育是有开创性意义的。1692年,佛朗克曾在哈勒(Halle)大学讲授东方语言。1707年又在那里建立了东方神学院,把汉语加入课程之中,并设有中国哲学研究一科,目标在于培养东方的传教者,或者东方学的研究者。他本人据说还在那时发表过一篇题为《普鲁士腓特烈大王统治时代基督教会的中国道德观》的文章。不过,佛朗克的工作,在当时的德国没有引起很大的反响,仅有的少数研究中国学的德国学者甚至只能客居他乡从事研究。中国学在德国还没有得到重视。

沃尔弗是莱布尼茨哲学理论的承继者,他把莱布尼茨的理论系统化了,而且用条理清晰的语言使之广为传播。他的严格唯理论的哲学一度在德国思想界占据了统治地位,尽管沃尔弗本人拒绝"莱布尼茨—沃尔弗哲学"的提法,但人们并不理会他。人们还看到,沃尔弗之所以获得如此盛大的声名,相当大的一个因素却正是他继承了莱布尼茨对中国哲学的浓厚兴趣,而导致了一场命运攸关的事件。由于莱布尼茨的倡导,当时对中国文化发生兴趣并抱有相当好感的学者并不罕见,如沃尔弗的学生兼同学毕芬格(Büffinger)曾著《古代中国道德说并政治说的样本》一书,论及中国政治、道德、哲学及文学,并将中国教育与欧洲神学及道德进行比较,尤其推崇中国政治与道德结合的传统,把中国皇帝看作是一个哲人,把中国看成是理想之邦,表达了他以中国为楷模建设德国的愿望。另一位学者卢多维奇(Carl Günther Ludovici)在其所著《评论莱布尼茨哲学之全部发展史》一书序言中,认为莱布尼茨与沃尔弗的世界观,与柏拉图哲学和中国哲学关系密切,不研究后者就谈不上研究前者。沃尔弗本人 1707 年在莱布尼茨介绍下到哈勒大学讲数学、物理学和哲学,后因德文及拉丁文著述的成功而影响日盛。沃尔弗的理性主义哲学立场和学术上的成功,招致他的同事朗格等一批神学家的反对和嫉妒。1721 年朗格升任该校副校长,同年 7 月 21 日,沃尔弗趁机用拉丁语发表一篇题为《中国的实践哲学》的演讲。演讲内容分为三大部分:第一,叙述中国的政治道德,即实践哲学的发展史。他认为柏拉图理想中的作为哲学王的君主,在中国上古社会已出现过,孔子学说即发端于古代君主,孔子就是理性的代表。所以中国人尊崇孔子,恰如犹太人之于摩西、土耳其人之于穆罕默德、基督教徒之于基督一般。第二,比较儒教与基督教,认为前者以自然性为基础,后者以神的恩惠为基础。但两者不相冲突,相反可以相辅相成,所以理性可以与信仰互相调和、补合。第三,论述中国人的道德原理——理性主义与他的主张正相符合。特别表现在教育方面,一切以顺从人的精神发展的自然规律,追求智慧、快乐、幸福,发展理性为转移,所以,儒学的要点,就是一种理性的教养。有鉴于此,沃尔弗提出了把学校分为上、下两部的分级教育的思想,他认为这在中国文化的最盛时代已实行过。从上述内容概要可以看出,沃尔弗的此次演讲,蕴含了不少保守的神学家们不能容忍的思想,如宗教的多元化、暗示基督教有缺陷需要弥补、推崇自然规律、倾向自然神论等,这就不可避免地要受到郎格为代表的宿敌的攻击。哈勒大学神学部的教授们立即开会,对沃尔弗的演讲提出27条误谬处,并当面质询。朗格甚至设法一状告到国王腓特烈·威廉一世那里。国王于1723年11月8日下召,命沃尔弗48小时之内离开哈勒和普鲁士,从而,演出了18世纪西方哲学史上尽人皆知的一出丑剧。这倒成全了沃尔弗,使其人、其说声名大振。对于一个思想家来说,没有什么能让自己的思想广为传播更令人愉快的了。学术界著书200多种,议论沃尔弗的学说;瑞典国王、彼得大帝纷纷向沃尔弗发出聘书。到1739年,腓特烈·威廉一世已有反悔的表示,让普鲁士各大学都讲授沃尔弗哲学。而到了1740年,腓特烈二世(Friedrich der Grosse,史称腓特烈大帝)即位,干脆把沃尔弗请回了哈勒大学,并委以宫中顾问与柏林学士院的职务。这一来使沃尔弗的唯理论体系得以雄踞德国思想界,可以想见,他还会经常谈到中国文化。

莱布尼茨—沃尔弗虽然开了德国古典哲学的先河,但他们只是在理论理性的岸上训练,而不是在实践理性的水中游泳,这当然是17、18世纪德国社会历史的状况造成他们的先天不足,诚如恩格斯所说:"在英国从17世纪起,在法国从18世纪起,富有的、强大的资产阶级就在形成,而在德国则只是从19世纪初才有所谓资产阶级。"[1]恩格斯又这样形容德国的思想家们,他写道:"德国人是一些教授,是一些由国家任命的青年的导师,他们的著作是公认的教科书。"[2]所以,一旦国王腓特烈大帝表示了对

---

[1] 《马克思恩格斯全集》(第4卷),人民出版社1958年版,第52页。
[2] 《马克思恩格斯选集》(第4卷),人民出版社1972年版,第210页。

中国文化的冷淡和怀疑,莱布尼茨—沃尔弗们的呼吁也就激不起几声回音了,至少在18世纪德国的现实生活中是如此。

但是,正如康德宣称的那样:"我们生活在启蒙的世纪。"在思想文化的上空,德意志思想家们频频鼓荡起阵阵旋风。18世纪下半叶,又一位杰出的思想家出现了,他就是约翰·戈特弗里德·冯·赫尔德(Johann Gottfried von Herder, 1744—1803年)。从哲学观点上说,赫尔德不是与莱布尼茨和沃尔弗一脉相承的,他属于斯宾诺莎和莱辛这一派。但是,这些哲人们在人类精神的园地里,却共同播种一个新的意识——"世界公民"意识。赫尔德有自己的特点,他把这种意识贯彻到历史哲学和人类文化史的研究和理论中,这是18世纪最引人注目的一块土地,也是赫尔德最有建树和光彩的地方。在那里,他写了《人类历史哲学思想》这一名著,也正是在那里,他说到了东方和中国。

赫尔德的历史哲学主要建筑在以下基点上:1.人类历史是一根发展的链条,是由人的力量推动而进步的;2.人的力量首先是人类的精神,精神将永远活着,所以,人类历史首先是文化史;3.文化使人发展,同时又把人置于娇生惯养的条件之中,使人软弱受制;4.人的自然状态是社会,社会首先是民族社会,但尽管民族是进步的推进器,而实际上并不是所有民族都维护了进步;5.不能用人的动机来说明历史,也不能用自然法则来说明历史,而只能用相互作用来描绘人和自然之间的关系。在这些理论支配下,赫尔德首先肯定了亚洲对人类文明的巨大贡献,因为亚洲是最古老的人类文化的萌芽处,其中语言、文字、畜牧业、农业,以及艺术和科学的链条都是从这里开始的。赫尔德掌握的实际材料有限,所以,他只能简短地分别报道中国、印度、朝鲜、日本等国的地理条件、生活习惯和风尚。但是,认为东方文化是处于空间静态之中,而丧失了时间动态的观点,是赫尔德文化史理论中更为重要的思想。他这样分析:人和自然之间的相互作用,引起在生产过程采取的形式有可能不利于民族的进步,所以,农业生产,由于易于造成"土地不再属于人,而人却变成了土地的附属品"的状况,就很可能导致"可怕的专制主义",这正是亚洲的特征。我们看到,欧洲近代以来,亚里士多德关于东方专制政体的思想被一再重提,这种政制,时而为主张在欧洲实行君主专制主义者所推崇,时而为反对者所贬斥,但是到了赫尔德的时代,亚细亚专制主义已基本上成为一个贬义词。赫尔德把它描绘成一种不发展的政治制度,这种制度不容许人们去探求知识,而知识恰是西方国家发展的动力。在此,赫尔德举出了中国的例子,说中国"就像一座古老的废墟一样兀立在世界的一角"。这里有气候等地理环境的影响,有不发展的生产方式的影响,还有民族文化传统的影响,因为,正是儒家传统阻碍了教育和政治方面的任何进步,而专制主义又阻止了任何别的学说、学派与之争雄。环境、生产方式、文化传统,这三位一体的结果,就是一个完全静态的社会制度,并且这种制度一旦建立,它又以对人们政治和思想的禁锢,来确保自己长存。赫尔德形象地指出,中华帝国实际上是"一个裹以丝绸、画以象形文字和涂以防腐香料的木乃伊,它们体内循环就是一只冬眠鼠的体内循环"。很明显,赫尔德的这些观点,除了对前人有所承继而外,更多的是对后人的影响,其中突出的例子,可以举出黑格尔和马克思。

第七章 在启蒙风暴中
——从西方看中国之二

这是一个常常被中国人引为自豪的时期。对于中国文化,法国启蒙运动的大师们几乎无一不知晓之、关注之、评说之……对这一现象的较好解释,除了中国文化固有的功用和影响力之外,只有历史的机遇和文化互补的特性。所以,与其为此而陶醉,倒不如撷取其中更为深刻的东西,尤其是批评。

一、孟德斯鸠和卢梭对中国文化的批评

孟德斯鸠(Charles Louis de Secondat Montesquieu, 1689—1755年)是法国启蒙运动中最早和最重要的思想家之一。由于家境的优裕,使他得以在多方面接受教育、涉猎知识,特别是他一度跻身法国政界,后又周游列国,使他受到了双重的感染:法国封建主义和专制主义的腐朽与欧洲大地新的社会形态和意识形态的魅力。孟德斯鸠是继意大利人维柯之后又一个从大文化的角度,去研究各民族各社会阶段的历史、生活、风俗习惯等方面的人的精神的底蕴的。不过,维柯重文化艺术,而孟德斯鸠重政治法律;维柯重初民社会,孟德斯鸠重古今社会;维柯把被笛卡尔抛弃的人类历史纳入科学,孟德斯鸠在笛卡尔区分神学与科学之后,进一步区分了上帝和人;维柯的思想理论意味渊深

些,孟德斯鸠的思想实践意义强烈些。尤其在18世纪的法国,也许是天时、地利、人和的缘故,在对中国文化的认识、研究和见解上,孟德斯鸠与法国启蒙运动思想界巨子们都胜过了维柯。在孟德斯鸠之前,大概只有莱布尼茨可以和他匹敌,不过莱布尼茨具有德意志式的教授气,而孟德斯鸠却有典型的法兰西式的凡俗味。

孟德斯鸠1713年曾和侨居巴黎十年、在皇家图书馆工作的中国福建人黄嘉略(基督教徒)做了长谈并写下了详细的笔记。1729年2月他又在罗马与法国耶稣会士傅圣泽做了三次晤谈。从他所写的有关中国文化的文字看,所引材料主要引自杜赫尔德的《中华帝国全志》《耶稣会士书简集》《远东的宣道事业》等,以及商人、军人、旅行家的报道。①孟德斯鸠最早的代表作《波斯人信札》是1721年化名彼尔·马多(Prerre Marteau)出版的。这本著作假托两个周游欧洲的波斯贵族的彼此通信,以及他们和朋友、爱人、仆人等的通信,从不同地位与角度,对法国当时的社会进行抨击。在这一著作中,孟德斯鸠已多次提到了中国,如在第119封信中,他指出:中国之所以拥有为数众多的人民,只是从某一种思想方式得来的,即因儿女把父亲看作神祇,各人皆倾向于增加家口。我们已说过,《波斯人信札》所采用的写作形式,曾影响了当时欧洲不少思想家和文学家,其中包括英国人哥尔斯密的《世界公民》。这一著作同样奠定了孟德斯鸠在政治、法律等问题上的兴趣和地位。就对中国的研究而言,也已透露出他从表层入手、从深层着眼的文化意识。

1748年孟德斯鸠出版了其一生辛勤研究的最后成果——《论法的精神》(旧译《法意》)。这是一本引起轰动的书,不到两年就印行了22版,并有了许多外文译本。但也引起了包括耶稣

---

① 孟德斯鸠常被看作18世纪国际东方学的理论设计者,故他涉猎的东方知识极广,后人对此曾有专门研究和统计。可参看翁贝托·梅洛蒂:《马克思与第三世界》,商务印书馆1981年版,注172(第192页)。

会在内的各派教会会士的嫉恨和攻击。因此,1750年,孟德斯鸠又匿名发表了《为〈论法的精神〉辩护与解释》一文。《论法的精神》中所阐述的社会演变论和理性论,提出的关于政体分类的学说、分权说、君主立宪说、地理环境说,以及许多法律理论、经济理论,对后人产生了巨大的影响。美国独立宣言、法国人权宣言,包括我国孙中山所倡导的"三民主义"等,无不包含了《论法的精神》的精髓。

从中外文化交流史的角度看,孟德斯鸠在《论法的精神》一著中写下的大量的讨论中国历史、政治、经济、宗教、习俗、环境,以及国民性等社会文化问题的文字,不仅必然地随着该著的广为传播而对当时法国以及欧洲思想文化界发生重大影响,而且其中提出的一些问题,至今仍不失其意义和价值。

孟德斯鸠在该书的序言中这样写道:"我首先研究了人,我相信,在这样无限参差驳杂的法律和风俗之中,人不只是单纯地跟着幻想走的。"这可以看成他对于人和人所创造的文化的一个基本信念:人是有理性的,合理性是解释人类文化的基本前提。孟德斯鸠还写道:"我的原则不是从我的成见,而是从事物的性质推演出来的。"这可以看作他的方法论——培根的实验主义和笛卡尔的理性主义方法的结合。这一方法论统摄了17、18世纪。孟德斯鸠又写道:"我的著作,没有意思非难任何国家已经建立了的东西,每个国家将在这本书里找到自己的准则所以建立的理由。"这还可以看作是他的声明:请不要咬文嚼字,斤斤计较于他对某国文化的评述。一方面,他把合理性的解释给了每一种文化现象;另一方面,他又从自己的立场对此做了评析。我们应该从前者借鉴他对于中国文化之因的解释,从后者吸取了他对于中国文化之果的评析。

关于当时中国的政治和法律。孟德斯鸠指出,法律和风俗是有区别的,法律主要规定"公民"的行为,风俗主要规定"人"的行为;风俗和礼仪又有区别,风俗主要是关系内心的动作,礼仪主要是关系外表的动作。但是,在中国立法者们那里,这三者是混淆的,不仅这三者,而且道德也与之混淆。而在法律、风俗、礼仪、道德四者中,道德更具主导性和代表性,因此,"所有这些东西都是道德。所有这些东西都是品德。这四者的箴规,就是所谓礼教"。统治者制定了最广泛的"礼"的原则,"文人用之以施教,官吏用之以宣传";而中国人把"整个青年时代用在学习这种礼教上,并把整个一生用在实践这种礼教上"。孟德斯鸠认为,这种礼即法、礼即风俗的道德化倾向,对内隐饰了人的邪恶的一面,强化了人与人之间的依赖关系,造成了社会生活的平静,对外可以抵御征服者的同化,因为征服者的风俗、习惯、法律、宗教都不是一个东西。所以,要同时改变中国人上述四方面难,分别地改变征服者的这四个方面易,这就在历史上,造成了"中国并不因为被征服而丧失它的法律",反之,"改变的一向是征服者"。其实,中国传统文化中,并没有近代西方文化意义上的法律,即便有一些名义上的法律,也是早被道德浸透了的,不大有正义、平等、自由的内涵,有的只是刑和罚的意义,至多也讲一点"公正"罢了。然而,与高居于一切人之上的法律不同,刑或罚毕竟是一部分人对另一部分的专政,此所谓"刑不上大夫"。具典型意义的是所谓"大逆罪",即任何人对皇帝不敬就要被处以死刑。孟德斯鸠认为:"因为没有明确规定什么叫不敬,所以任何事情都可以拿来作借口去剥夺任何人的生命,去灭绝任何家族。"看来,法律上的含糊不清,也是古代中国东方专制主义的特产。孟德斯鸠指出:"如果大逆罪含义不明,便足以使一个政府堕落到专制主义中去。"专制主义恰是古代中国政制的根本性质。孟德斯鸠在另一处又评述,在中国,"人们曾经想使法律和专制主义并行,但是任何东西和专制主义联系起来,便失掉了自己的力量。中国的专制主义,在祸患无穷的压力之下,虽然曾经愿意给自己戴上锁链,但却徒劳无益;它用自己的锁链武装了自己,而变得更为凶暴"。既然当时中国的法律淹没于道德之中,那么如何理解中国的道德呢?在古代中国,以儒学为核心的礼教,把纲常名分作为宣传和教育的主要内容,实际上是把这一套作为伦理原则去规范、约束人们的言行。但众所周知,这恰是家族化、伦常化的道德,是家与国的混同,是对义务的强调。而与中国的道德相对应的西方的自然法,同样具有道德体系的特征,同样有着伦理价值的标准,但都表现为一种政治正义论,乃是社会化、政治化的道德,是家与国的分离,是对权利的重视。孟德斯鸠也看到了这一点,他尖锐地指出:"这个政府与其说是管理民政,毋宁说是管理家政。"他举出中国式道德的最极端也是最常见的例子:为妻的品行。孟德斯鸠认为中国等东方国家实际上实行的是多妻制,他提道:"在多妻的场合,家庭越失去单一性,法律便越应该把那些支离分散的部分团结在一个共同的中心。"这个中心便是"单纯地对家庭的依恋","这特别是依靠幽闭来实现的","财产越多,就越有能力把妻子严禁在深闺里,并防止她再进入社会。因为这个缘故,在土耳其、波斯、莫卧儿、中国、日本等国,妻子的品德实在令人惊叹"。但是,由于这样,东方治家的方式就不是妻子掌管家政,而是把家政交给别的人,如阉人。这种状况,使人想到皇宫中的太监,"在中国的历史上,我们看到许多剥夺太监一切文武官职的法律,但是太监们却老是又再回到这些职位上去。东方的太监,似乎是一种不可避免的祸患"。孟德斯鸠还从历史发展的角度谈到了中国的政制和法律,总的说来,孟德斯鸠认为是"今不如昔"。他赞赏了中国最初立法者由于创造了一种宽和的政治环境和根治了洪水,所以,建设了中国的江南(即今江苏、安徽两省和浙江),于是"帝国版图上便出现了这两个最美丽的省份"。但并不是中国所有的地方都如此了,甚至到孟德斯鸠的时代成了一种假象:"给欧洲人一个印象,仿佛这个大国到处都是幸福。"他还肯定了"中国曾有几个朝代规定由皇帝的兄弟继承大统,而不由他的子女继承",批评"有一些著者曾把这些兄弟看作是帝位的篡夺者,但是这些著者的判断是以中国的法律思想为依据的"。可见,当时中国的法律思想,从根本上说还是一种以伦常化的道德为掩饰的家长式的专制主义政治体制的附庸。

关于中国的家教。孟德斯鸠的前提是:"最真实、最圣洁的教义,如果不同社会的原则连接在一起的话,可能产生极恶劣的后果;反之,最虚伪的教义,如果同社会的原则发生关系的话,却可能产生美好的后果。"据此,他这样评价中国的儒、释、道三教。他说:"孔教否认灵魂不死;芝诺的教派也不这样相信。谁能想到呢?这两个教派竟从它们恶劣的原则引申出一些不正确但对社会却是美好的结论。""道教和佛教相信灵魂不死;但是从这条这样神圣的教义却引申出一些可怕的结论来。"稍做分析,便可知,孟德斯鸠并没有赞赏中国的任何一教派,他不过指出了在中国占统治地位的孔教与中国的社会原则结合得很好这一事实。而当时中国的社会原则,如上所述,不过是东方专制主义的原因。在这个意义上,我们才能理解何以孟德斯鸠有时赞赏中国立法者的明智,因为"他们不是从人类将来可能享受的和平状态去考虑人类,而是从适宜于履行生活义务的行动去考虑人类,所以他们使他们的宗教、哲学和法律全都合乎实际"。在我们看来,这种只强调义务的思想,无非是家族化、伦常化的道德实践罢了,正是它如此深扎于中国社会实践的土壤之中,才使得割除它的工作变得特别繁难。孟德斯鸠还分析了外来宗教进入中国的情况。我们知道,孟德斯鸠是天主教的猛烈抨击者,但他仍是一个宗教的保存论者,他主张宗教的多元化,并更倾向于新教。所以,他不相信耶稣会士关于中国的奇妙的报道,他发问:"是不是我们的教士们被秩序的外表所迷惑了呢?是不是因为在那里,不断地行使单一的个人意志,使他们受到了感动了呢?"这就是说，由于耶稣会士习惯于罗马教皇单一个人的统治，所以他们也欣赏起中国皇帝的专制统治来，而且"他们到那里去的使命只是要提倡巨大的变革，那么说服君主们使君主相信自己什么都能够做，总比说服人民使人民相信自己什么都能忍受，要容易些"。但是，"要在中国建立基督教，几乎是不可能的事"，因为，专制主义把一切，特别是妇女们隔离开来，而基督教的各种仪式却"似乎要求一切都要在一起"，这就根本上"推翻这个国家的风俗和习惯，同时也触犯它的宗教和法律"。相反，伊斯兰教在中国的情况则要好得多。

关于中国的经济生活。孟德斯鸠批评中国的商贸，赞赏中国的农垦。前者或许是欧洲资本主义初期重商主义的产物，后者则成为后来的法国重农学派的先导。孟德斯鸠写道："杜赫尔德神父说，中国内部的贸易比整个欧洲的贸易还要庞大。如果欧洲的对外贸易没有增加欧洲的内部贸易的话，情况可能就是如此。但是欧洲经营着世界其他三个地区的贸易和航业，这就同法、英、荷几乎经营整个欧洲的航业和贸易的情况相类似的。"孟德斯鸠还记录了有的商人和旅行家的观感：向中国人买东西，要自己带秤，因为，中国商人每人有三杆秤，一种是买进用的重秤，一种是卖出用的轻秤，还有一种是准确的秤，这是用于那些有所戒备的买者的。孟德斯鸠的话虽令人难堪，但确也可以提醒我们注意对传统的商贸观念的反省。孟德斯鸠赞赏了中国古代对江南的开发，他还写道："有关中国的记述谈到了中国皇帝每年有一次亲耕的仪式。这种公开而隆重的仪式的目的就是要鼓励人民从事耕耘。不但如此，中国皇帝每年都要知道谁是耕种上最优秀的农民，并且给他八品官做。"他在这一节使用了"中国的良好风俗"的标题。孟德斯鸠还讨论了中国的奢侈和节俭问题，他认为这首先要"考查那里的人口数目和谋生的道路二者间的关系"，他举出唐高祖、明建文帝和永乐帝等颁布的一系列诏令的事例来说明"在中国,奢侈是有害的","必须有勤劳和俭约的精神"。不过,这些往往都是开国或开国不久的皇帝,他们"是在战争的艰苦中成长起来的,他们推翻了耽于逸乐的皇室,当然是尊崇品德,害怕淫逸"。但是,三四代之后,"后继的君主便成为腐化、奢侈、懒惰、逸乐的俘虏",终于,奢侈导致了灭亡,然后,又起来一个新的皇室。如此循环不已。

关于中国的国民性。这是一个现代的字眼,但孟德斯鸠当年确实讨论过与此类似的问题。孟德斯鸠的基本理论是:"人类受多种事物的支配,就是气候、宗教、法律、施政的准则、先例、风俗、习惯。结果就在这里形成了一种一般的精神。在每一个国家里,这些因素中如果有一种起了强烈的作用,则其他因素的作用便将在同一程度上被削弱。"由此,他指出:"中国人受风俗的支配。"按照孟德斯鸠的定义,风俗是被用来规定"人"的行为的,在那里还没有法律上的"公民"的范畴,而且风俗又主要是关系内心的动作,与关系外表的动作的礼仪也有区别。由此可知,中国人的一般精神是建筑在初民的自身向内行为的基础上的,而且宣传和教育又一再强化这种精神,甚至把法律和礼仪也与之拴在一起,成为仍然是注重内省修养的"礼教","礼教构成了国家的一般精神"。在这种情况下,民气可以是淳朴憨厚的,但同时也可以是刁钻奸猾的。孟德斯鸠对此主要持批评态度。他认为"中国人的生活空气以礼为指南,但他们却是地球上最会骗人的民族。这特别表现在他们从事贸易的时候"。接着,他就讲了上述三杆秤的情形。他认为"礼"和"骗人"并不矛盾,在中国,"一切用暴力行为获得的东西都是禁止的;一切用术数或狡诈取得的东西都是许可的"。孟德斯鸠认为,各民族的不同性格都是品德与邪恶的混合,是好的和坏的品质的混合,混合的好还是坏关系甚大。然而在中国,这是一种坏的混合,"中国人生活的不稳定,使他们具有一种不可想象的活动力和异乎寻常的贪得欲,所以没有一个经营贸易的国家敢于信任他们"。看得出,孟德斯鸠对中国的国民性没什么好感,他是耶稣会士的反对者,比较倾向于相信商人和旅行者的说法。所以他得出的印象,令不少中国人感到难堪、不快或气愤。但是平心而论,如果把他所批评的当作我国国民性中恶劣的、消极的一面去看,还是有相当的准确性的,特别孟德斯鸠对"礼教"给予民气的消极影响和把中国国民中的劣根性放到初民风俗的水准上去检视,也是具有相当的尖锐性的。

关于种种中国文化现象之因。孟德斯鸠作为一个自然神论者,他抛弃了上帝对人世间种种现象的控制和解释,把探根溯源的目光投向客观的自然的因素,从而形成了他那著名的"地理环境说"。其实,他除了十分突出地理的原因之外,同样很重视各种人化自然的原因,所以,更准确地,倒不如称孟德斯鸠的这方面理论为"环境说"。对上面提到的中国文化的各种表现,孟德斯鸠也充分地运用他的"环境说"去解释之。其中提到较多的为:

气候。"亚细亚是没有温带"的,这是孟德斯鸠的结论。这一结论导致另一个结论:"在亚洲,自由没有增加过。"因为,在孟德斯鸠看来,包括中国在内,亚洲是严寒地区与炎热地区紧接着的,所以一边是强国(寒冷地区),一边是弱国(炎热地区),一边是征服者,一边是被征服者。他还说过,在中国,"北方人比南方人勇敢"。当然,如前所述,在中国,常常是被征服者同化了征服者。孟德斯鸠显然过于偏爱他的气候说了。他甚至认为这就是欧洲之所以强而有自由,亚洲之所以弱而受奴役的重要原因,还颇为自得地说:"这个原因,我不知道曾有人指出过没有。"气候还影响到道德,孟德斯鸠认为:"有的地方因气候关系,自然的冲动极强,道德几乎是无能为力的。倘若让一个男人和一个女人单独在一起,诱惑将带来堕落,必然会有进攻而不会有抵抗。这些国家,不需要铁窗门闩。"他举例说,中国古书中曾把一个男人在偏僻的房屋内遇到一个女人而不逞暴行,看作是了不起的德行。很难同意孟德斯鸠所找的原因,但男女大防的中国传统道德掩盖着许多肮脏的丑行,难道不是事实吗?

土壤和疆域。按孟德斯鸠的说法,土地肥沃宜养成人的依赖性,最常见个人专制,而土地硗薄则使人勤勉;不过,孟德斯鸠似乎并不认为中国的土壤完全属于贫瘠之例,因为他称赞过古时江南"土地肥沃异常"。但是他也承认中国老百姓是具有勤劳和俭约精神的,而中国的封建制度却又是专制主义的。这不是有些难以自圆其说吗?孟德斯鸠的这些理论本来就远非天衣无缝。不过,他还是提出了一些其他因素,弥补土壤说的矛盾。他认为:中国的疆域过于辽阔,这一方面可以说明还有许多地方并不及江南地区那么富庶;另一方面更表明,中国只能适宜于专制统治,因为,帝国幅员辽阔会"发生各种恐怖",最甚者是出现割据局面。从历史上看,"在最初的那些朝代,疆域没有这么辽阔,政府的专制精神也许稍为差些;但是今天的情况却已相反"。

人口。这也是可以补充土壤说和疆域说的一个重要因素。孟德斯鸠对此相当重视。他指出,人口增加使中国的君主"只好归结到尼禄的愿望,希望全人类只有一个首领"。但同时,"中国的人口将永远地繁殖下去,并战胜暴政"。为什么?因为,"人口这样众多,如果生计困乏便会发生纷乱",所以,腐败的统治便"受到急遽的显著的警告"。然而,在经济上却常常出现"人民繁衍了,而饥馑摧毁了他们"的情形。孟德斯鸠说:"中国的情况就是这样。"另外,孟德斯鸠还指出:"由于中国人口天天在增加,所以需要辛勤劳动,使土地生产足以维持人民的生活。""这就需要有政府的极大的注意。"中国统治者的亲耕、重农都源于此。特别是这种状况还造成了中国统治者把民政当作家政来管理的倾向。这是关于中国家与国的关系的又一种别开生面的说法,可以聊备一说。

文字。孟德斯鸠是继莱布尼茨以后又一个关注中国文字的大思想家;不过,他是从消极面去看问题的。他认为"礼教"何以能那么容易地铭刻在中国人的心灵和精神里,首要的原因就是中国文字的作用。他说:"中国的文字的写法极端复杂,学文字就必须读书,而书里写的就是礼教,结果中国人一生的极大部分时间,都把精神完全贯注在这些礼教上了。"

实用原则。除文字外,第二个对"礼教"的深入人心发生重大影响的是:"礼教里面没有什么精神性的东西,而只是一些通常实行的规则而已,所以比智力上的东西容易理解,容易打动人心。"这种情况我们权且称之为"实用原则"。其实也是以家政、家事、家务为出发点的传统的中国式政治、经济、文化的一个表现。孟德斯鸠对此看得很清楚,除前面已引过的话外,他还多次谈过类似的话,如他指出:"在表面上似乎是最无关紧要的东西却可能和中国的基本政制有关系。这个帝国的构成,是以治家的思想为基础的。"孟德斯鸠把这一点看作是中国人如何实现宗教、法律、风俗、礼仪的结合的基本法则,看作中国国家的一般精神。这实际上道出了中国传统文化的根本。这话出自200多年前一位西方思想家之口,不能不令人钦佩。

孟德斯鸠的《论法的精神》出版后一年,1749年法国启蒙运动的又一个重要人物登场了。这一年,让·雅克·卢梭(Jean Jacques Rousseau, 1712—1778年)撰写了著名的《论科学与艺术》一文。这是一篇应征之作,征文发起者是法国第戎研究院,主题是"科学与艺术的复兴能促进人类的道德与风俗——能够移风易俗么?"卢梭的征文一举获奖(1750年),从而开始了他人生道路上姗姗来迟的成功的写作生涯。之后,卢梭发表了一系列著作,几乎每一本都是振聋发聩、不同凡响的,如《论人类不平等的起源和基础》(1754年)、《新爱洛伊丝》(1760年)、《社会契约论》(1762年)、《爱弥儿》(1762年)等。这是一位从贫困中来,又回到贫困中去的思想巨人,他最大的财富是他的生命、情感和思想。也许正是由于这样,卢梭才能在他的得奖征文的开头和结尾都提出一个"格外宏伟、格外难能"的主题:反观自我。正如休谟形容的那样,卢梭是一个高度敏感的人,在他的敏感性中是"痛苦甚于快乐";卢梭就像一个不仅被剥掉了衣服,而且被剥掉了皮肉,被赶出去与猛烈的暴风雨搏斗的人。这种尖锐的感觉并不是每一个思想家都会有的,所以,卢梭的收获也是与众不同的。他不仅准确地揭示了法国革命前夕一系列的社会、政治、宗教、教育的危机,提出了"人生而自由平等"的响亮口号,并以"天赋人权""社会契约"等思想武装了资产阶级革命派,而且,卢梭以他对欧洲近代文化和道德的抨击,以他对善感性(La sensibilité)的崇拜和情感型的生活实践,使18世纪的浪漫主义潮流与政治连在一起,并进一步开启了19世纪浪漫主义运动,这个运动"从本质上讲目的在于把人的人格从社会习俗和社会道德的束缚下解放出来"①。特别是从今天看来,卢梭对人类文明的忧虑和否定,也成了20、21世纪面对高度发达的科学技术,出现种种警告和悲观主义态度的一个先兆。当人们谈论着,在今天这个"人类的全球王国时代",罗马俱乐部发出了"人类困境"的警告时,却不能不想起,早在18世纪,当人类正以自己的理性之光刺破了自然蒙蔽着它的阴霾时,卢梭就已告诉人们,科学、文学和艺术的发展,不过是把"花冠点缀在束缚着人们的枷锁之上",将会"窒息人们的那种天生的自由情操"。当然,今天的罗马俱乐部是以周密的论证来说明问题的,当年的卢梭却是以对人性和人类文化史的思考和感触来提出问题的,两者警告的角度也不一样。罗马俱乐部是对人类生活的忧虑,而卢梭则是对人的本性的焦灼。由此看来,卢梭的"反观自我",是超时代的,并且似乎将继续超越时空。这也正是卢梭写作的目的之一。

---

① 罗素:《西方哲学史》(下卷),第224页。

他在讥讽了许多受到时代、国度及社会的见解束缚,对现存的一切狂热信仰的人以后,说:"要想超越自己的时代,就绝不能为这样的读者写作。"

从这个意义上去看卢梭,我们也许会对他否定中国文化的轻蔑态度更多一些理解。

卢梭是在《论科学与艺术》这部著作中谈到中国文化的,这部著作是他的成名作,虽然他自称是他所有著作中"不足道的一篇",但人们还是认为,这部著作奠定了他的一切,不仅是地位,而且是他的基本思想。

卢梭在猛烈地攻击了当时"欧洲式的风俗观念"之后,开始让他的论据越过时间和空间,从而把自己的论点进一步提升到对人类文化总体性的批评上来。他列举了埃及、希腊、罗马之后,把笔锋移向中国,他写道:"然而我们为什么要向远古的时代寻求真理的证据呢?我们眼前不就有这一真理的充分证据吗?在亚洲就有一个广阔无垠的国家,在那里文艺之为人尊崇摆在国家尊荣的第一位。如果科学可以敦风化俗,如果它们能教导人们为祖国流血,如果它们能鼓舞人们长勇气,那么中国人民就应该是聪明的、自由的,而且是不可征服的。然而,如果没有一种邪恶未曾统治过他们,如果没有一种罪行他们不曾熟悉,如果无论大臣们的见识或者法律所号称的睿智,或者那个广大帝国的众多居民,都不能保障他们免于愚昧而粗野的鞑靼人的羁轭的话,那么他们的那些文人学士又有什么用呢?他们所堆砌的那些荣誉又能得出什么结果呢?结果不就是住满了奴隶和为非作歹的人吗?"后来的人们,特别是那些热爱中国文化的中外学者,都众口一词地指责卢梭看低了中国文化。但这是射偏了靶子,因为卢梭并不仅仅否定了中国文化,他的矛头指向了古往今来的所有人类文化,他只赞赏了波斯人、塞种人、日耳曼人,他把斯巴达人看作"永远是空洞理论的一种羞辱",以致在18世纪的法国造成了"厚斯巴达薄雅典"的风气。而且卢梭的这种否定并不是对包括中国在内的人类文化的低估,恰恰是对人类文化发达的一种否定。除非与卢梭在文化的价值和功能问题上进行辩论,其他一切出自民族自尊和感情的意见都是无谓的。

卢梭在 1755 年为《百科全书》作政治经济学条文时又提到过好些关于中国的材料,这说明他并不缺乏关于中国的知识。不过,他的结论仍然未有改变。后人还研究过卢梭思想中受到中国文化影响的成分,如卢梭热爱自然的思想与中国的老子学说、卢梭重视农业的思想与中国的农耕传统、卢梭的"自然状态"中的人性思想与中国孟子的性善说等。

二、伏尔泰对中国文化的赞美

伏尔泰(1694—1778 年),是法国启蒙运动的领袖人物。伏尔泰的思想是锐利的,他两度被关进巴士底狱,两度亡命国外。恩格斯介绍 18 世纪法国思想家和战士时所说的一段话里就有他的影子,那段话是这样的:"法国人同一切官方科学,同教会,常常也同国家进行公开的斗争;他们的著作要拿到国外,拿到荷兰或英国去印刷,而他们本人则随时准备着进巴士底狱。"[①]伏尔泰的才能是罕见的,他集诗人、剧作家、小说家、历史学家、哲学家和自然科学家于一身,为后人留下了 97 册之多的"全集",在近代欧洲启蒙运动中享有很高的威望。歌德在晚年向别人回忆道:"你很难体会在我幼年时,伏尔泰及其他名家的重要,那时他简直控制了我的精神生活。"[②]然而,以伏尔泰这样的思想和才能,却长时期为中国文化所倾倒,实在是一件值得玩味的事。

[①] 《马克思恩格斯选集》(第 4 卷),第 210 页。
[②] 宗白华等:《歌德研究》,中华书局 1936 年版,第 246 页。

人们通常把伏尔泰对中国文化的赞赏看作中学西渐史上的一段佳话,而认为孟德斯鸠、卢梭的中国文化观缺乏宽容。其实,在我们看来,伏尔泰对中国文化的赞美和孟德斯鸠、卢梭对中国文化的批评、否定,都是在启蒙运动中对外来文化的一种借鉴和利用,都是服务于、有利于他们各自思想体系的建立的,对待这种文化交流史上常见的郢书燕说的现象,心理上不能过于狭隘了。

当然,伏尔泰是近代欧洲对中国知识了解最多的思想家之一。伏尔泰对中国文化的了解、介绍、评述几乎终其一生。他10岁进耶稣会教士办的路易学院,在那里得到了关于中国最初的知识,当时教士们以钦慕的口吻大谈中国官吏和宗教,同时鄙夷佛教徒的迷信,伏尔泰则从中收集到了不少材料。可以说,对于中国文化的认识,耶稣会士是伏尔泰的启蒙者。但后来,伏尔泰及其领导的启蒙运动却成了对天主教,特别是耶稣会教派最猛烈的攻击者,这正是思想文化传播史上历史和逻辑的力量的生动体现。此后,伏尔泰经常在他的各种作品中谈到中国。据说,他首次提到中国是在他的《哲学通信》(1734年)中,在那里,已经定下了他日后中国政治观和中国宗教观的基础:对中国家庭式的政制和皇帝的推崇,对中国的自然宗教以及在宗教问题上的宽容精神的赞赏。连小小的种痘,他也援引中国的范例,而且大加赞词:"我听说一百年来中国一直就有这种习惯,这是被认为全世界最聪明最礼貌的一个民族的伟大先例和榜样。"在《哲学词典》"光荣"条文中,他宣称"世界的历史始于中国",表达了他的中国历史观。以后,他作《诸民族风俗论》,系统地阐述中国的历史、法律、宗教、道德、科学、哲学和风俗等问题,还特别地介绍了孔子其人其说。1753—1755年,伏尔泰将法籍耶稣会士马若瑟翻译、由杜赫尔德在《中华帝国全志》中发表过的中国元曲《赵氏孤儿》重新改编,取名《中国孤儿》,以全新的面貌(几乎是再创作)于1755年8月在巴黎法兰西剧院公演,不仅把欧洲盛极一时的"中国趣味"推向新的高潮,而且广泛地传递了伏尔泰对中国道德和文明的看法。在该剧初版卷首,附刊了那封著名的写给卢梭的信,反驳卢梭关于人类文明和道德关系的看法,还特意针锋相对地编了一个被征服的文明的中国人却以道德力量感化战胜野蛮的征服者的故事。卢梭看到了这一点,也在答书中反唇相讥。1760年以后,伏尔泰兴趣有所转移,而且对中国的热情也有所降温,他甚至说出了这样的话:"人们因教士及哲学家的宣扬,只看见了中国美妙的一面,若人仔细地查明真相,就会大打折扣了,著名的安逊爵士(Lord Anson)首先指出我们过分将中国美化,孟德斯鸠甚至在教士的著作中发现中国政府野蛮的恶习,那些如此被赞美过的事,现在看来是如此不值得,人们应该结束对这民族智慧及贤明的过分偏见。"不过,伏尔泰并没有180度大转弯。1770年后,他在生命的最后一段时期,多次向普鲁士腓特烈大帝介绍中国。当然,没有引起重视。因为腓特烈和伏尔泰发生了争执,而且,腓特烈看到了伏尔泰的真正用意。他对人说:"你没有看见斐尼主教(指伏尔泰)是在仿效塔西佗的先例吗?这位罗马的历史家,为了鼓励国人的品德,乃举出我们的日耳曼祖先的忠诚和克己,作为一种模范,其实他们显然不值得我们所效法。"伏尔泰以同样的方式,向他境外的朋友不厌其烦地说:"只有学习中国人的善行和像他们那样提高农业,你将能看到你们的波尔多的荒地与你们的香槟,将由你双手的劳动而成为沃土和得到丰饶的收益。鉴于在中华帝国的整个广大境土内只通行一种法律,你,我的国人,你不想在你的小国里仿效他们吗?"①从这话中,我们看到伏尔泰对中国的兴趣仍在,不过注意的重心有所转变。而在他早些时候的阐述中国文

---

① 转引自利奇温:《十八世纪中国与欧洲文化的接触》。

化观的作品《风俗论》和《中国孤儿》里,他主要表达的是一种道德化的理性宗教。何为道德化的理性宗教?人们知道,伏尔泰对教会的抨击是不遗余力的,他指出,天主教正是建立在"最下流的无赖编造出来的最卑鄙的谎言"的基础上的,所谓"十二个人建立的基督教",只需一个人就能够毁灭它,一部基督教的历史恰是一部残暴的血腥史,人类为此损失了1700余万生灵。不仅如此,宗教裁判所还夺走了人们的思想,扼杀了人的理性。所以,伏尔泰痛斥之为"文明的恶棍"、理性的大敌。但是,伏尔泰却又明明宣称:"即使上帝是没有的,也必须捏造一个。"这是怎么回事呢?原来伏尔泰要倡导的是一种道德化的理性宗教。他是这样来区分他的理性宗教和基督教神学的,他说:"道德是来自神的,到处是一律的,神学是来自人的,所以到处不同而且可笑。"这一见解不能说是高明的,但至少表明了伏尔泰反对神学、赞成自然神论的立场。同时,也透露了他提倡的道德化的理性宗教的基本要点。1.道德化的理性宗教"到处是一律"的,它是一种人类共有的跨越时空的人类理性的产物;2.这种人类理性的产物的主要体现是人类道德;3.这种人类道德是天赋的、神授的,所以,它不是与无神论相连,而是与有神论相通,当然此"神"非那"神",与基督教神学并不相同。①伏尔泰的这一思想,最典型地体现在他的中国文化观里。

根据要点1,伏尔泰承认,他所提倡的"有神论"是根据现在需要而复兴人类古代文化的,不过他不是复兴西方文化传统,而是复兴中国文化传统,特别是孔子创立的儒学。因为中国文化是《圣经》以前的文化,是《圣经》以外的文化,这正合伏尔泰反对

---

① 请注意,伏尔泰经常正面使用的"宗教"一词,不能与我们习惯的用法并论,所以,伏尔泰不同意把"孔子的学说"称为"孔教",他特地说明过:"如我们将孔教与西方之宗教相比较,那我们承认孔教为宗教就错了。"本书后面提到伏尔泰的宗教观,读者也应注意这一区别。

基督教神学的立场。在伏尔泰看来,他的有神论不是一种想象的宗教,这是一种包括全人类的宗教,这种宗教连接一切教会,使之成为真正普遍的教育,其实质是人道主义。而中国数千年上流阶级中的宗教正是这种真正的有神教。为此,伏尔泰一再说出这样的话:"中国的宗教是多么古老","应将中国置于所有民族之上","我们不能像中国人一样,这真是大不幸!……"也由于此,伏尔泰反对欧洲对于中国的传教行为。他认为中国人早已信奉最单纯的宗教——儒教,欧洲基督教却一再分裂,无法统一,所以,向中国学习都来不及,根本没有资格到中国去传教。在《风俗论》中,伏尔泰追溯了基督教东传的历史,认为"基督教早就传入中国"的说法是一种可笑的臆想,景教碑也不能证明这种说法。他还认为欧洲教徒的这种传教热情,是一种"特殊病态"。当欧洲的王公们知道了这些之后,应该"既羡而愧,但首先应该效法"。故此,他主张应由哲学家来写历史,教士不行,王族与商人也不行。对此,他有一段著名的话:"在所有对东方的发现中,欧洲的王族和商人们仅仅追求财富,而哲学家则在那里发现了新的精神和物质的世界。"

当然,伏尔泰也并不认为中国一切精神现象都是优越的。他首先像当年英国的政论家坦普尔那样,区分了中国上流阶级和下层百姓的宗教。他指出,中国是实行信仰自由的,所以各种宗教乃至迷信都传了过来,但那些都只是下层社会的"细民"在信仰着,这些人鄙野、斤斤计较、相信迷信等,与欧洲的平民并无二致。其次,伏尔泰也评述了儒教以外的中国的宗教,如他谈到了老子,说:"在孔子创立儒教前几十年,老子创立了一个信奉鬼怪、神力和幻觉的教派。这个教派与古希腊的伊壁鸠鲁派相似,产生于公元前五百年。它在中国为一些人所信奉,也遭到了一些人的反对。""老子创立的教派就已经相当广泛地把迷信传播于人民。"谈到佛教,伏尔泰指出:"到了公元一世纪时,外来的佛教席卷了整个中国。"但他认为:"这种宗教显得十分滑稽可笑,而人们对'佛'的礼拜仪式又实在过于虔诚了。"此外,伏尔泰也专门谈到了西藏佛教。伏尔泰在这时明显地暴露了他对普通百姓的轻视,他说:"贱民是不配笃信一种具有理性的宗教的。"在这里,他的阶级意识也是跨越时空的,可惜,却阻碍了他的理性之光的彻底普照。

根据要点2,伏尔泰非常突出了他对于道德的重视,为此,他特地说明:"如我们将孔教与西方的宗教相比较,那我们承认孔教为宗教就错了。"有时,他甚至宁可不用宗教一词,也要突出他对道德的强调。如他还曾表示,不赞成把"孔子的学说称为孔教"。他还说过:"按照道德规范行事,并非一定要信仰什么宗教不可。"在这时,他还是举出中国人的例子。不过,他从根本上还是主张一种道德化的理性宗教的,他以欣赏的口吻写道:"聪明的中国政府认为,相信上天或有形体的神是以往的迷信造成的错误,而根本不去相信任何神的存在,又将在百姓中造成道德上的可怕的、无可挽回的灾难。"从这段话,人们不禁会联想到伏尔泰另一段为人们所熟悉的话,他曾表示,为统治人民,必须保留宗教,即使"你管理一个村庄,也必须有一种宗教"。可见,伏尔泰要保留宗教主要还是出自政治方面的考虑,中国仍然被奉为圭臬。伏尔泰曾说过,中国人具有完备的道德学,它居于各科学问的首位。

这种道德与政治结合,即为中国式的德治主义。伏尔泰甚至为中国家长式统治唱赞歌,他说:"我们对于中国人的优点,即使不至五体投地,但最少可以承认他们帝国的组织是世界上前所未见的最好的,而且是唯一建立于父权宗法之上的。"显然,这与孟德斯鸠的观点截然相反。所以,伏尔泰特地举出中国的谏议制度,以否定中国为专制主义的说法。他认为,中国人民对于政府的顺从,恰是一种美德,因为,这种顺从出自皇帝或官厅关心民意、体恤下情的敬意。伏尔泰甚至感叹:"人类智慧不能想出比中国政治还要优良的组织。"这种过于夸大的溢美之词,不过是伏尔泰的开明君主专制的政治主张的一个注脚,很快为法国启蒙思想的迅猛发展所淘汰,当伏尔泰后来转向英国式的君主立宪制时,中国的家长式德治主义也就失去了吸引力,回到了它应有的历史地位上去。

伏尔泰所谓的中国道德与法律结合,即成了公正与仁爱的典范。伏尔泰还是表露了他在西方文化氛围下形成的思维定向,他把这种道德与法律的结合,归入西方法律思想史上经常出现的自然法的范畴。日本学者小林市太郎和我国学者朱谦之先生都专门分析过伏尔泰在1752年写成的《自然法赋》一书,通过比较研究,确认其中许多论点和论证方法都是中国宋儒理学的翻版,所以他作《自然法赋》,"目的是在于从一切启示宗教乃至最高存在性质的一切议论里独立出来,确立了普遍的道德之存在"①。但伏尔泰恰恰忽视了西方自然法中的道德力量与中国传统的道德约束的根本不同。前者是以人民的参与式的政治正义论为基础,而后者则是服从型的家族化道德。在这个意义上看问题,中国传统文化中是最缺乏自然法思想的。孟德斯鸠正好在这一点上指出了中国政制和道德混淆的弊病,而伏尔泰对同样事实得出的结论却完全相反。这也难怪,因为,伏尔泰当时正好也欣赏中国的家长式政制。

伏尔泰赞赏中国的道德与人心、人生相结合的主张,于是,便大力宣传中国儒家文化传统中的种种人的理论和行为规范,这与孟子的性善说一致。伏尔泰在《自然法赋》中用了一个中国读书人颇为熟悉的比喻来说明这一点。他说:清冷之泉因风而波起,水变得浑浊了,但一旦风平波息,那么人人都可以在水中

---

① 朱谦之:《中国哲学对于欧洲的影响》,第291页。

看到自己的面貌,即使坏人也不例外。伏尔泰还赞美孔子"己所不欲,勿施于人"的说教,认为这就像古罗马斯多葛派哲学家爱比克泰德(Epiktêtos,约公元66—?)的道德观一样纯正、严肃和人道。伏尔泰还针对西方教会中各派势力的倾轧,特别渲染中国的"宽容"精神,以为中国各式宗教的并存不悖便是明证。同时,伏尔泰还盛赞中国史学、教育、物质文明乃至风俗习惯,并尽量把这些也纳入道德的轨道。"情人眼里出西施",他甚至连中国的一夫多妻制也谅解并且理解了,觉得总比西方的通奸要好些。伏尔泰对中国关于人的理论和中国人的行为实践的宣扬,从总体上是合于当时西方流行的"宽容的亚洲人"的说法的,而且无疑地起了极大的推动作用。这种作用最集中地反映在他改作《中国孤儿》一剧和极力吹捧孔子两件事上。

伏尔泰的《中国孤儿》是传教士马若瑟翻译的中国元曲《赵氏孤儿》(纪君祥,或纪天祥原著)的法文改制本。这种改作,在《赵氏孤儿》的西传历史上既不是第一次,更不是唯一的一次。但伏尔泰的本子,不仅由于改制者的巨大声名,更由于改作本的思想性,而在18世纪欧洲文坛、剧坛和思想界留下重大影响。伏尔泰对此剧的改编是完全服从于他的中国文化观,服务于他向西方宣扬中国道德生活的目的的。除了在艺术上,他把《赵氏孤儿》改编成更合于经典的西方戏剧理论,如合于"三一律"、取消影响对白感染力的曲文等。在思想上,他着力宣扬中国式道德在各种境遇、意志、夫妻、君臣、父子、母子以及人民之间和各种冲突下的力量,他特别把原著根据《史记》所记发生在古代的中国的故事搬到明清之际的外族入主中华的背景下,而且把在西方人心目中最能代表落后民族的征服者的成吉思汗拉到这个时代,充任重要角色,以此回击卢梭认为由于为落后的外族所征服,中国文化——人类文化都是——无意义的观点。在该剧的尾声处,他让成吉思汗对女主角慧达梅(Idame)说了一通赞美话,这段话是这样的："你把大宋朝的法律、风俗、正义和真理都在你一个人身上完全表现出来了。你可以把这些宝贵的教训宣讲给我的人民听,现在打了败仗的人民来统治打胜仗的君王了。忠勇双全的人是值得人类尊敬的,我要以身作则,从今起我要改用你们的法律。"

如果说在《中国孤儿》中,伏尔泰主要重在宣扬中国道德与政制、法律的结合,那么伏尔泰对孔子的礼赞,则重在宣扬中国道德与人生、人心的结合。在伏尔泰那里,所谓中国文化的优越和美好,都可以活生生地实体化,这就是孔子的思想和言行。所以,他在《中国孤儿》剧名下又加了一个副题"五幕孔子的伦理"。伏尔泰几乎随处随时要想提提孔子,甚至在他的小礼拜堂中,也供了孔子的画像。这种对孔子的虔敬,惹得后人议论纷纷,有的为此大惑不解:在伏尔泰批判一切的理性法庭中,何以独尊孔子?有的甚至称伏尔泰为欧洲的孔夫子(如日本的福泽谕吉)。其实,伏尔泰对孔子的作用认识还是清醒的,在《礼俗论》的前言中,他有一段专门介绍孔子的文字,说得就比较平静、朴质。他指出:"中国的孔夫子,也就是我们所说的孔子,并没有提出新的主张,也没有发明新的宗教仪式;他不具备先觉的天赋,也不是什么预言家,而只不过是一个贤明的、传授旧的一套说教的官吏……孔子所说的一切,只是向大家推崇美德,他没有在人们中间散布任何神秘的东西……孔子生前有弟子五千余人,以他为首的儒家是有相当势力的。孔子以为对老百姓实行德治比实行法治更重要。"很明显,孔子在这里没有被神化,但却成了中国文化,特别是道德化的理性的人格化的代表。孔子已不是一个单一的个人,而是中国文化、中国曾经有过的那段历史、中国人民沉淀下来的心态的一个象征。这就涉及伏尔泰倡导下的道德化的理性宗教的第三个要点:人类的道德是天赋的、神授的。

根据要点3,伏尔泰用了不少精力去反驳中国儒家为无神论的说法。这种说法在西方各色人等中相当流行:马勒伯朗士以中国儒家无神论来反对中国文化和对中国文化的赞美论;培尔以中国儒家为无神论来反驳任何宗教和有神论;此外,一些反对培尔的人同时又承认儒家为无神论,一些反对耶稣会士的人也由于中国政府优待了教士而认为中国政府是不信神的。伏尔泰认为这些说法都是错误的。首先这些说法是对中国的无知,他举出一系列的事例来证明在中国政府中,在中国儒家中,人们是承认"天"的概念的,而这个"天"正是神的异称;其次这些说法难以自圆其说,很难在反对培尔和承认儒家为无神论之间一致起来,因为正是以儒家为主导的中国文化辉煌地存在了数千年。在我们看来,伏尔泰的这些驳斥并不是很有力的,我们知道,对"天"的释义,是在利玛窦的时代就开始了,并且一向很有分歧,而培尔的反对者,只需也同时否认中国文化的优越就可以避免自相矛盾了,这种情况并不罕见。有意思的倒在于伏尔泰正面借中国文化来论述有神论的思想和逻辑。前面已说到,伏尔泰所谓的"宗教"并非西方一般意义上的"宗教",而且主要是为他的政治主张而创设的;这样,伏尔泰的"有神论"也非西方一般意义上的"神",它主要是与道德化的理性连接在一起的。伏尔泰曾称许孔子不语怪与神,儒教的教义没有那些无稽的寓言,就是这个缘故。伏尔泰甚至还认为相信唯物主义和对孔子的崇拜可以并行不悖。也正因这个缘故,在伏尔泰看来,在人们对什么是物质之类的哲学问题上思考清楚之前,"能够崇拜一个大家都不致怀疑的超人,就实在够知足了"。在中国,这个超人就是孔子;"但是,人们对孔子的信仰不同于对神的膜拜。人们之所以尊敬他,是因为他在上天的启示下,为人类创造了最崇高的思想"。这里伏尔泰所说的"上天的启示"又是易于令人误解的。其实,这不过是作为一个自然神论者的普遍说法而已(当然也正是自然神论的不彻底性之所在)。伏尔泰这样追溯诸神的起源,他指出:"古代诸神起先都只是人群中的圣贤有为之士。他们受到了同类的崇拜之后便变成了神。这种事例看来似乎有些荒唐,但在至时却是普遍存在的。在古希腊有些人被谴责为无神论者,其原因只是他们不同于一般人那样肯膜拜活着的神人,而把不可知的、看不见的、摸不着的大自然当作真正的神来崇拜。"这段话不无精彩之处。可是,伏尔泰也不愿把孔子就说成是中国有神论所崇拜的神,而只是道德化的理性的实体化,要是人们追问这道德化的理性,或孔子的思想是从哪里来的,伏尔泰就要请出"神"了。尽管他一再声明不同于一般的"神",一再透露是一种为政治的"宗教",但其神秘和荒诞色彩终究难以拂去。至于,中国的儒学或占统治地位的中国思想是不是有神论?那又是另一个问题了,不必与别有一番苦心的西方思想家们去仔细计较(也许与国外的中国学家们讨论比较合适)。

三、狄德罗对中国文化的分析

德尼·狄德罗(Denis Diderot,1713—1784年)曾经不无感叹地这样写道:"多少作家只是在他故去后很久才获得他们应得的声誉。这几乎是所有天才的命运:他们不为他们的时代所理解。"狄德罗的话多少有点自嘲的味道,他似乎预见到了他自己的命运,因为,尽管他以《哲学思想录》(1746年)、《供明眼人参考的谈盲人的信》(1749年)、《对自然的解释》(1754年)、《拉摩的侄儿》(1762年)、《达朗贝与狄德罗的谈话》(1769年)、《达朗贝的梦》(1769年)、《关于物质和运动的哲学原理》(1770年),特别是以主持编纂《百科全书》(全称《科学、艺术和工艺详解辞典》)等一系列著作而闻名于他那个时代,但也正是这部《百科全书》,使他看到了世态炎凉,体会到了作为一个战斗的思想家在被传统包围了的社会面前,步履是多么艰难。一位传记作家这样形容狄德罗的一生:"经历过一次奇遇,那就是《百科全书》,但是,历来文人学士所能遭遇的极真实而又极可怕的危险中最为美妙者当以此为甚。"① 1750 年刚从法国统治者的监狱获释的狄德罗忍着失去两个孩子的巨大悲痛,立即联合起一批法国最著名的学者和思想家,着手主编《百科全书》,1751 年第一卷终于出版了。但这部多达 35 卷的巨著的编纂出版过程始终遍布荆棘:1752 年 1 月被中止发行;1759 年被吊销许可证(出版特权);1759 年又在罗马被取缔;1765 年教士代表大会明令取缔;大部分卷数秘密或半秘密出版;书籍出版商勒伯赫东被投入巴士底狱;等等。这还不包括整个组织编写过程中发生许多危机,如:另一主编达朗贝的动摇;与曾是最亲密的朋友卢梭的决裂等。天才不易被同代人理解的原因是多方面的,常常由于他的思想超越了时代,超越了同代人的水准。不过,对于狄德罗来说,他身后的遭遇,多半还是由于他对宗教、对现实的巨大冲击力,以致到了 1913 年 7 月 22 日法国议会在有关庆祝狄德罗诞辰 200 周年的法案条款进行辩论时,还有人大嚷:"你们的狄德罗没有什么了不起!"狄德罗曾是法国资产阶级的代言人,而此时,资产阶级议员又来反对他,这一事实恰恰说明狄德罗的思想具有超乎阶级意识之上的力量。一位天主教徒在评论法国议会的这一争论时说得对,他认为:人们攻击这位哲学家,正因为他把《百科全书》编成矗立在圣书面前的人书、天启圣经面前的理性圣经、宗教面前的哲学。人们误解或曲解天才的又一个原因常常在于文化上的隔膜和错位,这种隔膜和错位或者是由于文化传播的不充分,或者是由于民族文化、传统文化的有色镜的作用。狄德罗之于中国,就有这么一个过程。中国人知道狄德罗始于 20 世

---

① 安德烈·比利:《狄德罗传》,商务印书馆 1984 年版,第 1 页。

纪初。30年代，人们把狄德罗的《百科全书》与纪昀的《四库全书》并提。这种做法，一般是出自可以理解但并无益处的民族自尊心理。这种类比实在太多了，仅狄德罗前后的那个时期就有汤显祖与莎士比亚之比，徐光启与培根并提，《鲁滨孙漂流记》与《镜花缘》同论，等等。我们认为，这些都可以做比较研究，但又都不可以相提并论。如果仅仅在编纂了一部大型的、前无古人的工具书这个意义上，认为狄德罗与纪昀的功绩相似，当然有几分合理，但这未免过于表面、过于浅显、过于形式化了。一般说来，辞书总是返身向后总结知识的，但《百科全书》不完全是甚至不主要是如此，它是批判性(批判了宗教和现实社会)的，它是建设性(建设了诸多新的学科)的，它更是超越性的。正如法国共产党著名理论家亨利·列斐伏尔(Henri Lefebvre, 1901—1991年)所说："狄德罗常常超越他的时代，这就是他的'现代性'。"①看了狄德罗为《百科全书》撰写的对"中国"和"中国哲学"的条文，我们也许会对狄德罗及《百科全书》的这种超越性更多一些感受。

　　狄德罗采取了对中国文化和传统进行辩证分析的态度，在他之前和他的许多同代人中，往往因缺乏这种态度而对中国某一文化现象取一边倒的肯定或否定的态度。比如莱布尼茨对中国《易经》所示的"八卦"，除惊叹就是赞美，毫无当年与牛顿争微积分发明权的形象。但狄德罗对这件事的评论就合理得多，他指出："《易经》是用一些整线和中断线(指先天八卦的爻，即阳爻"—"，阴爻"- -")组成的书，这些线经过组合，构成六十四种不同的图形。中国人曾经把这些图形看作是一部用图示法加以说明的自然、自然象因和占卜秘诀史以及不计其数的其他宝贵知识

---

① 亨利·列斐伏尔：《狄德罗的思想和著作》，商务印书馆1985年版，第219页。

史。直到莱布尼茨,这个谜解开了,他向理智如此深邃的中国指出:伏羲使用的两种线符,其实就是二进制的基本要素。我们绝不应该为此而更加看不起中国人,须知,一个智力非凡的民族已经做到了用整世纪整世纪的时间,对只能到莱布尼茨才能发现的奥秘进行了毫无结果但又毫不气馁的探索。"此外,狄德罗对中国历史和文化,对中国智慧和东方精神,等等,也以辩证分析的态度做了评述。狄德罗对中国历史是否真有那么古老颇感怀疑,因为与《圣经》所记的年代差了好几个世纪。当然对唯物论者的狄德罗来说,这不是主要的,可以"二者弃其一"。但中国关于伏羲之母因彩虹而怀孕等诸如此类的神奇传说,使狄德罗感到"几乎难以相信确实有过这个时代","不过毕竟不能否认,中华帝国出现的年代与大洪水的年代是非常近的"。所以,狄德罗对中国的古老表示敬意,认为这是一个"举世公认"的优点,但他并不只唱赞歌,他说"如果承认中国人的历史很悠久,那么愈悠久则愈应该向他们提出批评,因为他们的语言文字是不完善的:一群如此富有才智的人,不是增加自己语言中的词量,而是无限地增多口音;不是把方块字中的一小部分组合起来,而是无限地增多方块字的数量;这令人不可思议",并由中国文字的弊病,生发到其他文化现象,如辩术、诗歌、戏剧。维柯把中国文字与历史进程联系起来,莱布尼茨把中国文字与思维语言联系起来,孟德斯鸠把中国文字与专制政治联系起来,而狄德罗则把中国文字与中国历史、中国文化联系起来,各有千秋。其中狄德罗的分析整体感和综合性更强些,当然仍然是过于简单了。狄德罗毫不怀疑中国人的智慧,他一再说中国人"智力发达""富有才智",创造出了很多相当精美的织品和瓷器,但这种智慧未能结出应有的丰硕之果。他还以织品和瓷器为例:"如果说他们的材料实属上等细料,那么他们的风格和造型却实在不登大雅……他们的颜料很鲜艳,但画出的画却很不中看。"原因何在?狄德罗认为是在于缺乏如当年欧洲那样的天才,这些天才是出类拔萃的,加上中国人固有的智慧,就必定会冲破一切羁绊,任什么也禁锢不了。然而,中国却无缘幸会这样的人物。狄德罗分析,主要在于"东方精神"的束缚。在他看来,东方精神趋于安宁、怠惰,只囿于最切身的利益,认定成俗之后不敢逾越,对于事物缺乏热烈的渴求。中国在这种东方精神笼罩下,沿袭的惯例更僵化,采用的国策更划一,制定的法律更少变化。而这一切恰恰都与科学与艺术发展所需要的革故鼎新、求索不已、永不满足的精神格格不入。在这种情况下,天才不是产生不了,就是被夭折了。所以,狄德罗直言不讳:"我们比较符合这些要求,因此出现如下情况并不奇怪!虽然中国人的历史最悠久,可我们却远远走在了他们的前面。"狄德罗没有进一步探寻"东方精神"的原因,但他指出了精神状态在人类发展中的极端重要性,这在我们看来,至今仍十分深刻。由于多年对文化知识的菲薄,前些年人们特别推崇"知识就是力量"的名言,近年又有人提出要开发智慧、启迪心智,所以又提倡"智慧比知识更有力量"。狄德罗却告诉我们,精神比智慧还重要。一个精神状态(心态、性格、气质等的组合)萎琐的人,可以是一个知识者、一个聪明人,但决不会是一个出类拔萃的天才。

狄德罗勾勒了中国哲学发展史。这可以说是他的首创。因为前人评述过中国哲学,进行过比较哲学的研究,但没有为中国哲学发展史描画一条线索的。即便在中国,被公认为中国第一部有系统的学术史著作的《明儒学案》,也还诞生不到一个世纪。黄宗羲的著作是当代人写当代人,而且叙述得具体入微,狄德罗关于中国哲学史的粗线条勾勒不能与之相比,我们也无意于这种类比,只不过想说明,狄德罗在18世纪中叶就把自《易经》到明末清初的中国哲学以自己的理解方式梳理了一遍,确实不同寻常。在对中国哲学的认识上,无疑同时为后来研究和表述中国文化观的两类最重要的人物——思想家和中国学家,开辟了一条路径。狄德罗把中国哲学划为三大阶段:古代哲学、中世纪哲学、现代哲学。

古代哲学中,狄德罗又分出三大时代:王公贤哲们统治的第一时代,即"五经"(《尚书》《诗经》《易经》《春秋》《礼记》)的时代。狄德罗分别提示了这几本著作的主要内容,特别对《易经》做了较多的介绍,比如他谈到了其中包含的探寻人类思维奥秘的努力和莱布尼茨发明二进制的关系。他指出:在中国看来,"五经"是一套最神圣、最权威、最可信而且备受尊崇的文采横溢的巨著;但又毕竟是初创性的,并不是至善至美的,如同伏羲将自己的哲理观传给了后人,后人则尽力使这些开创性的东西完善起来。"五经"也不例外,"它也没有逃避得了各种评论"。狄德罗认为,"四书"(《大学》《中庸》《论语》《孟子》)就是这类关于"五经"的评论中最重要的文集。第二时代是从老子至孟子的各领风骚的哲人时代。狄德罗指出:在老子之前中国的哲学是道德性的,但老子却使之成了玄学性的东西,这就开创了中国哲学各种学派林立纷争的局面。对于孔子,狄德罗与别的西方思想家大体一致,给予了明显高于别人的评论。他认为孔子更为潜心研究的是人和风俗,而不是自然及起因。孔子哲学是承上启下的正统的中国哲学,孔子"极其重视中国早期历代统治者的哲学",孔子的哲学又成为中国人长期信奉的主流派哲学——实用哲学。狄德罗还专门介绍了孔子35条"道德警句",并总括说:"我看到了,孔夫子的道德观比他的超验哲学和经验哲学高明得多。"这一结论,也大体可看作狄德罗的中国哲学的优劣观。狄德罗简单地提了孟子,肯定了孟子的机敏和雄辩,又指出了孟子在维护风化、心地纯正、言辞恭谨诸方面不及孔夫子的名声。这第二个时代是被秦始皇"几乎灭绝了文学和哲学"的焚书坑儒政策断送的。第三个时代,狄德罗首先谈到了《史记·儒林列传》

中关于伏生壁藏孔孟之书,至汉朝安定时,才从中抽得一本残缺不全的书,以此使孔子学说受重视并流传开去的故事。我们知道关于秦火之后,孔孟经书的流传说法颇多,从此还衍生了中国经学史上极其重要的"古文经学"与"今文经学"之争,这些狄德罗当然不会知道得很多;但他认定,正是秦火之后,汉代的"重修文典",才是第三个时代开始的划时代的标志。对这一时代,狄德罗评价甚低,他讲到了佛教传入中国,"与之同时而至的是偶像崇拜狂热、无神论以及各种各样的迷信"。他又提到了佛教之后的寂静主义教派,"他们的哲学惰性得到的最高报答也是这种精神的解体"。他还提到了范缜学派,称其为无视恶行、德行、禀赋,不道德的著名的"伊壁鸠鲁主义者"。也许,狄德罗认为所谓"东方精神"与这一时期有关,所以他指出:"始皇帝的野蛮行径,曾使人民一度陷入愚昧之中;而新局面一出现,人们就捉摸不定了,搞不清彼时之愚昧是否比此时危害自己头脑的各种伪主义糟糕。"特别是寂静主义思潮"流行甚易","可这种情况是十分危险的,而且随着整个一国的人民被这些信念笼罩住头脑,问题就会更加严重起来"。

关于中世纪哲学阶段。狄德罗把它定为自周敦颐、程颢、程颐起至明清之际。狄德罗相当重视这一阶段,因为他觉得这一阶段中的中国哲人所奉行的原理,也是"今日中国文人的原理"。在颇具体的阐述中,狄德罗表达了如下一些看法:其一,这是一个以儒教为正统并兼容佛教和道教的时代,从宗教信仰角度,很难对它们各自做出判断,由于中国语言难懂和阐释者各自理解的区别,关于中国哲学是无神论还是自然神论、多神论、偶像崇拜论是难以断言的。狄德罗认为,莱布尼茨实在不必为此花费那么大的精力。当然狄德罗也有自己的看法,他从自己叙述的中国中世纪哲学的各种原理中认为"三个教派无非是迷信、偶像崇拜和多神论或无神论的不同组合体"。其二,中国中世纪的哲学主要探究：宇宙本原如何分射出普遍因和特殊因？这些因如何发生作用，后果如何？人与宇宙本原的关系如何？在其中的地位、行为、命运如何？这种哲学探索是借助于符号、象数、形象来表示的。狄德罗把中国人的科学分为两类：先因科学或曰"先天学"，主要研究形而上的最高原理；后因科学，主要研究形而下的对最高原理的具体运用。狄德罗分别列出了这两类科学的基本原理。其三，中国人对上述理论的抽象概括表达方式并不令人惊奇，因为他们已具有悠久的抽象思维传统。狄德罗举例说：斯宾诺莎使用了这种抽象的表达方式，却使自己的著作在漫长的岁月中令人难以读懂，"可是六七百年前的中国人却没有被难倒"。当然，狄德罗也看到这种高度抽象的语言造成的歧义。

关于现代的哲学阶段，狄德罗谈得很少，从他的叙述来看，他认为这一阶段的主要特征是西方文化对中国哲学的渗透和影响，而中国政府对此取了容纳态度。

狄德罗在中国文化观上所表现的超越性还体现在他试图从中国文化的角度看中国的努力。综前所述，自教士中国学之后，17—18世纪的西方思想家对中国文化的看法大多是采取为我所用的态度，即把中国的文化现象纳入自己的理论轨道，或者做例证，或者做比较，大体仍属于"从自己看对方"，即从西方看中国的国外中国观阶段。因为教士中国学毕竟只能算作国外中国学的起步，这门科学的真正建立要到19世纪。在这种情况下，狄德罗却已表现了试图从中国文化的角度看中国的倾向，当然值得赞赏。狄德罗的这种倾向主要反映在如下几个方面：首先，他开始对教士中国学进行总结，评论了一些传教士的活动和在西方出版的一些中国的哲学著作等。狄德罗的这种总结不知道是否对19世纪的西方中国学的正式诞生产生过影响，但至少他是在做这件推动中国学继续发展的工作。其次，鉴于对教士们翻译的中国作品出现了议论纷纷的情况,狄德罗提出了翻译的准确性问题和批评者的个人情绪的干扰问题;同时,他特别强调:"若想在各执一端的纷纭众说中判明谁是谁非,办法似乎只有一个,那就是先了解清楚中国人最富声望的著作究竟价值如何,进而对中国人的才能作出评价。"对外来文化,从来有一个如何选择的问题,狄德罗强调的是对方自认为最重要的东西;对此,人们不必赞同,但必须承认,狄德罗是在力图克服从自己看对方的主观随意性。最后,狄德罗的这种努力,还具体体现在他对一系列关于中国文化颇有争议的看法持慎重的态度。对于远古的伏羲时代,他表示"很难断定中国人当时究竟是偶像崇拜者、无神论者,还是自然神论者"。对于孔子,他认为:"很难确定孔夫子就是中国的苏格拉底或阿那克萨戈拉,这个问题要在对汉语有了深入了解后才能解决。"如前面已提到,他还批评了莱布尼茨不该为中国哲学中"理"与西方的"上帝"关系问题去花大气力。

除了前面已介绍过的孟德斯鸠、卢梭、伏尔泰外,与狄德罗同为启蒙运动重要人物的还有爱尔维修(Claude Adrien Helvetius, 1715—1771年)、霍尔巴赫(Paul Heinrich Dietrich, Baron von Holbach, 1723—1789年),他们也以为自己的思想和理想找到了像中国文化那样的例证而兴奋。由于他们两人,一个受《百科全书》的鼓舞,写出了《精神论》(爱尔维修,1758年)这样的被罗马教皇认为是"可怕的著作",另一位是18世纪法国思想界风行的各色"沙龙"中最出名的"霍尔巴赫沙龙"的主人(尽管他是来自德国的移民),而且又直接为《百科全书》撰写了近400个条目。所以,我们把他们和百科全书派的统帅狄德罗放在一起来介绍。

爱尔维修的主要贡献在于全面地提出了反封建专制和天主教会的社会政治伦理学说,他在《精神论》中也热烈地赞美了中国人的智慧和中国文化。晚年,爱尔维修写了另一名著《论人》,

由于怕遭到进一步的迫害，该著在他的身后才得以出版。在该著的一个注释中，爱尔维修借中国学者之口表述了他的宗教观，在那里他写道："中国的学者说过，毫无疑问，自然界中存在之物的某个强有力的未知本原，当人们把这个未知本原奉为神圣的时候，那么在这种情况下，神的产生只不过是把人的愚昧无知奉为神圣罢了。"但爱尔维修自有他软弱的一面（如他在《精神论》之后一度声明放弃自己的观点），随后他又表白"我不赞成中国学者的意见，尽管我和他们一样也承认神学即关于上帝或那不可捉摸的实体的神学，不是一种特殊的科学；至于神学究竟是什么，我也不知道"。

霍尔巴赫在同代人中第一次全面而系统地阐述了法国唯物主义哲学，他的《自然的体系》（1770年）一书被誉为18世纪"唯物主义的圣经"。1773年，他又出版了《社会的体系》。如果说前一部著作是推倒神学，宣扬理性，那么后一部著作就是克服人类的弱点，提倡政治和道德的结合。这部著作大量提到了中国，几乎把中国看作是他的理想国，公然宣称"欧洲政府非学中国不可"。例如他说："中国可算世界上所知唯一将政治的根本法与道德相结合的国家。"在中国，道德成为为人们提供一切合理规范唯一的宗教，道德科学也成为进身之阶，所以，法律也充满圣智，亦即充满理性和道德精神，教育也为此服务，君主则是这种精神的楷模，他称之为"德治"（ethocratie）。霍尔巴赫也看到中国伦理化道德的核心——孝道——在道德体系中的地位，指出孝道是"如同宗教一般"的。他的观察与孟德斯鸠相似，他的结论却是伏尔泰式的。

由上可见，爱尔维修和霍尔巴赫在人类历史和思想史中各有自己的地位和特色，但在中国文化观上，却没有很多特别之处，不过是加重当时以伏尔泰为主要代表的中国文化赞美的气氛，使人确信这种气氛在18世纪的法国有着最普遍的影响。

四、重农学派对中国文化的汲取

《百科全书》的另一位著名撰稿人是魁奈,不过由于他与杜尔哥(A.R.Turgot,1727—1781年)等人一起创建了西方经济思想史上著名的"重农学派",因而人们往往把他们与百科全书派做分别的考察。的确,同样作为18世纪法国大革命前奏的"重农学派"的思想,有其独特之处,他们以经济思想著称,以实证为手段,以实用为目的,他们的哲学观点是渗透其间的。这些也造成了他们的中国文化观的特殊点。

重农学派在经济理论中抛弃了重商主义以财富以及财富增殖来自流通交换过程的基本思想,而把创造财富和可能用作积累的剩余转移到生产领域。他们把分析的中心问题放到探求这种剩余和纯产品之上,这种纯产品不是抽象的社会财富的剩余(交换价值),而是有用的具体的物质财富。这一中心的确立,在于他们区分了生产劳动和非生产劳动,他们认为唯一真正的生产部门是农业,因为只有农业才能够完全忽略交换价值的问题,与重商主义划清界限。由此,产生了重农主义的一系列政策,以及在法国官方支持下的一系列经济改革(路易十五于1756年仿效中国皇帝亲耕一举是一个典型事例)。特别是产生了魁奈的《经济表》,这种以简化了的表格形式来说明纯产品的整个流通过程的尝试,一方面表明严密的科学方法开始用于对经济现象的研究,另一方面也反映了重农学派对某种社会结构做精细描述的政治哲学思想。尽管重农学派的经济思想很快为亚当·斯密等人的经济体系所取代,但亚当·斯密却是直接从魁奈的学生们那里汲取养分的,所以,马克思说:"魁奈第一个把政治经济学建立在它的真正的即资本主义的基础上。"①尽管重农学派的

---

① 《马克思恩格斯全集》(第34卷),人民出版社1972年版,第343页。

经济改革也很快归于失败,但这一改革却使法国思想启蒙风暴开始变成有形的革命实践。恩格斯曾认为空想社会主义的王国与启蒙学者的王国是有天壤之别的。①这固然是由于前者比后者更激进,但也说明后者比前者更现实。

一位英国学者认为"重农主义者的政治哲学确系他们的经济思想的逻辑发展"②,是把某些特定的政治目标的理性化。这里,涉及政治目标、经济思想和哲学思想三个方面,恰好都与他们对中国文化的看法有关。

魁奈在1736年巴黎出版的《中国的专制政体》一书中,首先把他们的政治目标与中国的政治法律体制联系在一起。正如利奇温指出的:"魁奈与启蒙时代的一般哲学见解有相同处,即认为国家的目的在于谋人民的'和平及幸福'。在中国,这样的政府几千年来为人民谋'和平及幸福'的事实,曾激发了伏尔泰和他所有以开明专制为政治理想的同时人的钦慕,其中包括魁奈在内。"③魁奈在全书一开首就申明:"专制一词,用以称中国政府,乃因该国君主独掌国家大权。"他认为,有合法的专制君主与僭越的或不合法的专制君主之分,关键在于执行法律还是搞个人独裁。当然,魁奈认为中国的专制君主是"执行这种法律,自身并遵守之"的,而"中国宪法乃基于明达不移的法律之上"。为此,他回顾了中国的古代史:帝颛顼把宗教与君权结合起来,"这种教政合一的做法,可以消弭许多纷乱与不合"。尧是第一个创立国法的人。舜为尧死,而服丧三年,"丧居之礼遂成为中国的

---

① 这一区别甚至在对中国文化的态度上也反映了出来。虽然同是研究自然法则,空想社会主义者摩莱里(Morelly)等把自然法则追溯到公有制社会,而魁奈等却把自然法则归于社会契约产生的时代,亦即私有制社会。于是,魁奈及其门人对中国和专制政治大加赞赏,另一位空想社会主义者马布利(G. B. de Mably)则撰文痛论中国专制政治的弊害。

② 埃里克·罗尔:《经济思想史》,商务印书馆1981年版,第128页。

③ 利奇温:《十八世纪中国与欧洲文化的接触》,第94页。

风俗"。此外,舜的最主要工作之一,就是发展农业;禹创谏制;帝太康酗酒废政,造成暴君僭越争权,给后人提供了借鉴;周灵王时,"有名的孔子诞生了","他是中华帝国煊赫古代传留下来的法律、道德和宗教的最伟大的改革者"。可见,魁奈把谋求和平和幸福的政治目标与中国的专制政府相联系是基于这么一些基本思想:中国的专制是合于法律的,中国的法律是自古便逐步完善的,它以法律、道德、宗教、政权相结合为特点,由孔子集其大成。很明显,魁奈的这些观点,与孟德斯鸠直接对立①,对立的焦点,在于究竟中国的道德化的法律是合于自然法的还是悖于自然法的?可见,双方仍都以西方法律传统中的自然法思想为出发点,所以,都还是"从自己看对方"。魁奈的观点与伏尔泰基本一致②,一致的特征,在于都把孔子及其学说(还包括了宋儒的"理"的思想)奉为楷模,不过,他们也都是"从自己看对方"。所不同的,伏尔泰是旨在建立"道德化的理性宗教",魁奈则为他的重农主义经济思想找依托。

我们知道,重农学派的经济主张,其根本特征在于把农业看作真正唯一的可以生产纯产品——剩余价值——的生产部门,这样对农业的重视,便成了题中之义。正好,作为农业大国的中国便成了典范。对中国农业的赞美声,早在莱布尼茨、纳瓦莱特、李明等那里就能听到,特别是百科全书派的另一位重要角色波维尔(Poivre),为重农学派直接提供了关于中国农业的情况。波维尔在1740年与1756年间,旅行印度,到过中国广东。1763年与1764年,他两次写文章寄给里昂学院,这就是后来出版的

---

① 魁奈:《中国的专制政体》第7章第1节,"孟德斯鸠的主张",专批孟氏。参阅 Quesnay, "Despotism in China", 转引自 L. A. Maverick, *China: A Model for Europe*, Vol.2, p.239。

② 魁奈的学生称他为"欧洲的孔夫子",100年后,日本的福泽谕吉也这样称伏尔泰。

《一个哲学家的旅行》,其中介绍了中国政府的职责首先在于保护农业,这符合他把农业发达看作衡量人民幸福、政治合理,甚至是合于人性的标志的观点。所以,有时波维尔亦被称为重农学者。波维尔的著作在巴黎出版多次,受到魁奈和杜尔哥的注意。魁奈在《中国的专制政体》一书第2章中专门在第8、9两节谈了中国的"农业"和"附属于农业的商业"。杜尔哥的主要著作是《关于财富的形成和分配的考察》,这部著作被公认为"是1766年为两个即将回国的中国学生写的,目的是想让他们回国后,提供有关中国的情况"①。杜尔哥为此特地开列了52个问题,其中第9至22题都是关于中国农业、农民情况的详细调查提纲。据研究,中国的农业思想和政策对重农学派的直接影响在于租税法。重农学派认为唯一合理地征收租税的生产部门就是创造价值的部门——农业,所以其财政的准则就是单一的土地税。其他一切税收都是不合理的或是不经济的。唐庆增先生在《中国经济思想史》中指出:"魁奈对于中国税制甚有研究,其于《周礼》均田贡赋之税尤是推崇。"②不过,既然重农学派的经济思想的逻辑发展必然是他们的政治哲学,我们也就不能仅仅看到他们推崇中国农业的经济思想的意义,而忽略了这一做法的哲学内涵。

其实,重农学者自己也是十分看重哲学意义的。波维尔就说过:"中国农业的繁荣胜过世界各国,这不是由于进行各种特殊的勤劳,也不是由于耕作的方式或播种的方法,这是快乐国家必然会这样的。这成为特质,最重要的应推源于政府的做法,那不变的基础根深蒂固地只放在理性的一边。在同时代的人类之中,差不多历史一开始,中国就第一个按着各种法则在自然的指导下,且不可侵犯地维持着从一代传到一代。"魁奈甚至提出了

---

① A.E.门罗:《早期经济思想》,商务印书馆1985年版,第299页。
② 唐庆增:《中国经济思想史》(上卷),商务印书馆1936年版,第365—366页。

"农业家"的概念,为什么?因为农业经济的成败,在于是否尊重自然法则,成功的农业家,实际是运用和遵循自然法则的典范,甚至是国家政治运行的雏形,因为,魁奈的政治理想就是以绝对服从于自然法则的政治哲学为基础的。①

魁奈的《经济表》尽管曾受到伏尔泰的讥笑,但却为后人所理解和赞扬,被称为"发明了自然所给的秘传",也被认为是某种社会政治结构的反映。对前一种说法,人们常常将《经济表》与中国的《易经》哲学相比较;对后一种说法,看来也必能与中国的政治制度相联系了。魁奈自己就说过,当以农业为主之人构成国家,这些人所设定的政治制度,当然要和自然法之万古不易的秩序相符合,中国人以农为国之本,不外此意。在他的《自然法则》(1765年)一书中,他就直接把自己的哲学观、政治目标和经济思想结合在一起,与中国并论。他说:"自然法则是人类立法的基础和人类行为的最高准则","但所有的国家都忽视了这一点,只有中国是例外"。所以,魁奈又特别欣赏中国的教育思想,因为中国的教育思想建立的哲学基础,是在于认为天道与人道的一致,在于认为道德是可以从外部灌输入人心的,这样自然法则不仅可以成为立法的基础,而且可以通过教育成为人类行为的准则。他的《自然法则》第一条法则就是:"按自然秩序的法则建立公私教育制度。"在《中国的专制政体》一书中,他特地举出了中国与欧洲的重大差别,即"在欧洲,父贵传子,递及后代;在中国,情形适相反,子贵及父,追及先祖",原因正在于中国人认为"人之美德实乃先人以身作则忠诚教诲之故"。

由此看来,是否可以说重农学派是中国文化的绝对拥护者呢?不,我们已说过,1760年以后的伏尔泰也已不是如此了,何

---

① "重农学派"一词 Physiocrats 出于希腊文 Φυσιs(自然)和 Kpayos(主宰),可见原意便是以自然力、自然法则、自然秩序代替上帝及其他一切主宰者。

况重农学派的主要思想和活动都是在这一时期之后呢？在经济政策上，重农学派尽管主张政府不必为鼓励贸易做任何事情，但同时却笃信不干涉主义和流通自由（Laisser faire Laisser passer），即将贸易从政府的制约下解放出来。①这正是与中国的重农抑商政策大相径庭之处，这一不同，恰恰是资本主义和封建主义的分界。②在科学方法上，重农学派们尽管有着与中国易经哲学相似的用抽象图式描绘世界秩序的倾向，但他们依据的是科学，反映了当时人们重视数学的心理，而这又与中国古代哲学凭借假想的神秘和虚渺有划时代的区别。魁奈还指出过一系列中国政治、经济、科技文化的落后面。如在政治活动中，中国社会中存在的主仆制度，无疑是一种比较松弛的主奴关系，而"中国政府在其他事务中精研细审，而对此困难问题则闭目无睹，这种令人生畏的情景每天出现"。在经济生活方面，最明显的是广袤国土和昌盛王国下的贫穷，"在平民阶级之中，却很少国家有像中国那样多的穷苦人家"。尽管贫困养成了中国人勤劳、朴素的精神，但贫困的根源——"人口增殖繁多"，"有时会产生可怕的后果"。魁奈是又一个从人口问题上谈到中国的落后面的西方思想家，而且做了经济理论上的分析："在欧洲，人们认为大量人口是财富之源，但是这是倒果为因的想法，因为无论在任何地方，人口增加比财富增加快；是财富本身积累财富和使人口增殖。"此外，在科技文化方面，魁奈提到了中国航海方面的落后和军事战术的不佳状况，魁奈也同样看到了中国在自然科学方面均不及人文科学发达，自然科学已呈停滞状态，而人文科学又过于重

---

① Derk Bodde, *Chinese Ideas in the West*, Washington, D. C.: American Council on Education, 1948.

② 但是，对自然的过于推崇，使他们过于看重农业，以致对土地的看法带有浓重的封建色彩，这就是马克思指出的重农学派在资本主义体系外的"封建招神"或"封建外观"。人们把其与中国封建文化，与孔子学说联系起来，是不无道理的。

视人际的、伦理的、实用的学问,使人文科学成为走向社会的"实学",出现畸形。

这种亦褒亦贬(以褒为主)的中国文化观,在18世纪法国思想家中当然不算绝无仅有,但重农学派是在把对中国文化的注意热点移向经济和社会生活方面以后,才采取这样的观点和态度的,这就与前人比较宏观、抽象的研究方法有明显的不同。这样,重农学派对中国文化的了解和研究就具有突出的实证化和实用化的倾向,这主要体现在这样两点上:

其一,对西方关于中国的知识的历史回顾。前面说过,狄德罗回顾过传教士中国学的历史。狄德罗的回顾旨在批评地看待传教士对中国文化的传播和研究成果,促使这种传播和研究更客观、更准确。而重农学派的回顾则不限于传教士的活动和成果。魁奈勾画了自马可·波罗以后的西方关于中国的知识的发展过程,在回顾中批评了西方学者中出现的对中国古老历史的怀疑和中国文化源自埃及的说法[①],也批评了传教士,但不是批评传教士对中国学术典籍译介中的失准,而是批评传教士对中国教育和政治情况报道"立论不严",特别是严重缺乏对中国"广大国土上的物产"的报告,致使魁奈在自己的著作中,除引证杜赫尔德和李明的著作外,还开列了一大串其他传教士、商人、使者、旅行家的著作,表明他对西方关于中国知识的罗列尽致和治学的谨严。可以说,自狄德罗和重农学派之后,西方的中国文化观(无论是思想家还是中国学者)常常涉及这种中国文化观自身的发展历史,这种历史回顾终将导致作为一门专门的独立的学科的诞生。

其二,对中国国情的详细调查。最突出的是杜尔哥拟出的关于中国问题的52条调查提纲。它涉及财富、土地分配、耕作、

---

① 这是近代欧洲的一桩学术公案,20世纪后才得以了结。

工艺、自然史以及一些关于中国历史的问题,具体到问及中国的米价如何、中国人的年耗粮多少,仔细到对所需标本运送方法亦有详尽指示。值得一提的是重农学派与中国国情调查的媒介——中国留欧学生高类思(Louis Kao, 1733—1780年)和杨德望(Etienne Yang, 1734—1787年)。他俩均生长在北京,父母系基督教徒,曾就读北京教会学校。他们曾师事正在乾隆时期朝廷内做事的蒋友仁(Michel Benoist),后于1751年7月被派往欧洲,抵法后入学拉夫雷士的皇家学院。1760年赴巴黎,以后在法国政府资助下,继续研究神学,并应当时任财政大臣的杜尔哥的质询,传述中国的经济学说。1765年回国之际,他们得到法国国王的一笔资金要他们报告中国的情况,杜尔哥并特地拟写了52条提纲,而且写了《关于财富的形成和分配的考察》,为这次调查提供重农学派的理论知识和背景。高、杨两人回到北京后,在北京传教士协助下,进行了相当详细的调查工作,其中包括协助汇编《中国丛刊》,写作《中国古代论》(高类思著)等。可见,高、杨两位虽非中国最早的赴欧留学生,杜尔哥的调查提纲也没有完全实现,但他们的工作却在中西文化交流史上起了相当的作用,尤其对于西方关于中国的知识,关于中国文化观的发展,提供了又一条重要途径,即通过中国人的帮助,实现了解中国的目的。这是重农学派的一个创举,也成为19世纪专业化的国外中国学的一个特点。

第八章 在世纪和文化的转弯处
——从西方看中国之三

近代经济开始起飞了;世界文化被一声声地呼唤着;理性主义达到了前所未有的高度;现代哲学已经露头。世纪转换往往与文化转折同步,也不知孰因孰果?但有一点是可以肯定的,在转弯的时候,最见功力,最多信息,谓予不信,可以亚当·斯密、歌德、黑格尔、叔本华诸大师的中国文化观为证。

一、亚当·斯密的近代经济眼光

亚当·斯密(Adam Smith,1723—1790年)的生卒年并不足以说明他是一位跨世纪和跨时代的思想巨人,而且,他的主要著作《国民财富的性质和原因的研究》(又译《国富论》)发表于1776年,其时,我们在上一章中所谈到的大多数人物,都还健在。但是,如果我们把亚当·斯密的国籍考虑进去,就多少会感到释然。在世界历史舞台上,法兰西民族领了18世纪的风骚,在18世纪的最末二三十年中,他们还将演出举世震惊的法国大革命,还将推出千古扬名的拿破仑,但是,那都是法国启蒙运动的压轴戏,而不是一种新的时代精神的开场。然而,英国却已经由于资产阶级革命、海外殖民和工业革命的成功,走到了世界历史的前台。就思想文化领域而言,亚当·斯密的理论学说,是英国已经取得并将在下一世纪继续得以加强的国际地位的一个主要代表。亚当·斯密第一次系统地论述了政治经济学的主要内容,建立了英国资产阶级的古典政治经济学体系,远远越过了重商主义和重农学派的经济学理论。恩格斯曾经从更宏观的历史角度指出,亚当·斯密的经济学体系"从批判封建的生产形式和交换形式的残余开始,证明它们必然要被资本主义形式所代替"①。当然,在人类精神领域中,以跨越世纪和时代的气概演奏第一小提琴的是德意志的思想巨人。相比之下,亚当·斯密的英国式理论和本章后面将要讨论的歌德、黑格尔、叔本华等德国式的思想又有着相当鲜明的差异,不过,其最大的共同处,则在于大家都同样是站在一个时空坐标上。

　　亚当·斯密于1764年至1766年旅法,结识了魁奈和杜尔哥,并与杜尔哥常相过从,人们认为杜尔哥写了《关于财富的形成和分配的考察》,亚当·斯密则有《国民财富的性质和原因的研究》,两者研究的课题如此相近,足以说明亚当·斯密曾受到重农学派的影响。其实,岂止重农学派,比重农学派肇始更早、影响更广的重商主义,也对亚当·斯密有着相当的影响。但是,亚当·斯密与重商主义、重农主义的关系,既是一种批判性继承,更是一种建设性批判。讨论财富的来源、性质及其分配,是近代世界经济学一个主题,亚当·斯密说过,作为一门政治家和立法家的科学的政治经济学,其根本问题在于富国裕民。从这个意义上说,亚当·斯密与前人的经济学理论是共有着一个课题。但是,亚当·斯密的另一段话,则表明了他与前人的经济学理论的区别,他指出:"不同时代不同国民的富裕程度,曾产生两种不同的关于富国裕民的政治经济学体系。其一,可称为重商主义;其二,可称为重农主义。"言下之意,他已超越了这两派。

---

① 恩格斯:《反杜林论》,人民出版社1970年版,第147页。

亚当·斯密对前人的这种批判性继承和建设性批判的态度也在他的中国文化观上体现了出来。尽管我们没有看到他对前人的中国文化观有什么直接的评论,但与那时许多大思想家一样,亚当·斯密也是一个有着丰富的中国文化知识的人,他也就中国文化发表过许多见解,正是这些见解,确立了他的中国文化观的承先启后的地位。这些见解,可以在亚当·斯密的不朽名著《国民财富的性质和原因的研究》中找到。在《国民财富的性质和原因的研究》一书关于中国和中国文化的论述中,我们首先感受到的是一种自觉和自由的全球意识。感受和宣传这种全球意识,亚当·斯密绝不是第一人,敏锐而深刻的哲学家、文学家们早已意识到并开始鼓吹这种世界性的文化现象,试图建构一种全人类的文化—心理。但是,作为一个经济学家,亚当·斯密虽然没有着意鼓吹,却又明显地表露出的全球意识,不仅有助于他的宏观的政治经济学理论的建立,而且使这种全球意识本身得到了一种经济学和社会生活的确证,从而使这一世界性的文化现象更具一种现实感和落实感。

自从 15 世纪的航海探险以来,东半球和西半球、北半球和南半球逐渐成为一体,从此全球意识就开始在人们脑中萌生、发展,东西方文化的交流、冲撞、融合,又使"半球文化"向"全球文体"发展。尽管从地理上来说,这时的文化接触主要是在东半球、北半球进行,但它孕育的却是人类更为宽广博大的胸怀。亚当·斯密把这一过程化为人类生活的现实历史。他区分了希腊、罗马的殖民,指出希腊语 αποικία 表示离家、离乡、出门,那是因为希腊人的殖民是出于人口与土地的矛盾,不得已才离乡背井,到意大利及西西里去建立独立的国家;拉丁语 colonia,则是本来意义上的殖民,罗马人为了缓解国内贫富矛盾,尤其在土地占有上的矛盾,以征服者的姿态,到新的土地上建立殖民地。"罗马殖民地,无论就其性质说或就其建立的动机说,都与希腊殖民地完全不相同。"但如果与欧洲人在美洲及西印度建立殖民地相比,希腊与罗马又有共同之处,即那时的殖民都出于一种"明白显著的实利",因而就人的内心而言,都是"无可奈何的"。而目的性鲜明的殖民活动只是人类的现实生活和思想文化发展到近代的产物。这一点,既表明人类追逐物质利益的欲望在膨胀,又表明人类探寻更为广阔的精神世界的动机的进一步觉醒。亚当·斯密谈到当时欧洲的旅行家和探险者们普遍有夸大自己所到达的地方与欧洲的距离的情况,他认为,这"也许是借此夸示他们自己冒险访问离欧洲很远的地方的奇迹"。正是在这种主动了解地球上各个地方,并以此为荣的心态下,才使东方世界和东方文化在西方清晰起来。马可·波罗在欧洲人中,是以第一位到过中国和东印度的,并把当地情况描写下来而著名的。哥伦布"不曾发现中国和印度的财富、农功与稠密人口","但他大不愿意相信,自己所发现的地方,不是马可·波罗所描写的一些地方"。亚当·斯密高度估价这一人类的探险史,指出:"美洲的发现及绕好望角到原印度通路的发现是人类历史上最大而又最重要的两件事。"其至大无上的意义莫过于使全球意识进入现实的人类文化的创造活动中。当然,物质利益是这种全球意识和行为的直接源泉,于是,探险史发展成为殖民史。亚当·斯密充分估计到了殖民史引出的不幸,可惜,他错误地把欧洲人在遥远的地方为所欲为,做出各种不合正义的事情看作"出自偶然"。也许,亚当·斯密是为了不至于辱没了上述两大事件的"本性",他觉得,这两大事件"在一定程度上联合世界上最遥远的部分,使它们能互相救济彼此的缺乏,增加彼此的享受,奖励彼此的产业",他希望,能"使世界各地的居民,有同等的勇气与实力"。要做到这一点,则有赖于相互传授知识及改良技术,这样,"自然会,或不如说必然会,伴随着世界各国广泛的商业而来临"。殖民史同时又成为商贸史,亚当·斯密叙述了美洲发现以来,东印度与欧洲直接和间接贸易的发展概况:从16、17世纪的葡萄牙人和荷兰人,到17、18世纪的英国人和法国人,再到18世纪的瑞典人和丹麦人,还有,"俄罗斯人,最近也组织所谓商队,取道西伯利亚及鞑靼,径赴北京,与中国进行正规的交易"。亚当·斯密还具体介绍了在中国和印度市场上金银价格昂贵而劳动的货币价格低廉的情况和原因,以及两者间的关系。几个世纪的人类探险史、殖民史、商贸史,刷新了,不,简直可以说是创造了真正意义上的世界历史。从积极的历史主义看来,这给人类的物质和精神生活带来了许多直接和间接的后果。一方面,物质文化的流动增大和加快了,"对于中国的瓷器、马鲁古群岛的香料、孟加拉的布匹,以及其他无数货物,欧洲的消费额也以几乎同样的比例增加";另一方面,"中国、印度斯坦、日本等帝国以及东印度的几个帝国,虽然没有比较丰富的金银矿山,在其他各方面却比墨西哥或秘鲁更为富裕,土地耕种得更好,一切工艺和制造业更进步"。这表明,亚当·斯密更重视精神文化(包括工艺技术等)的交流,因为他认为,"文明富国间交易的价值,总会比文明富国与未开化人和野蛮人交易的价值大得多"。东西方文化大交流对于人们视界、胸怀的拓宽,则是几个世纪的探险史、殖民史、商贸史所带来的后果,成为这种簇新的文化—心理结构的主体的人们,首先是积极地唱着这段历史主旋律的商人、资本所有者。所以,亚当·斯密写道:"说商人不一定是某一特定国家的公民,这句话真是不错。"在另一处,他说得更明确:"土地所有者,必然是其地产所在国的一个公民。资本所有者则不然,他可以说是一个世界公民,他不一定要附着于那一个特定国家。"至此,亚当·斯密实际上从人类几个世纪的现实生活确证了世界公民的出现是一种历史的进步和历史的必然,这就使早已萌生起来的全球意识和世界文化的观念有了现实的基础。之后,歌德和黑格尔等又从人性和人类精神方面论证了这种意识和观念,马克思、恩格斯更从经济和世界市场的观念出发做了精彩的阐发。

在《国民财富的性质和原因的研究》一书关于中国和中国文化的论述中,我们可以强烈感觉到的另一个思想,正是那长期以来令世人所困惑不解和感慨不已的大问题:悠久而灿烂的文明古国,何以会长期落伍、落后至此?亚当·斯密不仅早于我们近200年提出了这一问题,而且贡献了自己的见解。

问题是这样提出的,亚当·斯密写道:"中国一向是世界上最富的国家,就是说,土地最肥沃,耕作最精细,人民最多而且最勤勉的国家。然而,许久以来,它似乎就停滞于静止状态了。今日旅行家关于中国耕作、勤劳及人口稠密状况的报告,与500年前视察该国的马可·波罗的记述比较,似乎没有什么区别。"根据亚当·斯密的经济学理论,社会财富来自劳动,与启蒙经济学者配第不同,他撇开了自然的因素,所以,所谓中国"土地最肥沃",并不是现实的社会财富。①社会财富的增长,不单是取决于参加生产的劳动者,更重要的是取决于更大的劳动生产率,所以,"人民最多而且最勤勉"未必是提高劳动生产率的决定性因素。②而且,亚当·斯密打破了重农学派所设定的农业劳动那个狭窄的圈子,把劳动更一般化了,这样,仅仅"耕作最精细",就远远不够了。可见,亚当·斯密把中国看成世界上最富的国家,同时又认为这个国家已处于停滞状态了,这并没有陷入自相矛盾,相反,却是对重商主义者耻笑中国"贫穷"和重农主义者推崇中

---

① 也许是潜在的财富,或者是创造现实的财富的有利条件,因为,亚当·斯密也确实说过不少重视土地,把土地看成重要财富的话。同时,我们也应记得马克思曾说,亚当·斯密处于摸索试验中,所以要与刚刚开始形成的观念的混乱状态做斗争。

② 亚当·斯密主张把人口增多看作一国富裕的标记,这也是他说中国最富的又一个理由。但他并不认为中国人口在"增多",与休谟、重农学派等一样,他也注意到了中国的弃婴现象。

国的"富裕"的双重批评。他提出,中国许久以来就已处于停滞状态,这既是基于"今日旅行家"的报告与马可·波罗的记载这两种实证材料间的比较,更是依据他自己的经济学理论。因为,亚当·斯密关心的是创造中的财富,而不是固有的财富。亚当·斯密列举了许多事例来说明中国的这种停滞状况,如中国劳动工资低廉和劳动者难于赡养家属,中国技工为乞求工作而不断在街市东奔西走,广州附近数千百户水上家庭争食欧来船舶投弃船外的最污秽废物,各大都市每夜总有若干婴孩被遗弃街头巷尾,或者像小狗一样被投在水里……不过,"中国虽可能处于静止状态,但似乎还未曾退步"。为什么?根据亚当·斯密的理论,劳动和财富处于这样一种关系之中,即前者生产了后者,国民财富获得和增加的源泉在于一国国民的劳动;后者又促进了前者,国民财富的增加必然会刺激对劳动的需求。对劳动的需求,实际上增加了对工资劳动者的需求,提高了工资劳动者的价值。"所以,劳动报酬的优厚,是国民财富增进的必然结果,同时又是国民财富增进的自然征候。反之,贫穷劳动者生活维持费不足,是社会停滞不进的征候,而劳动者处于饥饿状态,乃是社会急速退步的征候。"此外,既然,对劳动者的需求状况表明了一个国家或社会是处于发展还是静止,抑或后退的状况,那么,对劳动者的需求也就是对人口的需求,所以,这一需求可以通过人口的生产状况看出来。根据这种"自然征候",于是,在亚当·斯密的世界经济的视界中,出现了三种状况:第一种是欧美式的前进状态,因为,"使劳动工资增高的,不是庞大的现有国民财富,而是不断增加的国民财富。因此最高的劳动工资不在最富的国家出现,而却在最繁荣,即最快变得富裕的国家出现"。这正是欧美国家,特别是18世纪英国的情况。并且,在北美,人口正迅速增加,在欧洲,人口也缓慢而逐渐增加。第二种是一些英属殖民地的退步状态,那里劳动工资被减低到极悲惨极贫困的生活水准。即便如此,还有大量的失业者。所以,"终至国内居民减少到经过苛政或灾祸而硕果仅存的收入和资本所能容易维持的人数"。第三种就是中国式的静止状态,与第二种状态比较,"那里,没有被居民遗弃的都市,也没有听其荒芜的耕地。每年被雇用的劳动,仍是不变,或几乎不变,因此,指定用来维持劳动的资金也没显然减少。所以,最下级劳动者的生活资料虽很缺乏,但还能勉强敷衍下去,使其阶级保持着原有的人数"。但与第一种状态相比较,则"中国下层人民的贫困程度,远远超过欧洲最贫乏国民的贫困程度"。就生活资料价格说,中国与欧洲有很大差异,而就劳动货币价格说,则有更大的差异。这是因为欧洲大部分处在改良进步状态,而中国似乎处在停滞状态,与中国的过去情况相比,居民的收入和资本,几乎"数世纪不变",人口也"不增不减",这进一步证明了亚当·斯密的论断。亚当·斯密感叹:"一国尽管非常富有,如若长久陷于停滞状态,我们就不能希望在那里找到极高的工资。"其实,停滞不前也就是落后、落伍,陶醉于悠久的历史、古老的文化、前人的成就,实在是最昏瞆、最有害的思想和心理。

亚当·斯密不仅提出问题,而且力图解答问题。他大体从这样三个方面分析中国社会长期停滞的原因:

第一,停滞于农业和农业的停滞。亚当·斯密认为,一个国家的产业会按照这样一个顺序发展:农业—工业—国外贸易。所以,"任何一种学说,如要特别鼓励特定产业,违反自然趋势,把社会上过火一部分的资本拉入这种产业,或要特别限制特定产业,违反自然趋势,强迫一部分原来要投在这种产业上的资本离去这种产业,那实际却和它所要促进的大目的背道而驰。那只能阻碍,而不能促进社会走向富强的发展;只能减少,而不能增加其土地和劳动的年产物的价值"。亚当·斯密指的这种学说,就是重农主义的学说,而被重农学派作为范例的中国经济状况也理所当然地被亚当·斯密用来作为批评重农主义的一个典型。亚当·斯密充分估计了中国在农业方面的有利因素,他不仅看到中国较墨西哥或秘鲁等新大陆国家更为富裕,而且看到中国亦有明显优于欧洲之处。这主要就是在于中国土地的耕种和劳动的年产物是难以匹敌的。但亚当·斯密又毫不客气地指出:中国就是一个特别注重而且只是特别重视农业的国家。"在中国,每个人都是想占有若干土地,或是拥有所有权,或是租地。"中国政府的政策,也是特别爱护农业。亚当·斯密用这一观点,解释了曾为不少西方学者、传教士、旅行家所赞赏的关于中国政府十分重视公路、通航水道等公共设施的建设的情况。他认为,这也是中国政府重视农业的一个例证,因为,土地税或地租几乎是中国君主收入的唯一源泉,为了使土地生产物又丰盈又有价值,"必须使国内各地方的交通既极自由,又极方便,极便宜"。①这对于不是主要依赖于土地税和地租的欧洲各国,就不那么重要了。但是,中国对农业的特别鼓励,"却归根到底实际上妨害了它们所爱护的农业",停滞于农业的国策,带来的却是农业停滞的结果。比如中国政府和君主特别关心土地的耕作和改良,关心国内水道和陆路交通的扩展,是由于在中国实行的是一种可变额土地税,"中国帝王的主要收入,由帝国一切土地生产物的十分之一构成","这种地税或地租,像欧洲的什一税一样,包含一定比例的土地生产物(据说是五分之一),或由实物交付,或估价由货币交付,随各年收获丰歉的不同,租税也一年不同于一年"。这种税制使君主和政府能够坐享地主和农夫改良和精心耕作土地的利益,却抑制和挫伤了土地经营者和耕作者的积极性,所以,这种税制具有"破坏性",是一种"恶税"

---

① 亚当·斯密是第一个看到地租与地税合一是东方国家一个特征的人。他又出色地论证了东方国家的另一特点:举办公共工程,干预经济生活。这些思想影响极大,成为西方东方学的理论基础之一,亦为马克思所重视。

(destructive tax)。当然,问题的症结远不在于税制,而是使这种税制带有必然性的理论和政策,亚当·斯密认为,这是一种"极微妙"同时又是"立足于形而上学的议论上"的学说,这首先是指重农主义,但也是指中国的政策。这种政策又从下一个方面得到了强化。

第二,对工业和商业的轻视。亚当·斯密并不一概否定中国的制造业和商业,他曾指出,中国东部的几个省,在极早的时候就有了农业和制造业的改良,而且那里的一些大江大河,分成许多支流和水道,相互交通。直到近代,中国的工艺和制造业也远较南美洲国家进步。与欧洲比,也相差不远。所以"古代的埃及人和近代的中国人似乎就是靠耕作本国土地、经营国内商业而致富的"。但是,中国对工业和制造业的轻视,也是来历已久的事实。"据说,中国和印度农村劳动者的地位与工资,都比大多数技工和制造工人高。"在谈到中国农民的贫困之后,亚当·斯密还写道,中国技工的状况就更恶劣,欧洲技工总是漫无所事地在自己工场内等待顾客,中国技工却是随身携带器具,为搜寻,或者说,为乞求工作,而不断在街市东奔西走。中国对商贸,尤其是对外贸易的忽视,更是"冰冻三尺,非一日之寒"。亚当·斯密用感慨的语气说:"令人奇怪的是,古代埃及人、印度人和中国人,都不奖励外国贸易。"如果说在古代由于种种原因还有可以理解之处,那么到了近代,仍停留在古人那里,无疑是作茧自缚。亚当·斯密记载了这么一段逸事:当俄国公使兰杰来北京请求通商时,北京的官吏以惯常的口吻对他说:"你们乞食般的贸易!"这种政策必然带来严重后果。从经济上说,制造业和商贸是密切相关的,所以,亚当·斯密对中国在广大的国内市场之外没有能自觉地利用和扩大国外市场不无遗憾。他认为,假使情况正相反,"那么更广大的国外贸易,必能大大增加中国制造品,大大改进某制造业的能力。如果这种国外贸易有大部分由中国经营,则尤有这种结果"。从技术上说,这使得中国人"在今日中国的情形下,他们除了模仿他们的邻国日本以外,却几乎没有机会模仿其他外国的先例来改良他们自己"。重农和抑商,成为中国封建社会的经济政策的一对怪胎,谁是真正的致畸者?亚当·斯密追究到了中国的法律制度。

第三,中国的法律制度已到了极限。一国的停滞和静止,可以是由于自然资源、领土、资本的局限或饱和等情况,但亚当·斯密认为,"没有一个国家的财富曾经达到中国这种程度"。所以对中国的情况,亚当·斯密一再指出:"也许在马可·波罗时代以前好久,中国的财富就已完全达到了该国法律制度所允许的发展程度。""中国似乎长期处于静止状态,其财富也许在许久以前已完全达到该国法律制度所允许有的限度。"对于中国的法律制度,亚当·斯密谈得不很具体。他通过亚洲各国常有藏匿财产的现象,分析出这是一种专制和暴虐下的产物;他谈到中国鄙视国外贸易,实际上是对其他法制国家的不宽容,甚至是出于使邻国陷于贫困境况的目的;他抨击了中国造成了一大批从事非生产性劳动的人员,这不仅对创造国民财富不利,而且导致了贫富的严重分化和对立,"大鱼吃小鱼"的现象在执行法律的借口下堂而皇之地存在着,隶役("家仆")制度、高利贷制度都远甚于欧洲,特别是形成了一大批营私舞弊、敲诈勒索的官吏阶层,这些人都在征收实物的税收制度(惯例)下,成为社会的蛀虫、人民的压迫者和陈规陋习的维护者。所以,亚当·斯密假设,在中国,"若易以其他法制,那么该国土壤、气候和位置所可允许的限度,可能比上述限度大得多"。当然,这谈何容易。因为,法律制度并不是一种外在的东西,而是与文化传统维系在一起的。其实,亚当·斯密也看到了这一点,如他曾从人与人、国与国之间的平等观念出发,抨击了中国的法律制度。

从《国民财富的性质和原因的研究》一书关于中国和中国文化的论述中，可以体会到的另一个思想，就是作为经济学家和思想家的亚当·斯密对东西方文化传统之异的一些见解。

亚当·斯密详细地观察了欧洲农、工、贸三大产业的兴衰和演革史。按照他的观点，任何国家，都是最先发展农业的，这是出于人类的需要和天性，可称之为一种人的"原始目标"和"原始职业"。但是即便在遥远的古代，地中海地区已经由于初期航海的便利，而成为开化最早的地方。当然，在尼罗河流域、恒河流域和中国东部的大江大河地区，由于水运的方便（但主要是内河运输和国内通商），也成为文明最早发达的地方。可见，很早，历史已开始在东西方分岔。但是，亚当·斯密更注重政治、经济等社会生活的现实的运动。他认为，欧洲社会走上都市优于农村，贸、工、农逆向发展的关节点，在于罗马帝国的崩溃。这是一次对现实社会生活运动的巨大破坏，同时也是巨大的变革。从土地所有者一方说，少数民族的侵扰、长男继承法和限嗣继承法的推行，使土地兼并情况十分严重；从土地耕作者一方说，先后出现了奴隶耕作者、分益隶农（对分佃农）以及一定的租期内缴纳了一定数额地租后可以自由耕种的"真正的农民"。在这种状况下，长时期来，欧洲的法律和政策是不利于农业和农村的，土地所有者和土地耕作者双方都没有改良土地和改进耕作的积极性。只有后起的、亚当·斯密所谓的"真正的农民"才会有所不同，不过，围绕他们而产生的政策（如定额土地税）和法律（如改佃诉讼法）已经是在起一种"促进现代英格兰伟大光荣"的作用了。而这种新的情况的出现，恰又是罗马帝国崩溃以后，都市的勃兴和进步所带来的。都市的勃兴在政治上造成了市民政府和市民阶层，他们是抗衡封建领主的主要力量；在经济上造成了自由市民和自由商人，甚至吸引了许多农民逃往都市，还促进了制造业的兴旺（尤其在近海地区），特别是都市的勃兴最终促成了农村的改良与开发。亚当·斯密指出:"在欧洲大部分地方,城市工商业是农村改良与开发的原因,而不是它的结果。"上面提到的围绕"真正的农民"所出现的一系列的政策和法律就是突出一例。当然,欧洲历史的这一发展过程,并不完全符合亚当·斯密关于农、工、贸三者顺序发展的规律,所以,他称之为"反自然的退化的秩序"。对亚当·斯密来说,更合于理想的是北美的英属殖民地的状况,因为在北美才真正体现了这三大产业的发展的合理过程;所以,欧洲是"缓慢进步",而北美则是"急速的进步"。

显然,中国的历史进程既不同于欧洲式的"反自然的退化的秩序",也没有沿着北美式的"自然顺序"走下去,而是停滞在那种把农业看作"原始目标"和"原始职业"的状态,后来的政治和法律只不过是强化了这种原始状态,使之变畸,更无法向其他产业做重点转移。这种历史过程的巨大差异,必然造成民族心理的差异①,即东西方文化传统的差异。

这些差异表现在许多方面:

在人与自然的关系方面,停留在"原始目标"和"原始职业"状态下的农业,只会继续和强化对自然的依附。亚当·斯密在谈到古埃及、古印度、中国主要擅长农工业,国外贸易并不繁盛的情景时,指出了在这些国家人民中存在的对海洋"有一种迷信的畏惧心"。这种没有从自然中超拔出来的人,尽管有相当的判断力、思辨力、理解力(亚当·斯密认为在这一点上农村下级人民要比都市下级人民优秀),但终究斗不过觉醒的主体的自觉行动,如农民往往在都市居民和商人自觉自由的行动下,受到挫败。所以,欧洲反自然的"退化的秩序"倒赢得了一个重要的副

---

① 亚当·斯密十分主张现实生活对文化心理发生影响的观点。他说过,在长期的风俗习惯下,会涵养起特定的心理。

产品：人的主体性力量的自觉和运用。

在人与人的关系方面，亚当·斯密指出了商业的繁盛对于公众幸福所造成的"一种极重要的革命"，尽管完成这一革命的大领主和商人工匠本身并没有使公众幸福的动机，但他"只为一己的利益行事"的举动，客观上造成了一种竞争的环境、气氛。"在商业国，即使有极严厉的法规取缔挥霍浪费，长期富裕的家庭仍属罕见，但在商业不盛的国家即使没有法规取缔，亦多长富之家。"这种竞争的状况又与商业上的平等和贸易上的自由是连在一起的。一旦平等和自由在现实生活中成为司空见惯的东西，就必然带来自由和平等的人际关系，培养出一种根本上区别于农业社会的文化心理，这甚至比外在的自由和平等的政治法律的制度还重要。"在国家内，各个人为改善自身境遇自然而然地、不断地所作的努力，就是一种保卫力量，能在许多方面预防并纠正在一定程度上是不公正和压抑的政治经济的不良结果。"这段话是在批判重农主义时说的。与魁奈相比，把自由平等看作人的内在的东西，是亚当·斯密在哲学上高于魁奈的地方。正是从这一哲学思想出发，亚当·斯密特别看重欧洲历史上通过都市的勃兴来促成农村改良的深层意义，这就是：使农村居民从向来的对其邻人的战争和对其上司的依附状态中转向"有秩序，有好政府，有个人的安全和自由"。亚当·斯密指出，在他之前只有休谟看到了这一点，而这却是"最重要的"。当然，中国没有这种历史进程，也就没有这种同时向外在的和内在的平等自由转变的机会。

在国与国的关系方面，这是人与自然的关系和人与人的关系的延伸。画地为牢，以邻为壑，其实是束缚人的主体性和在人际关系中缺乏自由平等的态度的一种放大了的表现。我们已介绍过亚当·斯密分析中国轻视国外贸易时对中国法律制度和对待外国的心理状态的批评，同时，也看到了世界公民和世界文化的意识和观念只有在一定的现实生活的历史演变中才会出现和被接受。显而易见,中国当时并没有走到这一步。这种历史造成的文化传统,甚至还在影响以后的历史,使后人肩上创造历史和更新文化的担子变得十分沉重。

二、歌德的世界文化态度

歌德(Johann Wolfgang von Goethe, 1749—1832年)是我们这里所说的处于世纪与时代之交的又一个光彩照人的巨人,他是世界的产儿,又是世界性的人物。这就是说,我们不是在通常的意义上谈论歌德的生存空间和知名程度。我们所谓的世界性,是指歌德的思想和精神历经了异常广阔的时空,并驻足于普遍的人类本性的基地,所以,具有超越国界和时代的深远影响。歌德对于中国文化的兴味(或好或恶)、对于中国文化的评价(或褒或贬),并不见得都是特别精当的,但却可以大体表现这位世界性巨人思想和精神的一个侧面。从本书写作的角度,歌德中国文化观的出现,亦可以说明国外中国观在此时已由于歌德等思想巨人们的力量(在谈了黑格尔和叔本华以后,我们可以看到,德国的思想巨人在这里扮演了主角),被推进到了一个新的阶段,走出比较狭小的欧洲,登上广阔的世界舞台。只有这样,从中国看中国和从世界看中国的阶段才会到来。

利奇温说得好,歌德并没有染上"中国癖",但"他对于东方性质的认识,虽然没有强调过,实远较前一代的人深刻"[1]。

让我们先从歌德对中国认识和研究的历程谈起,然后看看他的哲学和文学思想在中国文化观上的表现。

---

[1] 利奇温:《十八世纪中国与欧洲文化的接触》,第111页。

20世纪30年代,唐君毅先生曾将歌德与孔子做了一个比较。他自认他的比较研究不同于前人(如郭沫若、宗白华、张君劢等)之处,在于比出了两者人格之异,亦即东西方(专指近代西方)人格之异。这就是:孔子的生活前后向着一个目标,从"十有五而志于学"到"七十而从心所欲",很少矛盾;歌德却每一段生活都自成一格,可分别研究,此所谓"歌德每段生活里均有整个的歌德在内"(宗白华语)。所以,表现在西方近代文明下的人格是专业化的特点,表现在中国传统文明中的人格却是无所不通,时时都无可无不可,终于博学而无所成。①唐君毅对中西人格的比较分析是否合理,这是题外话;不过,他确实说出了歌德的人生特点,这位舍得消耗全部智慧和热情来从事每一项事业的思想巨人自己就说过:"如果一个作家要在他生平各个阶段上都留下纪念坊,主要的条件是他要有天生的基础和善良的意愿,在每个阶段所见所感都既真实而又清楚,然后就专心致志地按照心中想过的样子把它老老实实地说出来。这样,他的作品只要正确地反映当时那个阶段,就会永远是正确的,尽管他后来可能有所发展和改变。"我们也可以用这样的眼光看待歌德一生中对中国文化兴趣的消长、态度的嬗变,并以此来了解歌德"生平多阶段的纪念坊"上的中国。

歌德出生的年代,尽管欧洲大地上中国趣味和中国风格已经由于洛可可之风的吹拂和许多传教士、文人、思想家的提倡渗透到社会生活的各个角落②,但是,这种异国情调的文化意义却已开始减退。不管是赞美中国文化的伏尔泰、魁奈,还是批评中

---

① 唐君毅:《孔子和歌德》,参见宗白华等《歌德研究》,第311页。
② 在美因河畔法兰克福的诗人故居,二楼的主厅名字叫"北京厅",厅中陈设着中国式的描金红漆家具,墙上挂的是印有中国图案的腊涂壁帔。音乐室里摆着一架仿照中国家具风格制作的古老风琴,琴盖上绘有一幅典型的中国风景画,少年歌德曾因一次将父亲房里的北京镜架扯了下来,而引起父亲的一场大怒(歌德:《歌德自传——诗与真》,人民出版社1983年版)。

国文化的孟德斯鸠、卢梭,他们对自然、对自然法则的亲近,实际表明崇尚人工雕琢、虚浮造作的洛可可风格的弱点已暴露殆尽。特别是18世纪60年代以后,英国工业革命的兴起及海外殖民的成功,法国大革命风暴的酝酿和聚集,都向欧洲大陆深深呼唤着一种自然主义和现实主义,以致向来与现实保持一段距离的德国思想界,酿成了一场以歌德、席勒(Schiller)等人为代表的狂飙突进运动。这是一场文学运动,然其哲学和文化上的指向,则是歌颂"自然",强调"天才"和"民族风格"。这一时期,歌德也接触到一些中国传统文化的基本面,如在斯特拉斯堡(Strassburg)时,歌德曾通过卢梭读过卫方济神父用拉丁文所译的六种中国经典,据说其中"含有教育、伦理及哲学的事情"。又如1781年1月10日他在日记中又曾写下"……读关于神学之通信。啊,文王!"的字句。这是他在读杜赫尔德的《中华帝国全志》第二卷关于文王的论述时的感叹。但是,对前一件事,有人指出,歌德"是否曾做认真的研究,就难断定了"[①]。对后一件事,有人认为是歌德刚当上官(魏玛首相),政治上想有所建树,惊羡文臣。[②]作为文学家和诗人的歌德,主要接触到的是洛可可时代的遗风——曾经在欧洲风靡一时的所谓"中国趣味"和某些中国文学作品。歌德多次以讽刺和批评的口吻谈到中国艺术的风格(当然是传到欧洲的、他所能见到的那一类)。他曾回忆到少年时父亲室内的悬挂物,指出"其上绘有中国式的怪诞的花卉,有时亦有自然的花卉"。他批评当时有人仿作的一首中国诗,认为这"是以中国杂碎材料镶彻而成的,适于放在镜奁之间"。他曾作一首短诗,诗中写道:"纵使中国人,以其工缀笔,/绘维特及绿蒂于玻璃镜上,/于我有何益?"(1790年左右)此后,他又写了一首短诗,

---

[①] 利奇温:《十八世纪中国与欧洲文化的接触》,第113页。
[②] 陈铨:《中国纯文学对德国文学的影响》,台北学生书局1971年版,第18页。

其中说道:"我昔在罗马,/见一中国人。/一切建筑物,/无论古与今,/在彼心目中,粗俗且沉沉……惟我觉其人,审美徒支离,遐想入非非,未可侔造化。康强以为病,身衰自认强!"(1796年)同时,我们也要看到,这一时期歌德对中国文化还是颇有兴趣的,如他读杜赫尔德的《中华帝国全志》,该书中就载有《庄子休鼓盆成大道》《怀私怨恨仆告主》《念亲思孝女藏几》《吕大郎还金完骨肉》等四篇《今古奇观》中的小说。特别是看了其中附载的马若瑟所译《赵氏孤儿》,他也在激动中酝酿并动手创作了《埃尔佩诺》(*Elpenor*)一剧(1781年8月11日)。这是一部被歌德的朋友席勒称之为可以"导引或敦促人通过作品本身而直探作家心灵的作品之一",可惜只完成了两幕便中辍了。此外,1787年,在那不勒斯博物院里,歌德也为两件中国古物而深感惊悦。1796年,他又在与席勒通信中,谈论了继《赵氏孤儿》后中国又一部在当时欧洲影响较大的中国小说《好逑传》。1797年12月6日至次年11月10日,歌德借阅了一本题为《外国,特别是中国的历史、艺术和风俗新鉴》的书,并从中抄了一段"一位中国学者和一名耶稣会士的对话"送给席勒。歌德觉得这段话"有意思极了",使他"对于中国人的睿智获得了很好的认识"。但是,总的说来,在18世纪最后二三十年中,歌德眼中的中国文化是以洛可可遗风为主的东西,其基本价值不过是小玩意、小摆设,可以引起一些惊悦感而已;相反,讥刺和批评却是尖锐的。这是为什么?正如我们已说过的,歌德所处的时代和歌德的基本思想方向,都是指向现实主义的。为此,歌德与席勒两位好朋友之间甚至引出了一场文学史上旷日持久、影响深远的古典派与浪漫派之争。歌德是自奉为古典主义者的,这当然是由于他那时对古希腊文化和意大利文艺复兴时代的推崇,但其功利目标则是一种实质上的现实主义。他说:"我努力接近的却是客观世界。"所以,朱光潜先生用"厚古不薄今"来说明歌德的古典主义是再合适不过了。①但是，浪漫主义是当时占主导地位的文学思潮，也未必一定脱离现实，所以席勒一针见血地指出：歌德也是浪漫的。一点不错，谁不能从《少年维特之烦恼》和《浮士德》中嗅到主观精神、情感、意志、想象的浪漫气息呢？歌德让浮士德最终跑出书斋，去进行开拓新天地、为人类造福的实践，他赞赏拜伦"既不是古典时代的，也不是浪漫时代的，他体现的是现时代"，这一切，都证明了歌德关注现实的基本态度。那种背离现实、与世无补的浪漫气味，他是反对的，这也正是他对中国的一些工艺和文化现象反感的根本原因。至于他创作《埃尔佩诺》，或许正是由于他为中国文化的另一方面（仁爱和道德，因为《赵氏孤儿》中决无轻扬的洛可可味）所感染，想以此作为欧洲现实生活的补充（像当时许多思想家一样），而触发了写作的热情。但是，古典主义的基本立场，使歌德试图用西方文化对此加以改制，即把"清洁的仁爱，赎了一切人类底罪恶"作为立脚点，结果不免归于失败，因为西方文化与中国传统文化是两条道上跑的车，绝难黏合的。

如果说18世纪前后歌德的中国文化观是受着古典主义或现实主义思想的制约的话，那么19世纪头二三十年，即歌德生命的最后一段，则是一种文化比较和世界文化的态度支配下的中国文化观。歌德呼吁："东西两大洲，/不能再分离了，/谁是多识的人们呀！/应明白这些吧。/两世界互相研究/即是我的希望，/东西互相联络，/也是我的希望。"诗人海涅曾称歌德的《西东诗集》是"西方寄给东方的一件礼物"。我们知道，当时正是"欧洲中心论"开始抬头，西方的人们开始把眼光从东方文化再度移向古希腊、古罗马文化上去的时候，歌德的态度不啻又一次反潮流。不过，歌德所逆的仅仅是世界潮流的表面，那潮流深层

---

① 歌德：《歌德谈话录（1823—1832）》，人民文学出版社1985年版，第276页。

所蕴含的强大的世界主义、全球文化的力量,正从莱布尼茨、哥尔斯密那里开始,到此时变得愈益强大而且实在可察。歌德揭示了这一潮流深厚的力量,他警告:"说句实在话,我们德国人如果不跳开周围环境的小圈子朝外看一看,我们就会陷入上面说的那种学究气的昏头昏脑。"又说:"所以我喜欢环视四周的外国民族情况,我也劝每个人都这么办。民族文学在现代算不了很大的一回事,世界文学的时代已快来临了。现在每个人都应该出力促使它早日来临。不过我们一方面这样重视外国文学,另一方面也不应拘守某一种特殊的文学,奉它为模范。"歌德谈的是文学,不过,朱光潜先生提醒我们,应当宽泛地去理解"literature"这一个字眼。

歌德这一段著名的谈话是在谈到中国文学时有感而发的,这正表明了文化比较和世界文化是他阅读中国文学、了解和研究中国文化的基本思想前提。著名的西方中国学家卫礼贤(Wilhelm)曾指出,歌德思想范围的拓展是和他的年岁同时增进的,"人类在他的中心渐成一个整体,东方也随着得了他的注意。最堪注意的,就是他留心研究东方情形底开始,正是拿破仑战争底时候,大多数的德国民族正在受着最大的政治底刺激"①。那正是拿破仑与欧洲诸国在莱比锡(Leipzig)展开决战的年代,年已64岁的歌德开始了第一段集中研究中国的时期。②当时,正巧德国著名中国学家克拉普罗特(Klaproth)在魏玛(Weimar)居留,歌德便趁机向他请教,克拉普罗特向他指导中国语言文字的奥妙,为此,歌德很下了一番功夫,得益匪浅,这才有一些中德合

---

① 宗白华等:《歌德研究》,第259页。
② 对此,人们有许多不同解释,如,歌德与拿破仑私交甚笃,歌德留有德国"庸人的辫子"等。但笔者宁可把歌德在法德民族决战时这种超然的态度,主要地看作是他在遍览意大利、希腊、近东、美国、远东等全球文化后,世界主义精神的表现。

璧的抒情诗的产生和流传。德国魏玛大公爵图书馆里,至今还保存有几段歌德借阅有关中国和远东问题的书的登记,总共有11本书,其中有哲学类的《埃及与中国哲学》(柏林1773年版),有地理类的《中国新图》(卫匡国,1656年),大多数是旅行记和奉使记,其中包括1671年和1802年版的《马可·波罗游记》、英文和德文本的《1792年至1794年英使旅华记》(爱尼斯·安德逊[Aeneas Anderson]著)等。同时借阅不同版本的同一种书,显然是出于浓厚的兴趣和研究的需要。所以,在歌德1813年10月2日至16日的日记中,每天都写有"Sinica"(属中国者)的字样。

歌德生平第二个集中研究中国的时期,是在19世纪20年代的后半期。1826年至1827年,歌德读了不少中国的戏曲、小说、诗歌,如《百美图咏》《好逑传》《玉娇梨》《花笺记》等。1827年1月31日,歌德与爱克曼(Ackermann)有一段关于中国传奇小说的对话。他谈到他正在读一部中国传奇,即《好逑传》,表示"它很值得注意"。当爱克曼问道:"这部中国传奇在中国算不算最好的作品呢?"歌德断言:"绝对不是,中国人有成千上万这类作品,而且在我们的远祖还生活在野森林的时代就有这类作品了。"这话表现了这位思想和文学巨人的极高的鉴赏力。确实,《好逑传》与《玉娇梨》《花笺记》,虽然忝列中国十大才子书中之第二、三、八位,但那是出于金圣叹个人的好恶(或者别的什么原因),而被一些外国人看中,热衷于翻译介绍,也有不少偶然的因素(其中翻译者缺乏文学的鉴赏力是一个原因)。鲁迅说过"那些书的文章也没有一部好,而在外国却很有名,远过于其在中国",并认为《玉娇梨》《好逑传》等之所以在中国文学史上必须提到,原因也大抵因为它们比较早地在国外有了影响。①这种影响对于传播中国文化当然是有益的,所以歌德注意到了它们。无

---

① 《鲁迅全集》(第9卷),人民文学出版社1981年版,第189页。

论是说"值得注意"也好,说绝对不算中国的"最好的作品"也好,对歌德而言,都是出于一种伟大的哲学和文学世界观。所以,歌德紧接着那段对话又说道:"我愈来愈深信,诗是人类的共同财产。"正是出于这一哲学和文学信念,他以最纯熟的德语于1827年译出39首《百美图咏》中的5篇,每篇还附有解说。歌德还依据所读的《花笺记》创作了著名的《中德季日即景》14首,这些诗作于1827年,1830年初刊载于《柏林诗艺年报》上。这些活动表现了歌德站在文化比较和世界文学的高度探寻中国文化奥秘以及融合东西方文化的努力。正如歌德在《百美图咏》译诗的"引言"中所写的,这些诗及其他中国小说、诗歌"实使我们对于那个防守严密的国家,可能加深加细地往里窥看"①。

综观歌德一生与中国文化的关系,他从有限的非主流的中国文化的材料中,看到了一些什么呢?

"人和大自然是生活在一起的。"天与人、自然与人生的和谐一致大概是歌德对中国文化比较赞赏的一个方面。他绘声绘色地告诉爱克曼:"它们(指中国小说)还有一个特点,人和大自然是生活在一起的。你经常听到金鱼在池子里跳跃,鸟儿在枝头歌唱不停,白天总是阳光灿烂,夜晚也总是月白风清。月亮是经常谈到的,只是月亮不改变自然风景,它和太阳一样明亮。房屋内部和中国画一样整洁雅致。例如,我听到美妙的姑娘们在笑,等我见到她们时,她们正躺在藤椅上,这就是一个顶美妙的情景。藤椅令人想到极轻极雅。"

"中国的礼节可为其文明的代表。"歌德在比较了西方和中国文化之后留下了这么一个显明的印象。在《印度及中国讨论》中,他比较了当时读到中国剧本与伊夫兰德的《老鳏夫》,认为两

---

① 关于歌德阅读、研究中国文化的事迹,还可参阅杨武能《歌德——"魏玛的孔夫子"》一文,《社会科学战线》1983年第3期。

者很相近,"所不同的,在德国人,家庭及社会环境的空气和新异事物已尽够剧中的需要,而在中国人的作品里,除具有这种本事外,还加有宗教的和社会的礼仪的点缀"。他比较了《好逑传》与贝朗瑞的诗歌,指出:"我看贝朗瑞的诗歌和这部中国传奇形成了极可注意的对比。""中国诗人那样彻底遵守道德,而现代法国第一流诗人却正相反,这不是极可注意的?"特别是,歌德透过文学作品,看到了这种道德礼仪的社会政治功能,他指出:"正是这种在一切方面保持严格的节制,使得中国维持到几千年之久,而且还会长存下去。"

"静态的文明的民族。"这是歌德对包括中国在内的东方文明的形象概括。[①]歌德是18世纪90年代在他的《设色论》中说这样的话的,他写道:"文明发展程度虽然较低,但对于材料的某种区别,因而达到某种的纯洁性和前后一贯,是可能的,这种技术是从传统中相沿而来的。因为这个缘故,所以我们在静态的文明的民族中,如埃及人、印度人及中国人,都可以看到高度完美的设色。静态的民族常以宗教精神纳入他们的技术之中。他们事前的工作和材料准备非常认真和精确,在进行工作时,按部就班,备极工巧。他们进行工作,像自然那样从容不迫,他们所制作的器物,是更文明的进步较快速的国家所不能仿效的。"颜色学是歌德致力毕生、十分看重的一门独创性学问,他把颜色的生产看成是光和影在变化上的配合,并指出了艺术的高下不以时间的推进而转移。这里面也包含了歌德对于世界文化的哲学见解。以后,歌德常从各个角度谈到中国文化是一种静的发展的象征,如他在《中德季日即景》诗第8首中吟咏道:"在那可爱的东方,我感到月的光辉。"他还曾说过:"月亮不改变自然风景,它

---

① 这不能不令人想到20世纪初中国的一代先进知识分子,如陈独秀、李大钊对问题的类似提法,由此再次对那些人类历史上的思想巨人油然而生敬意。

和太阳一样明亮。"可见,主静的东方文化和主动的西方文化共同组成世界文化的两面。①又如他曾谈到中国小说表现的是一种"没有强烈的情欲和飞腾动荡的诗兴"的情景,是一种轻倩织美、宁静入幽的境界。特别是,他在1813年解释自己为什么要专心研究中国文化时说:"每当政治上将发生可怕的大变动时,我往往自私地躲避托身于最遥远无关的事务中。"人们分析道,歌德此举,主要是一种心理上的转折,表现了老年歌德追求幽静、探求永恒的东西的心态,而此时,中国等东方文化会与他心灵发生共鸣。

"不应该认为中国人……就可以作为模范。"歌德并没有放弃青壮年时期对古希腊、古罗马文化的偏爱,直到晚年他还念念不忘西方文化传统对他的滋养,他说:"我有许多东西要归功于古希腊人和法国人,莎士比亚、斯泰恩和哥尔斯密给我的好处更是说不尽的。"值得注意的是,他提到了英国文学家哥尔斯密,我们已经介绍过他的名著《世界公民》。可见,歌德的好多思想,包括世界文学的思想和对中国文化的看法,都是有着源头活水的。不过,歌德没有简单承袭前人,如他并不像哥尔斯密,把中国文化作为典范,而是明确提出"不应拘守某一种特殊的文学,奉它为模范","对其他一切文学我们都应只用历史眼光去看。碰到好的作品,只要它还有可取之处,就把它吸收过来"。中国文化当然绝不例外。歌德还说:"如果需要模范,我们就要经常回到古希腊人那里去找。"在中国文化与古希腊文化的关系上,套用一句简单的表述法,歌德是采取的"希体中用"的立场。他在《格言与反省》(1822年)中也谈到过相似的观点,他还在《近代德意

---

① 长期以来,西方和东方的不少学者都认为东方文化是以一种月神崇拜为起源的宁静致和的文化,与西方的日神崇拜刚好相反相成。歌德的意见是否也如此呢?当然,现在也有人向这种流行观点挑战了,主张东西方文化都是日神崇拜起始的。参见何新《诸神的起源》。

志宗教爱国的艺术》(1816—1830年)中深刻地指出了在一切已往的同化古代或外国艺术的试验中,从来不会有纯粹正确的结果,简单的模拟和仿效总是要失败的,举出的例子就是欧洲国家(如法国)对中国艺术的过分推崇。至于,他翻译和仿作的《百美图咏》及《中德季日即景》,更是一种再创作,是歌德吸收和消化外来文化的范例。这一点,后人早有公论。

"站在超民族的地位。"歌德此语是为他在德法斗争中没有为本民族服务所做的辩词,与他晚年多次提倡的世界文学的思想相联系,还是顺理成章的。歌德提出的"世界文学"的口号,其哲学基础是什么呢?是一种普遍人性论的哲学见解。这也是他对待中国文化的一个基本原则,这一点与"西体中用"的具体立场并不矛盾。歌德是在用人类本性的普遍性作为沟通古往今来、东西南北各色人等的桥梁。他曾说过中国民族是一个和德国很相似的民族,还说过"中国人在思想行为和情感方面几乎和我们一样,使我们很快感到他们是我们的同类人"。当然两者有很明显的差异,但并非是超出了人的本性的差异,比如歌德谈到过,尽管中国人过于强调道德与节制,但从《百美图咏》中提供的中国材料,就"使我们相信,虽有种种限制,而在那个奇特的帝国内人民仍可生活、恋爱和咏诗"。没有普遍人性的哲学信念,就无法理解歌德一生对中国文化的热情和所做的一切。歌德曾在赞赏席勒的一个哑谜式的中国神话剧本《图兰朵》(*Turandot*)的一番话中,明确表达了这种文化杂交的产儿,可以激发沉潜在德国人本性中的许多东西,使之活跃起来。没有普遍人性的哲学信念,也无法显出歌德超越时空的巨大影响,所以,我国女作家冰心在一首纪念歌德逝世90周年的诗中要这样写:"先驱者!/可能慢些走——?/时代之栏的内外,/都是'自然的宠儿'啊!/在母亲的爱里,/互相祝福罢!"

三、黑格尔的理性思维深度

在18、19世纪之交,黑格尔(Georg Wilhelm Friedrich Hegel, 1770—1831年)的中国文化观的转折意义表现在,他用达到近代哲学巅峰的理性主义,把中国文化严格地纳入他的理论框架,成为他绝对的"世界精神"王国中的一个成员,从此,理性主义在思想界的一统天下将结束,从西方看中国的方法也走到了极端。黑格尔这种理性的审视比之笛卡尔时代,要成熟和系统得多。黑格尔阅读和运用的材料是相当丰实的,他曾经看过当时译成西文的各种中国经籍,看过13大本中国皇帝通鉴《通鉴纲目》,读过耶稣会教士所搜集的《中国通史》(冯秉正译)和《中国丛刊》,利用过法国学者如雷慕沙(Abel Rémusat)和圣·马丁(Saint Martin)关于中国文学的研究、英国使臣马嘎尔尼出访中国的记录,甚至19世纪前期才在欧洲出现译本的《玉娇梨》等中国小说。黑格尔对前人的中国文化观也是熟稔的,马可·波罗的游记当然不在话下,再往前的中西交通史他也知道些,如景教的东渐等。对近代欧洲思想巨子们的研究成果,他同样相当了解,其中一再提到的是莱布尼茨和孟德斯鸠,所以一位研究黑格尔的外国学者这样写道:"黑格尔借着这种种巨量的参考材料,自己感觉着有了不少的知识上的培养,我们现在确已十分认识中国了。我们已有了中国文学和它的全部生活,以至它的历史之深切的知识。"[①]当然,黑格尔中国文化观的成熟和系统不仅仅体现在他利用了前所未有的大量的中国材料,更主要是他用冷峻的理性主义和严密的思辨哲学对这些关于中国的材料进行了

---

① 威泰福格尔(K.A.Wittfegel):《黑格尔底中国观》,转引自叶青编《黑格尔》,辛垦书店1935年版,第421—450页。

前所未有的梳理，不是做历史考证，而是用自己的方式使之重现。重现之后，人们看到的中国文化，已是黑格尔包罗万象的而又严密深奥的思想体系中的一部分。这是一种典型的从自己看别人，即从西方看中国的观察方式。人们常常以当时正兴起的"欧洲文化中心论"来批评黑格尔，但是，从文化交流的阶段性来看，我们宁可更倾向于认为这是文化交流初级阶段的必然结果。（前一章，我们已提到，狄德罗有超越这一阶段的现象，但他对中国哲学史的描绘毕竟失之简单、粗疏，而且缺乏一种历史哲学的宏观性。也难怪，在那时，他是力不从心的。）正是黑格尔把这一阶段推向了至高点，就像他把理性主义时代推向顶峰一样。这样，世纪之交的时代性转折也就到来了，因为正如没有一个哲学体系能把关于自然和人的真理穷尽；同样，也没有一个西方学者能把像中国文化这样一个庞大的文化系统纳入一个理论框架。何况，黑格尔为了严整自己的体系，还轻易地剔除了不少可能与其造成矛盾的材料，更何况，在黑格尔的身前身后确实还有不少材料他没有见过。

黑格尔对中国文化的见解，主要反映在他的两部名著《哲学史讲演录》（1816年）和《历史哲学》（1822—1831年）中。我们在看黑格尔的中国文化观时，不可不观照黑格尔哲学思想本身。因此，我们必须要循着黑格尔对人类精神（"绝对观念""世界理性""世界精神"）发展过程的描述，对黑格尔的中国文化观做一简介。

世界精神。我们知道黑格尔是一个三段式的嗜好者，他的逻辑学分为存在论、本质论、概念论，处于最后也即最高地位的概念论又分为主观概念、客体和理念。可见，理念是黑格尔逻辑学中的最高范畴。黑格尔的哲学体系又分为逻辑学、自然哲学和精神哲学三大部分，后两部分都是理念的外化和运用。由于精神哲学是直接研究人的，而关于人的学问又是最高的学问，所以，用黑格尔自己的哲学来审视人类历史（哲学史是其中最重要的内容),既是黑格尔思辨哲学体系的应用,又是黑格尔研究哲学的目的。《历史哲学》和《哲学史讲演录》都属于精神哲学,无疑,"精神"是黑格尔研究人类历史的着眼点,正如《历史哲学》的英译者约翰·西布利所说,黑格尔关于历史哲学种种"论点的目的便是'精神'的自己认识,'精神'的完全发展,这'精神'的正式本性便是'自由'"①。突出"精神",同时也是黑格尔的历史哲学区别于前人的一个主要标志。黑格尔的学生,《历史哲学》的整理出版者干斯博士曾简要地回顾了从维柯、赫尔德、希勒格到黑格尔的历史科学的发展,他认为,维柯是第一个把历史看作"理性"的产物的人,而黑格尔则是把历史表述的结构最合逻辑、表述的体系最有思想的人。他说:"这书简直可以说是表达出来了历史的道理。"②黑格尔本人也在区分了观察历史的三种方法,即原始的历史、反省的历史和哲学的历史之后,明确把自己的考察划入最高的哲学的历史之列,在"哲学的历史"的方法论指引下,"历史哲学只不过是历史的思想的考察罢了",同时"哲学用以观察历史的唯一的'思想'便是理性这个简单的概念;'理性'是世界的主宰,世界历史因此是一种合理的过程"。剔除唯心主义的神秘色彩,黑格尔的历史观无非是向人们宣告:人类精神(思想、理性)同时是历史研究的目的和手段。由于人类精神是世界性的,所以,在历史哲学中,黑格尔常用"世界精神"("世界理性")这样的字眼。在黑格尔看来,"世界精神"包含如下含义:1.世界这一名词包括物理的自然和心理的自然两个方面,世界精神主要指后者,所谓"观念和热情交织成为世界历史的经纬线"。当然前者由于牵涉到各种根本的自然的关系,也有注意的必要。由此,黑格尔首先提出了"历史的地理基础"说,他认为不应把

---

①② 黑格尔:《历史哲学》,生活·读书·新知三联书店1956年版,第23、29页。

"自然界估量得太高或者太低"。自然地理是"精神"表演的场地,是必要的基础。通过对世界各地分别的考察,黑格尔提出"历史的真正舞台是北温带",这样就排除了寒带和热带地区,又排除了大洋洲和南美洲,再把北美洲作为"明日的国土"也除去,从而得出"亚细亚和欧罗巴是世界历史现实的舞台"的结论。黑格尔又依次划分出三种地理状态:高地、平原和海岸,以分别对应非洲、亚洲和欧洲的三种文化,进而提出地中海沿岸"是世界历史的中心"的断言。2.世界精神是一个发展演化的过程。世界精神的本性是同一的,但又是由各"民族精神"的递次过渡来实现的,各民族精神先后之高下的划分原则是自由意识的发达程度,因为人类精神具有一种真正变化的能力,一种达到尽善尽美的能力,这种能力是与自由意识休戚相关的,所以,自由意识的不同程度"给予我们以世界历史之自然的划分"。在黑格尔眼中,东方各国只知道一个人自由(即君主,所以是专制主义的),古希腊和古罗马世界只知道一部分人是自由的(贵族),日耳曼民族却知道一切的人绝对是自由的,也即知道人类之为人类,应该由"精神"的自由造成他们最特殊的本性。从黑格尔的"世界精神"中可以看出,中国文化尽管没有遭到排除的命运,但却处于极其低微的地位,这是一种什么样的地位呢?

两个太阳。这是黑格尔的著名比喻,用以比喻世界精神的发展——世界历史的大概路线。一个是物质的太阳,一个是精神的太阳。自然界物质的太阳东升西沉,世界精神的太阳也如此。黑格尔写道:"太阳——光明——从东方升起来。光明是一种简单的对自己的关系。它虽然具有普遍性,同时却又在太阳里有一种个性。"这种个性表明各人对其的感受和反应是不同的。如果把太阳之光比作人类走出愚昧,创建文明,那么在这种太阳之光面前,人们却表现了不同层次的自由意识。黑格尔继续他的比喻:"试想一个盲人,忽然得到了视力,看见灿烂的曙色,渐增的光明和旭日上升时火一般的壮丽,他的情绪又是怎么样呢?他的第一种感觉,便是在这一片光辉中,全然忘却了他自己——绝对的惊诧。但是当太阳已经升起来了,他这种惊诧便减少了,周围的事物都已经看清楚了,个人便转而思索他自己内在的东西,他自己和事物之间的关系也就渐渐被发觉起来了。他便放弃了不活动的静观而去活动,等到白天将过完,人已经从自己内在的太阳里筑起了一座建筑;他在夜间想到这事的时候,他重视他内在的太阳,更过于他重视那原来外界的太阳。因为现在他和他的'精神'之间,结起了一种'关系',所以也就是一种'自由的'关系。"黑格尔告诫:"我们只要把上述想象的例子牢记在心,我们就会明白这是象征着历史——'精神'在白天里的伟大工作——的路线。"很明显,黑格尔借用了自然界物质的太阳自东方升起,由西方沉没的象征意义,表明他所谓的世界精神的太阳也是走了这一条路线。这样,亚洲自然处于世界历史的开端。而"中国是特别东方的",所以"历史开始于中国人和蒙古人"。在黑格尔那里,他不必通过怀疑中国文化的古老(如维柯)就贬低了中国文化:既然最古老,当然也就是人类文化的开端,在开端处,就如刚从失明到获得视力的人一样,对主体和客观外界还尚未分辨清楚,对人类的精神更缺乏内省和自觉。而且中国文化始终未脱离大河流域的平原文化的特性,黄河和长江流域的平原文化使中国文化长期处于农业、土地所有权和有关的法律政制之下。尽管中国也以海为界,但观念上只把海看作是陆地的中断和天堑,而不像地中海为代表的海洋文化,把海看作联系外界的纽带,看作是能够激发人追求无限的豪情和大智大勇的诱因。黑格尔指出:"占有这些耕地的人民既然闭关自守,并没有分享海洋所赋予的文明(无论如何,在他们的文明刚在成长变化的时期内),既然他们的航海——不管这种航海发展到怎样的程度——没有影响于他们的文化,所以他们和世界历史其他部分的历史的关系,完全只由于其他民族把它们找寻和研究出来。"黑格尔又一次运用他的想象力,把这种自东向西的世界精神的历史比作人的幼年、少年、青年、壮年、老年。与我们的习惯不同,黑格尔不仅偏爱夜晚(他还说过密涅瓦的猫头鹰要到夜幕降临时才起飞的话),而且偏爱老年(这又令人想起他关于青年和老年同说一句格言,后者蕴意更为丰富的话)。

幼年文化。这是黑格尔对中国文化的基本看法,下面依次是:中亚文化(少年)、古希腊文化(青年)、古罗马文化(壮年)、日耳曼世界的文化(老年)。不管这种划分是削足适履的并且对于中国人来说是难以接受的,但在黑格尔理性的眼睛里,自有他的道理。黑格尔认为这种幼年文化的基本观念是:"光荣在于'唯一的个人'一个实体,一切皆隶属于它,以致任何其他个人都没有单独的存在,并且在他的主观的自由里照不见他自己。"这个"唯一的个人"就是君权,但君权又不仅仅是指皇帝,因为皇帝还得服从古训,还得孝敬父母,所以,这个实体其实就是外在于人的自由意识的道德。①这种道德所体现的并不是人的理性的自由选择,并不是出自人的精神之内的,而是通过外在的训诫和束缚来维系的。因而,体现的是尚未摆脱童蒙的精神现象。黑格尔巧妙地称之为幼年文化,因为幼年时代的人的精神,是无法独立的,是谈不上自由的,他只有依赖,正如孩童一样,只一味服从父母,没有自己的意志和识见。黑格尔直接称之为"家庭的精神",指出:"它在这里普及于世界上人口最多的国家。"他继续描绘:"中国纯粹建筑在这一种道德的结合上,国家的特性便是客观的'家庭孝敬',中国人把自己看作是属于他们家庭的,而同时又是

---

① 黑格尔也常常在"主观性"地自己决定对"善"的自由判断等西方文化传统的意义上提到道德,但在讲到中国的道德时,就完全不是西方意义上的道德了。他说过:"在中国人心目中,他们的道德法律简直是自然法律——外界的、积极的命令——强迫规定的要求——相互间礼貌上的强迫的义务或者规则。"

国家的儿女。在家庭之内,他们不是人格,因为他们在里面生活的那个团结的单位,乃是血统关系和天然义务。在国家之内,他们一样缺少独立的人格,因为国家内大家长的关系最为显著。皇帝犹如严父,为政府的基础,治理国家的一切部门。"我们知道,已经有不少人注意到了中国式的家长制政治和家庭化道德,有的褒扬之(如伏尔泰),有的贬损之(如孟德斯鸠)。黑格尔站在孟德斯鸠一边,而且他还为这种中国文化的典型形象找到了人类精神发展史上的地位。很明显,黑格尔忽视了东西方民族的重大差异,没有看到东方文化也在发展,只是走着另一条路线而已,也自有其独特的贡献和价值。但是当我们今天也在反省我们民族文化的发展道路时,不能不感叹这些近代西方的哲人们的尖锐和深刻,原来近 200 年前,就有人看到了这一在今天仍然被认为是束缚中国文化的症结之所在。黑格尔指出了这种文化传统是外在于人的自由意识的。问题的严重性还在于,这种外在的东西却数千年来被通过种种渠道和手段嵌入中国民族的精神内部,这无疑造成了一种精神上的变形——背离了原该让自由意识在内部正常发达的人类精神发展的正常轨道。黑格尔还指出,这种幼年文化所带来的直接后果是"持久、稳定"。对于一种文化来说,生生不息、纵横捭阖才是好事,持久和稳定只会在虚假和表面升平的世界中滞止自己。

空间国家。黑格尔为了适合他对人类精神历史的构想,不惜将时间和空间交错:地处东方的中国,成了世界历史时间上的起点,而悠远古老的中国历史,却成了没有时间的空间。中国"可以称为仅仅属于空间的国家——成为非历史的历史"。亚当·斯密第一个理论化地探讨了中国社会长期停滞的问题,他是从经济学角度来看问题的,然后涉及中国的法律政制。黑格尔比亚当·斯密更宏观,因而扫视的范围也就大得多。黑格尔从中国历史、历史作家、历史记载谈起,认为历史必须从中华帝国说起,因为根据史书的记载,中国实在是最古老的国家,中国历史的过程就是文化的向南推进,以及一个国家和一个政府的创始,然后分合、合分,循环不已。中国"历史作家"的层出不穷,继续不断,实在是任何民族所比不上的。中国人存有若干古代的典籍,如《尚书》《易经》《诗经》《礼记》《春秋》《乐经》等,这些典籍便是中国历史、风俗和法律的基础。然后,黑格尔着重评述了中国"那终古无变的宪法的精神",这就是"家庭的精神"。对此,他做了具体阐述,其中包括人际的五常关系、父对于子的权威、生育子嗣以及作为大家长的皇帝等。在冷峻的批评之余,黑格尔也谨慎地赞赏了中国对于君主的自小训练和各级官吏的选任制度。接着,黑格尔谈到了中国的行政管理,他认为中国事实上没有一种宪法,因为宪法就意味着有独立的人格。所以"在中国,实际上人人是绝对平等的,所有的一切差别,都和行政连带发生"。不要误会黑格尔在肯定中国人的平等,平等前面的"绝对"两字就很有黑格尔风格,因为一般说来平等不可能是绝对的,只有在缺乏个性、缺乏自我意识的人中间,才谈得上绝对平等。果然,黑格尔又补充说:"中国人既然是一律平等,又没有任何自由,所以政府的形式必然是专制主义。"他比较了西方的自由和平等,又详述了中国专制主义的行政机构,可见,中国人的平等只是在专制统治面前人人平等罢了。话题又转到了中国的法制。黑格尔写道,"基于家长政治的原则,臣民都被看作还处于幼稚的状态里",这就造成"一切都是由上面来指导和监督"的习惯,造成"几乎等于一种奴隶制度"的表象①,造成对人的肉体和精神任意侮辱的刑罚。不要简单地以为中国的法制不健全,因为中国是伦理化的法律,所以无微不至。不过,在西方,法律

---

① 东方的"普遍奴隶制",是黑格尔影响于马克思等后人的又一重要概念,其实质相当于东方的"专制主义"。

包含有道德的本质规定,在中国,道德本身即是法律的规定,所以"中国人既没有我们所谓的法律,也没有我们所谓的道德"。黑格尔还说,中国的法律是形式发达,而内容"反倒是压制法律的东西"。关于中国的宗教,黑格尔首先声明:"中国的宗教,不是我们所谓的宗教。"但根据黑格尔关于一个民族对于它认为是"真"的东西所下的定义可以推论,中国仍然有宗教。不过,他指出:"在家族制度的情形下,人类宗教上的造诣只是简单的德性和行善。"这种宗教的特点在于与大家长的专制政体紧密相连,所以,宗教在中国简直是"国教",与个人的独立性相去甚远。中国的宗教依赖于自然界的各种对象,其中最崇高的便是物质的上天;与人事影响天然的巫术有关,所以,偶像崇拜和极深的迷信又透露出精神性的缺乏。最后,黑格尔讨论了中国的科学。他用一句话便拂去了18世纪欧洲的"中国趣味",他说:"每逢提到中国的科学时,我们便听到一阵鼓噪,说它们是何等地完美和古老,其实不然。"他列举了中国科学中的矛盾现象:一方面是政府对科学的重视和投入,另一方面却是把科学当作一种理论研究的兴趣的匮乏;一方面是对科学的实用性的重视,另一方面却是对许多最先发明的东西"不知道怎样利用"。原因何在呢?黑格尔提出了一些发人深省的理由:也许正是由于政府管束过严,干预太多,所以,中国的科学中就缺少主观性的园地。用黑格尔的说法,叫作"这儿没有一种自由的、理想的、精神的王国"。也许正是由于过于看重科学的实用性,以致在中国经籍中不把除道德外的各种科学作为科学,而只"作为知识的枝节来裨益实际的目的",从而造成了理论研究的落后,以致许多发明只停滞于胚胎状态,而且在总体上使一些曾经领先的学科,现在却落后得很远。再一个重要障碍就是中国的文字。已经有不少思想家谈到了中国的文字,除了莱布尼茨想从中获得他关于"普遍文字说"的主张得以付诸实现的灵感之外,人们几乎众口一词地批评了中国文字的过于复杂,易生歧义和表现方法的落后(象形化)。除了重复这些批评外①,黑格尔还提出了一个新说,即中国"口说的文字"和"笔写的文字"的分离,他认为"粗看时这似乎是一种很大的优点……但实际的情形对这种优点恰好相反"。除了复杂和歧义之外,黑格尔没有提出更有力的论证;但是,他看到中国语言和文字的分家这一大毛病,已经表明这位哲人的不同凡响。我们知道,100年后,中国人中的最先进分子才提出了这一问题,并详加论证,掀起了一场"文学改良"的白话文运动。

史前哲学。从世界历史的意义上,中国历史处于起始的地位,从世界哲学史的意义上,中国哲学连正式的地位也没有。这又是黑格尔蔑视中国文化的一个突出论点。和对待历史哲学中的态度一样,除了指出黑格尔的"西方中心论"偏见和对中国文化了解不够之外,不妨平心静气地听听这位理性主义大师对中国文化的分析,一则了解这位著名哲学家的中国观,再则可以感受到来自"庐山之外"的理性说的锐利和深刻。

黑格尔认为,哲学史的起始点必须与宗教观念和有思想意味的预感的起始区别开来。哲学起始的条件有这么几个:1.物质生活比较满足,黑格尔把哲学叫作"一种奢侈品"。2.哲学是思想中的否定性这一活动力的结果。哲学是对原始自然生活和追求个人目的人类生活阶段的否定,是对伦理和风俗的反省和理解。3.摆脱了与一般文化生活混杂在一起的情形,人的精神指向普遍的对象,用普遍的理智概念去理解自然事物,去认识事物的原因。4.政治自由与精神自由是互为表里的。一则"现实

---

① 黑格尔说过,中国人"在实用上所必需的符号数目计有9353个,如果把最近创造的合计起来,一共就有10516个;至于文字的数目,按一般书籍中它们表示的观念和它们的结合来计算,可以有八九万之多"(《历史哲学》)。在《哲学史讲演录》中,他又说:"中文里面的规定(或概念)停留在无规定(或无确定性)之中。"

的政治的自由仅开始于当个人自知其作为一个独立的人,是一个有普遍性的、有本质性的,也是有无限价值的时候";再则,"所以在历史上哲学的发生,只有当自由的政治制度已经形成了的时候"。以此来衡量中国哲学,当然只能得到黑格尔式的结论,因为,除了条件1,其余三个条件在中国都不具备。首先是思想的否定力不够,这种否定力的增强就是合于理性精神的进展,这种否定力的使命就是充分发扬人的抽象思维能力,并逐渐向具有哲学意味的具体过渡。所以,这种否定力的标志就是对伦理化和风俗化的人类生活的扬弃。可是在中国最受重视的孔子哲学,却只是一种道德哲学。尽管"在孔子的主要作品中(这书已经译为英文),可以看到许多正确的道德箴言",但"里面所讲的是一种常识道德,这种常识道德我们在哪里都找得到,在哪一个民族里都找得到,可能还要好些",所以,"孔子只是一个实际的世间智者,在他那里思辨的哲学是一点也没有的",而他的学说又"是毫无出色之点的东西"。对孔子的近乎全盘的否定,是黑格尔中国哲学史观的一大特色,而这一特色又是从他的哲学史观中直接得出的,因为道德的具体化阻滞了从抽象到具体的思维能力的发展。在黑格尔看来,"中国是停留在抽象里面的,当他们过渡到具体者时,他们所谓具体者的理论方面乃是感性对象的外在联结,那是没有(逻辑的、必然的)秩序的,也没有根本的直观在内的。再进一步的具体者就是道德"。抽象能力是人类的天性,但要使之发展、发达,必须通过有着种种中介的哲学思维过程,使抽象和具体辩证地结合起来;然而在中国,虽然,伏羲哲学证明了普遍、单纯的抽象概念是浮现于一切多少有一些文化的民族里的,但《易经》哲学却导致了卜筮。这说明,在中国思维传统中最外在、最偶然的东西居然会与最内在的东西直接结合,这种从抽象到具体如此迅速而直接的连接,成了"中国人的智慧的原则,也是一切中国学问的基础"。但是,"没有一个欧洲人会如此"。比如中国的物质观念。八卦的形式是何等抽象，却一下子与一系列最具体的事物连在一起，"在这些概念的罗列里，我们找不到经过思想的必然性证明了的原则"。其次，抽象与具体仅仅停留在外在的结合，实际上却是对从抽象到具体的辩证思维的削弱。因此，中国哲学，一面在极抽象的符号中游戏，一面却把道德、治国之术、历史等都包罗在一起。但是，"这类的具体者本身并不是哲学性的"，所以，并未达到与一般文化生活混杂的情形。黑格尔称之为"一种十分特别的完全散文式的理智"，而这种"理智"尤其突出地表现在中国的宗教中。黑格尔比较了东西方宗教，认为最根本的区别在于，西方神圣化了个体，因而西方宗教中的神灵表现为人格的形态，而东方宗教没有个体化（人格化），因而东方的神灵只具有普遍观念的性格，即便个别化时，也仅有形式而已。东方人的宗教思维方式或曰宗教哲学正可以成为东方哲学的代名词。那为什么称之为"散文式的理智"呢？其关键在于这种理智缺乏哲学思维的最基本特征：对人自身的认识。黑格尔说过，精神的事业就是认识自己，"认识你自己"是精神本性的绝对命令。最后，中国人的自由意识之所以迟迟停滞不前，黑格尔认为是在于精神和政治两种自由都不充分。"个体的精神认识到它自己的存在是有普遍性的，这种普遍性就是自己与自己相关联。自我的自在性、人格性和无限性构成精神的存在。"这就是黑格尔的所谓"自由"，以此衡量中国人的精神，当然相距甚远，似乎仅是一种主体尚未达到人格的状态。这种状况最易于培植专制主义。黑格尔指出，在东方，只有主人与奴隶的关系，因而只有君主一个人的自由，这种专制主义又与东方的宗教、道德、法律等连在一起，长期以来，造成了一种恐惧感。黑格尔与孟德斯鸠一样，也把"恐惧"看作中国法律的一个主要观念。不同的是，黑格尔进一步把这一观念推广到宗教，推广到整个专制主义阶段，推广到东方的人的精神领域：

"人或是在恐惧中,或是用恐惧来统治人。"所以,以"恐惧"为主要范畴的专制主义政治,其最大的恶果,就是禁闭了人的意志和思维。黑格尔说过:意志的有限性是东方的性格。在别处,他还提到过其他一些中国人的民族劣根性,如缺乏荣誉感,自暴自弃,过于自大,好模仿轻理论,等等。这些,尽管是刺耳的,也不可避免地有不少表面性、片面性,但黑格尔联系哲学思维方式,联系政治和哲学上的自由概念来讨论中国的民族性问题,还是富于启发性的。①

　　黑格尔的逻辑是严密的,他既然表明了赞同亚里士多德关于"首先要生活上的需要得到了满足,人们才开始有哲学思想"的名言,他也就不会彻底否认中国哲学的存在。他把老子作为中国古代哲学思维的代表,指出"这派是以思辨作为它的特性",《道德经》是关于理性和道德的书,"道"具有一种形而上学的意义,指道路、方向、事物的进程,是一切事物存在的理性和基础。黑格尔也似乎表现了对老子哲学中对立统一、从"无"—否定的规定开始生成发展的兴趣,认为"中国哲学似乎如毕达哥拉斯派一样,从相同的基本观念出发","这里说到了某种普遍的东西,也有点像我们在西方哲学开始时那样"。否定孔子哲学和对老子哲学发生兴趣(尽管十分有限),也使黑格尔在欧洲中国文化观的发展中具有开创性意义,因为莱布尼茨除了对《易经》中的两分法有兴趣外,主要是推崇孔儒的思想,沃尔弗更是孔子哲学的鼓吹者。不仅德国思想家,当时欧洲其他国家的思想家也大都以孔子为主要评述对象,而且多取赞赏态度。黑格尔从他的思辨的理性主义出发,对老子哲学表现出甚于孔子哲学的兴趣(同样理由,他也对《易经》有所肯定),明白地表明了一种变

---

① 在《历史哲学》"东方世界中国"篇的结尾处,黑格尔谈到了他探究中国人民族性的意图,并表明了他的这一方法论。

化,这种变化,对日后西方思想家们,特别是德国思想家(包括德国的中国学界)也颇有影响。当然,黑格尔对老子哲学的兴趣和肯定也仅此而已,否则就要离开他的哲学史观的逻辑了。所以,他说明:老子哲学是非官方哲学。这就使之成为中国专制政治下的一个例外,而且他还一再重申,哲学必须超出老子的思想,否则"哲学仍是停在初级的阶段"。

四、叔本华的现代哲学倾向

叔本华(Arthur Schopenhauer,1788—1860年)与丹麦哲学家克尔恺郭尔(1813—1855年)一起,被普遍认为是现代西方哲学中人本主义思潮的肇始者。同黑格尔的哲学思想相似,叔本华的中国文化观也具有这种跨世纪和时代的开拓意义。

黑格尔在他的中国文化观中所表现的是17、18世纪欧洲理性主义的巅峰状态,这同时就意味着这一时代的结束。叔本华的中国文化观实现了这一转折。1816年,当黑格尔作《哲学史讲演录》时,叔本华已在居留魏玛、德累斯顿期间研究了印度哲学和佛学。1822年,当黑格尔在柏林大学开讲《历史哲学》时,叔本华也开始受聘于柏林大学,并以极端蔑视黑格尔的姿态,与这位声望卓著的德国哲学大师唱开了对台戏。主要是由于不合时宜,招致惨败。但他那对人的意志、人的非理性、人的生活悲剧的揭示,终究被后人所领悟。当他70周岁生日时,他才赢得了在现代西方哲学中应有的地位。叔本华关于中国文化的见解主要反映在他1836年的一本著作中,这本著作题为《自然界中的意志》。该书是一本在"意志为万物本源"的唯意志主义理论观照下,广泛涉及作为表象的经验科学的著作,如生理学与病理学、比较解剖学、植物生理学、物理天文学、言语学、动物交感与魔术、伦理学,其中第七章是"中国学"。这一安排本身就不同一般,因为,叔本华把对中国的知识、认识和研究看作一项专门的学科,这在以往的西方大思想家们那里还是没有过的。当然,叔本华同时也是用中国学的知识和观点来进一步证明他具有现代哲学意味的理论。这样,叔本华的中国文化观就有了双重的意义:既影响了作为一门学科的西方中国学,又推进了作为一些思想家的理论的组成部分的中国文化观。其实质便是走出近代,通向现代。

一、对基督教文化传统的反叛是现代西方哲学家最初的课题。基督教文化传统是欧洲近代文明的基础,它取代古希腊文化,统治了西方社会整整十多个世纪之久。这种基督教文化肇始于宣扬理念世界和假象世界、理智生活和本能生活分离后的苏格拉底—柏拉图的古希腊哲学,然后与希伯来文化合流而成。由于它已经浸入了西方人的思想、精神、心理和文化的各个角落,所以对这种文化传统的反叛,就不同于文艺复兴以后的各种对作为宗教神学的基督教的批判,当然也绝非朝夕之功。高扬这一反传统旗帜的是晚于叔本华的尼采,尼采的口号是"上帝死了",他的理想是用古希腊悲剧文化传统,特别是狄俄尼索斯的酒神精神来取代基督教文化传统。但是,更早向基督教文化传统唱反调的却是叔本华。叔本华以哲学家的敏锐较早地感受到了欧洲社会中大工业所带来的心灵分裂之苦,他说:"如果我们对人生作整体地考察,如果我们只强调它的最基本的方面,那它实际上总是一场悲剧,只有在细节上才有喜剧的意味。"在他关于"中国学"的论述中,更直接地表达了他对欧洲文化的不满,他指出:"欧洲人的基本思维方式与亚洲人截然不同。"作为一个德国人,他却站在东方思维一边,嘲笑西方文化,他借用了当时巴黎出版的一本题为《西藏纪事》(1831年)的书中所构造的故事来表明他的态度。书中提到达赖与邪恶辩论,邪恶说:"凡是经过五官感受而得到的知识(感觉)都不会假,而你的那些说教却没有一件是真。"这场辩论最后由掷骰子来决定胜负,结果是实在主义者(邪恶)输了,并在一片哄笑声中被赶下了台。叔本华还指出:"欧洲人是受乐观主义的熏陶,而在亚洲,存在本身则被看作一种恶,世界被看作是悲惨的舞台,采取的是回避现实的态度。"显然,叔本华的思想更接近亚洲式的文化(当然也仅仅是他所接触到和理解到的亚洲文化)。正是在反基督教传统的鲜明性和尖锐性以及以什么东西来取代这一文化传统上,尼采在现代西方社会更引人注目些。不过,叔本华把目光投向东方神秘主义的思想和文化传统,也不失为一条途径,所以,同样后继有人。

二、对东方神秘主义的欣赏。叔本华认为,宗教的概念并不等于有神论的概念,中国的宗教就是如此。中国的宗教,其根本上是对自然和英雄人物的崇拜。看来这种对自然的崇拜是与他的自然的意志说相吻合,而对英雄的崇拜也从一个侧面印证了他那"世界就是我的意志"的命题。当然这两种崇拜都与西方基督教传统中对一个唯一的世界创造者——上帝的信仰是根本不同的。叔本华引用了朱熹的一句名言"天心所在,可从所成之人意中验之",这句话似乎说明了上述两种崇拜的关联,同时也说明中国的这种思想与叔本华思想的合拍。叔本华自己也说,朱熹的这句话"与我的学说如此惊人的一致"。叔本华还具体介绍了中国的"三种宗教及其诸般教义"。关于道教,他认为是一种理性的学说,其意义和精神实质与佛教完全一致,即所谓"道",就是把芸芸众生从世界及其苦难中解脱出来的途径。可惜,道教处于低落时期。关于儒教,就是孔子的学说,尽管中国的学者和政治家们心向往之,但就叔本华所看到的而言,他认为"这是一种杂乱无章的、通俗的并且主要是关于政治和道德的哲学,没有任何形而上学的内容,在一些地方尤其索然无味,令人疲倦"。关于佛教,叔本华特别推崇,说"这是一种充满了爱的崇高学说","就其具有内在的美德和众多的信徒来说,可以认为堪居世界上各种宗教之首"。在中国,大多数人信佛教,尽管"它从未得到过国家的任何扶持,仅依靠自己的力量而生存下来。这种情况充分表明它深得人心"。叔本华还说明,在中国上述三种宗教是和睦相处的,但却都不属于一神论、多神论甚至泛神论。他列举许多西方学者的研究成果,证明"佛教徒严格说来是无神论者","佛教为我们提供了一个没有道德的统治者、指导者和创造者的世界"。那么这个世界是怎么回事呢?叔本华这才开始阐述他"中国学"一章的中心思想,原来,叔本华又把朱熹的学说与上面所述的一切联系在一起,指出朱熹是"集先人之一切学问为一体","他的著作是中国一切教育的基础,具有最大的权威性"。在朱熹的所有思想中,叔本华撷取了一些关于"天"的说法,如"而今说天有个人在那里批判罪恶,固不可;说道全无主之者,又不可","天地之心不可道是不灵,但不如人恁地思虑","若果无心,则须牛生出马,桃树上发李花",等等。①很明显,叔本华感兴趣的是其中可能生发出来的与他的自然意志说可以相互印证的意蕴。

　　三、对西方中国学的总结和期待。以一个思想家而特意关注"中国学",除了莱布尼茨,在那个时代还是少见的。莱布尼茨是致力于从科学的意义上创建这门学科,而叔本华却是对教士中国学的批评性总结。站在东方文明崇拜者的立场②,叔本华首先讥笑了耶稣会传教士"顽固地热衷于把他们自己较新一些的教义传入中国这个非常古老的民族"的"固执的热情"和"徒劳的做法"。这种较低级的文化(基督教文化)向较高级文化(中国的

---

　　① 黎靖德编:《朱子语类》(卷一),台湾正中书局1973年版。
　　② 但叔本华的东方文明崇拜与莱布尼茨、伏尔泰等前人不同,他没有把文明的发明权全部交给对方,而只是在与西方基督教文化传统相比试的意义上赞扬之。他从来不肯承认自己的思想也得自东方,而只认为这是一种英雄所见略同的现象。

"高度文明")的倒灌,不仅无法奏效,而且限制了西方对中国知识的了解。所以,"直到最近,欧洲才稍稍得到了一些关于中国宗教方面的知识"。叔本华还指出:"要用欧洲人的头脑去理解中国人所信奉的宗教,也不是容易的事。"而最初的教士中国学就是这样的一种做法,他们"力图从中国人的信仰中找出一些与他们自己的信仰相同之处",这就使欧洲人对于东方宗教的研究只停留在消极的立场上。叔本华认为这种做法是"十分自然的",但又是"毫无用处"的。此外,叔本华还提到了在前一时期的中国学研究中,由于中国语言及其他研究工具不足所造成的困难。可见,在中国高层次文化大规模西传的第一阶段,"从自己看对方",即"从西方看中国",是一个普遍的现象。即便是以传播、阐释中国文化为主的教士中国学也如此。而且与一般西方大思想家相比,同样是"从自己看别人",传教士们就要逊色得多,因为他们大多只有宗教神学的眼光,而缺乏理论的穿透力。然而,历史已经走到了19世纪,叔本华既然能够对近200年的教士中国学提出批评性的总结,他当然也已看到了西方中国学的新的机运。他珍藏了大量关于西方学者翻译和研究中国、印度佛教的著作,保存了许多有关中国、印度的历史、宗教和思想方面的材料,还亲自研读过梵文典籍,并热忱地说:"我们只得寄希望于将来,既然同中国人的自由交往已经建立,总有一天某位英国人会把我们在这里所论及的至今还非常可怜不完备的东西作一番精确而完整的介绍。"这些都说明,国外中国观的新的阶段已酝酿成熟,文化交流中"从对方看对方"的第二阶段已经悄然出现,作为这一阶段主要标志的19世纪西方中国学就将登台。

第九章　走向专业化的中国学
——从中国看中国的试图

西力东渐和东方学的发展,是19世纪国外中国研究的两大背景。19世纪专业化的中国学的建立,是国外对中国文化长期介绍和研究的逻辑结果。所以,19世纪中国学既是一种分国别的现象,又是一种文化交流和互识规律的共同体现。它表明,在世界走向中国之后,经过了从外国看中国的阶段,开始了从中国看中国的试图。

一、西力东渐和国际东方学的发展

英国牛津大学教授苏慧廉(W.E. Soothill, 1861—1935年)曾经用象征性的语言描绘了19世纪之初的西方和中国,他说:"当18世纪在远东的中国扩张的顶点闭上大门之时,西方的一场火山喷火却打开了19世纪的大门,而且把它的灰烬落到了中国,从而使中西交通的天地变得暗淡了,唯有英国例外。这场火山喷火就是法国革命和拿破仑战争。"①苏慧廉并未能正确地说明19世纪初中西交通一度受阻的真正原因,但他却正确地指出了19世纪初中西交通面临的境况。

---

① W.E. Soothill, *China and West: A Sketch of their Intercourse*, London: Oxford University Press, 1925.

自17世纪以来,清朝的历代统治者逐步建立起惊人的业绩,这突出地表现在中华帝国领土的大扩张和人口的大增长。特别是康熙朝的签订中俄《尼布楚条约》和战胜噶尔丹;雍正朝在云贵地区再行废除世袭土司,改行临时任命的派官统治的"改土归流"政策;乾隆朝屡次在帝国边境地区用兵,建立起以征服西部广大地区为主要业绩的"十全武功",从而使被外国学者称之为亚洲腹地的东北、蒙古、新疆和西藏地区归入清朝版图。人口也随之激增,18世纪末,东北地方的人口大概已超过100万,到19世纪中期又翻了两番,汉族人口则增加了一倍。全国人口据记载,"顺治十八年(1661年)合计天下民数千有九百二十万三千二百三十三口。康熙五十年(1711年)二千四百六十二万一千三百二十四口;六十年(1721年)二千九百一十四万八千三百五十九口,又滋生丁四十六万七千八百五十口。雍正十二年(1734年)二千六百四十一万七千九百三十二口,又滋生丁九十三万七千五百三十口。乾隆二十九年(1764年)二万五百五十九万一千一十七口;六十年(1795年)二万九千六百九十六万五百四十五口。嘉庆二十四年(1819年)三万一百二十六万五百四十五口"①,历时150年左右,猛增了十五六倍。领土和人口的增大、外来经济文化的浸淫造成了中国社会经济向近代化发展的内部的和外部的原因。但是,在一派升平景象下,却潜伏着极大的危机。幅员广大、人口众多既是好事,也是坏事。中国的这一经济的和政治的、社会的综合征,连17、18世纪的一些外国人也都看到了。同时,清朝几代立国、建国的著名帝王,尽管以其文功武绩、雄才韬略可以在中国封建社会的殿堂中坐几把显赫的交椅,然而,这仅仅是一种自身的纵向的比较,或者说仅仅是

---

① 《清史稿·食货志一》,转引自翦伯赞、郑天挺主编《中国通史参考资料》(古代部分)第八册,中华书局1966年版,第124—125页。

在一个自身循环的圆圈中的比较,一旦做横向比较,与更高层次的历史改革进行比较,便被比了下去。最明显不过的是在经济思想上的失误,如康熙皇帝虽然比他的父亲顺治帝开明一些,开了海禁,但却限制颇多,并且禁止船只、粮食出口,禁止华侨在外经商侨居。须知,康熙皇帝在位的时代,正是世界各大国走向近代化的时代,探险与移民、外贸与通商是一股顺乎历史的世界性潮流。与康熙皇帝几乎同时的法兰西波旁王朝的路易十四(1643—1715年),尽管其个人为历史所淘汰,但他在政治、经济、文化诸方面所做的开拓性工作,恰好为法国大革命做了重要铺垫。另一位与康熙皇帝同代的俄国罗曼诺夫王朝的彼得一世(1682—1725年),全力向西方和东方寻找通道,还亲自到欧洲走了一遭,胜利地完成了所谓"窗户战争";在国内实施新政,力行改革,著名的"割须换袍"式的欧化措施,便是他从生活方式入手迎接近代化的一个范例。当然,康熙皇帝保守主义的经济贸易思想是传统文化的产物,他本人既无力也无意去反叛之,并且自然会继续影响到后人。乾隆皇帝更以天朝主义的贸易政策来处理对外贸易。他闭目塞听,不管欧洲冶金工业正在迅速发展,却严禁废铁出口;他坚持以农立国的传统方针,禁止麦豆杂粮出口;他把出口贸易看作是对别国的恩赐,所以,一旦国内丝绸需求有所增加,便限制丝巾绢缎出口。到乾隆二十二年(1757年),他更下令关闭浙、江、闽三处海关,留下广州一处,实行单口贸易政策。正是乾隆皇帝以天朝主义的恩赐观点拒绝了英国国王及其首任特使马嘎尔尼关于增开海口、开设商行、常驻京师等要求。

我们还可以看到,在表面上的盛世之下,比错误的经济思想和政策更为有害的自大保守心理也走到了极端,中国传统文化中以我为中心,以别国乃至世界为外围的同心圆式的世界观(即认为雄踞于中国舞台之巅的天子是光被四表的。地理距离越大的外围蛮夷与皇帝的关系也就越淡,但不管怎样,他仍得臣属于皇帝),又进一步为这种自大心理定了向,这个方向就是闭关锁国,要么视外国为夷属,要么视外国如洪水猛兽。对此,著名英国政府特使马嘎尔尼的一位久居北京的私友看得很清楚。在马嘎尔尼北京之行受挫时,他劝慰道:"两个世纪以来,中国人一向把外国使节视为在重大节日时来纳贡的人,从来没有与他国缔约的观念,法国的动乱则加剧了中国官方对外国人的提防心。"①所以,著名美国历史学和中国学家费正清(John King Fairbank)教授尖锐地指出:"表面上看,清朝的统治到18世纪晚期正处于空前的鼎盛时期。但是在19世纪中期,它就证明是一个躯壳中空的巨人。"②苏慧廉教授所说的19世纪初中西交通受挫,一个重要原因就在于晚清帝国经济、政治、社会文化的这种既外强中干又夜郎自大的状况。至于法国革命和拿破仑战争等重大事件,不过是加剧了这种状态和心态而已。但是,历史的航船是不会抛锚靠岸的,不管你是欢迎还是拒绝,是高兴还是恐惧,世界走向你,你走向世界都是迟早要发生的。问题只在于,以19世纪中国这样一个空壳巨人是无法抵挡世界潮流的冲击的,更何况这种冲击是在经济力、军事力、文化力远高于中国的西方世界的扩张主义的旗帜下发生的。这样,19世纪中西交通就较之以往更显出一种强制性(从西方一面看)和被动性(从中国一面看)。

如同水往低处流的物理现象一样,文化交流和撞击也有这种由高向低的特点。17、18世纪西方社会刚刚走上近代化之路,所以,东方和中国文化,对于西方来说除了有新鲜感,有互补效用之外,不少方面确实还有高出一筹之处,这样西方人的目光自然就比较多地注意到东方和中国文化。然而,到了19世纪,情况逆转了,羽翼已丰的西方列强不再感觉到东方文化的吸引

---

① 斯当东:《英使谒见乾隆纪实》,商务印书馆1963年版,第411页。
② 《剑桥中国晚清史:1800—1911年》(上卷),中国社会科学出版社1985年版,第40页。

力,他们宁可从自身的历史和文化传统中汲取有用的东西,他们向东方和中国索求的是财富,倾销的是西方的商品(乃至毒品),散布的是西方的文化。所谓"西力东渐",就这样发生了。

英国工业革命的成功,使之赢得了19世纪世界帝国的地位,便也理所当然地成为"西力东渐"的主力。之后,随着国内资本主义的发展,美、德、法、俄乃至日本等也参加了这一行列。

所谓"西力东渐",首先是经济力的东渐。大量进入中国市场的是资本主义世界最初的也是最持久的竞争性极强的商品:毛织品、棉花和棉布棉纱。1760年英国向中国出口毛织品价值11万两,但到了1820年至1824年间便猛增到200万两。在鸦片战争前,棉花的平均年进口量在40万担以上,金额达400万两左右;棉布棉纱的进口,年均在200万两以上。但由于中国小农经济顽强的抵抗力和再生力,到19世纪70年代以前,西方经济力的东渐,还未能改变中国社会的经济结构;70年代以后,中西交通条件进一步改善,为西方经济力的东渐提供了极为有利的条件。到1895年,对瓦解小农经济具有重要意义的工业产品棉纱的进口量达到了116万多担,比25年前增加了22倍。[1]与此同时,是中国关税主权的丧失。1873至1893年间,中国商品的出口税超过进口税约一倍,洋货较之土货处于无可比拟的有利条件,而且中国出口商品中农产品的比重迅速增长,1873—1893年间产值增加了9倍,到1903年则增加了3倍,进一步形成了中国农业生产对世界市场的依赖关系。[2]

所谓"西力东渐",又是军事力的东渐。炮舰政策自始便是与经济力的东渐相伴随的。早于1637年,英国人威德尔率领的商船首次来华通商,就炮轰虎门炮台,开始了中英之间的严重冲突。

---

[1] 姚贤镐:《中国近代贸易史资料》,中华书局1962年版,第1602页。
[2] 齐赫文斯基:《中国近代史》,生活·读书·新知三联书店1974年版,第350、359页。

1792年英国特使马嘎尔尼来华,无功而返。之后,更是事端不断:"嘉庆七年(1802年)春三月,英人窥澳门,以兵船六泊鸡颈洋。粤督吉庆宣谕回国,至六月始去。十年(1805年)春三月,英王雅治复遣其臣多林文附商船来粤'献'方物。十三年(1808年)秋九月,复谋袭澳门,以兵船护货为词。总督吴熊光屡谕使去,不听,遂据澳。复以兵船闯入虎门,进泊黄埔。命剿办绝市,褫熊光职。英人始于十月退师。明年(1809年)春二月,增筑澳门炮台。夏五月,定广东互市章程。十九年(1814年)冬十一月,禁英人传教。二十年(1815年)春三月,申鸦片烟禁。"①1816年,第二位英国特使阿美士德再度受挫以后,英国朝野力主武力东渐的呼声日甚。1840年的鸦片战争,尽管没有对中国的社会经济发生重大破坏,却沉重地打击了中国人在传统文化熏陶下的四平八稳的心理,中国人第一次感受到了与一个文明程度高于自己的民族和高于自己的社会形态遭遇的滋味。此后战争频繁,军事力的东渐终于为经济力的东渐扫平了障碍,中国的社会经济结构也失去了平衡。特别是1894年中日甲午战争之后,面对素来仰中国文化鼻息生存的近邻小国的迅速崛起,这种内在的和外在的打击更为冷酷无情。

所谓"西力东渐",还是文化力的东渐。人们常说19世纪末20世纪初是西学东渐的开始,其实西方的文化,在这之前也是以一种强制力的形式迫使中国人接受的,没有这种强制性的文化力的"东渐",就不会有后来先进的中国人主动引进西方文化、思想、理论的"西学东渐"。正如没有强制性的经济力和军事力的"东渐",就不会有中国近代史上有着积极意义的洋务运动一样。西方文化力的东渐是与传教士们的活动分不开的。1807年英国传教士马礼逊(Robert Morrison,1782—1834年)在美国国务卿麦迪逊帮助下乘着美国货船"三叉戟"号到中国,揭开了19世纪西

---

① 《清史稿》卷一百五十四,中华书局1976年版,第4516页。

方传教士来华传教活动的新的一幕,这主要表明,基督教(新教)也开始大量地在中国进行传教活动了。虽然早在17世纪初,新教就有过进入中国的尝试,并在台湾进行了一些活动,但真正适应英国扩张主义需要的大规模行动还是在18世纪末。其时,英国国内纷纷成立了国外传教的基督教差会机构,较著名的有浸礼会差会(1792年)、伦敦会差会(1795年)、苏格兰差会(1796年)、基督会差会(1800年)等。美国的新教也接踵而起,成立了美部会(后改称公理会,1810年)、浸礼会差会(1814年)和圣公会、美以美会差会(1820年)等。由于种种原因,新教在华的活动开始时并不顺利,到1840年,传教士仅20余人,代表六个不同的差会,接受洗礼的华人不到100人。但是新教传教士都做成了两件极重要的工作:搜集情报,鼓吹以强硬政策叩开中国大门的政治性工作和为在中国开展传教做准备的文化性工作。尤其是后者,奠定了19世纪后半叶的传教活动,乃至西方文化进入中国的基础。19世纪后期,随着西方经济力和军事力的加剧东渐,作为西方文化力的主要代表的传教活动也更为发展。《天津条约》和《北京条约》的签订,使得中国的内地也成为传教士自由活动的空间。1864年,内地开放4年后,在中国有189名新教传教士;10年以后,有了436名新教传教士;1889年又达此数的三倍;到1905年则上升到3445名。当然,传教活动的发展,更重要的一个原因,还在于传教战略的改变,即从"孔子或耶稣"变为"孔子加耶稣"。这一点,我们将在下一章专门谈到。除了基督教(新教)以外,在中国进行传教活动已有100多年的天主教各教会和俄国东正教的传教士们,也相当活跃。18世纪后期,耶稣会在罗马教廷失宠和中国清朝皇帝的屡次禁教下,到1810年,仅有31名欧籍传教士在中国秘密活动。1814年,耶稣会恢复了活动。1822年在法国还建立起了促进天主教支持传教活动的教廷传信部,以监督和协调全世界各修会和教派的活动。19世纪中叶后不久,中华帝国的版图大致被西班牙多明我会(福建)、耶稣会(江苏、安徽及直隶南部)、遣使会(直隶大部、蒙古、江西、河南和浙江)、方济各会(山东、湖南、湖北、山西和陕西)、巴黎外方传教会(四川、贵州、云南、广西、广东、东北及西藏)等五个主要修会分割负责。到1900年,欧籍天主教士已达886名,教徒发展到大约70万人。俄国东正教是从18世纪初开始来华传教的,从1715年,俄国政府正式委派组成历史上第一个"北京传教士团"以后,至1860年,沙俄共派遣13批东正教传教士前来北京,神职人员共达155名,发展教徒200名左右。那时参加传教士团活动的人,大部是来华的俄商、改籍中国的俄罗斯人和他们的亲属,活动范围,一般只限于北京城内外。1860年以后,他们也开始向各地扩张,在哈尔滨、天津、上海、新疆等地都建立了教堂,有的还形成了独立教区。北京传教士团的势力也扩至华东、华北、东北、西北各地,据1905年报刊统计,光在蒙古和西北地区注册登记的华籍教徒就达37020人。①

可以说,19世纪西方传教士的大量活动,构成了传教史上又一次重大的来华传教过程。其背景、范围和后果,当然与前几次不可相提并论,但与前几次相同,这次传教活动也是中西文化交流的重要媒介。

就如对19世纪西方传教士来华活动很难以简单的"好"与"坏"的字眼来评价一样,对整个"西力东渐"的历史的评价和描述也是颇为繁难的一件事。两位著名的美国学者曾经分别概括过这一"西力东渐"的历史。20世纪10年代,马士(Hosea Ballou Morse,1855—1934年)在《中华帝国对外关系史》中曾把它分为三大时期:1834—1860年的冲突时期,1861—1893年的屈从时期,1894—1911年的被制服时期。②而20世纪70年代,费正清

---

① 《东方杂志》第10期(1905年),"宗教",第59页。
② 马士:《中华帝国对外关系史》(三卷本),生活·读书·新知三联书店1957年版。

则从观念上把它分为两个对立面:维多利亚时代西方各国的扩张主义者和旧中国统治阶级各自对世界的不同看法。①一边是不惜使用武力的世界范围的扩张主义,一边是不顾时势的世界范围的自我中心论。其实,归根结底,这两种世界文化观都失败了,但却都得到了可贵的补偿,这种补偿之一,就是东西方文化的再度撞击、交汇和互相研究。在中国,这种研究表现为救国图强的"西学东渐";在西方,这种研究促成了作为一门科学的国外中国学的正式诞生。

当然,国外中国学的正式诞生,或曰专业化的中国学的出现,还是国际,特别是西方世界东方学长期发展的一个结果,因为中国学毕竟是东方学的一个组成部分,尽管具有相当强的独立性或独立趋向。

东方学是历史上形成的,研究东方的历史、经济、语言、文学、艺术,以及物质和精神文化的各种学科的总合体,所谓东方,一般指亚洲和非洲(主要是北非)各国。

东方学产生于欧洲列强最初在东方各国扩张的时期。在16、17世纪,西欧一些商人、传教士和其他最初到东方进行贸易和掠夺的探险家留下了一些关于东方各国的记载,著名的有门多萨的关于中国记载(1585年),欧利里阿斯(Adam Olearus)关于波斯和高加索的记载(1647年),16世纪的洛伊斯·列·罗伊和丁·博当等一方面渲染了东方的落后和原始,另一方面又把东方作为亚里士多德关于亚细亚专制君主论的实例。16世纪的巴黎大学、17世纪的牛津大学,都曾开设一些近东语言(特别是阿拉伯语)的课程。到17世纪末,欧洲的一些大学,如莱顿大学、巴黎大学、牛津大学,已搜集了大量的东方手稿,作为这一事实的结果,便是第一批根据这些资料写成的有系统的著作,如多尔普

---

① 《剑桥中国晚清史:1800—1911年》(上卷),第2页。

罗等人编的《东方文库》等。有些著作已试图描写东方社会制度的一些特点,如在促进"东方专制主义"这一概念发展中起了重要作用的两位旅行家 J.B.塔弗尼尔和 F.贝尔尼埃(F. Bernier)的著作。对于东方学来说,18 世纪是东方语言学的世纪。1771 年,法国学者兼旅行家安格提勒-杜佩隆(A. H. Anquetil-Duperron)把"阿维斯塔经"译成法文,并写出了关于印度某些地区的记载。英国学者琼斯(W. Jones,1746—1794 年)、科尔布鲁克(H. Colebrooke, 1765—1837 年)开始以梵文雅语与欧洲语比较来研究梵文雅语。这一时期,还创办了一些研究东方语言的高等专门学校,如维也纳的东方语言学院(1754 年)、巴黎的现代东方语言学校(1795 年)等。到 19 世纪初,在解读古代东方铭文方面,已有了不少发现,如 1802 年格罗特芬德(G. F. Grotefend)及其后的布尔努夫(E. Burnouf)对于古代波斯的楔形文字的解读,罗林生(H. C. Rawlinson)对于亚述、巴比伦楔形文字的解读,商博良(J. F. Champollion)在 1822 年对于埃及象形文字的解读等。当然 18 世纪的许多思想大师对东方社会和东方文化所做的研究和提出的观念,也对国际东方学界发生了重大的影响,直至提供理论基础。尤为突出的是孟德斯鸠关于地理环境对东方专制主义的决定性影响的理论,爱尔维修第一次正式提出"东方专制论"这一概念,霍尔巴赫负责出版了 N.鲍兰格尔《关于东方专制主义的起源》一书,亚当·斯密着重从经济上探索东方社会奥秘,第一次指出东方是地租与地税合一的现象,以及赫尔德、亚当·斯密、黑格尔等关于东方社会的停滞性的观点,等等。

19 世纪,由于欧洲及美国殖民政策的需要,当然也与东方学自身的发展逻辑一致,研究的范围扩大了。一些学者先后到埃及、美索不达米亚、波斯、小亚细亚、印度、中国进行了许多次考古方面和其他方面的探险。各种"亚洲学会"形成了一个网络,如加尔各答的"孟加拉亚洲学会"(1784 年)、巴黎的"亚细亚学会"(1821年)、伦敦的"皇家亚细亚学会"(1823年)、莱比锡的"德意志东方学会"(1845年)等,并出版了各自的"学报""年报"等刊物。到了19世纪后半期,东方学已打下了相当厚实的基础:出现了欧洲最大的藏书库所收藏的东方手稿和书籍的详尽目录;专攻东方语言的高等学校也大大增加了;东方语言的辞典、语法和教材的出版获得了极大的发展;许多语言学性质的丛刊和各种"丛书"刊载了大量关于东方的原稿;根据东方学收集的大量实际材料,发表了一些关于古代东方通史的书籍,如罗林生(1862年)、敦克尔(M.W.Duncker,1863年)、勒诺尔曼(F.Lenormant,1868年)、马伯乐(G.C.Maspero,1874年)、迈尔(E.Meyer,1884年)的东方通史教本,坎宁翰(J.Cunningham)、穆勒(J.Mill)、艾略特(G.Elliot)、J.道森(J.Dawson)等人的关于印度的研究和史料,以及沙畹、考狄等人关于中国的研究和史料。东方学成为国际性的学科,从1873年起,每隔三四年就定期召开一次国际东方学家大会。

这一国际东方学的发展过程是与"西力东渐"的历史相一致的,也是遵循着一般学科的发展规律的,即走出初创期之后,便开始了建设学科大厦的打基础的工作,这主要就是分门别类地收集材料和建立一套术语体系(就东方学而言,由于是一种对异域文化的认识,所以主要是沟通语言),以为学科研究提供实证材料和基本框架。在这一切初具规模之后,各门分支学科将开始以独立的姿态出现。到了19世纪,国际东方学已走到了这一步,因而,中国学的正式诞生也就是题中之意了。

我们把17、18世纪的国外中国学称之为中国学的初创期,这是因为,在总体上,那时的中国学就研究者而言,大多还具有非职业化的特点,就其涉及的内容而言,还具有非专业化的倾向。它一般以传教士为主干力量,还包括一部分外交官、旅行家、商人,当然也已出现少数以东方学或中国学为主要研究对象的学者,但这些学者,在其影响和成果上都远不及非职业中国学家的著名思想家和传教士。那时的中国学著述,大多见于各类书札、报告、回忆中,当然也有不少对中国文化的译介,但其选材是疏漏的,介绍是粗糙的,评述是简单的,并且也明显地带有从西方看中国的特征。这说明初创期的国外中国学与17、18世纪一些思想巨人们的中国文化观一样也同属于文化交流过程中的第一阶段,即从自己看对方的阶段,但其深刻性和灵敏度,又远逊于这些思想巨人们。道理很简单,因为缺乏卓越的历史和哲学的理智之光的照耀。

19世纪就不同了,国外中国学已在世界上一些重要国家全面开展,并形成一支职业化的队伍,开始了种种专业化的研究。传教士仍是中国学中的一支重要力量,但中国学已不再是教士的一统天下,而且有一些教士中国学家实际上已在后来转向职业中国学的领域,或者成为名义上的传教士、事实上的中国学家。特别是19世纪,中国学已成为一门举世公认的专门学科,它有自己的研究队伍、机构,有自己的研究方法、成果。所以,到19世纪后半叶,"Sinology"(中国学,也有译作"汉学")一词已正式出现。

二、法、德、英等国的中国学

有人把19世纪看作是国外中国学真正的纪元,就19世纪对于中国学的职业化、专业化而言,这样说并不过分。但考虑到两个多世纪以来中西文化交流的承启关系,我们宁可把19世纪的国外中国学作为国外中国学历史中的第二个阶段。这个阶段是由各个国家的中国学的发展共同构成的,其下限可以延伸至20世纪的一二十年代。

法国。自从17世纪下半叶,法国得近代文化风气之先。柯尔贝尔创设科学院,一批最著名的法籍传教士在来华传教的同时领受了该院的任务,使法国开始在国外中国学的初创期处于主导地位,诞生了一批从教士中国学向职业中国学转化的代表作,如杜赫尔德的《中华帝国全志》,郭弼恩、杜赫尔德、帕都叶等的《耶稣会士通信集》,冯秉正的《中国通史》,雷孝思的《皇舆全览图》,还有种种子书、经书和文学著作的翻译等等,并且出现了像弗莱烈(1688—1749年)和傅尔蒙(E. Fourmon, 1683—1745年)这样被认作中国学鼻祖的人物。他们两人均参加了当时由在法国皇家图书馆工作的比贡(Abbé Bigon)组织的一个以"中国研究"为主的团体(1702年),开始阅读传教士寄来的中国书籍。数月后,他们写了一本关于中国文字及文法的书,但未出版。而傅尔蒙当年奉法王路易十四之命,从巴黎外方传教会一位中国黄姓修士(福建兴化人)攻中文,然后取材于西班牙教士万济国(Francisco Varo)的官话文法,译成拉丁文,并袭取马若瑟的《中国语札记》,作成《中国文典》(1728年),成为法国早期攻汉学者的不二法门。傅尔蒙的高足德经从当过耶稣会士的布罗蒂埃手中接过《中国丛刊》这一巨著的主编任务,以后又传给著名东方学家萨西,象征性地表明教士中国学开始转向职业中国学。德经的主要著作是《匈人通史》,他最耸动视听的论点是"中国人源于埃及"说[1]和"中国人发现美洲"说,他最有趣味之处是创造了研究中国问题的家族史,他的儿子小德经(Chrétien L. J. de Guignes)和侄子萧德来耶(De Shauterayes)也都是知名的中国学家。这一世代相传的现象,在以后的中国学研究中仍屡见不鲜。历史的变迁使法国在19世纪失去了在世界政治、经济、文化方面的领先地

---

[1] 人们一般指德经为此说的始作俑者,其实不是。魁奈早就批驳此说"不是近来才有的",并指出早在德经提出此说(1759年)之前60年,比埃·丹尼坎·于衰提就在《荷兰在世界各邦、各王国、各帝国之贸易记事》一书中(1699年),就有了这一说法。克察也持有此说。

位。但在中国学的研究方面,法国仍有着坚实的传统,仍然是国外中国学的中坚。

19世纪的法国中国学明显地带有学院派的特征,这对于造成一门专业化、职业化的中国学意义相当重大。1796年6月2日,在蓝歌籁(L. M. Langles)的倡议下,巴黎东方现代语学校成立(前身为1669年创办的青年外国语学校)。巴黎的法兰西学院于1815年就有汉学讲座的创立。1822年法国成立了亚细亚学会,发行《亚细亚学报》。1844年东方现代语学校设立了中国语讲座,1884年又设远东史地讲座。1885年巴黎大学文学院开始有讲中国文化史的教授和讲师各一人,1890年又创办了最著名的中国学杂志《通报》(该刊已连续出刊大半世纪,用英、德、法三种文字刊行,是国际中国学界的权威)。此外,法国还曾在越南河内创办远东法兰西学校,发行校刊。学院派的中国学造就了一批学者型的中国学家,最著名者有:

雷慕沙(1788—1832年),1815年11月出任巴黎法兰西学院汉学讲座首任教授,1822年又与法国学者克拉普罗特共同发起亚细亚学会,刊行《亚细亚学报》。1926年雷慕沙翻译中国小说《玉娇梨》。雷慕沙的最重要作品是《汉语语法基础》,该书比传教士马若瑟的《中国语札记》还要早出版,所以被看作是西方第一部汉语语法。方豪先生认为,雷慕沙是"法国方面,首先造成汉学为专门学科者"①。

毕欧(Edouard Constant Biot,1803—1850年),30岁向法国汉学家儒莲(Stanislas Julien,1799—1873年)学中文,并在《亚细亚学报》上发表过许多关于中国科学知识的文章。1847年被选为铭文学院会员。编著有《中国古今府县地名字典》(1842年)、《中国学校铨选史》(1847年),并把《周礼》译成法

---

① 方豪:《中西交通史》(上册),岳麓书社1987年版,第13页。

文,于1851年出版。

沙畹(Emmanuel Edouard Chavannes, 1865—1918年),1889年以法国公使馆随员身份来华,同时研究汉文,1893年任法兰西学院汉文教授。沙畹还与考狄合编了国际中国学界的权威刊物《通报》。沙畹的长处在于对中国历史及特殊资料的掌握和发掘,他译著很多,主要有《华北考古图谱》(1905—1915年)、《西突厥史料》(1903年)、《中国佛教故事传奇》(1921年)、《公元三至八世纪的中国神话》(1921年)、《中国民间艺术中愿望的表达》(1922年),特别是他在1895到1905年把《史记》的一部分译成了法文,并加了注释,分五卷出版。曾有人把沙畹的历史研究方法看作是国外中国学研究中方法论变革的一个代表,代表了从19世纪到20世纪前期历史方法和实证方法相结合的倾向。冯承钧先生在比较了中外学者对摩尼教流行中国历史的研究,指出沙畹等国外中国学家的研究,"有多数之德、法、俄、英、比、荷、意、匈等国学者研究之成绩,相互参考。又有波斯文、康居文、突厥文、梵文等语言专家以相辅助。此皆我国所缺乏者也"①。梁容若先生也指出过:"罗振玉、王国维二代,疏释流沙坠简,考订证史的精确,非沙畹所及。然而讲到古简的研究,仍然溯源沙畹,因为沙畹的书不出来,罗、王就无所措手。"②

考狄(1849—1925年),1869年来华,在上海美商旗昌洋行任职,1876年回法,1881年出任巴黎现代东方语学校教授,后任法国地理学会会长、亚细亚学会会员、法兰西学院会员。考狄是《通报》的创办人兼编辑,写过许多关于中国历史和语言的论著,如《法国在远东两个租借地的起源:上海、宁波》(1896年)、《1860—1900年中国与西方列强关系史》(三卷,1901—1902

---

① 转引自梁容若:《中日文化交流史论》,商务印书馆1985年版,第76页。
② 梁容若:《中日文化交流史论》,第77页。

年)、《中国通史》(四卷,1920年)、《中国》(1921年)等。他还把英国汉学家裕尔在1866年编译出版的《东域记程录丛》一书四卷,加以补订,于1915年出版。考狄的又一重大贡献,是他第一个辑录了一部《中国学图书志》,全书五卷,于1904—1924年出版(1904—1908年巴黎出版、1922—1924年在巴黎又出版了补遗),把西方和中国最初联系时期到1924年的国外中国学的著作全数收入,为国外中国学的研究和研究国外中国学提供了一部重要的工具书。以后就不时有人仿效考狄的做法,从而使国外中国学在浩繁的卷帙中有一个检索的头绪。为此,考狄被称为"西方中国学家中最伟大的先驱之一"。①

还应该提到的19世纪法国中国学家有德理文(De Saint Denys, 1823—1892年)和顾赛芬(Seraphin Couvreur, 1835—1919年)。前者继雷慕沙、儒莲之后主持了法兰西学院的汉学讲座,其后任是沙畹,并翻译了《离骚》(1870年)。后者作为法籍耶稣会士来华,编纂了《汉法字典》和《汉拉字典》,特别是把中国的"四书五经"全部译成了法文。当然,伯希和(1878—1945年)作为沙畹、考狄的学生,由于精通多种东方语言,研究中西交通史,并接办《通报》,也自成一大家;但他的主要活动稍晚于这一时期,被公认为20世纪最权威的中国学家之一。

德国。近代德国是以一种扭曲了的形象出现在历史舞台上的,自文艺复兴、宗教改革之后,德国一直未能走到世界的前列,但是人们却一点也不会,而且一点也不能忽视这个国家。这是因为好几个世纪以来,德意志民族在人类的精神文化领域吸引着人们,他们常常能在政治动荡、经济萧条、国土沦丧、民族分裂的情景下继续演奏精神文化的第一小提琴。在对待中国文化问题上也

---

① Paul Pelliot, *T'oung Pao*, 1926, 转引自 Ernest Wolff, *Chinese Studies—a Bibliographic Manual*, San Francisco, 1987。

是如此。我们知道,早在17世纪,受耶稣会士卫匡国影响,克察就著有《中华文物图志》(1667年),他本人也被尊为德国中国学的开山祖。17世纪,还有米勒修订了克察的著作(1672年),并在后半生致力于中国学研究,出版了《马可·波罗纪行校本》等著作。莱布尼茨更是对中国文化倾注了极大的兴趣,他本人的诸多著述且不提,莱布尼茨还是欧洲开展对中国学专门研究的最早倡议者,竭力计划在法、德、奥、俄设立学士院,其中要有中国学的研究部门,终于催生了普鲁士学会和维也纳学会。莱布尼茨的两个大弟子佛朗克和沃尔弗,一个在哈勒大学讲授东方语言,建立东方神学院,把汉语引入课程之中,开了中国学进入大学正规化教育的先河;另一个写作了关于中国哲学的专著,并把这一传统留给了再传弟子,如毕芬格,这一影响在整个18世纪的德国思想界中都是存在的。以后又有赫尔德、黑格尔、歌德、叔本华等人的中国文化观。

但是,德国的中国学依然是一种被扭曲的形象,就如莱布尼茨也只能向俄国彼得大帝发出重视中国文化的呼吁一样,许多德国的中国学家尽管有着德意志民族所特有的高雅的文化兴味和精深的文化素养,却往往要跑到别的国家去从事自己的学问;所以,直到19世纪,德国的中国学还不能算真正进入有组织的专业化状态。1887年,柏林也成立了东方语言学校,设有汉文和日文两个部,并于1898年刊行东方语言学校年报。但当时德国21所大学中,有印度学、巴比伦学、埃及学,独无纯粹的汉学讲座,柏林大学原有中国学科和汉文课程,但一旦领衔的两位中国学家贾柏莲和葛禄博过世,这些课程也随之消失(1892年和1907年),直到1912年柏林大学才有了专职的中国学教授,以致另一位著名的中国学家夏德失望地跑到美国去了。夏德的举动并非前无古人,之前就有好几位著名的德国中国学家留居他国。所以,若论到德国中国学在19世纪的特点,就不是法国式的学院派了,而是德国式的单兵作战,当然都是些精兵良将。

克拉普罗特(Julius Heinrich Klaproth,1783—1835年),14岁开始学习汉语,随后在德国学校进修,19岁在魏玛创办《亚细亚杂志》。1904年赴俄国任戈洛夫金(Golovkine)赴华使团翻译,其间学会了蒙、满文,考察了恰克图,之后又屡次为俄国政府所委用。在德国工作期间,曾向歌德教授过汉文,后来又到厄尔巴岛访问过拿破仑。1815年到巴黎居住,1816年被普鲁士国王授以亚细亚语教授衔,国王并资助了他的研究和出版。克拉普罗特与法国的雷慕沙一起是亚细亚学会的发起人,晚年曾到柏林休养。克拉普罗特一生写过许多关于中国的文章,著名的有《亚洲笔记:关于东方各族人民历史、地理和语言学的调查研究》(1826年),《1820—1821年穿过蒙古旅行北京记》(两卷,1827年),该书同年还有英译本在伦敦出版,书名为《1820—1821年俄国使团通过蒙古到中国旅行及居留北京记》。

郭实腊(Karl Friedrich August Gützlaff,1803—1851年),又译作郭士立、郭施拉、居茨拉夫、古滋拉夫等。1824年受荷兰布道会派遣到暹罗传教,从该地华侨中学会了福建方言。1831年以前,多次在中国沿海散发《圣经》和药品。1832年起受雇于英国东印度公司和侵华英军,先后被指派任定海、宁波、镇江的民政长官。在中英《南京条约》谈判中,充任英方三翻译之一。1849年返回欧洲,在英、荷、德、俄、瑞典、奥、法、意等国演讲,大谈其使中国耶稣教化的计划。1851年死于驻华商务监督署汉文正使任上。郭实腊是鸦片贸易和侵华战争的帮凶,马克思曾经在《国际述评(一)》一文中以讥刺的口吻谈到了他对中国的庶民革命和欧洲社会主义的敌意,郭实腊也是马克思在其著作中唯一提到过的一个来华传教士。①郭实腊在文化方面的活动也相当

---

① 《马克思恩格斯全集》(第7卷),人民出版社1959年版,第264页。

活跃,1833年7月他在广州编辑出版了基督教(新教)在中国境内创办的第一份中文期刊《东西洋教每月统纪传》(1834年迁至新加坡,1837年停刊,共出四卷),1834年11月间,广州外侨发起组织"在华实用知识传播会",推举郭实腊担任三秘书之一。郭实腊曾参与了翻译一部分《圣经》的工作,尽管他只翻译了其中"旧约"的一部分,但流传的中译《圣经》被称为"郭实腊译本"。1840年,郭实腊将"新约"译本稍加修改后出版,定名为《救世主耶稣新遗诏书》,该书曾为太平天国采用,并做了许多删改。1844年,郭实腊又自己出资成立了汉会(又称"福汉会"),招募华人为他深入内地散发基督教宣传品。1849年返欧后,又在英国组织了一个中国协会。郭氏著述颇多,计有英文的61篇(部)、德文的7篇、荷文的5篇、日文的2篇、暹罗文的1篇,较著名的有《1831年、1832年、1833年三次沿中国海岸航行日记(附暹罗、朝鲜、琉球介绍)》(1834年)、《中国史略》(两卷,1834年)、《开放的中国——中华帝国概述》(两卷,1838年,A. Reed编)等。

艾德(Ernest John Eitel,1838—1908年),1862年奉巴色会之派来中国,1865年进伦敦会。1879年辞教士之职,就任香港政府学校视察,并兼香港总督轩尼诗爵士的私人秘书。曾任《中国评论》编辑多年,著有《客家人的历史》、《佛教演讲录》(1871年)、《风水——中国自然科学的萌芽》(1873年)、《在中国的欧洲——香港史》(1895年)、《中国佛教手册》(1904年),此外还编有《广州方言汉英辞典》(1877年)。

内曼(Karl Friedrich Neumann,1793—1870年),生于法国,曾在巴黎学习法语。1829年来华,办了一所拥有12000册珍贵书籍和手抄本的图书馆。1831年,内曼将大批汉文书籍运回德国,赠给慕尼黑皇家图书馆,同年出任慕尼黑大学汉文和亚美尼亚文教授。内曼曾译有几部汉文著作。

帕拉特(Johann Heinrich Plath,1802—1874年)、贾柏莲

(von der Gabeleutz,1840—1893年)和葛禄博(Wilhelm Grube,1855—1908年)三人的出现,被郑寿麟先生称为在德国"渐渐创立科学的中国学",理由是他们的"考究精密"。① 联系到法国的沙畹等人,可知这大概是19世纪国外中国学主要的方法论特征。帕拉特著有《中国古代的家庭情形》(1862年)、《中国古代的法律》(1865年)、《中国古代的战术》(1872年)。贾柏莲曾为柏林大学和莱比锡大学的汉学课程撑了门面,他著有《中国古文文法》(1881年)。葛禄博是柏林大学东方语教授,1897到1899年在北京从事研究工作,著有《北京民俗考》(1901年)、《中国文学史》(1902年)、《中国的宗教和祭仪》(1910年)和《中国傀儡戏》(1915年)等。

夏德(Friedrich Hirth,1845—1927年)和劳费尔(Berthold Laufer,1874—1934年)均是19世纪后期和20世纪前期的著名中国学家,又同为德人移居外国和美国吸引人才政策的最好例证,我们将在谈到19世纪美国的中国学情况时予以介绍。

孔好古(August Conrady,1864—1926年),1897年被任命为莱比锡大学教授(接贾柏莲的班),后来担任该校东方学院院长,是中国语言文学和印度支那语言学的权威,后一门学科的研究乃是他创始的。他的著作甚多,可惜付印出版的太少。他的主要著述有为普弗卢克-哈通(J. von Pflugk-Harttung)编的《世界史》撰写的《中国》部分(1910年)、《斯文赫定在楼兰发现的中国古代抄本》(1920年)等。郑寿麟先生对孔好古评价甚高,称之为"欧美中国学者之巨子","他以极广博的知识,并很谨密的方法,来治这个新起的科学。他首先将中国文化,列于世界史之中,使世人不致误会或漠视中国古代的文化"。②

英国。英国既有法国式的学院研究,又有德国式的单兵作

---

①② 郑寿麟:《中西文化之关系》,第56页。

战,但英国还是有其显著的特点,这就是与19世纪英国政治、经济、文化地位和目标的密切联系。这一特点,非自19世纪始。"英国可以宣读一长列杰出的东方学者的名单,一直从中世纪起。并具有语言和文化研究的特别精良的记录,关系到印度次大陆和东亚、伊斯兰、犹太文明。"①早从罗吉尔·培根和乔叟(Chaucer)的时代起,东方之光就孕育过英帝国在以后几个世纪如日中天的兴旺气象。由于政治斗争和经济变革紧锣密鼓似的一幕接着一幕,使17、18世纪的许多英国思想家把思考的热点集中在政治经济理论和比较实用的事物上面,那一时期的笛福和亚当·斯密在谈论中国文化时,突出地表现了经济的眼光。至于18世纪在英国盛行一时的中国园林运动和受到青睐的中国官员制度和科举制度,还有作为英国中国学先觉者的海德的研究成果《中国度量衡考》,亦无不具有经世致用的功效。当然,这绝不是看低了英国人,特别是英国学者和思想家们的水准,正是在这些实际而实用的介绍、研究和借用过程中,体现了英国式的文化特质:追求全球性文化的扩张面,保持绅士式文化的优越感。这些,我们从当年休谟、坦普尔、高尔斯密等人的言论中可以强烈地感受到,同样,也可以从19世纪英国中国学那里强烈地感受到。

19世纪的英国中国学可以如下的一些人物和事件为代表:

最先踏上中国大陆传教的马礼逊,不仅是第一位来华的新教传教士,而且是19世纪英国乃至欧洲中国学的第一个代表性人物。1807年5月12日,马礼逊搭乘美国货船"三叉戟"号启程,近四个月后抵达中国广州,开始了他传教和政治活动的生涯。不过,这些传教和政治活动一开始就与文化活动连在一起。我们在1807年伦敦会给马礼逊的"指示"中看到这样的要求和期望:"你也许有幸可以编一本汉语字典……或更有幸地能翻译

---

① Datedue, *Oriental Studies in Britain*, London, 1975.

《圣经》。"正是这两件事构成了马礼逊在中国的文化活动的主要内容。在 17 世纪末之前,还没有一个来华传教士从事过《圣经》的译述工作,1700 年,巴黎外方传教会的教士巴设才译述了一部分《新约》。到 18 世纪末,耶稣会士贺清泰才陆续翻译了《圣经》,但没有刊行,当然也没有流传。马礼逊从 1808 至 1813 年,经过五年努力,才合译了《新约全书》,并把它排印了 2000 部。1814 年起又与另一位传教士米怜(William Milne, 1785—1822 年)合作翻译《旧约》,又花了五年时间,于 1819 年 11 月 25 日全部译完,并在马六甲陆续排印,取名为《神天圣书》,装订成 21 卷线装书,于 1823 年正式出版,成为基督教传教史上的一个盛举。与翻译《圣经》同步,马礼逊开始编纂《华英字典》,先于 1815 年出版第一卷,取名《字典》;1819 年又出版了第二卷的第一部分,书名《五车韵府》;1820 年续出第二卷的第二部分;第三卷于 1822 年出版,书名《英汉字典》。整部字典于 1823 年出齐,共 6 大本,计 4595 页,成为中国英汉字典的嚆矢。据马礼逊的初衷,这部字典是"给以后来华的传教士提供极为重要的帮助"的,但同时也奠定了马礼逊作为 19 世纪第一位英国中国学家的地位。他于 1824 年被选为英国皇家学会会员。马礼逊还为后继者编纂过《汉语语法》(英文版,1812 年)和《广东省土话字汇》(1828 年)。作为一位中国学家,马礼逊的另外一些贡献也是不能小觑的。他指示米怜在马六甲筹建了一座印刷所(1815 年),印刷《圣经》和布道书,又命令米怜筹建马六甲英华书院(1820 年正式开学),该书院 1844 年迁往香港,校长已是另一位鼎鼎大名的传教士兼中国学家理雅各了。此外,马礼逊还向伦敦大学图书馆捐赠过万余册汉文图书(1824 年),并在英国休假述职期间组织过一个"东方文社",吸收有志于到东方充任传教士的英国男女青年入社,接受训练。

麦都思(Walter Henry Medhurst, 1796—1857 年)是继马礼

逊、米怜之后在马六甲管理印刷馆的伦敦会最早的来华传教士之一。由于他广泛地在东方旅行,学会了马来语、中文、日文,并编纂了一系列关于中国语言的重要著作,而被看作19世纪初期英国中国学的创始人之一。麦都思所著甚多,中文有59种、马来文有6种、英文有27种,其中包括《中国:目前的状况和未来的前途》《汉英字典》《英汉字典》《上海及其近郊概述》等,他还在上海设立了中国第一个近代印刷所——墨海书馆。

理雅各(James Legge,1815—1897年)通常被看作是19世纪英国最重要的中国学家。他的一位孙女曾经这样提到他:"理雅各是天生的学者,后人之所以纪念他,乃是因为他是学者。他并不像那些使人讨厌而产生反感的传教士……"但是,理雅各的生平活动毕竟还是从传教开始的。1839年7月,他启程来华,第二年,一到马六甲,便出任了英华书院的校长。在《南京条约》签订以后,理雅各促成了该书院迁地香港,并继续主持学校工作。理雅各在中国学界的地位是在19世纪60年代以后确立的。1861年他开始翻译并出版了《中国经典》第一卷,以后又完成了《论语》《大学》《中庸》《孟子》《春秋》《礼记》《尚书》《孝经》《易经》《诗经》《道德经》《庄子》等英译工作,分28卷,在25年内陆续出版。理雅各的高明之处,在于他自觉地意识到"只有透彻地掌握中国人的经书,亲自考察中国圣贤所建立的道德、社会和政治生活基础的整个思想领域,才能被认为与自己所处的地位和承担的职责相称"。他的成就是辉煌的,在当时受到中外学界人士的高度赞誉。而且他的译本迄今仍被认为是标准的译本。由于介绍中国经典的成功,形成了理雅各作为中国学家生涯的第三阶段,即19世纪70年代以后创设并主持牛津大学中国学讲座。按常规理雅各既非牛津或剑桥的毕业生,又非英国国教徒,他是没有资格被派任到牛津大学教授的,只是由于理雅各的学术造诣和声望,才破了这个例。理雅各任牛津大学教授22年,讲演了中国历史、文学、人物、天文和社会、宗教等多方面的内容,培养了不少新一代的中国学家。他的继任者是苏慧廉。理雅各一生还写下了许多关于中国的著作,如《中国人关于神鬼的概念》(1852年)、《西安府大秦景教流行中国碑考》、《法显行传》(1856年)、《中国编年史》、《孔子生平和学说》(1867年)、《孟子生平和学说》(1875年)、《中国的宗教:儒教和道教评述及其同基督教的比较》(1880年),等等。

威妥玛(Thomas Francis Wade, 1818—1895年),属于英国中国学家中的另一种类型,即从外交官出身而兼任或转任中国学家,而不是如马礼逊、理雅各等是从传教士出身而兼任或转任中国学家的。威妥玛参加过第一次鸦片战争,又亲自签订过《烟台条约》(1876年),其政治生涯充满侵略者的气味,并不值得恭维;但作为中国学家,他却有幸成为剑桥大学的第一任汉文教授(1888年),也有其独特的贡献。威妥玛研究中国学,编有英汉字典,特别是创立了汉字用罗马字拼音的方法。被称为"威妥玛式"注音符号,至今仍为研究中国学的外国人所使用,而且,连中国的正式刊物也仅仅从1979年起才停止使用这种符号而改用汉语拼音。

翟理斯(Herbert Allen Giles, 1845—1935年)是威妥玛在剑桥大学席位的继承者(1897年),同样是外交官出身的中国学家。他的著译很多,主要有《中国概要》(1876年)、《古今姓氏族谱》(1898年)、《中国绘画史导论》(1905年)、《儒家学说及其反对派》(1915年)、《中国的文明》(1911年)、《中国文学史》(1928年)等,译文有《聊斋志异》等。翟理斯的最主要贡献也是属于语言方面的,他编了一本《英华大辞典》,被看作是威妥玛体系的合作者,有"威—翟音标"之称。梁容若先生在谈到英国人尚概念,重实用,注意商业,所以英国的中国学者多喜欢著作通俗的商业的书籍时,特地说明,像理雅各和翟理斯这样的巨著,诚如鹤立鸡群,其

"规模的宏伟,内容的精富,都不愧为一个大国的作风"①。

属于这一时期的其他知名的英国中国学家还有不少,如:毕尔(Samuel Beal)、裕尔、斯坦因(M. Aurel Stein,匈裔,1862—1943年)等人。此外,长期任中国海关总税务司的"中国通"赫德(Robert Hart,1835—1911年)、为中国近代化翻译了大量西方科技书的傅兰雅(John Fryer,1839—1928年)、主持广学会和《万国公报》(第一次向中国人谈到马克思、恩格斯其人其说)的李提摩太(Timothy Richard,1845—1919年)、以写作《中华帝国对外关系史》而著名的马士虽不算职业中国学家,但都是必须注意到的人物。

单兵作战自有其造就人才的好处,诀窍就在于竞争性强;但由于19世纪后期,个人竞争被引向对教授职务的觊觎,从而成为当时英国中国学的"一个严重的弊端"。②所以,竟然出现了贝克豪斯(E. T. Backhouse)和布兰特(J. O. Bland)合作的伪书《慈禧统治下的中国》,因为贝克豪斯自称该书依据的是清政府吏、礼等部侍郎景善的日记。这部著作为贝克豪斯赢得了声誉,但也导致了贝克豪斯最后身败名裂,因为经过数十年查证,至20世纪70年代,人们已有结论性的证据,证明所谓景善的日记是伪造的,而作伪者正是贝克豪斯本人。

英国的学院式研究开始于1823年不列颠爱尔兰皇家亚细亚研究会的诞生。该会于次年8月11日发表宪章声明,表示成立该组织是为了调查科学、文学和艺术与亚洲的关系。当然,认为通晓亚洲文化是英国在亚洲地区取得支配地位的有效保障的思想,在整个19世纪的英国,是根深蒂固的,所以,皇家亚细亚研究的宗旨理应包括这种对全球性文化的扩张面的追求。同

---

① 梁容若:《中日文化交流史论》,第73页。
② 许美德(Ruth Hayhoe):《英国的中国学》,转引自《中国文化研究集刊》(第3辑),复旦大学出版社1986年,第474页。

时，由于英国绅士式文化的好奇心和孤傲气，这一研究会也确实比较注重标准化的文化研究，如1934年该会创办定期刊物，连载了关于中国的第一篇文章，该文是根据《博古图》译成英语的商代花瓶的研究文章（作者是P.P.索姆斯）。这家刊物在1900年定下了方针"对人类知识无明显贡献之文一概不予刊登"，使之保持了学术声誉。

牛津大学和剑桥大学的中国学讲座，当然是学院式研究的最重要的组成部分；但尽管有理雅各、苏慧廉、威妥玛、翟理斯这样的大学者主持，效果却并不理想，因为，这些讲座的实用性目的远胜于学术性研究的目标，它们主要是为培养担任驻华领事事务和海关工作人员，学生主要是从职业方面承继先生的前半生业绩。当然，这不一定是这些先生们的愿望，因为对他们来说，中国学的研究及获得的声望，早已使前半生的公务活动黯淡无光。所以，翟理斯在1908年不无悲伤地说："我在剑桥十年，仅有一个学文字的学生，我教过许多学口语的学生，有商人、传教士等，但学文字的仅此一人，我怀疑牛津是否有上这么一个。"

伦敦大学的中国学研究为英国的学院式研究挽回了一些面子。早在1836年，该校就设了中文教授之职，1877年创设了汉语讲座。到1904年，由中国协会于1900年开办的中文专科学校并入伦敦大学。到1912年，据称那里已有10个中文班、30多个学生了。特别是19世纪末，英国的"日不落帝国"的地位开始动摇，自命自己的文化超人一等的优越感已失去，英国特别焦虑的是会不会落伍于欧洲诸强，从而认识到必须建立和加强新的研究组织。1897年，雷伊（Reay）在皇家亚细亚一次议会上宣读了《论在伦敦建立东方研究院的重要意义》的论文。10年之后的1907年，雷伊委员会接受了"对伦敦研究东方的各种组织进行考察"的要求，指出"在伦敦为志愿到东方和非洲各地区工作的人们建立适当的教育设施，是当前急务"。英国政府把这一计划落实到了伦敦大学,经过又是一个10年的筹备,1917年1月1日,伦敦大学东方学院正式开学。这一学院与牛津大学、剑桥大学的有关讲座不同,一开始就力求统一地、有组织地推进关于东方地区的研究和教育,因而发展很快,以后改为"东方和非洲学院"(1936年)。

法、德、英三国作为老牌的欧洲大国,在19世纪的国际中国学界,组成了一个中心,这一中心直到20世纪20年代以后才开始向美、苏两国转移(日本特殊,另当别论)。当时欧洲其他诸国,有的素有中国研究传统,有的不乏杰出的人才,也各自为19世纪中国学的职业化和专业化做出了贡献。像意大利在1899年将古代的那波利中国学院改成了东方皇家学会,并在19世纪末在佛罗伦萨开办了一个汉语讲座,产生了普伊尼(Puini,1839—1924年)这样的知名学者。荷兰的莱顿是国际中国学重要刊物《通报》的出版处,也是荷兰的中国学中心,较有名的中国学家有霍夫曼(J.J. Hoffman)、施莱格(Gustave Schlegel)和高延(Jan Jakob de Groot)等人。瑞典的高本汉(Bernhard Karlgren,1889—1978年)虽稍晚出现,但其造诣极高,成就卓越。比利时的德哈罗次(C. de Harlez)翻译中国古籍亦很出名。

三、美、俄、日等国的中国学

美国、俄国和日本的中国学或者由于起步较晚,或者由于地理和文化的贴近,在当时,与前一节所述的欧洲各国的中国学相比,有所不如,或者有所不同。但是在进入20世纪以后,特别是两次世界大战以后,却对国际中国学界产生了日益重大的影响,扮演了愈益重要的角色。

美国。自从18世纪末期,美国从英国的殖民统治下解放出来,就迅速在北美推行资本主义。19世纪已跃跃欲试地后来居上,开始了海外贸易和海外传教活动,其目标首先就是远东。当时,"对纽约人和波士顿人的整整一代人来说,到广州或上海比到丹佛或盐湖城去更容易,更加赚钱。19世纪头50年,中国边疆比起美国边疆常常更加吸引人去做生意,就和英国人在18世纪遇到的情形一样"①。1830年2月22日,美国首批商船"罗马号"到达中国澳门,25日抵广州,拉开了中美关系的序幕,同时载来了第一位美国赴华的传教士裨治文,而美国的中国学史就得从裨治文说起。

裨治文(Elijah Coleman Bridgman, 1801—1861年)在大学读书时便有志于到海外传教,他从阿默斯特学院毕业后,又考入安罗弗神学院,接受了三年严格训练,终于获得了受派到中国传教的机会。公理会1829年10月7日在签发给裨治文的指示信中,明确表明这种传教活动从一开始就与对中国各方面状况的了解和研究是密不可分的,指示信要求:"在你工作和环境允许的情况下,我们要求你把有关中国人民的特征、状况、风俗、习惯等等,特别是这些情况受他们的宗教影响的,向公理会差会部作出完整的报告。"1830年裨治文在澳门受到了19世纪第一个来华的新教传教士——英国的马礼逊——的欢迎,此后便跟着马礼逊学习汉语。他在其后数十年的生涯中活动十分频繁。他在广州的几个外侨团体任职,曾亲赴虎门目睹林则徐禁烟,在中美《望厦条约》中也唱了重头戏。裨治文之所以被称为美国最初的中国学家,最主要的是办了两件大事:创办《中国丛报》(旧称《澳门日报》)和主持上海文理学会。《中国丛报》是在马礼逊倡议下,由美国商人奥立芬资助②,聘请裨治文为编辑,于1832年5月在广州出版的。创刊号中,裨治文执笔写就的"发刊词",明确把该刊宗旨定为对中国各方面情报的收集和介绍上,所以是美

---

① John K. Fairbank, "Assignment for the '70's", *The American Historical Review*, 1969, No.3, p.876.

② 得到美国富商或官方的资助,大概是美国中国学在早期形成的一个传统。

国最老的中国学杂志。在时局多变、经费短缺、人手紧张的情况下,《中国丛报》坚持了20年之久,为后世留下了一份份珍贵的原始资料。裨治文此举使美国中国学有了一个良好的开端,并开创了美国中国学注重现实问题的传统。上海文理学会是1856年由上海华侨发起的一个学术性团体,裨治文被推举为第一任会长。在学会成立大会的开幕词中,他就提出,要以上海作为东半球的中心,把欧美的影响扩展到这个巨大帝国的最远方去。该会1858年改属英国皇家亚洲学会,成为该会的上海分会,中文名称为"亚洲文会",其宗旨是考察中国的社会包括人文科学和自然科学的研究、向欧美介绍中国的学术成果、接待各国学者的来访或考察、出版学会年刊、创办图书馆和博物馆等。裨治文还著有《广州市及其商业介绍》(1834年)。

比裨治文稍晚两年到达中国的另一位传教士卫三畏,同样为美国中国学做出了重要贡献。

卫三畏(Samuel Wells Williams, 1812—1884年)于1833年10月到达广州后,即被指定为《中国丛报》的印刷者和发行人,不久也参加编辑工作。1847年后,裨治文大部分时间在上海,卫三畏担任了《中国丛报》的主要编辑工作。费正清曾称赞卫三畏是"一个天才的业余历史学家",并把这一时期的美国中国学称为"著名的业余活动阶段"。[①]这个阶段是与卫三畏的工作分不开的。1848年,卫三畏发表两卷本的《中国总论》,该著是标志美国中国学开端的里程碑。在此之前,卫三畏、裨治文等早期美国传教士与美国政府外交官顾盛(Caleb Cushing, 1800—1878年)、伯驾(Peter Parker, 1804—1889年)等一起组织了美国第一个研究东方国家的机构——美国东方学会。该会1842年经马萨

---

① John K. Fairbank, "Assignment for the '70's", *The American Historical Review*, pp. 864-865.

诸塞州法院批准成立,宗旨自称"传播关于东方的知识,促进对东方语言和文学的研究"。1851年开始出版《美国东方学会杂志》,后又出版《美国东方学丛刊》和《美国东方学翻译丛刊》,并设有收藏东方文献的图书馆,每年春季召开连续三天的年会。这种业余型的学术研究方式,是美国研究中国学的重要方式之一。此外,传教士与外交官的结合也是这种业余型的研究的一个重要标记,卫三畏和伯驾都是以自己的职业生涯体现了这两类人的结合。伯驾从19世纪40年代起就加入外交官行列,卫三畏则在1856年起干脆辞去教职,到美国驻华公使馆任头等参赞兼翻译,之后又成为中美《天津条约》的美方主要代表之一。19世纪70年代,卫三畏辞去外交官职务,回到美国,出任耶鲁大学汉文教授,并著有《我们同中华帝国的关系》(1872年)、《中国历史》(1897年)等书,特别是他编的《汉英拼音字典》(1874年)和19世纪40年代的那本《中国总论》,长期是外人研究中国的必备之书。

如果说裨治文编《中国丛报》体现了美国中国学注重现实问题的特点,那么卫三畏的两本代表作则体现了美国中国学的另两个特点。《中国总论》被认为是体现了美国中国学一开始就与美国专业化的历史研究有着重要区别的典型,即把中国研究作为"一种纯粹的文化",进行"综合的研究"①,此其一。这一特点,到了20世纪40年代以后,受到了特别的关注。其二,早期美国中国学还不得不受到欧洲学院派和学者型的中国学的影响。这一方面由于美国中国学没有欧洲各国那样悠远的历史和根底;另一方面,更在于这是使中国学成为专业化的学科的必经阶段,这一影响既体现在卫三畏编《汉英拼音字典》上,更体现在卫三畏晚期从业余中国学家转变成职业中国学家的亲身经历之中。

---

① John K. Fairbank, "Assignment for the '70's", *The American Historical Review*, p.866.

事实上,19世纪70、80年代以后,美国的大学开始设立关于东方或中国的教研机构。1876年,耶鲁大学首先开设中文课程,并在卫三畏主持下,建立了第一个汉语教研室和东方学图书馆。同年,加利福尼亚大学也开设了汉语课程。以后,哈佛大学、哥伦比亚大学等也相继效法。一些著名的图书馆开始收藏研究中国的图书资料,如耶鲁大学接受了清政府的第一批公派留学生容闳所藏图书(1878年),美国国会图书馆获得了外交官顾盛送去的汉、蒙文图书(1879年),哈佛大学的中文讲师戈鲲化也开始搜集中文图书(1879年),中国学家、英国传教士傅兰雅向加利福尼亚大学赠书(1896年),等等。此外还陆续建立了一些机构,如美国现代语言学会(1883年)、美国历史协会(1884年)、国外传教联谊会(1888年)、美国亚洲协会(1898年)等。这些团体都直接或间接地促进了美国中国学的发展,而且使之走上职业化、专业化的轨道。如美国历史协会的建立,就使美国中国学也像当时的欧洲中国学一样开始有了微观研究,注意起历史和考古来。由此费正清称这时的美国中国学进入了"科学职业化阶段"。这一阶段的美国中国学与欧洲的中国学关系更密切,在这种密切的关系下,造成了美国中国学的又一个显著特征:开放型地吸收外来人才,当时主要是欧洲的人才。其最著名的代表人物就是前已提到过的两位德国人:夏德和劳费尔。

夏德于1870年考入中国海关,长期在海关方面任职,1886—1887年担任过亚洲协会主席,1897年辞职回德,1902年即应聘到美国哥伦比亚大学任该校第一任汉文教授,直到1917年才回德国。夏德曾是胡适在进行博士论文答辩时的六位主考专家之一,也是包括杜威在内的六人中唯一的一位中国学家。他的著述颇多,有《中国和罗马人的东方》(1885年)、《古代瓷器》(1888年)、《中国研究》(三卷,1890年)、《论中国艺术的外来影响》(1896年)、《周朝末年以前的中国古代史》(1908年)等,另外还与美国驻华公使、汉学家柔克义合作将赵汝适的《诸蕃志》译为英文。

劳费尔被称为美国东方学家,他在柏林大学和莱比锡大学专攻东方语言。1898年赴美,同年即率领考察队到库页岛和黑龙江地区调查研究,1901年、1908—1910年、1923年又几度来华考察包括西藏在内的情况。1915—1934年,任芝加哥费尔德(Field)博物馆馆长,著有《汉朝的中国陶器》(1909年)、《中国耶教艺术》(1910年)、《中国伊朗编:中国对古伊朗文明史的贡献》(1919年)等书。

还有一些19世纪后期的传教士,他们的主要业绩往往在中国,如丁韪良(William Alexander Parsons Martin, 1827—1916年)就职同文馆和京师大学堂;明恩溥(Arthur Henderson Smith, 1845—1932年)兼任上海英文版《字林西报》通讯员,率先建议用庚款在华办教育;林乐知(Young John Allen, 1836—1907年)大量译书和创办中西书院上海中西女塾,1868年自费主编《教会新报》(1874年改名《万国公报》,后来由广学会接办,仍由林乐知主持);狄考文(Calvin Wilson Mateer, 1836—1908年)创办山东登州文会馆;等等。这些人不一定被认为是中国学家,但在中西文化交流中起了不可轻视的作用(当然,也离不开西力东渐的大背景)。这些人亦有不少研究中国问题的著述。如丁韪良的《中国人,他的教育、哲学和文字》(1876年)、《中国的觉醒》(1907年),他的汉文著作《天道溯源》也相当著名。再如,明恩溥著名的《中国的文明》(1885年)、《中国人的特性》(1892年)、《中国农村生活:社会学研究》(1899年)、《动乱中的中国》(两卷,1901年)、《基督之五:对中国概括性的研究》(1903年)、《中国的社会进步》(1906年)、《今日的中国与美国》(1907年)等著作。此外,他还编有《汉语谚语俗语集》(1902年)。当然,明恩溥是地道的中国学家,他被人们看作19世纪末20世纪初的"中国问题专家"。还值得一提的是卫斐列(Frederick Williams,

1857—1928年),他协助其父卫三畏修订了《中国总论》,并撰写了卫三畏的传记。这是又一段父子同为中国学家的佳话。

俄国。俄国由于地处欧亚之交,在东西方文化的传播与交流中有着相当重要的地位。然而,俄国不仅是东西方文化传播与交流的中介,而且直接地、独立地、富有特色地开展了对东方和对中国的研究。

从12世纪起,俄罗斯的旅行家就提供了许多关于东方各族地理、经济、宗教和生活习惯的有价值的报道。15世纪起,自从阿凡那西·尼基丁撰写了印度行记及赴印途中见闻以后,俄罗斯就特别加强了搜集关于东方各国和各族的各种报道。到17世纪,出现了伊凡·彼得林旅行中国的报告《一览》(1618—1619年)、拜可夫的《实录》(1654—1657年)、斯帕法里的《论文目录》(1675—1677年)和维纽科夫出使清廷的报告。1692—1695年,荷兰人伊兹勃兰特·伊台斯和德国人亚当·勃兰德受彼得一世之派,担任俄国赴华使团的领队和秘书,分别撰写了笔记,这些笔记被认为是"俄中关系史的珍贵文献,也是世界地理文献的经典作品"①。莱布尼茨和伏尔泰都曾注意到并重视他们两人的贡献。因为他们记载了从欧洲、西伯利亚、蒙古和中国东北到达中国腹地的通路,从而成为地理大发现时代的一个响亮的回声。

18世纪一开始,彼得一世所实施的涉及俄国社会生活各方面的改革,对东方学也有影响。这些改革为俄国中国学的诞生奠定了基础。这主要表现在:第一,成立帝国科学院(1724年1月28日,彼得一世手谕),向西方移植东方学和中国学人才。如从德国聘请了东方语文学家、欧洲第一部汉语语法书的作者德奥菲尔·齐格弗里德·巴耶尔,借助西欧的语言工具、著作和方

---

① 伊兹勃兰特·伊台斯、亚当·勃兰德:《俄国使团使华笔记(1692—1695)》,第1页。

法了解中国,从西方传教士中获得最早的中国图书(1730年)等。第二,向北京派遣传教士团,同时直接派人到中国学习语言(1727年起)。传教士团在100多年的时间里实际上成了研究汉语和满语的独特的中心,并造就了最杰出的几代俄国中国学家,如18世纪的罗索欣(1717—1761年)和梁捷夫(1716—1786年),两人后来都成为科学院工作的学者。罗索欣翻译了包括《资治通鉴纲目》在内的近30部中国著作,梁捷夫是俄国第一位翻译了《大学》和《中庸》的学者,两人并合作翻译了16卷的巨著《八旗通志》,这部译著表明了俄国中国学的一大特色——对满洲学的研究处于世界领先地位。所以,他们两位被公认为"十八世纪最杰出的俄国中国学家"①。

19世纪起,这种受到沙俄政府直接影响的学院派和僧侣派相混合的中国学研究仍在继续发展,而且摆脱了对西方中国学的依赖,发展起以研究中国边远地区和中国精神文化为特长的独立的俄国中国学。一方面,学院式的培养人才的工作有了新的转机,1803年通过的科学院"章程"和1804年制定的第一个大学章程,规定把东方学列入正式课目。1818年,科学院成立了亚洲博物馆——第一个集中有关东方问题的实物、图书和学术研究工作的专业机构,1825—1827年出版了《亚细亚通报》杂志。30年代,比丘林在恰克图创办了汉语学校;1837年,喀山大学成立汉语教研室,是为俄国高等学校开设中国学课程之始(1855年起并入彼得堡大学东方系)。科学院还从1852年起出版了《亚细亚杂纂》丛刊。另一方面,僧侣中的中国学家更是人才辈出,比丘林(僧名雅金夫,1777—1853年)是其中最突出的代表。比丘林以第九届俄国东正教传教士团首领身份寄居北京

---

① E. Stuart Kirby, *Russian, Studies of China: Progress and Problems of Soviet Sinology*, London: The Macmillan Press Ltd., 1975.

14年,在这期间写下了大量的著作(后来都在俄国出版)。他的第一部著作《蒙古纪事》(1828年)使他成为科学院通讯院士。其后,他又写成《成吉思汗家族前四汗史》(1829年)、《公元前2282年至公元1227年的西藏及青海史》(1833年)、《中国及其风俗习惯》(1840年)、《中华帝国统计资料》(1842年)、《中国的农业》(1844年)、《中国社会道德状况》(1848年)等,这些著作使他四度获得科学院的最高奖之一——杰米多夫奖金。此外,他还译有"四书"等。比丘林的成就曾受到俄罗斯伟大诗人、文学家、思想家们如普希金、别林斯基等的称赞和关注。当然也有批评。

被称为第二代的俄国中国学家可以开列出一长串名字,其中最重要的是卡法罗夫(1817—1878年)、瓦西里耶夫(1818—1900年)和查哈罗夫(1814—1885年)。卡法罗夫在深入研究中国资料的基础上,加之他在1847年和1859年于蒙古旅行时的观察,写下了研究蒙古史的著作;他还是到过乌苏里边疆和撰述了这个地区远古史的第一位中国学家。卡法罗夫又很重视对佛教史和中国伊斯兰文学史的研究,他在研究欧洲人对中国的研究史方面也有重大贡献。当时俄国研究中国问题的唯一的定期刊物——传教士的《汇报》——就是由他创办的,《汇报》成为俄国和欧洲中国学的重要学术专刊。瓦西里耶夫编纂了第一部华俄辞典,对中国的象形文字做了字形分类,这种分类法是世界首创,并多次为后继者所采用。他的著作甚多,如《元明两代的满人》(1863年)、《中国的穆斯林运动》(1867年)、《清初对蒙古人的征服》(1868年)、《东方的宗教:儒、释、道》(1873年),他还撰写了世界上第一部《中国文学概论》。他是第一位在欧洲讲授中国文学史和中国东北地区文学史的人。瓦西里耶夫的成就,使他在俄国中国学界和世界东方学界赢得了声誉。查哈罗夫主要是以一部最完善的《满俄大辞典》和满语语法而名扬于世,特别是"查哈罗夫实际上是研究中国本国历史的俄国第一位学者,是专门研究中国社会经济问题的首倡者"①。这两个课题正是 19 世纪俄国中国学的缺门或曰薄弱环节。反映他这方面贡献的是其巨著《中国西部疆域记述》,这是俄国和欧洲第一部研究中国土地制度的著作。

19 世纪俄国中国学的新阶段也是在 50、60 年代。当时,沙俄政府不断接到改革大学东方学各学科教学的草案,于是便在 1854 年 10 月颁发关于成立彼得堡大学东方学系的指令,由瓦西里耶夫出任该系主任。这件事标志着俄国中国学以学院派和僧侣派混合的状态转向以学院派为主体的状态。这与欧美各国中国学的发展是同步的。俄国中国学也走上了职业化专业化的道路。在这个意义上,上述三人的贡献还在于,他们起了一个承先启后的作用。三个人本都是传教团培养出来,由科学院肯定下来的人物,属于比丘林那个时代的第二代人物;三个人又都成为下一个时代的俄国第三代中国学家的先导性人物,瓦西里耶夫出任彼得堡大学的教职本身就有此象征意味。此后,俄国于 1865 年在库伦、1884 年在伊犁又开设了翻译学校,1898 年在海参崴成立东方学院,1900 年成立皇家东方学学会(1909 年改组为俄国东方学家协会),1903 年更由俄国科学院、大学及有关学会的东方学家组成了俄国研究中亚和东亚委员会,1906 年到 1909 年还创建了实用东方研究院等,这些都是瓦西里耶夫的教育和研究事业的后续。查哈罗夫对中国内地历史和社会经济问题的研究则调整了前一段的研究视角和拓宽了以后的研究视野。卡法罗夫编纂的《华俄辞典》被看作是标志了第三代(中国学家)的时期,这一时期的俄国中国学"承居领导世界学术成就的地位"②。

---

① B.H.尼基福罗夫:《苏联历史学家论中国问题》,转引自中国社会科学院情报研究所编《外国研究中国》(第 1 辑),商务印书馆 1978 年版。

② E. Stuart Kirby, *Russian Studies of China: Progress and Problems of Soviet Sinology*.

第三代俄国中国学家的一个突出贡献就是对俄国中国学历史和现状的自身认识,其所以称之为"突出",因为我们知道,任何一门学科的自身认识程度是其成熟程度的一个重要标记。瓦西里耶夫的学生格奥尔吉耶夫斯基指出:"作为一门完整的学科来说,中国学还不存在,它没有明确的目的,没有牢固的基础,没有成熟的研究方法;中国学还同单纯的翻译搅在一起,同将汉语译成某种欧洲语言的技术混在一起。"他认为,应当对中国学研究进行分工,"中国学(目前这一概念还很含混)不应当看成是一种科学,而应当看成是多种科学的综合"。到20世纪初,巴托尔德出版了他编的四大卷《东方语言系史料》,稍后又出版了《欧洲和俄国研究东方的历史》,这些都令人联想到法国学者考狄也在这一期间所做的工作。这表明,俄国中国学和欧洲其他各国的中国学一样也开始了自我回顾和反思,按照格奥尔吉耶夫斯基的意见,俄国科学的中国学应具有实践的目的。这大概可以看作是第三代俄国中国学家的又一贡献,尽管这其中充斥了种种非科学、非正义的动机。当然,格奥尔吉耶夫斯基强调的是肯定中国文化、中华民族的态度,认为中国学家应该帮助社会树立对中国居民的新看法。但同样在一种实践性的目的下,19世纪晚期至20世纪初的俄国中国学却主要的是适应了沙俄政府向远东扩张的需要。1899年,在海参崴成立的东方学院,广泛开办了研究汉、日、朝、蒙、满文的课程,该院对中国问题的研究工作,主要有两方面:研究中国东北地区和编纂有关现代中国实际知识的著作。著名的有《吉林省的中国文化史料》(1909年)、《义和团及其对远东最近事变的意义》(鲁达科夫,1901年)、《西藏记事》(裘涅尔),以及施米特的汉文和满文教科书,特别是汉语语法书。

海参崴东方学院的崛起,使俄国中国学出现了两个中心,此外的另一个是彼得堡大学的东方系。这种状况一直影响到后来的苏联中国学。这种向苏联中国学跨越的现象,是第三代俄国中国学家的又一贡献。当然,与旧的俄国中国学交错和并行的,还有20世纪早期以列宁为代表的马克思主义学者对中国问题的研究,而且老的俄国中国学家们在完成转向苏联中国学的过程中也有一个主动或被动的脱胎换骨的过程。但是,应当承认,最早的一批苏联中国学家中,像阿列克谢耶夫、奥尔登堡、巴托尔德等同时又作为第三代俄国中国学家还是扮演了相当重要的角色。

日本。作为地理上一衣带水的中国和日本,彼此之间的文化交流和相互研究不仅源远流长,而且复杂纷繁,是不可用评说西方中国学或中国观的同一方法和标尺去说明的。

中日两国的文化交流终究始于何时,这不仅是一个历史学、考古学的问题,而且是一个地质学和人类学的问题。但至少,我们今天知道的日本文化,都是接受中国大陆文化后的文化。从东汉到南北朝,中日已有直接外交,而日本人之研究中国古籍,则可上溯到1700多年前的应神天皇时代(中国晋武帝太康年间),当时的皇太子就已研读了《论语》。特别是"从隋唐时代,直接输入中国文化以后,历宋元明清,凡是中国主要的学术文化、技艺风俗,或迟或早,没有不复演出现于扶桑之岛的"。所以,梁容若先生要说:"在德川末期,日本国学者和汉学者的轧轹,从远处看,深处看,不过是一种意气门户之争。"①

尽管如此,说到19世纪以后的日本的中国学,还必须提一提日本"汉学"的传统,因为,事实上,这一传统的影响至今还没有消退。在德川幕府之前,日本还没有形成独立的中国学术研究。到16世纪,日本为巩固其天皇制统治,开始较系统地研究中国的哲学,特别是"朱子学",这便是当时所谓的"汉学"。但

---

① 梁容若:《中日文化交流史论》,第119页。

是,到了近代,日本的儒教哲学便露出了其"侏儒性质",因为"在它要同自然科学的进步结合起来而必须推动哲学思维前进的时候,儒教哲学的陈腐的范畴体系已经远远不够了"①。这时,显然需要一种新的外来文化的刺激和补充,就像平安时代文化的创立有赖于中国唐代文化,江户时代文化的出现有赖于中国的程朱理学一样。刚好,随着西方传教士的东来,西方文化传入了日本,于是,在日本出现了研究西方文化的"洋学"(最初,由于是由荷兰人带入的,所以称之为"兰学"),但是,"洋学"最初"主要是因为同维护封建政权的'殖产兴业'有关而移植进来的,其内容当然是自然科学,排斥其他科学;而西方的哲学、社会科学大体上是开国以后才移植进来的"②。西方的中国学,自然也属于社会科学一类,这样,日本的中国学一方面承袭了传统的"汉学",另一方面吸收了西方的"中国学",在明治维新以后,开始了一个崭新的阶段。

先是随着明治维新运动的发展,资本主义在日本形成,日本统治阶级开始把中国作为扩张的对象。在这种情况下,逐步形成了专门研究中国思想文化的学科,叫作"支那学"。"支那学"的思想背景,则是当时日本知识界流行的所谓"兴业思想",而"支那学"的最初内容,则是以朱子哲学为主要对象的"支那哲学"。到了1882年,日本东京帝国大学(即现在的东京大学)设立了古典讲习科,显然,传统汉学还起着重要的作用。过了四年的1886年,东京帝国大学聘请了一位德国史学家黎斯(Ludwig Riess)任教于新创设的史学科,这就意味着西方的新文化正式进入了日本学术界,使日本产生了西方化的新史学,并逐渐脱离了传统的"汉学"。约在甲午战争前后,欧洲(特别是法国)以研究

---

① 永田广志:《日本哲学思想史》,商务印书馆1978年版,第190页。
② 永田广志:《日本哲学思想史》,第222页。

中国历史为中心的"东方学"传入日本,日本的"支那学"中出现了"东洋史"研究,1889年12月创刊的《史学杂志》,便是早期东洋史研究的重要阵地。所谓东洋史研究,其实主要还是"中国史",包括历史、经济、宗教、艺术、法律等广泛的内容。日本人甚至在中国学里亦是东洋史与西洋史并重的。东洋史初兴之时,名家辈出,如那珂通世著有《校正增注元亲征录》《成吉思汗实录续编》《支那通史》等,市村瓒次郎有《东洋史统》,白鸟库吉有大量的中西交通史的著述,藤田丰八有《东西交涉史之研究》,箭内亘以蒙古史著名,还有著《东洋读史地图》,还有原田淑人对服饰的研究、伊东忠太对中国建筑史的研究,等等。最具有权威性的人物则是桑原骘藏,他所撰《蒲寿庚考》实为一部宋、元时代的中西交通史。其他关于中西交通史的论著还有不少。可以看出,这时的日本中国学,在"东洋史"的名目下,已与欧美的东方学、中国学没有很大的差异了,而且由于历史、地理,特别是文化上的便利,日本中国学的水准已绝不在西方中国学之下。但是,这同时便产生了另一个问题,对于日本来说,如果中国学仅仅作为一种考古学、人类学、民俗学,作为一种典章制度的记述、史迹遗物的踏勘发掘,则非但不能建立自己特色的中国学,而且还会丢了日本文化长期得力于中国文化的真精神和日本文化创造性地吸收外来文化的好传统,所以,后来有的学者对此提出了批评,并试图创造日本式的"中国学原理",不过这是20世纪以后的事情了。

　　除了"朱子学"和"东洋史"之外,19世纪末20世纪初,日本中国学的再一研究课题是中国人的心理状态和感情特点,这是在日俄战争以后,日本知识界在研究外国文学浪潮的过程中出现的情况。这就形成了日本中国学的第三项内容。

　　上述三方面的内容,主要是对"古的"和"静的"中国的研究。对现代中国的研究在那时还不属于学术范围,而主要是由日本情报部门进行的,研究中心在日本陆军参谋本部。此外还有1900年近卫笃麿主办的"东亚日文会",在南京设立的"东亚日文书院"(不久迁至上海)和日俄战争后不久出现的"满铁调查部"。

总之,19世纪日本中国学在较短的数十年中已赶上了欧美中国学的步伐,形成了三项主要的研究内容和两个重要的研究中心:东京帝国大学和京都大学。

四、19世纪国外中国学分析:力图从中国看中国

当我们耗费了不少笔墨,大体介绍了19世纪中国学的情况(难免有疏漏)之后,再来分析19世纪国外中国学的特点,就会觉得这是一个有着相当主观性的课题,你可以从各个侧面,选取不同角度来谈论这一问题,并且总能得到一些满足,然而却又总觉得意犹未尽。

从中国学发展的历史来看:经过前中国观——准中国观——中国学初创期(教士中国观向职业中国学转折期),19世纪中国学已具有相当的独立性和健全性,其特征便是职业化和专业化过程的完成。

从中国学研究的国别来看:法国挟了18世纪的余威,继续领先并且学院派研究气味较浓;德国持续不断地贡献了杰出的学者型的专家;英国则具有同时想占有经济和文化上的世界霸主地位的急迫感和失落感;美国努力做着后来居上的工作,不得不先仿效西欧;俄国已出现了三代中国学研究者,他们对中国边远地区精神文化的研究,富有成效;日本先得地理历史文化上的便利之先,继则想摆脱这些羁绊,向西方靠拢,最后又欲创造符合新的日本精神的中国学。

从中国学研究的过程来看:大体上说,19世纪的上半叶是中

国学的业余研究阶段,下半叶才是中国学的职业化、专业化真正完成的阶段。这可以从一些著名的中国学家的生涯中看得很清楚:理雅各、威妥玛、翟理斯、郭实腊、卫三畏等都先以传教士或外交家的身份进行研究,然后回到欧美主持一个大学的讲坛或者一个专业学术团体。

从中国学研究的态度来看:至少有三种因素关系到国外对中国研究的态度。其一,在17、18世纪达到高潮的"中国文化热",在19世纪仍保留其余绪,这主要是以对中国文化之悠久、伟大和对儒教文化传统的惊叹和敬畏之心为基础的,当然还有希冀从异教、异质的中国文化中汲取某种东西,以弥补西方文化不足的愿望(尽管这一点在19世纪已很不突出);其二,19世纪以来,西欧列强为在远东传教、开辟市场、设立殖民地和开发资源而积极进行政治、经济和军事活动,与之相应而产生的同这些活动的日常需要相结合的,可以称之为实际和实用的态度;其三,基于19世纪中叶以后,中国在同西方列强交锋中屡遭败绩的事实和中国国内各种令人难以置信的腐败现象,进而强化了中国文化的停滞论和鄙视中国文化的态度。

上述这些分析都是可以成立的,但不免缺乏一种宏观的高屋建瓴的气势;所以,我们更主张把19世纪的国外中国学,放到从中世纪以后便开始形成的全球文化的氛围和世界走向中国的历程中去看,放到文化交流和互识的规律中去看。

我们曾经从历史和逻辑的统一上,把世界走向中国的历程和文化交流互识的规律分成三个环节:从外国看中国(从自己看他人),从中国看中国(从他人看他人)和从世界看中国(从人类看他人)。至18世纪,基本上属于从外国看中国的阶段(当然也有狄德罗式的超越)。到了19世纪,由于国外中国学的职业化和专业化的完成,并成为国外中国观的主要发言者,因此我们把这一阶段看作是从中国看中国的阶段,也就是在文化交流和互识上,力求尽可能详尽、客观地掌握他人的情况,摄像式地反映和勾画出他人的原来形象。从一门学科的建设和19世纪实证主义思潮的盛行这两个意义上看,这是一件十分自然的事情。

这种力图从中国看中国的特征,有什么具体表现呢?

以中国为直接的研究对象,建立一套研究手段。19世纪以前,除少数研究者外,大部分研究和讨论中国和中国文化的人,都是非职业的;故而,他们往往只是间接地、次要地、附带地了解中国和研讨中国,但由于思想的灵敏度和穿透力,其中当然不乏珠玑之论,不过那时对于系统化的研究手段,都并无紧迫感,以致莱布尼茨四处呼吁建立研究中国的专门机构,只不过是言者谆谆、听者藐藐而已。只是到了中国学完成了职业化和专业化的时代,众多的学术机构、大学讲座、专门刊物和研究人员等作为一整套研究手段的东西才会纷纷涌现出来。把中国学作为一门专门的学科独立出来,建设起来,这件事本身就说明人们想直接地、主要地、专门地了解中国和研讨中国。而且由于这门学科是以异质文化为研究对象的,所以,争取打开并进入这一异质文化的大门,便成为学科建设的首要任务,而这一打开并进入大门的阶段,只能是以观赏、浏览、熟悉、摄像为主的反映阶段,亦即从中国看中国的阶段。显然,从诸类研究手段比较来看,通透中国语言的奥秘,并创造一套释读和转译的技能,使之真正成为文化和思想交流的工具,是最突出的任务和业绩。从传教士中国观开始,尽管对中国语言的介绍一直没有停止过,但走过了一个"之"字形。1687年之前,关于中国的字典和文法类书籍,在教士中国学著作中占第四位,前面三位依次是综合报导、礼仪之争和中国历史,这前四位的书籍占了全部中国学著作的80%。一看就知道,这一时期,对中国字典和文法的介绍是从属于了解中国概况这一总课题之下的,只要有关当事人会使用就行。这一情况在1867年之后阶段的变化中,进一步证实了我们的看法。

由于这时了解中国概况的总课题尽管绝对数仍占首位,但已相对退居次要地位,从原来占首位的四类中国学书籍,变成囊括了负增长的前四名。这当然不是说对中国语言的了解、掌握和认识已足够了;恰恰相反,随着在东方学中开始出现的比较语言学的兴起,随着19世纪中国学的正式建立,人们又会感到原先对中国语言只能在部分学者范围内使用已远远不够了,不管从实用的要求还是从文化移植、综合的角度来看,19世纪中国学必须更上一层楼,否则谈不上中国研究的职业化和专业化,也谈不上从中国看中国。在这种情况下,马礼逊和威妥玛(还有翟理斯、郭实腊)一前一后地对中国语言的介绍和研究,刚好分别代表了上述两个方面的深入。从这一个关于中国语言研究的"之"字形,我们应该得到关于语言在文化和文化交流、文化互识中的地位和意义的新的启示,语言不仅仅是交流沟通文化和思想的钥匙,同时也是隔离、阻碍文化和思想的锁,特别在文化的世界性大交汇愈益显著的时代,语言的这种既是钥匙又是锁的两重性更为突出,难怪人们要说20世纪是语言学的世纪。看来,语言的这一双重角色将扮演下去,"之"字形的情形还会出现。

深入中国腹地考察,争取获得亲知的效果。对一种文化的了解一般可以通过三个方面去实现:对千千万万人的日常生活的考察;对载入史册和记入书本的历史和经籍的研读;对掩埋于地下的古代文献和遗迹的采掘。就国外对中国文化的了解过程看,这三个方面是逐步实现的,但不是后者取代前者,而是一个包容、裹卷的过程;就文化交流和互识的发展过程看,三个方面都可以各自用三个阶段的眼光来看待,但对第三个方面来说,即发掘古代遗迹和文献,则更多的是属于第二个阶段:从他人看他人的阶段。19世纪的国外中国学一个突出之点,就是出现了前所未有的,后来也还没有过的对中国西北和西部边缘地区的探险、踏勘、考察、研究。

这一考古热当然是与19世纪,特别是19世纪中叶以后欧洲诸强在远东、中东、近东各方面发展势力、侵入亚洲腹地这一背景直接有关。同时,也与19世纪后期西方国家出现的继哥伦布时代之后的又一次试图发现新世界的探险热有关。比如著名的瑞典探险家斯文·赫定(S. A. Hedin, 1865—1952年)就是从小为极地探险中的那一大批英烈们所激动,而一生到中央亚细亚探险寻胜达五六次,被我国徐炳昶先生称为"于全世界研究中亚之科学家中,获得坐第一把交椅的荣誉"①。斯文·赫定的大部分工作都是在中国的新疆、西藏一带进行的。除斯文·赫定外,19世纪下半叶到我国西北部作个人探险旅行的约计有40余人,分属英、法、德、俄、美、匈、瑞典等国,其中尤以俄、英两国为最多。以探险队名义,有组织地到我国蒙、新、藏地区考查的约有14个,其中最著名的有由英国的斯坦因率领的三次和由法国伯希和率领的探险队。1902年,在德国汉堡举行"国际东方学会"时,还成立了"国际中亚远东探险协会"。这些探险活动的文化掠夺性质自不待言,如斯坦因就曾因在1932年遇到中国文化界的强烈反对而中止了又一次到中国的活动。然则,从历史考古、古文书、古生物、地质、地理、人种学等诸学科的建设和发展上来看,这样大量的探险活动其意义是不可低估的。仅就对中国历史文化的了解方面来看:许多古文书的发现,如《敦煌石室遗书》等,可以对通行本进行校对,并补正史传记载的不足;诸类古代中亚语文的发现,不仅对史实是一个补正,而且为研究中国古音提供了最好的比较资料;从中亚传入的西方宗教已大体被弄清了其在当时的流布情况。此外,通过汉晋间的简牍对于汉代社会的了解,通过汉唐的工艺品对于当时的艺术史和世俗生

---

① 斯文·赫定:《亚洲腹地旅行记》,上海书店1984年影印版,"徐序"第2页。

活的认识,通过南北朝至隋唐的佛经写本对于西域佛教的研究,都是极为重要的。

谋求与中国学者的合作,共建东西文化交流业绩。要达到对中国文化的熟知,需要亲炙亲脍的体验,而要做到对中国文化的真知,光亲身体验则又不够了,非要有在中国文化的浸染中长成的中国学者的配合不可。据常任侠先生介绍,"东西文化交流"这个词汇是直到19世纪末才由欧洲学者首先提出的。①我想,若论这一词汇之出现所依托的文化背景,肯定应该包括各文化圈的学者间的国际性合作。在19世纪国外中国学中,这一情况也是值得专门一记的,尽管17、18世纪也有几位中国留学生到国外,或中国士大夫在国内与外国人合作的事情。

理雅各与王韬的合作是最有完整性和典型性的。王韬(1828—1897年)是19世纪继容闳之后,第二位真正实践了走向世界的中国人,正如他曾应邀在牛津大学讲坛上发表的宏论中所说:"三百年前,英人无至中国者;三十年前,中国人无至英土者。"②可见,世界走向中国已有二三个世纪了,中国走向世界却刚刚从王韬等少数先进的中国知识分子开始,所以,王韬等辈的功绩主要在于放眼看世界和亲身走向世界。但是,深究起来,王韬能做到这一点,是与这样一种心态分不开的,他曾说:"天之聚数十西国于一中国,非欲弱中国,正欲强中国……以磨砺我中国英雄智奇之士。"正是这一健康的心理,使他一辈子能与中外文化交流结下不解之缘。从江苏甫里乡间到上海墨海书馆,王韬已与麦都思等著名传教士兼中国学家有了大量交往,成为上海华洋交往中的一位活跃人物。1863年,王韬来到香港,开始与英华书院院长理雅各合作。理雅各知道王韬才华过人,并与

---

① 参见《读书》1985年第5期,罗照辉文。
② 参见钟叔河:《走向世界——近代知识分子考察西方的历史》,中华书局1985年版,第153页。

西人有良好的合作史,所以邀请王韬襄助他完成《中国经典》这一宏大的翻译工程。当时,理雅各的《中国经典》头两卷英译本已出版,还在翻译《尚书》,由于王韬的具体帮助,又顺利完成英译《尚书》和《竹书纪年》等,作为第三卷出版。此后,在英国,在香港,王韬又帮助理雅各英译了《诗经》作为第四卷,《春秋》《左传》作为第五卷,先后于1871年和1872年出版,并于1885年在伦敦出版了《礼记》。这是王韬帮助理雅各英译的最后一部书。在两人的合作中,王韬赞理雅各曰:"理君雅各先生橐笔东游……注全力于十三经,贯穿考核,讨流溯源,别具见解,不随风俗。"理雅各称王韬为中国"第一流学者"。英雄识英雄,两人都是当之无愧的。

这种中国学者以自己的中国文化功底,帮助外国人了解中国,研究中国,做成中国学的学问的例子,并不算很多,但这种情况的确是有利于文化交流和互识的。要做到从他人了解他人,这一点尤不可少,而正由于这样的例子少,才见得理雅各与王韬合作的独特意义来。20世纪以后,赵元任、林语堂、胡适、陈福田、董作宾诸先生也都有过这样的事迹,而李约瑟博士的皇皇巨著《中国科学技术史》,更是西方中国学中中外学者合作的佳话。

总之,用一个显然跛足的比喻来看19世纪中国学的方法论特点,或许可以说:如果把国外中国学比作一所学校,那么17、18世纪的中国学初创期,是外文系和新闻系式的;而19世纪的中国学职业化专业化时期,则是中文系和历史系式的;到20世纪,特别是两次世界大战之后的中国学,已是一种社会学、人类学、文化学、哲学系式的。当然,历史和逻辑的发展只有先后,没有高下之分。

第十章　在社会和历史背景中的中国观
——19世纪关于中国的议论种种

"中国一旦觉醒,世界就会震动。"19世纪开始不久,当落魄英雄拿破仑在圣赫勒拿岛说这句话时,他实际上道出了此时中国已与世界浑然不可分的真谛,道出了19世纪以后,中国的"睡"和"醒"对于世界的影响。于是,欺负中国昏睡者凌辱中国,害怕中国觉醒者蒙骗中国,忧虑中国昏睡者呼唤中国,看到中国将醒者研究中国。

一、一个广为流行的说法:"睡狮(或醒狮)论"

1911年,中国辛亥革命刚发生,两位外国人不约而同地惊呼:中国醒了。美国威斯康星大学教授芮恩施(Paul Samuel Reinsch, 1869—1923年,后为美国驻华公使)在他的学术著作《论远东的思想潮流和政治潮流》中写道:"今天我们正亲眼看到这个庞大的民族觉醒过来,获得新的精力,并且更为积极地处理事务。和平的中国,这个无所争持的国家,正在迅速地变成为军事的国家。"加拿大传教士邦德(G. J. Bond)在《我们在中国的一份责任》一文中写道:"拿破仑曾经说过:'当中国动起来的时候,它将震动全世界。'而中国现在就正在动起来,正在猛烈地动起来。多少年来它一直是面向过去,而且一直在设法效法过去。今天它正在面向将来,而且在设法预先占有将来。世界历史上最伟大的社会变革已经在中国发生。"①显然，两个人对中国的觉醒有不同的评价，但都引用了一个广为流传的说法：睡狮（或醒狮）论。

据我们所知，这一说法最初与拿破仑有关。那是1816年，拿破仑已身陷囹圄，正在圣赫勒拿岛上消磨余生。一天，他接待一位英国派驻中国，但却因为拒绝向清帝行三跪九叩之礼，被命令在抵京当日就离去的使者——阿美士德（Lord Amherst）。拿破仑与阿美士德谈到了中国，他感触良深地说："Quand la Chine s'éveillera … le monde fremblera."其意可以转译成："中国一旦觉醒，世界就会震动。"②拿破仑对于中国的了解并不多，而且其时已是欧洲中心论渐渐抬头的时候。所以，拿破仑的这句名言，不可谓不是一种很有生命力的远见，一直流传至今。拿破仑是从一部题为《马嘎尔尼航行中国记》的书中了解到中国的，此书出自阿美士德的前任、英国第一位使华特使马嘎尔尼乘坐的"狮子"号舰艇上的大副安德森（Aeneas Anderson）之手，出版于西方"中国热"余温尚在的1795年。近200年以后的1978年，安德森此著竟得以再次校订注释出版，校订者在前言中这样写道："重新出版这本已被遗忘的老书，是具有治疗我们的历史健忘症的意义的。"显然是在提醒西方注意东方巨人的巨大潜能。这立刻会使人想起当年拿破仑读了该书后的那句名言，因为这是属于在变动的国外中国观中保持了永恒意义的那一类。

拿破仑的这句话，在19世纪，特别是在19、20世纪之交的西方和中国有着相当广泛的影响，人们不断地从各自立场出发

---

① 吕浦等译：《"黄祸论"历史资料选辑》，中国社会科学出版社1979年版，第184页。

② 据记载，在圣赫勒拿岛上，拿破仑与被东印度公司招来岛上垦殖的中国工人有所接触。拿破仑对他们并不很友好，但却在临终前吩咐道："我身边的中国人，不要忘记他们……"

引用之。并且,不知从什么时候起又把中国比喻成一头强健、剽悍的狮子,经常把落后、腐败、麻木的中国称作"睡狮",而把觉悟、奋起的中国称作"醒狮"。当然,所谓醒狮首先是从睡狮一说而来的。

从列强的立场来看,他们当然不希望看到中国的觉醒,这正如当时中国国内的一篇文章所指出:"睡狮未醒,易于鸩毒。"① 从大多数中国人的立场来看,大家自然不希望中国再昏睡下去,所以,"'睡狮醒了'这句话,十多年来,常常听见人说,并且拿着很高兴很有希望的意气来说"②。所谓"十多年来",正是指20世纪前后的一段时间。但是,著名的国民党左翼理论家朱执信却不赞成这个比喻,他说:"你如果说中国睡了几百年,我是承认的。说中国现在醒了,我是很希望的。说中国没有醒以前,是一个狮子,所以醒了之后,也是个狮子,我就不敢附和了。"③因为,朱执信认为从根本上说来,人生不是拿"使人怕"做目的,民族的生存,国家的建设,也是不以使人怕做目的,他主张实行国家间的人道主义。而且,从睡狮(或醒狮)说的来源上看,也是中国人不应附和着去说的,因为这种说法"本来不是中国人自己做出来的,却是欧洲里头要压迫中国的一部分人,拿来恐吓其余的人的,同'黄祸'这句话,是一样的意思"④。后来,鲁迅从揭露中国国民性弱点的角度也谈到过类似的观点,他指出,当年中国的"有些英雄"听到外国讲中国是"睡狮",是"黄祸",就像得了恭维一样,"得意了好几年,准备着去做欧洲的主子"。其实这些人并没有醒来,真正合理的立场,应该是"二十世纪的舞台上""应有中国和中国人的份"。⑤

---

① 谷音文:《辨黄祸之说》,《东方杂志》1905年第2期,第33页。
②④ 《朱执信集》(上),中华书局1979年版,第322页。
③ 《朱执信集》(上),第327页。
⑤ 《鲁迅全集》(第5卷),人民文学出版社1981年版,第336页。

可见,拿破仑的名言不过是睡狮(醒狮)说的一个由头,其意义到了流传开来之后,便在一定程度上被歪曲了,特别是与当年盛传的另一种中国观黏合在一起了,这另一种中国观就是"黄祸论"。

二、历史和现实的谎言:"黄祸论"

19世纪末20世纪初,正当西力东渐日见其甚,中国这一空足巨人已奄奄一息之际,西方世界却盛传起"黄祸论"来,一些政治家、军人、外交官、传教士乃至文化人争相发表耸人听闻的预言:以中国和日本为主要代表的黄色人种将席卷全球,吞噬白色人种的势力范围乃至生存空间。这种与当时整个世界各种力量对比的态势很不谐和的论调究竟是一种对未来的科学预测,还是一种关于历史和现实的自欺欺人的谎言?这一问题,今天已不须多说一句话便可做出判断了。但是,谈到19世纪的国外中国观,"黄祸论"却是一个相当有影响的说法,因为,它波及欧美主要国家,并在数十年时起时伏的发展过程中,形成了一套理论。

人们已说不清"黄祸"之说起始的确切时间了。1905年3月30日《东方杂志》上有一篇文章这样写着:"白人所谓'黄祸'之说,不知其起于何时。说者谓成吉思汗以铁骑蹂躏欧洲,西欧妇孺亦尝震惊于黄人之大创,而黄祸之说以起。"但该文作者又认为此说不甚可靠,因为"往古东西隔阂,未尽交通,言论流传,无可证实,即曰成吉思汗之纵横蹂躏,然其势力,亦仅及于西欧,黄人之名,又何至沸腾于全土哉?"

比较直接可见的类似"黄祸"说法,人们最先是从俄国无政府主义鼻祖巴枯宁(1814—1876年)那里听到的,巴枯宁因参加领导德累斯顿起义,获罪流放西伯利亚后逃亡,曾入中国中原各地,并东至日本,晚年写下了《国家制度和无政府主义》一书(1873年),其中描绘了明治维新时期的日本那种上下踔厉、一意变法的情景,并指出,不出四五十年,日本人驱俄人与北亚,"直易耳"。但是,更足虑的是日本的邻国——中国,"这就是来自东方的几乎是不可避免地威胁着我们的危险"。巴枯宁为此提供的论据是:中国庞大的人口将不得不寻找出路;中国人在连续不断的内战中锻炼出了许多精力充沛、强烈好战的群众;欧洲最新文明成果和纪律将与中国人的"原始的野蛮,没有人道观念,没有爱好自由的本能,奴隶般服从的习惯等特点结合起来",等等。这些理由与以后的欧美"黄祸论"者相当接近。巴枯宁并为此向沙皇奉献了"着手征服东方"的建议。

几乎与此同时,西半球的美国,尤其是以加州为中心的美国西部各州,随着西部交通的开拓、黑人劳力的解放,以及金矿生产的不景气,从而使19世纪50年代以来对华工的大量需求一变而为劳工过剩。这些情况的出现,造成了由来已久的限制华工、排斥华人的种族主义意见的泛滥。1876年7月,美国国会参众两院分别通过决议,成立一个联合特别委员会前往西海岸对中国移民问题进行调查。该委员会由参议员和众议员各三人组成,于同年10月至11月在旧金山展开活动,先后听取了100多位证人的陈述意见,然后汇集成一部长达1200多页的《调查中国移民问题的联合特别委员会报告书》。报告书称"中国人不求进步,习惯恶浊……永不可能与白人同化",并基于当时华人占旧金山全市人口的四分之一左右的情况,认为加州白人将有被华人压倒的危险。以后,再经过几次小的反复,终于在1882年通过了移民史上具有划时代性质的"排华法案"(Chinese Exclusion Act of 1882)。支持上述排华行为的主要理论正是"黄祸论"。收入那个联合特别委员会报告书中的由斯陶特(A. B. Stout)写的小册子,这是详细论述中国人以及黄种人的"威胁"的最早一篇资料(1862年作,1871年修改重印)。其他各篇文章或证词,尽管有不同意见,但压倒性的多数意见都是支持排华的。在这些意见中,尽管有大量彼此矛盾和自相矛盾之处,但却分别从政治、经济、种族、历史、文化等各个角度论证了"黄祸论"。后来的"黄祸论"者的许多论点,在此已可见端倪。

到了19世纪90年代,一个强盛起来的日本,更加震动了西方。于是"黄祸"之说又在西欧兴起。被中国人视为耻辱的中日甲午战争,在某些西方人看来却成了招致"黄祸"的原因,道理很简单,他们不愿意看到一个被失败惊醒了的中国。而发生在19世纪末的义和团运动,则几乎成了"黄祸论"制造者的直接依据,他们尽可以无视八国联军正劫掠了北京,中国近代史上最大的不平等条约《辛丑条约》即将或已经问世。这一时期"黄祸论"的主要代表是英国历史学家、在澳大利亚的维多利亚担任殖民官员多年的皮尔逊(Charles H. Pearson,1830—1894年)及其所著《民族先后与民族性》(1893年发表)。在文中他反复论述了有色人种,特别是中国人的"可怕",提出了被称为是广义的"黄祸论"的理论,并在国外引起了相当的反响。1895年,德国皇帝威廉二世赠送给俄国沙皇尼古拉二世的《黄祸图》以及这期间与俄国沙皇的通信,是"黄祸论"发展过程中又一个著名的事件。由于这一事件炮制者的重要政治身份,便使得"黄祸论"走出了理论和某些具体问题的范围,而在某种程度上成为西方政治和外交上的战略和策略。这从德皇自己对《黄祸图》的说明中可以看得很清楚,他在1895年9月26日给尼古拉二世的信中说:"最后,我的想法发展成了某种形式,我就把这个形式在纸上画成一幅草图。我会同一位艺术家(即克纳科弗斯[H. Knackfuss]教授)——一位第一流的画家——把它详细地描绘了出来,完成以后,已经付诸雕版,以供众用。这幅画显示出欧洲列强以它们各自的守护天神为代表,被天上派下来的天使长米迦勒召集在一起,联合起来抵抗佛教、异端和野蛮人的侵犯,以捍卫十字架。重点特别放在所有欧洲列强的联合抵抗上,这对于反对我们共同的内部敌人无政府主义、共和主义和虚无主义同样也是必要的。"这些通信直到20世纪俄国十月革命后才公开,但《黄祸图》当时已流行于世了,所以,引来不少评说,其中英国皇家地理学会会员、伦敦英日协会理事会副主席戴奥西(A. Diosy)所著《新远东》一书比较著名。作者从经济竞争的角度提出了"真正的黄祸"论,以取代其他"黄祸论"者对军事问题的过分强调。19世纪下半叶著名的英国"中国通"赫德所著《"这些从秦国来"——中国问题论文集》,其中有专记义和团运动的文章,他大概可以算19、20世纪之交,西方人中比较清醒地意识到西方的强力和压迫正是触犯中国人的民族情感的根源这一客观事实的人。①当然,赫德没有放弃西方侵略者的立场,他仍然称这种民族情感为"黄祸",并以"中国通"的身份提出了继续支持满清王朝的具体办法。

近代最后一次"黄祸论"的高潮是在20世纪初期日俄战争的刺激下酿成的。有人认为,这是近代史上有色人种对白色人种侵略的第一次胜利。说者显然是偏袒了日本,而且明显地用种族主义眼光歪曲了这场战争的真正性质。但在当时,谈论"黄祸"的报刊文章的确因此而骤增。这些议论在理论上并无出乎上述各次"黄祸论"高潮之右者,但在广度上却是前所未有的,不仅在欧美,在俄国,而且在日本和中国都引起了诸般反响和议论。议论的结果,却是"黄祸论"的渐渐消解。因为,人们已不仅仅从种族、肤色,更从历史、现状看到世界舞台上各种错综复杂的交锋和关系,有其更为深刻的原因。随着全世界人民,特别是东方的觉醒,"黄祸论"所赖以生存的西方对东方的压迫和侵略,

---

① 除赫德外,还有一些西方人用"白祸"这一概念,也说明了西方对东方的长期侵略,造成东方的反抗和对西方仇恨的事实。

渐渐在道义上和理论上失去了支持。当然,要根本上改变这一持续了好几百年的历史现象,还远非一日之功。这样,到20世纪第一个十年之后,即中国辛亥革命以后,尽管还可以零星地听到几声"黄祸论",但毕竟已是强弩之末了。

综观上述"黄祸论"发展的历史过程,除成吉思汗时代和巴枯宁的说法之外,"黄祸论"的一个共同的显著特点,就是与现实政治、经济、军事、外交背景有直接的关联。但这不等于说,"黄祸论"仅仅是一种远离文化观点、一种缺乏观念形态的时论。相反,透过"黄祸论",我们可以看到19、20世纪之交,影响西方中国观的文化的和理论的背景。

"黄祸论"主要有三种含义:第一种是军事上的"黄祸"。对此,皮尔逊的描述是这样的:"万一有一位天才领袖崛起,把穆斯林联合到一个共同组织中,那就很可能把主权转移到一位伊斯兰信徒手中。在那种情况下,就很难设想中国不会成为一个侵略的军事强国,派出几百万军队越过喜马拉雅山,穿过西伯利亚草原,或者在舰队的保护下注入移民去占领澳大利亚的岛屿及其北部。"戴奥西则是这样写的:"对于大部分关心这个问题的人来说,这个威胁着西方文明的祸患,是按照西方的方法武装、装备和训练起来的难以胜数的中国群众。他们可能侵入欧洲。这些人由于为数众多,将压倒一切反抗的力量,并使所过之处,尽成废墟。"可见,军事上的"黄祸论"不但有历史渊源(成吉思汗时代的阴影),还有现实的基础(日本的崛起和中国的反抗)。①所以,随着世界局势的变化而不时泛起,成为"黄祸论"的一个基本含义。但是,说穿了,军事上的"黄祸论"不过是一种耸人视听的煽动性武器,论者自己也不见得特别相信其真实性。皮尔逊只

---

① 在"黄祸论"发展过程中,常常以日本的崛起和兴盛为触发点,但最终的落实处往往仍在中国。

把它称为一种噩梦,戴奥西则根本不持此说。戴奥西提出了所谓"真正的黄祸"说,这便成了第二种含义上的"黄祸论",即经济上的"黄祸"。这种说法在19世纪70年代美国西部的排华活动中就颇有市场,加利福尼亚州参议院代表麦克考宾(F. McCoppin)在一个发言中,把中国称为一个"拥挤的蜂房",以此形容中国人口的膨胀程度。这一情况加上其刻苦耐劳的禀性,将造成对白人劳动市场的严重威胁,因为"在为面包而进行的斗争"(事实上是为生存而进行的斗争)中,这种人是比美国人或欧洲人有利的,而中国人虽然身在美国,却并不属于美国的强烈的民族之根的意识,又会使他们将所获资财带归中国,从而导致美国政府财政税收的减少。另一位旧金山市的代表皮克斯利(Frank M. Pixley)则提醒人们注意当年弗吉尼亚州大量吸收廉价黑人劳工的教训。在他看来,这一历史的结果,"在一百年或一百五十年以后,便是一场战争和一片荒凉",19世纪中叶的加利福尼亚州"到中国去招募这种廉价劳动",不啻"正在这里播下蒙古人奴隶制的种子。这种奴隶制成长起来会同样可怕,而且正在迅速成长,比奴隶制以前在东海岸的成长更要快"。美国海军少将罗杰斯(John Rodgers)从另一角度谈到那段历史,他认为美国南部诸州"已经表明劳动阶级同资本家属于不同的种族是有害的"。20年后,戴奥西将这些基于经济上的忧虑,概括为"真正的黄祸",并使之具有更普遍的意义。他也请一位画家①根据他的意见绘制了一幅《真正的黄祸图》,这幅画上文字标明"中国觉醒了——一种预见"。这幅画描绘了一群繁忙、驯良而聪明的中国人,在西方人熟练的指导下昼夜工作,并表明,这种工厂不久的将来就会被受过科学训练的中国人自行负责、管理的同样的工厂所代替。这

---

① 耐人寻味的是,这位画家是日本人,即东京著名画家久保田作。从这一点,似乎也可见,中国是所谓"黄祸论"者关注的主要目标。

就造成了一种经济上的"黄祸"——足以赛过西方的经济竞争力,因为"西方工人每天力争少劳多得,他们有什么把握来同千百万朴素、驯良、惊人地节俭、聪明、熟练的中国工人相竞争呢?"换一种理论色彩的表述,就是中国人的竞争迟早要使西方世界的经济平衡和工业平衡受到影响。第三种是道德上的"黄祸"。如果说军事上的"黄祸论"还多少有一点对早年蒙古民族刮起的旋风的余悸,经济上的"黄祸论"也还有部分的实证事实,那么道德上的"黄祸论"则完全是基于种族歧视和狭隘民族主义立场的理论。这种理论的前提,就是对有色人种,对中国人的蔑视和漫骂。他们的公理之一是:"当低等种族把他们自己提高到高等种族的物质水平的时候,高等种族可能会同化于低等种族的道德低下和心理消沉状态。"他们的公理之二是:"社会人群由于新形式的不道德行为的传入而明显地受到损害,因为新的不道德形式要引诱一些人,对于这些人来说,旧的不道德形式是不会有什么魅力的。"

不难看出,支撑"黄祸论"的文化和理论背景是19世纪开始盛行的"西方中心论"。而"西方中心论"在"黄祸论"中又具体化为种族优越感和关于文化冲突的各种观点。

种族优越感在19世纪70年代美国西部的排华运动中表现得最为露骨而且典型。在西方详细论述中国人以及黄种人"威胁"的最早资料中,斯陶特大量引用了当时刚刚出现的体质人类学的研究成果和理论,并在文化人类学的理论中采纳了文化进化论的观点,即站在欧洲文明的基点上,来俯视其他各人种、各民族及其文化。他指出,人脑的活动指导着肉体的运动和智力的发挥。大脑从血液摄取其营养。而如果血液这一滋养物受污、不纯,大脑的结构就会相应地发生改变。由于血液退化,种族也将退化。用这一观点考察历史,他认为,不应用战争及其政治根源来解释一个民族的崛起、兴盛和衰亡,而应把种族的纯化和高贵与否,看成这些现象的更深刻的原因。用这一观点看待现实,他认为,正占有美国的盎格鲁-撒克逊族是高高位于各民族之上的,但由于加利福尼亚州的地理处于非常暴露的位置,所以正受到其他劣等种族——主要是中国的黄色人种——进入和混合的威胁。所以,应当趁美国还在纯洁而年轻的时候就关闭通向种族混合的大门。他杜撰的第一条自然法则是:保持种族的纯洁——如果这个种族比其他一切种族都优越的话。所以,自卫成了排华的代名词。另一位叫德梅隆(James P. Dameron)的美国人,自称是博物学家和人种学家,更把人类划分为4个不同的群体和12个种族,宣称只有地中海人(或称高加索人)才是从太古时起就作为发展程度最高和最完善的人种而被置于一切人种之首,并且现正散布到整个世界,在争取生存的斗争中征服着所有其他人种的大部分。这种优势得自先天,因为,儿童天生就继承有推动他发展的某些品质,这些品质中最要紧的是人的智力。而白种人生来就有最充分"发展"的大脑,而黄种人的脑容量在几千年以前就已经达到最高限度。据说,中国人和美洲黑人的平均脑容量约为82至83立方英寸,而印度-日耳曼族人则高达92至96立方英寸,甚至有高达125立方英寸的。又据说,任何种族的平均脑容量不超过85立方英寸的,就没有能力建立自由政体。所以,在中国人和其他有色人种中就没有曾经试图建立这种政体的事例。如此等等,不一而足。这种赤裸裸的种族优越感在后来的"黄祸论"中较少看到了,而另一些表现"西方中心论"的文化冲突的观点则持续得较久。

开始较流行的是一种基于达尔文进化学说,并将之泛化、社会化,被用来直接为"黄祸论"服务的文化冲突观。这种理论也与人种学说直接挂钩。有的人提出,按照达尔文的进化法则,即最适者生存的法则,在为生活而进行的斗争中,发展程度较高、天赋较厚、人数较多的种族具有肯定而必然的向外扩张的趋势,并以发展程度较低、人数较少的种族为牺牲,这些种族必须屈服。到19世纪止,只有蒙古人种和地中海人种两个种族发展程度最高,在人数上也远远超过所有的其他人种。这样,在拥有漫长而光辉的历史和文化方面,在向人类贡献出大名鼎鼎的伟人方面,在世界的殖民地争夺方面(指华工在加利福尼亚州的移民),以中国为主要代表的蒙古人种是除了高加索人种外的唯一例外。所以,这两大种族的冲突就不可避免。但对于"黄祸论"的持有者来说,欧、亚两大文明的接触将意味着欧洲文明的危险,白、黄两大种族的混合将意味着白色人种的退化。他们对这两大种族的比较时,坚持的是以19世纪西方文明为制高点的文化进化论。有的人宣称,像油和水一样,白种人和黄种人永远不会混合在一起,因为大自然已经在肤色和气味方面打下了它的标记。以消极的做法,他们要坚决制止黄色人种向世界各地,特别是欧美的扩散;以积极的做法,他们要以基督教文化来消解"黄祸"的发生。于是,有的鼓吹基督教文明对于种种异教文化的优越性,有的渲染基督教文化的超种族性,有的干脆宣布:"黄祸成了基督教世界千载难逢的好机会。"

到了19、20世纪之交,一些人看到了东西方两大文明将长期互存、互识、互融的必然趋势,所以他们对文化冲突又做了别样的理解,其所依傍的是文化传播的理论。这就要讲究各民族文化的相互影响,或者各文化圈之间的相互影响。当然,对"黄祸论"来说,这种对有色人种及其文化的承认只是一种对客观事实的迫不得已的确认。当他们谈论各文化间的相互影响时,不过是为消除他们预想中会出现的"黄祸"而提出的一种手段;但是,其中毕竟出现了一些对东方民族和文化有比较认真和分析研究的论述(关于这些,将在本章第三节中谈到)。当他们谈论各文化间的冲突时,则往往会加入一些新的见解,其中值得一提的是俄国多尔帕特(Dorpat)大学法学教授雅斯琴科在1911年就提出的关于"太平洋中心"的观点。他认定中国是"黄祸"的中心。他的论据是别开生面的,他认为:"以前从地中海转到了大西洋的世界轴心,现在正逐渐转到太平洋。太平洋被人口稠密的国家所环绕,在太平洋的无数群岛上正在展开一种丰富的新生活。当巴拿马运河完工,南、北美洲的西海岸和波利尼亚群岛有了比较稠密的人口时,世界的重心一定会转移到太平洋。某些西方强国要设法在那个地区取得优越地位,是很自然的,这就引起了竞争和敌视。黄祸和远东问题也许终归要成为一项真正的祸患,即成为西方列强之间为争取在远东的优越势力而进行斗争和战争的危险。"剔除"黄祸论",这一对世界未来的分析还是有相当预见力的。

作为19、20世纪之交特定历史和文化背景下的"黄祸论",今天已不再有它的市场,因为正如孙中山先生当时就指出的,"黄祸论",无论从哪方面看,都站不住;而且,由于中国人和其他黄色人种的努力,"黄祸"最终还将变成"黄福"。

三、东西两兄弟:"孔子加耶稣"说

西方军事力、经济力、文化力的东渐并不如"一江春水向东流",而且三种力量所遇到的阻力和抵抗力是依次增大的,其中文化力的东渐是最缓慢的。比如《南京条约》之后,基督教在中国沿海传教20年,教徒仅1000人;《天津条约》之后,虽开始进入中国内地,但直到19世纪70年代初,教徒人数也未突破10000人。对这种来自东方的阻力和抵抗力需要做政治上、道义上、文化上的综合性分析,其中文化上的分析又是最复杂的。这一点,我们可以从19世纪后半叶起开始为来华传教士普遍接受的"孔子加耶稣"这一口号中得到启发。

我们知道,早在16、17世纪之交,利玛窦身穿儒服上北京,便是天主教试图利用、融合中国封建思想和礼教的开端。这一招对他们在中国的传教带来了极大的便利,但同时,也落下了"礼仪之争"的话柄。从文化的观点看,这是一种文化上的交流和偏离、互容和互斥的矛盾关系的表现。这种情况在19世纪基督教(新教)传教士的事业中又重演了,不过是变利玛窦时代那种同时性的两派冲突和争议为现在的历时性的两种传教战略的嬗递。这两种传教战略便是"孔子或耶稣"和"孔子加耶稣"。

早期来华的基督教士,一方面为清政府的禁教政策所束缚,另一方面则为列强的大炮政策所怂恿,所以一开始,他们并不在乎中国传统思想的作用和影响,他们希冀借助大炮和不平等条约,用西方的上帝来"开导这个半开化的异教国家"。所以,要么是孔子,要么是耶稣,二者必居其一,没有融合的余地,这就是"孔子或耶稣"式的传教时期。但是30年过去了,传教事业并没蓬勃地发展,恰如当时一篇文章所说:"外国在华利益正在每年增长着,可是我们还没有打破中国的外壳。"这主要就是指包括传教事业在内的西方文化还未能突破中国传统文化的防线。因为,文化毕竟不是一种有形的力量,它的扩张和传播是韧性的、柔性的,它的力量不是一种摧毁力,而是一种渗透力、融合力。这样,在19世纪上半叶,主要凭借军事力和经济力打开局面的西方文化力,现在却像是撞上了橡皮的大门,始终未能进入乃至渗透到中国思想文化及其代表人物的深层。这种情况,迫使西方的传教士们正眼研究中国思想文化的历史和现状,研究中国社会阶层的结构和功能。这种研究和研究结果,从基督教(新教)在中国设立的最大的出版机构——广学会——的成立宣言中可以看得很清楚。该会原名"同文书会"(The Chinese Book and Tract Society in Glasgow),于1867年11月1日在上海成立,到1892年始改称"广学会",创办人和主持人是著名的英国传教士韦廉臣和李提摩太等。其间,赫德等知名的"中国通"也参与过其事。韦廉臣起草的《同文书会发起书》中这样写着:"很早以来中国人最大的特征就是注重学问以及他们对之所树立的荣誉。他们的英雄人物不是武士,甚至也不是政治家,而是学者……"所以,士大夫们"乃是这个帝国的真正的灵魂,并实际地统治着中国。这就很明显,如果我们要影响整个中国,就必须从他们下手;只有当我们愈是博得士大夫的尊敬,我们在中国的事业才愈能顺利进行"。从思想和知识阶层入手,既是手段也是目的,因为"只有等我们把中国人的思想开放起来,我们才能最终对中国的开放感到满意"。

不能不承认,这是一种较为深刻的见解。当然,从向普通中国人灌输宗教观念,到向知识阶层宣传西方思想,绝不可采用同一战略,因为知识阶层对传统文化的自尊和信念是远为强烈和自觉的,无视这一点,无疑是对传教士们自己所设计的手段和目的的自杀。至于在数千年丰富而又繁杂的中国文化传统中选择什么,作为西方文化的同盟者,自然得考虑到这种文化传统与西方文化(也不是一切西方文化,这里主要是基督教文化)的相容性,与传播者的立场和利益的一致性,以及这种文化传统在中国人的精神世界中的地位和作用。很明显,由于东西方文化的巨大差异,这种背靠强力、面向西方的急功近利式的文化融合,只可能是虚幻的、暂时的,从历史和文化发展的意义看,还一定是反科学的、非合理性的。在当时,只有儒学,只有孔子可以差强人意地扮演这样的角色。①于是,"孔子加耶稣"取代了"孔子或耶稣"。

天主教传教士中的一些先知先觉者,早在19世纪70年代"孔子加耶稣"的说法正式出现之前就有了这样的认识,不过,没有能影响到19世纪前期的整个传教战略而已。美国传教士卫三畏和英国传教士理雅各就是代表。卫三畏看到了孔子和儒家

---

① 历史和文化现象远比今天人们所能叙述的复杂得多,比如:儒家文化一方面在19世纪被拉郎配似的与基督教文化结为兄弟;另一方面,却在西方文化的冲击下,陷入难以解脱的困境。

思想的"优越的实用性质"及其对中国社会"无可比拟的影响"。理雅各则指出了孔子是中国黄金时代箴言的诠释者,而且到了19世纪,又以最好的和最崇高的身份代表着人类最美的理想。他们两人的这些看法一直保持到晚年,并以著名中国学家的身份,分别在耶鲁大学和牛津大学宣扬这些看法,在西方社会产生了一定的影响。

第一位最先从理论上系统论证"孔子加耶稣"这一口号的是美国传教士林乐知。林乐知以自办自编自销《教会新报》和《万国公报》、创办中西书院和中西女塾著名。他的立场在他参加广学会后所写的《广学兴国说》一文中表达得很清楚,他说:"会以广学名,广西国之学于中国也。中国自有学,且自有至善之学,断不敢劝其舍中以从西也。"在林乐知看来,中国的至善之学,就是孔学,而孔学又恰与基督教的一部分教义相吻合。1869年12月4日到1870年1月8日,他在自办的《教会新报》上连续五期发表题为《消变明教论》的长文,文中写道:"吾教中人教曰:耶稣心合孔孟者也,请略言之,俾使众知以消后变。儒教之所重者五伦,而吾教亦重五伦,证以《圣经》……儒教重五常,吾教亦重五常,复引《圣经》以证之……儒教君子三诫,与吾教上帝十诫,旨有相同者,更历引《圣经》以证之。……"

1877年,在华基督教传教士举行全国大会,除少数人反对外,多数传教士都认可了"孔子加耶稣"的传教战略。

另一位系统地阐述"孔子加耶稣"的口号的是德国传教士花之安(Ernst Faber,1839—1899年)。他于1884年编撰并在香港出版了一部著作,题为《自西徂东》,自称此书"欲有以惊醒中国之人也",认为中国人不能只得西学之皮毛,而不得西学精深之理,这就应该以耶稣道理化民,由耶稣道理而行。他引用儒教对于仁义理性的说法,证明"耶稣道理,实与儒教之理,同条共贯者也"。花之安提出的道路是,先让中国人跟着传教士"共往西国,真心求耶稣之理",然后"自西徂东",与中国儒教之理贯通。他把全书分为五类,分别是仁集、义集、礼集、智集、信集。很明显,他是在用某些基督教教义附会中国封建礼教中的仁、义、礼、智、信之说。花之安的这本书,由于宣传"孔子加耶稣"甚力,后又为广学会韦廉臣等于1888年在上海重印发行,影响颇大。

到19世纪最后10多年,"孔子加耶稣"之说已是喧喧嚷嚷,沸沸扬扬。自然,此时,这已不仅是一种传教的战略和策略,而且与一些传教士的政治目的和政治活动相结合了。(从19世纪90年代起,传教士中出现了厌倦一味做宣传的倾向,表露出直接参与中国政治和社会活动的意向和行动。)当然,这不可能是平等的东、西两兄弟的合作,不可能是现成的孔子和耶稣的相加。另一位德国传教士安保罗(Paul Kranz)的话泄露了天机,他在《救世教成全儒教说》(1896年)一文中说,在中国,释、道、回三教排除之后,儒教还需由救世教(即基督教)来成全之,何以成全之?"曰:保守其善道,改革其差谬,弥补其缺憾而已……"看来,任何一种形式的文化交汇和融合,总离不开对别种文化的排斥和对该文化内涵的选择。在19世纪晚期的"孔子加耶稣"这一公式下,表现的正是以基督教文化为核心,并以此为准绳,对中国其他各种文化的排斥和对儒家文化的选择。所以,在这里,可以令人记起毛泽东的一段话,他指出:"帝国主义文化和半封建文化是非常亲热的两兄弟,它们结成文化上的反动同盟,反对中国的新文化。"[①]这样说,并没有什么不公平,因为此时的"孔子加耶稣"这样的口号,已不同于理雅各等中国学家对中国文化的重视,也不同于作为一种传教战略的提法,而是已把两者结合为一种具有某种内在联系的统一体。这种内在联系,是对中国社

[①] 毛泽东:《新民主主义论》,《毛泽东选集》(第2卷),人民出版社1991年版,第695页。

会和文化进步的共同障碍,这在一系列的政治和社会活动中表现得相当充分,试举两例说明之:

其一,如英国传教士李提摩太所主张的"渐进主义"与中国戊戌维新运动的关系。这位差一点当上光绪皇帝的外国顾问的传教士,是与康有为、梁启超等维新派领袖联系最直接的一个外国人,他主张"渐进主义",一贯宣传"所愿有志振兴者,尽扫自由、平等、革命、流血诸字样","明德新民终之以止于至善",似乎与中国的改良主义很有共同之处。但一旦戊戌变法失败,李提摩太便立刻转而批评康、梁等人。原来,他的"渐进论"是要让中国沿着他的以殖民主义为目标的总路线"渐进",与康、梁等人的爱国自强精神迥异。其二,如美国传教士李佳白(Gilbert Reid,1857—1927年)所主张的"广新学"与中国戊戌维新运动的关系。此人也与维新派交往频繁,李提摩太还是由他介绍认识维新派的。他极力主张"广新学",指出"广新学"的目的在于"辅旧学",要求"中西并立,新旧迭乘,专尚西学而竟弃中学者,非也"。显然,在当时,这些言论实际是对维新运动的干预和干扰,只能起到阻挠维新派人士向西方先进的思想文化学习(这也正是康、梁之辈的致命弱点,却又是严复等人的不朽业绩所在)的作用。历史告诉我们,在旧的文化传统积弊很深的时候,提出一些貌似不偏不倚的口号,只能起到掩人耳目,使人闭目塞听的作用。李提摩太和李佳白各自从政治上和思想上表明了其与中国的爱国志士的根本不同,也标明了此时所谓的"孔子加耶稣"之说的实质,因为两人都是这一口号的积极鼓吹者和实行者。

四、轻蔑目光下的结论:"支那人的气质"说

对于中国人的民族性、国民性的议论,已说不清从什么时候开始了。这正如对一个初识的陌生人,人们常常易于记住他的

某些特征,但要进一步认识、全面地认识、系统地认识,就相当不易了。对一种文化的特质、一个民族的性格,进行理论上的研究是一门综合性的学问,而且是常谈常新的。从19世纪下半叶起,我们可以看到,国外关于中国人的民族性、国民性,以及中国文化的特性的种种说法,已明显带有理论色彩,并逐渐成为一个令人瞩目的课题。有的人甚至因此而赢得了"中国问题专家"的称号,如美国公理会传教士明恩溥。但是,这种探讨还是初步的,特别是,这种探讨带有殖民主义的烙印,带有"西方中心论"的优越感,是一种在轻蔑的目光下所得到的结论。这一点,从他们对中国人的称呼中就可以看到。在西方,当时一个普遍流行的名词是 Chinaman(中国佬)。与之对应,一如我们所知道的,在日本,中国人常被蔑称为"支那人"。

起先,人们用当时方兴未艾的人种学和进化论为理论基础,以居高临下的傲气,来谈中国文化的特性和中国人的民族性,所涉及的材料,则得自中国的历史和传统。我们常常可以听到这样的理论,如"在争取生存的伟大斗争中,每个种族在一开始就都具有种种智力的本能,这些本能在推动理智的发展中决定了每一种民族性","严峻的自然和进化法则规定,只有最适者才能生存,这个法则在亚洲并没有停止生效",等等。在这些理论观照下,出现了种种对中国的总结性描述,其中有的说法是引人注目的,如"蒙古种族有一部时间久得发霉的历史"。在这一提法之后,随即就包含了对中国文明的一系列评价。一是"到顶"。尽管中国早在希腊人打破特洛伊的城墙时就已是一个伟大的、开化的民族;尽管当盎格鲁-撒克逊族还奔驰在德国的丛林之中,英格兰的原住民还是一群野人的时候,它就已达到了伟大的顶点。但顶点也即是终点,因为,他们持此即可以毫不关心外界世界,而且古老的文明和传统会使他们沉迷。这就带来另外两点,其一"退化",其二"服从"。此所谓中国人"留着他们的辫子作为他们服从和退化的标记"。再如"东方的实用社会主义"。在这一提法之下,可以包括诸如艰苦耐劳、性情平和和家族主义、唯物主义(纯词义上的),等等。英国人皮尔逊有一段典型的话:"中国佬可以成为艰苦耐劳的一个榜样,而这种品质是值得钦佩的,尽管应附有某些合理的限制条件。不过,看来很可能发生的事情是,当中国人强行取得同他们的邻人平等的地位时,生活完全消磨在劳动中,生活的报酬仅只是满足肉体的需要这样的景象,就将不再被认为是可厌和丢脸的了。欧洲的社会主义的目的,在于分配劳动和财富,以便每一个人都可以有空闲的时间和改善现状的机会。东方的实用社会主义的目的,则从来没有超出过满足物质需要。"显然,上述两种说法,都与"黄祸论"有关;所以,我们不能停留在这些具体的貌似有理的字面上,而忘了它们的背景。但这毕竟已是属于一种理论性探讨的口吻了。

后来,人们开始用社会学和实证论的方法,从中国的内部和现状观察开始,来谈中国文化的特性和中国人的民族性,所用的材料,当然主要得自实际和日常生活。其中最出名的有两个人:一是担任40多年中国海关总税务司的赫德,他在大量插手中外关系和中国内政的同时,写下了不少文章,收在《"这些从秦国来"——中国问题论文集》一书中。其中有不少谈论中国人的民族性格的,比如,他在谈到义和团运动及防止"黄祸"问题时,以比较清醒的头脑警告西方人:"民族情感是一个恒久性的因素,在处理到有关民族的实际问题时,必须承认这个因素,而不应该把它排除掉;而在中国的一个普遍的感情是:以中国的制度自豪,轻视外国的一切。"为此,他提出了一套扶持清朝政府、把握中国人的民族情感,以免再发生像义和团那样对外国人造成"祸患"的方法。这些方法的提出,又是针对他所理解的中国人的禀性的,如"中国人是很讲实际的,他们以比其他人较为平静的心情接受那些拥有统治的力量和公平地统治的智慧的人们的统治","中国人是一个有才智、有教养的种族……这个种族已经酣睡了很久,但是最后终于醒了过来,它的每一个成员都在激起中国人的情感——'中国是中国人的,把外国人赶出去'","清朝,三百年来已经成为全民族的一个重要部分,而中国人之恨皇帝,只不过像英国人恨女王那样罢了;至于说到自由、进步和文明等等好事,那么中国人所欣赏的唯一文明乃是他们自己的文明,我们所说的进步,大部分中国人都很少知道,更少去关心,而自由,他们都已享有真正的实在的自由"。赫德的这些言论是很有影响的,曾任美国国务卿的福斯特(J. W. Foster)就认为,赫德是"对中国人的性格和能力研究了半个世纪之久"的。另一位是在中国传教30多年的明恩溥,他的基本态度是:"要改造中国人,就要找到中国人性格的根源。"所以,他也许可以算是较早从事对中国人的民族性、国民性问题专门研究的外国人。明恩溥深入中国的广大腹地,与不同阶层的人打交道,连街头乞丐、苦力也不放过,并学说不同的中国方言,以此来调查中国的风土民情。1892年,他把陆续写成的关于中国人的观感,汇集成一本厚达300多页的《中国人的特性》。书中列举了中国人的26个特点,其中包括"没有时间观念""没有准确的概念""误解的天性""拐弯抹角的天性""理智混乱""轻视外国""因循守旧""没有同情心""互相怀疑""没有诚实"等负面,以及"节约""勤劳""礼貌"等方面。当然基调是阴冷的。他这样比喻:"中国社会如同中国的景致一样,远看好看,近则臭气难闻。因为脏与臭不能摄入镜头。"他这样做结论:"中国文化是自私的。"他这样开药方:"中国多方面的需要,归根结底就是一个迫切需要——良心。""只有基督教文化,才能永久地、完全地满足这种需要",而美国正是最理想的中国文化的改造者。明恩溥的影响在思想文化界决不在赫德之下,他的这本书一出版,马上被认作是对中国人性格"最深刻、最珍贵的研究",长期以来被列为来华传教士的必读书。日本还匆匆发表了日译文,题为《支那人之气质》。

从明恩溥的书,我们又不禁记起鲁迅的话,他说过:"明治时代的支那研究的结论,似乎大抵受着英国的什么人做的'支那人气质'的影响。"所指的大概就是明恩溥的《中国人的特性》一书的日译本了,不过国籍搞错了。鲁迅对19世纪下半叶以来外国人谈中国人的国民性问题,持率直而犀利的批评态度,但他却又是这一课题的热烈倡言者。1925年,他有一句著名的话,说:"此后最要紧的是改革国民性,否则,无论是专制、是共和、是什么什么,招牌虽换,货色照旧,全不行的。"①然而,说到对中国人国民性的讨论,中国近代是从康有为、严复、梁启超一辈才正式开始的,毕竟比上面说的那些情况晚了一些。所以,记住这段历史和这些外国人的"支那人气质"说,对我们今天的奋强和继续讨论文化特质和国民性等问题,将不无补益。

---

① 《鲁迅全集》(第11卷),人民文学出版社1981年版,第31页。

第十一章　在多种文化视角下的中国观
——19世纪议论中国的思想文化巨人举隅

同是在一定的社会和历史背景下,站在思想和文化制高点上的人往往既有常人的普泛性,又有巨人的超越性,而不同的文化视角又使他们各自表现为一种统一的多棱体。其中19世纪两位最伟大的发现的代表人物,达尔文和马克思,他们与中国文化的关系和中国观更凸显了中国文化在世界中的地位,以及在世界文化背景下看中国的情景。

一、中国文化的欣赏、同情、推崇和批评者：巴尔扎克、马克·吐温、托尔斯泰、福泽谕吉

身在19世纪的"欧洲中心论"的氛围下,对于中国和中国文化,却仍表现出18世纪思想文化巨人那样的热忱的世界级文化人物并非罕见,在法国就可以举出雨果(Victor Hugo, 1802—1885年)、巴尔扎克(Honoré de Balzac, 1799—1850年)等。但两人颇有不同:政治上的激进主义者和艺术上的浪漫主义者雨果,在热爱中国文化的同时,也尖锐地批评中国文化,把中国文化的弱点比喻为"保存胎儿的酒精瓶"便是极著名的一说;而政治上的保守主义者和艺术上的现实主义者巴尔扎克,却基本上

是中国文化的欣赏者,他也研究中国文化,不过那是一种"中国迷"式的研究。

当20多岁的巴尔扎克一度成为巴黎阿斯纳尔图书馆的常客时,他就已经开始研读《天工开物》一类的中国典籍。他不懂中文,但他从书中许多珍贵的插图上,看到了中国造纸和印刷术的伟大;他自称很早就认识到了这个远在东方的国家的了不起,因为它能把征服者同化,它有比《圣经》或神话更古老的历史,它有宏伟壮观的历史性建筑和完备严谨的政治机构,在许多世界性的文化发明中,中国人多是捷足先登的。当30岁刚出头的巴尔扎克已经奠定了他的文坛地位之后,他还专门写了一篇描述中国元朝人民反抗赋税的杂文《中国人促狭税吏的办法》。其中写到,中国人都是发明家,他们比法国人还要文明开化得多。中国人发明火药的时候,法国人还在用棍棒厮杀;中国人发明了印刷术,而法国人还不曾学会记字。如此等等。这种对中国文化由来已久的偏爱和欣赏,自然使巴尔扎克成为一定程度的"中国通"。在他的《人间喜剧》中,不时可以看到对中国事物的描绘极其具体和详尽,如在长篇小说《幻灭》中,他大段叙述了中国的造纸和印刷术所用的原料,它的工艺和产品,及其优于法国的同行之处。这些专业知识,足令某些中国学家相形见绌。作为一个现实主义大师,巴尔扎克这些中国知识的基础,当然与他本人直接有关,他曾亲自经营过印刷所和铸字社,他收藏有大量古董,其中包括得自中国清朝官员手中的两个古瓷花瓶。他的住处活像"邦斯舅舅"的"古董楼"。

但最能说明巴尔扎克是一个"中国迷"和"中国通"的事例还不是上面这些,而是他于1842年10月分四次在报纸上连载的《中国与中国人》一文。这篇文章的完成看似偶然,却正是必然。

在巴尔扎克居住的巴黎卡西尼街一号楼下,住着一位画家奥克斯特·波尔热。两人是一对好朋友。巴尔扎克把专写动人友谊的短篇小说《无神论者作弥撒》题赠给波尔热,波尔热借给生活拮据的巴尔扎克一笔不小的款子。尔后,波尔热到中国旅行写生去了。一年后,他回到法国,需要钱用,但巴尔扎克却还不起这笔债。于是,巴尔扎克决定"以文抵债",专作一文,向公众推荐波尔热的写生画。这就是《中国与中国人》一文的诞生之由。然而,巴尔扎克并没有把该文作为一篇应景之作,而是以此为机会,调动了他长期以来对中国文化的感情积累和知识积累,作了一篇洋洋数万言的论文式的中国研究,成为《人间喜剧》之外的作品中篇幅最大的一部。文章一开头,巴尔扎克就充满热情地说:"我从小就在一位亲人身边,受到过这古国文明的熏陶。"在稍提了一下波尔热的画之后,便展开了对中国广泛、生动、细致的介绍。笔触所至,涉及中国的自然景色、风土人情、政治制度、经济状况,等等;思想所至,触及中国的政治、经济、军事、社会、民俗等多方面的问题。这对于一个从未到过中国,也不通中国文字的人来说,实在难能可贵。当然,其中少不了夹杂一些神秘和传奇色彩,以及主观猜想式的见闻和论断,暴露了作者对中国文化的隔膜(这是不可避免的)。但是在心理和情感上,巴尔扎克对中国文化的热忱和欣赏则是无可怀疑的。

对于巴尔扎克和中国文化的关系,从中国人的立场看,向来是令人欣赏和受到赞誉的。这不成问题,因为,文化交流总是具有某种联络感情和融通心理的意义,这种意义是超阶级、超民族和超时代的。巴尔扎克的作品在中国发行量远远超过了法国,而这位世界级的大文豪却又如此欣赏中国文化,这两件事实在都可以成为中法文化交流史上的佳话。但是,如果我们从19世纪特定的环境和巴尔扎克本人特定的文化背景下来看巴尔扎克与中国文化的关系,我们就必然会遇到这样一个问题,即何以巴尔扎克会如此做?

在我们看来,可以有两种同时成立的答案:

首先是由于巴尔扎克与18世纪以来法国文化的直接的密切的联系。伏尔泰、狄德罗等人从来就是巴尔扎克推崇的文化巨人。这些人无一不是中国文化的热情爱好者。但使巴尔扎克自幼就与这些18世纪法国伟人们发生联系的中介人、启蒙者,则是他在《中国与中国人》一文中所提到的"一位亲人",即他的父亲贝尔纳·弗朗索瓦·巴尔扎克。他甚至对阿斯纳尔图书馆的馆长先生说,他父亲收藏的关于中国的书籍就优于该馆的中国藏书,在巴尔扎克这样说之前,那位馆长还刚刚为该馆在这方面藏书居全巴黎之首而洋洋自得呢。有人还认为,巴尔扎克在他的小说《禁治产》中所描写的侯爵夫人的丈夫,很可能是以他父亲为原型的。小说中写到,侯爵夫人为了阻止丈夫集资刊印《插图本中国史》,竟要求法院判处侯爵"禁治产",并写了一份可笑的状子:"近十年来,侯爵所关心之事仅限于中国事物、中国服装、中国风俗、中国历史,乃至一切均以中国习惯衡量;谈话之间往往以当代之事、隔日之事,与有关中国之事混为一谈;侯爵平日虽拥戴王上,但动辄征引中国政治故事,与我国政府之措施及王上之行为相比,加以评定。"从这一个活灵活现的"中国迷"形象,不仅使人想到巴尔扎克的父亲,更使人想起18世纪法国沙龙中的"东方情味"。当然,如果更深一步地考虑到18世纪法国启蒙思想家们的唯物主义思潮和巴尔扎克高举的现实主义大旗之间的思想联系,则对于我们的第一个答案将更有利。但是,由于笔者缺乏材料和研究,只能先在此提一笔。

其次是由于巴尔扎克本人思想和实践之间的内在矛盾。诚如傅雷先生指出的:"归根结蒂他(巴尔扎克)是一个天才的社会解剖家,同时是一个与时代进程背道而驰的思想家。"[①]巴尔扎克的自白更突出地表现了他在政治上的保守主义,他说:"我在两

---

① 《傅雷译文集》(第6卷),安徽人民出版社1982年版,第464页。

种永恒真理的照耀之下写作,即宗教和君主制,当前发生的种种事故都在强调这二者的必要。凡是有良知的作家都应该把我们的国家引导到这两条大道上去。"还好,历史并没有按照巴尔扎克的上述愿望走向宗教和君主专制,巴尔扎克自己也在实践中违反了自己的政治宣言,正是这样,才使其成为光彩照人的世界级文化巨星。不过,谈到巴尔扎克的思想和文化观点,则不能不考虑到他身上这种尖锐的内在矛盾。当巴尔扎克倾心于中国文化之时,除了一个文化巨人对人类的别种文化的真挚感情,除了一个现实主义大师对人类的各种物事的高雅兴味之外,巴尔扎克身上是不是还存在着一种对东方封建主义和专制主义的欣赏态度呢?因为,同样是赞美、欣赏中国文化,时代背景的转换可以使之具有完全不同的性质。如果说,18 世纪的伏尔泰等文豪是在借东方文化之矢,射当时法国社会之"的"的话,那么 19 世纪的巴尔扎克就可能是想用东方宗教和君主专制之石,以补西方资本主义社会之"天"。事实上,在巴尔扎克的生活中和思想里确实存在着这种令人遗憾的东西,据说,他常常当着众多嘉宾的面,小心翼翼地拿出并打开包封得极其谨慎的中国红茶,在介绍了这些红茶的品级高贵之后,又开始编造这些红茶的不平凡的神话般的来历,即如何从清朝皇帝之手转入俄国沙皇之手,又如何由俄国沙皇赐予他,对东方专制君主的推崇之情溢于言表。联系到他与他的家族两改姓名,以至在他的姓名中平添出一个象征法国贵族的"德"(de)字来,这样,我们对巴尔扎克欣赏中国文化传统的负面,就不会觉得十分奇怪了。

与巴尔扎克不同,另一位站在现实主义立场上的世界级文豪马克·吐温(Mark Twain, 1835—1910 年),主要是采取了对中国和中国人民的同情态度,因为,马克·吐温活跃在 19 世纪晚期和 20 世纪之初,正是"西力东渐",西方列强对中国和中国人民采取了多重的欺诈和压迫,并暴露出了西方列强那伪善和侵略的面目的时候。在一篇题名为《十九世纪致二十世纪的祝词》中,马克·吐温以他特有的辛辣和讽刺写道:"我把这位名叫基督教的尊严的女士交托给你。她刚从胶州、满洲、南非和菲律宾的海盗袭击中回来,邋里邋遢,污秽不堪,名誉扫地,她灵魂里充满卑污,口袋里塞满贿金,嘴里满是虔诚的伪善话语。给她一块肥皂和一条色巾,镜子可千万要藏起来。"马克·吐温对美国基督教士梅子明(William Scott Ament,1851—1909年)在中国的恶行和丑行的公开揭露,正是这一世纪之交的"祝词"的一个绝好注脚。1900年,中国义和团运动爆发,不久被镇压下去,出现了八国联军扫荡京华的暴行。作为西方文化力东渐的主要代表的传教士们在这一事件中,公然脱去道袍,穿上军装,拿起毛瑟枪,为外国侵略军充当翻译官、向导、情报官、参谋和连队长,实践了美国传教士李佳白的"抢劫是一种最高尚的伦理学"的强盗理论。在1900年圣诞节前夕,在美国《纽约太阳报》上发布的一条消息中,透露了美国公理会差会部以梅子明为代表的来华传教士的丑行:"他不论走到哪里,都要强迫中国人赔款……他已为每一个被害教徒索取三百两银子,并强迫对所有被损毁的教徒财产给予全部赔偿,他还征收了相当于赔款十三倍的罚金,这笔钱将用来传播福音。"梅子明在接受记者采访时还说:"我断然否认传教士有复仇的念头,否认传教士曾普遍地参加抢劫,或自从被围以来做过不是环境所要求做的任何事情。我要批评美国人,美国人的软手并不比德国人的铁拳好。如果你用软手同中国人打交道,他就会加以利用。"看到这些情况,马克·吐温表示了极大的愤慨,他先引录了由《纽约太阳报》记者钱伯兰从北京发回的这条消息,并在上述大多数文字下面加了着重号,然后连夜挥笔疾书:"天缘凑巧,所有这些好消息我们都是在圣诞节前夕收到的,恰好可以让我们怀着兴高采烈的心情好好地过一个圣诞节。我们的精神振奋起来,我们还发现自己甚至于可以开开玩笑:银两我赢,人头你输。"显然,这又是一篇马克·吐温式的战斗檄文。马克·吐温第一步揭露了梅子明牧师的真面目,他指出:"梅子明先生为了清算别人的罪行,从贫困的中国农民身上榨取十三倍的罚款,因此让他们、他们的妻子和无辜的孩子们势必慢慢地饿死,而可以把这样获得的杀人代价用于传播福音。他这种搜刮钱财的绝技,并不能使我心里感到意外,他的言行,总的看来,正具体地表现出一种亵渎上帝的态度,其可怕与惊人,真是在这个时代或任何其他时代都是无可比拟的……"但是,梅子明还仅仅是代表所谓"美国精神"的"最适当的人选"。马克·吐温第二步就是进而揭露这种所谓"美国精神",他写道:"把文明之福推广到坐在黑暗中的我们的弟兄们,总的说来,向来都是个很赚钱的好买卖,要是认真地加以经营,还可以再挤点油水呢。""文明之福托拉斯,用聪明谨慎的手段来经营,是一个聚宝盆。比起世界上的人所玩弄的任何把戏,这里面有更多的钱、更多的领土、更多的宗主权,以及更多的别种利益。"可见,所谓"美国精神"——梅子明之类传教士鼓吹的那种精神——无非是侵略和掠夺的代名词。马克·吐温第三步说明的是他对中国人民的估量,他认为,中国人民是"坐在黑暗中的人们",而且是"坐在黑暗中的我们的弟兄们";然而,由于基督教传教士们的贪婪,"太急于把在赌台上出现的每一个赌注都给赢来",因此,中国人民已开始注意到了传教士的这一动机,并且也本能地对此感到恐慌,开始怀疑,"不仅如此,他们已经开始仔细琢磨它了"。

以马克·吐温的声望和影响,这样直言不讳、一针见血地点一个美国传教士的名,点借传教以营利者的名,实在不是一桩小事。所以当 1901 年 2 月出版的《北美评论》上刊出了这篇文章后,梅子明和美国基督教公理会都感受到了强烈的震动,在当时的美国引起了一场争辩。但是,我们应当注意到,马克·吐温此文以《给坐在黑暗中的人》为题,这就是说,其主旨不仅在揭露西方的丑恶,而且在向东方传达他的同情之心,这种同情心不仅仅是一种善行,一种怜悯,更是一种兄弟般的期待和预祝。

不过,巴尔扎克和马克·吐温都还没有把自己对中国和中国文化的看法融入自己的思想和创作体系中去。一般来说,他们还常常是通过具象世界来议论中国的。而把自己的中国观抽象化和理论化的是19世纪文坛上的另一个天王巨星——托尔斯泰(L.N.Tolstoi,1828—1910年)。

托尔斯泰也是一位中国和中国文化的欣赏者。他曾说过:"我对中国人民的气质和中国人民的生活方式永远怀着深厚的敬意。"特别是到了晚年,当他认识到自己所处阶级的没落,看到了俄罗斯帝国的颓败,他试图寻找精神得以皈依归宿的文化家园;故而,他特别倾心于中国人民的淳朴思想和中国文化的古雅脱俗。托尔斯泰一再地表达对中国古代圣哲景之仰之的感情。1884年,在致友人切尔特科夫的一封信中,他写道:"我在悉心钻研中国圣哲,我非常想把这些书所给予我的教益转达给您和所有的人。"他在俄国编辑和出版了一系列关于中国的书,其中包括他亲自翻译的老子《道德经》的节录。此外,托尔斯泰又向俄国读者介绍了极其丰富的中国民间创作——传说、童话、俗话和谚语。人们可以从托尔斯泰的不少作品中看到中国文化的影子,他的许多童话创作,就直接取材于中国古代故事。

托尔斯泰也是一位中国和中国文化的同情者。早在19世纪60年代,年轻的托尔斯泰就坚决地谴责了英法和沙俄对中国的侵略;当19世纪90年代,德皇威廉二世作《黄祸图》,又掀起一阵"黄祸论"时,托尔斯泰立刻起而驳斥,称德皇为"我们时代最可笑的人物之一",所谓"黄祸论"只不过是一种已落后于时代1800年的"粗鄙的、异端的、爱国主义的观点"。当八国联军进攻中国时,他又在一系列文章和书信中斥责了这种野蛮地、无人性地瓜分中国的行径。

托尔斯泰更是一位中国和中国文化的推崇者。这一点，正是他不同于巴尔扎克和马克·吐温之处，因为，这里所谓的推崇，正是指具有一定的抽象性、系统性的理论思考。这种情况，最集中最突出的表现，就在托尔斯泰与两个中国文化人的直接通信。托尔斯泰曾声称："余老矣，生平数与日本人遇，而中国人则未一遇。且亦未因事得与中国人一通声气。余之愿未偿，盖已久也。"可见，能有机会与中国人直接联系，不仅是能够一惬其意的快事，而且是可以一吐胸臆的良机。1905年，上海人张庆桐在奉派往俄国学习期间，因与一俄国人合译了当时颇负盛名的《李鸿章》（梁启超著）一书，遂以向俄国的"诗文巨子"托尔斯泰赠书的名义，给托尔斯泰附去了一信。他在信中感慨了一番俄国在彼得大帝之后国事勃兴的历史，称托尔斯泰著作如译至中国，将使中国人"恍然见山斗在北"，"骤生亲仁善命之感情"，并指出在白种人中，对于中国老子"无为之旨"，托尔斯泰是"契之最深"的。是年12月1日，托尔斯泰欣然回信。另一次通信，是在次年，即1906年3月，20世纪中国文坛一怪杰——辜鸿铭，将其英文作品《尊王篇》和《当今，皇上们，请深思！论俄日战争道义上的原因》两书，通过俄国驻上海总领事勃罗江斯基，转送给托尔斯泰。托尔斯泰先叫秘书致谢，当年9、10月间又亲自写了一函，题名为《致一个中国人的信》。该文在20世纪初的中国流传甚广，译文刊在《东方杂志》1911年1月号上。

在这两封信及其他一些论著中，托尔斯泰表达了如下一些关于中国和中国文化的观点：

人道的真科学。在托尔斯泰人道主义眼光的观照下，近代世界种种科学的发达，仅仅是一种物质科学的进步，如医学的新发明、医院、摩托车，等等。然而，这些物质上的进步，几乎都是被富人享用去了，平民是没有享受的权利的。所以，它们称不上是真科学。真正的科学应是尊重人道的。托尔斯泰认为："真科学是孔子、耶稣、佛的科学。"这其中,最主要的又是"中国的宗教的智慧——孔子、孟子、老子的著作";而在这三者中,托尔斯泰又更推崇老子。这是与他最终离家出走、逃向苍天的惊人之举完全合拍的。

忍的伦理哲学。托尔斯泰自称"虽于中国伦理哲学未敢谓悉其精蕴,然研究有年,知之颇审"。他觉得中国伦理哲学的精义在于一个"忍"字,这正合于他的"不抵抗"理论。他说过:"余观中国人而信人民之美不在强有,不在杀人,而在乎能忍,虽有怒之辱之,损害之者乎,其能忍如故。宁人负我,毋我负人,中国人其有焉。是余之所谓中国人之功也。"证之19、20世纪之交的历史和现实,托尔斯泰又分别赞扬了中国人在"欧洲伪耶教"凌辱面前和在日俄之战中"又受种种无道之行为"时的忍受力。他称这种忍受精神为"得耶教之微旨,合各国宗教之原理(耶教亦在其中),实远出乎欧洲所谓耶教中人及俄国政府之上",从而使他对中国人"敬之重之"之情"更有所增益"。

人类生活的改革论。托尔斯泰清楚地看到了"方今之世为改革时代,人类生活当起一大变化"。他把改革看作是当时世界的主潮,又把改革的宗旨定在人类生活的进步,所谓"余以为国家改革,当从国民性质中自然生出,自成一特色,虽与别国形式上绝无一相似之处,无害也"。这无疑是有一定道理的。但是,托尔斯泰却把无政府的最高道德、以农业为本的社会状态、东方文明的范型和模式等作为改革的理想境界。他的改革论可以表述为重精神的改革论、重农业的改革论、重东方的改革论,诸论都与推崇中国文明有关。托尔斯泰认为,根本不存在什么进化迟缓的"中国病",相反较之欧洲的竞争、日本的武化,"中国且胜于彼等什佰千万也"。世人应共同注重的事情是"精神之发达",而不当注意于机械。因为精神亡,机械反过来会伤害自己。而精神之中,重在真自由,"所谓真自由者,人民之生活无须乎政府,无人为其所制,人民之所服从者,惟有最高无上之道德而已"。托尔斯泰指出,在世界范围的改革潮流中,以农为业的人,以农为主的国家,当作别论。在这点上中俄两国情形相同:"窃谓中俄人民皆务农业者,于共同生计上当脱政府之羁绊,别拘形式,今日所谓种种自由信教、自由言论、自由政体、自由选举,皆不足道。"托尔斯泰还说,中国、印度、波斯、土耳其、俄国、日本等东方国民之天职,不独在于获得欧洲文化之精华,更在于表示真正自由的模范于全人类。请注意,他把俄罗斯也列入东方世界,这无疑表明了他对文化区划的观点,当然,也体现了他对自己民族的理想化的期待。因为在他看来,东方文化对于人民生活的改革具有更为重要的意义。特别是中国,他说过:"自从我知道了有中国人,我就一直是,而且是越来越强烈地被他们所吸引。在形成我们这个地球的生活秩序方面,我对他们有着许多期望。"所以,托尔斯泰认为,中国将领导着东方民族,在人类生活正发生重大转折的时代起巨大的作用。

托尔斯泰对中国文化的热烈推崇,曾经相当强烈地激励过当年的一批中国人,但是他们中的先进分子,很快对托尔斯泰主义的消极无为态度感到失望。的确,诚如列宁所说,托尔斯泰的思想和理论,表现的是一种"原始农民民主的情绪"。很遗憾,在这种情绪的感染下,中国文化中的消极面被他美化了。和对待巴尔扎克的中国文化欣赏态度有相同之处,我们不得不从民族自尊的低层次情感中走出来。

另一个从抽象的高度对中国文化做理论化评说的是日本近代思想巨子福泽谕吉(1835—1901年)。但福泽和本节提到的另外三个人物不仅处于完全不同的地理位置,而且有着截然不同的文化背景和历史使命。他生于、长于东方文化的氛围之中,但又处于日本走向和完成近代化的盛世。因而,作为众所公认的日本近代文明的思想上的设计者,福泽对东西方文化在日本近代化历程中的相反作用有着极其坚定和深刻的体认。经过研习兰学、英学，他成为当时日本屈指可数的洋学家。至19世纪60年代，又形成和展开了他自己的文明思想之后，他早年在绪方塾就培植的憎恶中国学问特别是儒学的倾向，已纳入他的思想系统，成为日本文化获得自己的特质，从而造成至今仍为世人所瞩目的"日本现象"的重要一环。福泽的主要代表作是《西洋事情》《劝学篇》《文明论概略》。在这些著作和其他一些言行中，福泽重点表述的是这样一些思想：

追求文明开国。福泽在创办庆应义塾（日本庆应大学前身）时说："只要这个学塾存在，日本就是世界上的一个文明国家。你们心里不必牵挂着社会！"这句话之所以出名，主要是充分地表明了他追求文明开国的理想，他是"和魂洋才"论（这叫人想到中国的"中体西用"论）的直接对立面，又是"先难（改变人心，充实风气）后易（物质发达和制度改革）"论的鼓吹者。当然，福泽自有对"文明"的界说，他区分文明为狭义的"外在文明"和广义的"内在文明"，即今天所谓的物质文明和精神文明，并着重于后者。不过，他并不主要看重个人的道德品质，他认为文明的特点是人事纷纷、交往频繁、思想活动的复杂化，他衡量文明的程度是由全国人民智德所反映的一国的风气。他指出："使欧亚两洲的情况相差悬殊的就是这个文明的精神。"于是，他具体批评了中国文明。说到孔孟，福泽指出，孔孟诚然是"古来罕有的思想家"，但其毕竟只是讨论抽象的仁义道德的，而且未能摆脱当时政治的羁绊，"自然不成体系，不能成为精湛的理论"，以至"尊奉孔孟的人，即使是读书万卷，如果不从政，就丝毫没有别的用处，只好私下鸣不平而已"。说到中国，福泽认为，中国自古以来称为礼仪之邦，但那多半是古代的事，尽管今日，仍有不少这种人物，不过从全国来看，其人情风俗之卑鄙低贱，可以说彻底暴露了亚洲国家的原形。所以，"中国不能叫作礼仪之邦，而只能说是礼仪人士所居住的国家"。

以西洋文明为目标。福泽自述,1862年,他在伦敦遇到过一个中国人,双方交谈了东方如何学习西方近代文化的事情。中国人问:"日本有多少人能够教读洋书?"福泽回答大约有500人后,反问中国有多少。中国人想了一会,回答:"惭愧得很,只有11个人。"这个数字是不可靠的。但当时日本已远远跑到中国的前头,这是没有疑问的。当中国沉浸在一片"子曰诗云"声中时,日本仅大阪适适斋一处就已培养出新的知识分子3000多人;当中国魏源的《海国图志》还是少有人问津的"阳春白雪",当60年代中期遍京师还找不到一张成格局的世界舆图之时,福泽的《西洋事情》已发行了数十万部,其中的两幅附图已把"蒸汽济人、电气传信""四海一家、王族兄弟"的新世界观传递到普通日本百姓之中。当然,福泽特别关注的是西方文明中的制度和观念,诸如政治制度、经济制度和教育等其他社会制度,诸如私有权观念、争利即争理的观念、自由和权利关系,以及公然赞颂异端邪说的文化价值观。这些,都在他重点宣扬之列。从根本上说,福泽的这些做法和观念,有一个更基本的理论依据,即"进步、发展"的文明史观。他提出了野蛮、半开化和文明三个范畴,世界上各国按此分为三类,非洲和大洋洲为野蛮国家,土耳其、中国、日本等亚洲国家为半开化国家,欧美各国为文明国家。文明史的发展是依序进步的。半开化阶段的文明是怎么回事呢?他这样描述:农业有大进步,并建有城市,形式上俨然成一国家;文学盛,但研究实用之学的人却少;没有追求事物根本道理的勇气;模仿性工艺品巧,但缺乏革新创造;习惯力量极强。既然欧洲文明是现在人类智慧所能达到的最高程度,因此,自然应以此为目标。

独立自尊。在东西文明的比较问题上,福泽几乎是一个热烈的西方文明拥护者和鼓吹者,但这并没有使他跌入洋奴的泥淖。其中的原因是很多的,当然也包括日本文化素来有吸收外来文化的传统,比较能够承受启蒙、开化、改革转弯时期的"冲击疗法"(福泽式的做法)。就福泽主观方面而言,固然有他自始"把今天的日本人民引进文明境地,只是为保持国家的独立"作为最终目标的关系,更由于他对独立和自尊做了透彻的理论上的说明,而这种说明又是在东西方文明比较中完成的。在《劝学篇》的开头,福泽就写下了一句在当时可称为醒世恒言的话:"天不生人上之人,也不生人下之人。"从人之初的意义上说,这即是人生而平等的观念,但福泽在同时宣扬"自由""平等"这些西方资产阶级启蒙时代的口号之外,特别突出了对"独立"观念的强调。他同样把独立也理解为人的天性,指出:"人类作为万物之灵,本应依凭身心的活动,取得天地间一切物资,以满足衣食住的需要,大家自由自在,互不妨害地安乐度日。"福泽突出"独立"观念,当然会有在文明开国的时代,谨防和反对洋奴思想之意,因为,在当时日本也有不少"开口即赞扬西方文明之美,一唱万和……甚至有些对于西方情形一知半解之人,也随波逐流,厌旧趋新"。对此,福泽喝问道:"何其轻信不疑如此?"并指出"人的食物,并不限于西餐,吃麦饭,喝豆浆汤,也是可以学习文明事物的"。但是,福泽大谈"独立"观念,更主要、更深层的意向,是直指东方传统文化的。在比较了东西方文化和历史之后,福泽认识到,东西方之所以有如此大的差距,其中最大的一个问题在于西方社会以自由为根本,而日本社会则偏重于权力。在日本,权力的偏重不仅仅表现在政治专制上,而且普遍地浸透到人与人的关系中;在日本社会中,无论在哪里都可以观察到这种权力的偏重的情景。所以权力的偏重已成为日本社会的体制。这种体制在政治上表现为"日本只有政府,没有国民",在思想上表现为,人人只是用自己的全部精力去服务于古人的训言,从而成为"精神奴隶"。鉴于此,福泽倡导人们从根本上改变现有制度,倡导个人发挥"个性"(individuality,当时福泽把此词译为"独一个的气象")。而为达到这些,他具体要求做到:立志向学,特别是接近世间一般日用的实学;树立文明精神,主要即是一种彻底的独立精神;国家的独立,而这一点是以个人的独立为基础的,其具体目标就是真正地建立在契约观念上的法治。作为一位日本近代文明的主要推动者和思想领袖,福泽这些话当然是以日本为基本对象的。但我们应该知道,福泽总是将亚洲文明连在一起,特别是将中国文化作为其主要代表的。所以,从福泽批评日本传统文化压抑个人独立、日本传统社会偏重权力的论述中,我们无不可以发现中国传统文化和社会的影子。事实上,福泽也直接批评过中国传统文化。他认为,妨碍个人身心独立的是亚洲的专制主义。"在亚洲各国称国君为民之父母,称人民为臣子和赤子,称政府的工作为牧民之职,在中国有时称地方官为某州之牧。这个牧字,若照饲养兽类的意思解释,便是把一州的人民当作牛马看待,因此把这个名称公然标榜出来,真是无理至极。"不过,福泽也不认为日本与中国完全是等同的。

中、日之别。福泽对日本近代化的急切要求,希望日本民族强盛起来的迫切心情,是完全可以理解的。为此,他进一步分析了历来被认为是"同文同种"的中日之间的差别,突出了日本实现近代化的有利一面,这也是情有可原的。但是,到了晚年,福泽把他的文明开化思想具体化为富国强兵的形式和内容,在亚洲战略和中国关系上,采取了"以牺牲民主主义前提的资本主义化,同时又是与其说是依靠国民的力量,莫如说更是依靠军队的力量扩张国权"的立场。[①]这些,当然理应受到批评。然而,既然"日本现象"自明治维新以后,从20世纪60年代开始又一次令人瞩目,而且在日本,福泽的全部影响至今仍清晰可见,我们更应重视的是福泽对日本之所以能率先起飞所做的理论分析。这

---

① 鹿野政直:《福泽谕吉》,生活·读书·新知三联书店1987年版,第119—120页。

主要是一种多元的文化观。在福泽看来,多元还是一元?多元化的程度如何?这些是衡量一种文化及其前途的关键。为什么西方文明比日本文明发达?原因自然很多,但多元化的程度是一条基本线索。福泽看到西方自4、5世纪以来,不论教会、君主、贵族、平民各自都形成一个体制,构成了多元的人类社会关系;而日本则是佛教、儒学乃至武人都离不开对统治者的依赖。为什么日本比中国汲取西方文明容易?福泽看到,中国自秦始皇以后,"虽然经过多次改朝换代,但人与人之间的关系本质上并未改变",这就是至强与至尊合为一体的专制政治;而日本,到了中古武人执政的时代,却形成了至尊未必至强,至强未必至尊的情况,"这恰如胸中容纳两种东西而可以任其自由活动一般"。这样,同处在专制政治之下,"中国是一个因素,日本则包括两个因素"。福泽的探讨,不能说是全面的、充分的,但却是合理的、有深度的。这样的探讨,在20世纪60年代以后,我们还可以常常看到,如吉田茂的《激荡的百年史》等,可惜,在中国,却难得见到①,我们太迷恋于、自负于中日文化是同文同种的说法了。

二、中国文化和19世纪的最伟大发现(1):
达尔文与中国

达尔文(Charles Robert Darwin,1809—1882年)及其学说是人类文化发展史上的一座丰碑。他于1859年出版了震动当时学术界的《物种起源》,提出了基于自然选择的进化学说,不仅说明了物种是可变的,而且也解释了生物适应性的问题,在以后连续发表的另两部名著《动物和植物在家养下的变异》和《人类

---

① 近几年,在中国,对"日本现象"的研究开始受到注意,但很少见到将日本文化看作一种相对中国来说是异质文化的观点,特别是权威性的探讨更少见。

起源及性的选择》中，进一步系统地叙述了人工选择的问题，并提出性选择及人类起源的理论。所以，从人类认识自身的意义上来说，达尔文的进化论，又可以被认作是震撼人类盲目的自我中心主义的第二次大发现；在他之前只有哥白尼，在他之后有弗洛伊德，都有过同样的贡献。

从本书的视角看问题，达尔文其人其说的又一意义，在于他强化了西方对中国科学文化的研究和兴味，补充了19世纪国外中国观的一个重要方面，从而，以超越时间和空间的气概，宣告了科学无国界的真理，一如他乘坐"贝格尔号"做环球旅行那样。

中国和西方在科学技术方面的交流，原先大体是与中西其他文化形态的交流史同步的。比如，在成吉思汗西进和十字军东征的年代，中国和西方的科学技术利用了这一人类文化大交流的黄金时期，造成了一种空前的中西科学技术交流的态势，其深度和广度，被认为在中外历史上（至19世纪下半叶前）是从未有过的。19世纪法国中国学家雷慕沙指出了这一时期"其结果如何重大，观于科伦布（哥伦布）为额至马哥孛罗（马可·波罗）所言之大汗国，不期而得美洲新世界者，即可知矣"①。可见，此时，在中西科学文化的双向交流中，由东向西还是主要流向。但是，当西方在近代化的进程中蒸蒸日上，而东方的中国则滞步不前之后，中西之间的科学文化的交流便先于其他形态的文化而滞落下来，或者，更准确地说，是率先改变了由东向西的交流方向，成为自西而东了。②这首先是由于近代中西之间科学技术发展的重大反差造成的，当然，后来的"欧洲中心论"又强化了这一情况。

这种过程也反映在西方人对中国科学文化的研究兴味的起

---

① 张星烺：《中西交通史料汇编》（第2册），中华书局1979年版。
② 并且，与西方学习东方时期的西方学者不同，中国的众多士大夫们此时普遍缺乏对西方科学文化的热情，特别更缺乏提升西方的科学技术到文化哲学高度的眼力和能力。

伏变化中。我们已叙述过,在世界性文化大开放期的第一个800年的后期,人们曾经以传奇般的方式,去探取中国的养蚕和缫丝的奥秘;在世界性文化大开放期的第二个800年中,以"四大发明"为代表的中国科技成为划破中世纪长夜的晨光,其中尤为突出的是拉施特对中国医学理论和实践的译介;然而,到了人类走出中世纪,迎来全球文化的时代,西方人对中国的科学文化却相对冷淡和隔膜了。回顾18世纪以来,欧洲出版的大量有关中国的作品和译作,几乎没有系统地研究中国科学史的。中国学家们研究中国多重文史而轻科技,西方科学史家则不懂中文,对中国一知半解。在一般西方人的中国观中,至多知道中国是亚洲的文明古国,人文科学发达,或许有些技术发明,除此便模糊不清了。有不少人甚至认为,中国人只懂技术,却无科学可言,即便有科学,也不会对西方造成什么影响。中国文化的批评者休谟和中国文化的肯定者莱布尼茨,都共同表现了这样一种情形。莱布尼茨为此专门给康熙皇帝写过一封德文信,建议在北京成立科学院。其实,在此之前,在白晋等法国传教士的影响下,康熙帝确实在紫禁城内设立过一个模仿法兰西科学院的"中国科学院",但毕竟是南橘北枳,寿命不长。

可见,西方在近代化之后,特别是18、19世纪之后,对中国科学文化的轻视,并不仅仅是洋人的一种高傲意气的表现。但是,无论如何,这种轻视的态度,是与人类科学文化的连续性和世界性的品性格格不入的。在这种情况下,能打破偏见,以全球文化的宏阔视野来采淘中国科学遗产的这一"绝对的金矿"(当代英国著名科学史家和中国学家李约瑟语)的人,理所当然地会受到人们的重视。达尔文就是19世纪这样的一位科学巨人。

当然,达尔文之能做到这一点,还是离不开前人的贡献和时代的惠顾。尽管,近代以来,西方对中国科学文化的兴味在减退,但这是一种总体上的现象。而在某些具体的学科领域中,由于时代、社会、人的需要，又由于与此有关的中国传统的科学文化的相对发达，因而，存在某种程度上的例外。与达尔文的兴趣和发现直接有关的生物学就是如此。我们知道，养蚕、种杏、植桃、栽茶都是先开始于中国的。中国也是最早栽培谷物、蔬菜并驯养牛、马、羊、犬、鸡等动物的国家或国家之一。此外，我们的祖先还最早驯育了兔、猪，最早培育了金鱼、鸡、牡丹、桃和小麦等动植物的许多变种，并把它们引入欧洲以至全世界。因此，在中国古代，以农学和本草学（后来还有园艺学）为主要内容的生物科学，是一种中国格外擅长的最古老的基本科学，并较早出现了系统的科学理论和著作。或许是由于中国社会长期保持了以农为本的特色，而使这一科学文化的传统得以继承和发扬，并在明末（16世纪末、17世纪上半叶）中外交通再度高涨之际，达到了登峰造极的程度。对此，只要举出下列著作便足以说明问题了：李时珍《本草纲目》、王圻《三才图会》、王象晋《群芳谱》、宋应星《天工开物》、徐光启《农政全书》、方以智《通雅》与《物理小识》，等等。应该说，中国的这一科学文化传统，对于西方的科学文化是有明显的互补作用的，特别是到了西方的博物学、生物学和人类学愈益受到重视的近代。17世纪，在中国居住多年的波兰籍耶稣会士卜弥格（Michel Boym，1612—1659年）根据中国《本草纲目》及实地见闻，用拉丁文写成了《中华植物志》一书，这是关于中国博物学的第一部欧洲语文献。卜氏还翻译了包括《脉经》《黄帝内经》和《本草纲目》三部分内容的《中华医学及脉经》一著，对将中国生物学和医学介绍到欧洲做出了重要贡献。18世纪，在以法国传教士为主体编撰而成的关于中国学的"三大名著"中，也记录了不少这方面的知识，在《中华帝国全志》的第二卷中有《本草纲目》的部分法译，并包括了中国农业、养蚕等多方面的博物学内容。在《中国丛刊》中，内容更为新颖丰富，卷二至五及卷十三，包括了有关中国蚕、竹、蜜蜂、燕、鹿、蝉、杏、灌木等生物学资料,卷十一中则记有中国的毛牲畜、有用植物、花、树木、桃、竹、牡丹、枣、植物学、化学等项,该书还转载了《齐民要术》。19世纪,又有一大批欧洲人热衷于研究中国生物学。法国中国学的首席人物雷慕沙一生受《本草纲目》影响最深,他的一篇有关本草的论文,就是在《本草纲目》启发下完成的,该文使他赢得了巴黎大学博士学位。法兰西学院著名的中国学教授儒莲完成了《中国医学研究》的专著,并把《农桑辑要》《天工开物》译成法文。另一位法兰西学院中国学讲座的主持人德理文所作《中国农业研究》一书,风行全欧。此外,英国人斯密斯(Smith)所作《中国药料品物略释》,取材于《本草纲目》《尔雅》《广群芳谱》。俄国医师贝勒(Бретшнейцер,1833—1901年)是专治中国植物和中西交通史的学者,著有《中国植物》《先辈欧人对中国植物的研究》《西人在华植物发现史》等文。这些论著,都在西方产生过一定的影响。不仅如此,19世纪一些东方学和中国学的专门刊物及学会,也常刊有关于中国的博物学资料。这些难以数计的有关中国科学文化的资料,滋养了达尔文的研究,上面提到的这些前代和当代的文献,大都为达尔文所涉猎和浏览,正如他自己所说:"1837年7月,我开始记录第一册笔记……阅读大批的书籍,当我查看自己读过的摘引的各种书籍的目录时,我很惊讶于自己的勤奋。"达尔文在他的三部主要著作《物种起源》《动物和植物在家养下的变异》《人类起源及性的选择》中引用了大量的有关中国的资料,据潘吉星先生统计,达106条之多。仅据达尔文原注,就可知其资料的来源之广泛了,其中法籍传教士的《中国丛刊》和李时珍的《本草纲目》,在达尔文书中均被称为"中国古代百科全书"[①],因而特别引人注目。达尔文不懂汉文,他得到了

---

① 对《中国丛刊》之外的"中国古代百科全书",是否仅指《本草纲目》,潘吉星和吴德铎先生有不同看法,本书从吴说。

长期主持伦敦博物院古代东方部的伯奇（Samuel Birch, 1813—1885年）的帮助，在撰写《动物和植物在家养下的变异》的"家鸡"章时，请伯奇替他翻译了《本草纲目》第四十八卷中所录的一些有关鸡的资料。此外，达尔文还充分利用了侨居中国或远东其他国家的欧洲人寄给欧洲科学团体和达尔文本人的信件、著作、标本、实物，以及欧洲人用中国特产的动物、植物所做的各种实验资料，其中有英国驻厦门领事郇和（Robert Swinhoe, 1836—1877年）、在上海的传教士兼医生雒魏林（William Lockhart, 1811—1896年）等，达尔文特别称赞郇和是"优良的观察家"。而他的儿子弗·达尔文（F. Darwin）等人关于中国猪、鹅、鸡的实验资料也充作了达尔文伟大发现的实证材料。

如果说达尔文仅仅从中国的种种动、植物的资料中得到了他所需要的实证材料（在实证方法占主导地位的时代和事业中，这一点无疑也较重要），或者仅仅扩充了他这个博物学家的眼界的话，那显然只说到了问题的一半，而且还是相对次要的一半。因为人类思想文化具有统一性和延续性，古代东方科学文化的智慧对于西方科学巨人来说，亦有着相当重要的意义。

不能否认达尔文独立地完成了19世纪的一个最伟大的发现，但也不能否认达尔文的发现是同时施惠于和受惠于全人类的。关于达尔文的发现对于中国近代思想文化和近代社会历史的巨大推动作用，是人所共知的。这里要介绍的只是与本书有关的达尔文的发现在其科学思想上与中国传统科学文化的联系。

人工选择是达尔文主义中的重要原理。但正是达尔文特别强调过选择原理的古老性，并同时恰当地谈到了中国。在《物种起源》的第一章，关于"古代所依据的选择原理及其效果"这一段中，达尔文写道："在一部古代的中国百科全书中，已有关于选择原理的明确记述。"在《动物和植物在家养下的变异》第21章"古人和半开化人的选择"部分，他进一步写道："在前一世纪'耶稣会会员们'

出版了一部有关中国的巨大著作,这一著作主要是根据古代《中国百科全书》编成的,关于绵羊,据说,'改良它们的品种在于特别细心地选择那些预定作为繁殖之用的羊羔,给予它们丰富的营养,保持羊群的隔离'。中国人对于各种植物和果树也应用了同样的原理。"

生物界的变异——尤其是动、植物在豢养下的变异,是达尔文专门论述的一个课题。在这里,他又大段地谈到了中国。在《人类起源及性的选择》第12章的一个"注"中,他谈到了另一位英国外交官兼学者梅辉立(William Frederick Mayers, 1831—1878年)在查阅《本草纲目》时,亦发现了中国最早人工圈养金鱼,及金鱼的变种"火鱼"的情况。在《动物和植物在家养下的变异》一著中,他又谈到"中国有许多桃的品种",有一种观赏用的桃树已引到欧洲。达尔文还专门请居住在厦门的郇和为他实地观察中国马,他常以形色和斑条来区分马的变种。这又与公元前2世纪的中国古籍《尔雅》中对马的种类的区分法完全一致。达尔文还特别注意到了中国古代用嫁接法和插枝法自觉地获取变异效果的重大发明,他说:"关于树的变异性,一些有关嫁接效果的事实值得我们注意。"

生物体与环境的统一,这又是达尔文的一个重要思想。在这点上,达尔文同样找到了中国古代科学文化的知音。在《物种起源》中,达尔文写下了这样的话:"我很相信习性有若干影响,我们既可以从类例推,而许多农学书籍,甚至中国古代的百科全书,亦常有注意习性的不断忠告,说把动物从一地区向他地区迁移,必须谨慎。"在《动物和植物在家养下的变异》第24章等处,这种说法,有更具体的展开。

生物界存在复杂的相互关系,并在长期变化和进化过程中形成了一条生物链,这种观点打破了西方长期存在的物种不变的形而上学自然观,这是达尔文主义的具有世界观意义的基本思想。与西方不同,中国古代的生物科学,素有关于生物界的关系和进化的辩证观点。这大概正是引起达尔文对中国古代生物学的特殊兴趣的主要原因。他多次记述了中国资料中的关于生物界的共生现象,并且以中华民族为例,论证了他的进化论观点。在《人类起源及性的选择》一书中,他谈到了中国人的眼睛、面部特征、男女的声音、习俗等,并指出这是文明民族曾经过野蛮状态的例证。

很遗憾,达尔文的伟大思想曾经被一些西方中心论者一度拿去作为论证中国人种落后的依据,如19世纪70、80年代的"黄祸论"。这也是我们要专辟一节,谈谈达尔文与中国的一个原因,当然,绝不是主要原因。主要原因是显而易见的,因为达尔文其人其说是伟大的,借助这一"伟大",我们可以看到19世纪国外中国观的又一种情形,并进而体悟到科学文化在人类文化交流和互识中的特性。

三、中国文化和 19 世纪的最伟大发现(2):
马克思与中国

国外某些研究马克思主义的理论家曾经把人类认识世界的过程比作先后打开了数学、物理学和历史学三块大陆。他们认为,泰勒斯、柏拉图等打开了数学的大陆;伽利略、笛卡尔等人打开了物理学的大陆;而马克思则给人类的认识打开了第三个大陆:历史学的大陆。与达尔文在自然科学,在人与自然关系问题上的伟大发现相比,马克思毫不逊色。因为,马克思在社会科学,在人与社会的关系问题上所做出的贡献,同样堪称19世纪的最伟大的发现。这一被人们称之为历史唯物主义的最伟大的发现是以人类对历史的认识和理解为主要内容的,而历史无非是人的事业和发展,对历史的思考总是归结为对人的思考,所以马克思向人类奉献的是一种为人的和属人的新哲学。既然如此,马克思其人其说当然也离不开对东方的人类和社会的观察和思考,东方文化成了马克思的历史科学的重要对象,东方文化观成了马克思世界历史观的不可或缺的部分。按照恩格斯①的说法,"拥有450000000人口的中国和印度,现在是亚洲的举足轻重的国家"②。这样,19世纪的又一最伟大发现和中国文化,马克思与中国便结下了不解之缘。

马克思对东方文化、中国文化的兴趣、研究和结论也有三大渊源和三个组成部分。

第一个渊源和组成部分:东方学。西方的东方学肇始于16世纪,生长于17、18世纪,成熟于19世纪。之所以称19世纪是东方学的成熟期,除了本书第九章第一节中已介绍过的种种具体的标志性事件之外,还在于:在历史特点上,19世纪对于16世纪是一种更高级的回复,即不仅是地理上,更是政治上、经济上、文化上的新的探险和发现的时代。马克思指出:"资产阶级社会第二次遭逢了自己的十六世纪……既然地球是圆的,那么,移民于加利福尼亚和澳大利亚以及中日门户开放,大概是完成了这个过程。"③这一时代,必然大大促进东方学的发展和成熟。在理论基础上,19世纪对于18世纪是一种直接的继承和发展。孟德斯鸠和黑格尔的基本理论和观点被进一步确认和论证,亚当·斯密的经济学分析的视角和方法尤其被大大发挥,其中 J.S. 穆勒 (John Stuart Mill, 1806—1873 年) 和 R. 琼斯 (Richard Jones, 1790—1855 年) 是"有意要对亚细亚社会展开最有系统性的经济分析的政治经济学家"④中的最重要的人物。对于这一理论现象,

---

① 本书没有分别谈论马克思和恩格斯,尽管在国际上,也在客观上,这是一个重大的有意义的课题。好在,本书所谈的材料,大量出自19世纪50年代,这时,在对待东方和中国的问题上,马、恩两人是基本一致的。
② 《马克思恩格斯全集》(第12卷),人民出版社1962年版,第665页。
③ 《马克思恩格斯论中国》,解放出版社1950年版,第181—182页。
④ M.索本尔:《马克思主义亚细亚生产方式概念的史前史》,转引自郝镇华编《外国学者论亚细亚生产方式》(上),中国社会科学出版社1981年版,第208页。

马克思这样解释:"……资产阶级经济只有在资产阶级社会的自我批判已经开始时,才能理解封建社会、古代社会和东方社会。"①

19世纪东方学不仅被马克思注意到了,而且纳入了马克思致力毕生的事业之中。我们看到,19世纪50年代以前,马克思还没有直接地充分地研究过东方,到50年代初(一般认为是1853年左右),马克思和恩格斯一起把关注的目光投向了东方。造成这一转变的契机有三:40年代末欧洲革命的失败使他们寄希望于东方;中国太平天国运动的爆发,其对中国和欧洲的影响,引人瞩目;英国社会辩论东印度公司特许权的延长问题。为此,马克思阅读了大量关于东方的著作,如贝尔尼埃的《大莫卧儿等国旅行记》、马克·威尔克斯的《印度南部的历史概要》、圣·福斯特的《阿拉伯的历史地理学》、休·默里与詹姆斯·威尔逊合著的《英属印度的历史与风貌》、爱德华·吉本·威克菲尔德的《殖民化艺术之我见》、萨尔蒂科夫的《印度信札》、乔治·坎贝尔的《现代印度:文官政府制度概要》,以及A.希伦、T.拉夫兹、P.佩顿等人的著作。当然黑格尔、亚当·斯密、孟德斯鸠以及穆勒父子、琼斯的著作更不在话下。自此以后,东方学的著作始终处于马克思视野之内。无疑地,马克思接受了东方学的重要影响,不仅在事实性的材料上,而且在观点性的理论上。但是,马克思毕竟是马克思,他总是富于挑战性和创造性的,对东方学的理论也是如此。例如,马克思把地理环境归入社会生产力的范畴,并把地理环境的作用看成是构成生产力诸要素相互之间形成的一种合力,把地理环境看作一个变数等。这种地理环境观,从根本上修正了孟德斯鸠等前人,以及许多西方、东方学者在这一问题上的论点。关于马克思在东方学基础理论方面的贡献,这里不拟多谈。让我们回到马克思和中国这一问题上。

---

① 《马克思恩格斯全集》(第12卷),第756—757页。

作为国际东方学的重要组成部分,同时又具有相对独立性的中国学,同样是在19世纪走向成熟的。我们虽然不能像东方学那样开列出马克思阅读过的有关书单,但我们有充分的根据说明,马克思对中国的了解和研究,不仅是十分丰富的,而且是卓有成效的,中国是马克思和恩格斯谈论最多的东方国家之一。有人曾做过一个统计,在马克思、恩格斯的著作中,有120多篇涉及了中国问题,在马克思的巨著《资本论》中,有20多处提到中国,如果把书中提到的亚洲、亚细亚(主要指印度、中国)都算起来,就更多了。从东方学或者中国学的意义上来看待马克思、恩格斯关于中国问题的著述,人们可以把它们看作中国近代史和中外关系史的某些片段、某个侧面。

中外(尤其中英)贸易,是马克思、恩格斯在19世纪50年代初突出记叙并做出评论的一个课题,这大概与马克思当时特别致力于经济学和资本主义发展史的研究有关。在《共产党宣言》中,马克思和恩格斯就指出,地理大发现给资产阶级开辟了新的活动场所;东印度和中国市场的出现,以及其他殖民贸易的发展,交通的便利,使革命因素在崩溃着的封建社会中迅速发展起来。但是,资本主义产生的晨光,是以黑暗的殖民贸易和野蛮的原始积累做背景的。对以往的这段历史,马克思在《资本论》中做了这样一个精辟的概括:起初与殖民制度互为因果,是商业上的霸权保证了工业上的优势,到后来,则是工业上的霸权(优势)导致了商业上的霸权。东印度公司的历史就是这样一个典型。在殖民制度的帮助下(这家公司曾经掌握了东印度的政权),它完全操纵了对东印度和中国的贸易;但是后来,为适应产业革命后新兴工商业资本发展的要求,于1813年和1833年,被先后取消了对印度和中国的贸易独占权,到50年代初,英国国会又开始辩论是否将给予该公司的特许权延长的问题,直到1858年被完全撤销。马克思在1853年作的《东印度公司,它的历史与结果》和后来的《资本论》第 1 卷中,回顾了东印度公司的这一历史。这一历史过程的借鉴意义在于:到了 19 世纪,殖民主义式的商业垄断和经济掠夺已处处暴露出败象,但英国资产阶级却仍然不适时宜地依附于这一背景,其结果必然是经济上和政治上的双重失败。50—60 年代,马克思多次撰文引证关于中英贸易的新鲜材料和统计数据,展示了中英贸易消长的情况,以此说明:尽管有过 40 年代初和 60 年代初的几次增长和回升,尽管到 60 年代末,由于中国内部市场的不断扩充,中国有可能再一次——至少是暂时地——挽救英国的纺织业,但总的说来,"从对华贸易中是希望不到什么的"①。原因何在呢?除了中国的社会经济结构是极为深刻的原因(这一点还将专门阐述)之外,按照马克思和恩格斯的分析,合法贸易和鸦片贸易、经济的和暴力的榨取异邦资财的方式并存而且尖锐矛盾,又是一个主要原因。马克思曾经指出,"增加鸦片贸易是和发展合法贸易不相容的"②,"如果兼施并用迦太基式的和罗马式的方法去榨取外国人的金钱,必然会在这两种方法之间引起相互冲突和相互消灭"③。在近代中英贸易史上,人们主要看到的恰恰就是鸦片贸易和强盗式的征战,这两种情形必然阻滞合法贸易的发展,因为中国人不能在购买商品的同时又购买毒品,由于海盗式的战争引起的中国内部的纷乱,又必然会对外货输入造成阻碍。这样,马克思的结论就是:尽管不能对中国人的消费能力和支付能力夸张过甚,但"只要取消鸦片贸易,中国可以在它对英美贸易大致超出 800 万英镑这个数字的范围内逐渐地吸收更多的英美商品"④。根据这一观点,长期以来,大量经营鸦片贸易的东印度公司当然应被取消。同时海盗式的掠夺和强盗式的征战也应立即停止,

---

① 《马克思恩格斯论中国》,第 198 页。
② 《马克思恩格斯全集》(第 12 卷),第 585 页。
③④ 《马克思恩格斯全集》(第 12 卷),第 605 页。

所以，马克思又集中地谈到了英国的侵华战争。

关于鸦片战争，马克思把它看成是资本主义世界以全球为战略的商业战争的一个继续。由于以"亚罗号"划艇事件为导火线的新的中英冲突的发生，远东地区尤其是中国又成为欧洲朝野议论的中心话题。马克思和恩格斯再次主动切入，连续在《纽约每日论坛》等报刊上发表文章，从一个侧面追踪了第二次鸦片战争的真实过程，形成了19世纪50年代最后几年又一个集中研究中国近代历史的时期。1857年1月在《英中冲突》一文中，马克思详细地转述了"亚罗号"事件的来龙去脉，明确表示："我们认为，每一个公正无私的人在仔细地研究了香港英国当局同广州中国当局之间往来的公函以后，一定会得出这样的结论：在全部事件过程中，错误是在英国人方面。"①2月，又在《议会关于对华军事行动的辩论》一文中，通过转述英国国会的几个议员谴责对华军事行动的论据，继续表明了上述态度。4月，马克思又作《英人在华的残暴行动》一文，再次又以"亚罗号"事件前后的事实，直接批驳了当时的英国首相帕麦斯顿为侵华暴行所做的辩护词，指出："中国人针对着英国人提出的每一件控诉，至少可以提出九十九件控诉。"②恩格斯则写了《英人对华的新远征》一文，揭露了英国发动这场新战争的动因，在于想再次获得第一次鸦片战争中所得到的便利，是"古老的海盗式掠夺精神"的新体现，并具体地从军事角度回顾了1841—1842年的鸦片战争，预言由于"中国的局势已有重大的变化"，"因此毫无疑问，英国人定会发现中国人在军事上是自己的高材生"。③5月，恩格斯写了《波斯与中国》一文，进一步把问题深入到东方民族的性格和精神这一层次，同时，在中国人民反抗英国侵略的战争的性质和手

---

① 《马克思恩格斯全集》(第12卷)，第112页。
② 《马克思恩格斯全集》(第12卷)，第177页。
③ 《马克思恩格斯全集》(第12卷)，第186、191页。

段上,在中华帝国面临死亡和重现"亚洲新纪元的曙光"之间,发现了深刻的矛盾,并且用深邃的历史意识准确地把握了这种矛盾的内在逻辑。正是这篇文章,把马克思和恩格斯在这一年所写的关于第二次鸦片战争的系列文章从一般的历史记录、历史讨论提升到历史研究的层面上。一年以后,针对《天津条约》的签订,马克思又连续写了《鸦片贸易史》(一)(二)、《英中条约》、《中国和英国的条约》等文,在针砭时势的同时,再一次用铁的事实和经济学家的眼光揭穿了鸦片贸易和《南京条约》《天津条约》的恶果,扑灭了试图通过新的不平等条约来大大扩充贸易的不切实际的幻想,预言了资本主义世界市场的新的危机,就如1843年的条约加速和加深了1847年的商业危机一样。又过了一年,当西方列强借口公使赴京问题,企图再燃战火时,马克思又连续发表了四篇题为《新的对华战争》的文章,警告世人:"既然英国人曾为鸦片走私的利益而发动第一次对华战争,为保护一个海盗的划艇而进行了第二次对华战争,那么,现在要想达到一个高潮,只需马上发动一次旨在以公使常驻北京这件麻烦事情来和中国为难的战争就是了。"①这表明,马克思对两次鸦片战争、对《天津条约》的分析是正确的。因为,马克思早就说过,英国不可能从这些海盗式的战争中取得许多商业利益,获得实利的只有俄国(引人注意的是,马克思和恩格斯在这期间还分别撰写过关于俄国对华贸易和俄国在远东的成功的专文)。而且,从政治的观点看问题,这种战争和条约,只会使战火遍燃,烽烟再起。

太平天国运动是两次鸦片战争期间的重大事件,马克思和恩格斯对这起中国内部的事件同样有着莫大的兴趣,在这一事件延续的10余年间,记下了不少生动的史料。他们对太平天国的认识在时间和空间方面都表现出一个丰满的立体的过程。这

---

① 《马克思恩格斯全集》(第13卷),人民出版社1962年版,第585页。

一过程经历了三个不同阶段:1850年初,马克思和恩格斯为《新莱茵报·政治经济评论》撰写了第一篇《国际述评》,在谈到中国近况时,他们首先引用了德国传教士郭实腊(即居茨拉夫)在中国20年之后返回欧洲时的话,郭实腊显然对欧洲正风行的社会主义理论和实践感到陌生,"于是问道:这是什么意思?别人向他解释以后,他便惊叫起来:'这么说来,我岂不到哪儿也躲不开这个害人的学说吗?这正是中国许多庶民近来所宣传的那一套啊!'"马克思和恩格斯把这件事看成是"一件值得注意的新奇事情"①,明显地表示出莫大的欣慰,觉得如同中国哲学和黑格尔哲学有共同之处一样,中国的社会主义也会与欧洲的社会主义合拍。他们高兴地预告:"世界上最古老最巩固的帝国八年来在英国资产者的大批印花布的影响之下已经处于社会变革的前夕,而这次变革必将给这个国家的文明带来极其重要的结果。"他们还指出:"如果我们欧洲的反动分子不久的将来会逃奔亚洲,最后到达万里长城,到达最反动最保守的堡垒的大门,那么他们说不定就会看到这样的字样:中华共和国自由、平等、博爱。"②很清楚,当欧洲革命风暴渐趋平息之时,马克思和恩格斯多么希望"西方不亮东方亮"呀。他们用通常的革命理论简略地分析了中国将发生暴力革命的原因:过剩的人口成为社会不堪负荷的条件,且在外力的打击和冲击下,手工劳动为大机器的竞争所击败,社会危机四伏,人民的反抗即起。这就是笼统的经济分析加上满怀欣喜之情的第一阶段。1853年,太平天国运动已爆发了两年,特别是马克思和恩格斯已开始对东方和中国进行认真的研究。于是,在《中国革命和欧洲革命》一书中,我们看到了马克思对太平天国运动的认识有了明显的深化和转变:在继续用经

---

① 《马克思恩格斯全集》(第7卷),第264页。
② 《马克思恩格斯全集》(第7卷),第265页。

济原因说明这场革命之所以爆发时，用具体的分析取代了笼统的推论。马克思谈到近代外国工业品的大量输入中国，沉重打击了中国的纺织业，破坏了社会生活；谈到鸦片贸易和鸦片战争后的赔款，导致金银大量外流。这些都使国家行政机关腐化，并造成两个后果——"旧税捐更重更难负担，此外又加上了新税捐"①，终于导致连绵十年之久的起义，汇合成太平天国运动。由此，马克思以整体的社会考察取代了单一的经济分析。马克思指出，上述"所有这些破坏性因素，都同时影响着中国的财政、社会风尚、工业和政治结构，而到1840年就在英国大炮的轰击之下得到了充分的发展"。中国社会的总体结构在英国大炮轰击下迅速瓦解，其决定性的一环是打破了中国与外界完全隔绝的状况。马克思用了一个著名的比喻，"正如小心保存在密闭棺木里的木乃伊一接触新鲜空气便必然要解体一样"②，太平天国运动就是这一封闭社会解体过程中的一次大爆炸，是英国大炮轰击的回声，这个意义就非同小可了。马克思觉得，可以不管这些起义的具体社会原因，也可以不管这些起义是通过什么形式表现出来（宗教的、王朝的还是民族的形式等）。显然，马克思已放弃了对这场中国式的革命存有社会主义因素的预想，这样，谈到太平天国运动对欧洲的影响时，马克思的见解就更趋合理。他认为，太平天国运动的意义在于使一个对英国工业来说至关重要的市场"突然缩小"了，加之英国工商业的经济周期已经走到了危机的边缘，这样"危机的来临必然加速"③。证诸历史，"欧洲从十八世纪初没有一次严重的革命事先没有商业危机和财政危机。1789年的革命是这样，1848年的革命也是这样"④。所

---

① 《马克思恩格斯全集》（第9卷），人民出版社1961年版，第111页。
② 《马克思恩格斯全集》（第9卷），第111—112页。
③ 《马克思恩格斯全集》（第9卷），第112页。
④ 《马克思恩格斯全集》（第9卷），第115页。

以,马克思再次大胆预言:"中国革命将把火星抛到现代工业体系的即将爆炸的地雷上,使酝酿已久的普遍危机爆发,这个普遍危机一旦扩展到国外,直接随之而来的将是欧洲大陆的政治革命。"①当然,现在看来,这一预言还是过于乐观了一些;但是,马克思把东西方的事情连成一气的思路还是切合时代精神的,关键在于,连成一气的前提是分清异同。1862年,当马克思再为《新闻报》作《中国记事》一文时,他已经分离出了东方社会的一些特质,也就是说,经过单一的经济分析,到整体的社会考察,现在马克思又深入到文化的层次上进行研究了。这就必然地改变了他对于太平天国运动的认识。他一开头就把太平天国运动与欧洲曾一度流行的迷信降神术——桌子跳舞——并提,紧接着便指出:"这种现象本身并不是什么特殊的东西,因为在东方各国,我们经常看到社会基础不动而夺取到政治上层建筑的人物和种族不断更迭的情形。"②在简单复述了太平天国运动的直接原因以后(与1853年的分析相同),马克思又一次稍稍纠正了他自己原先的看法,原先看来麻醉人的鸦片却起了惊醒人的作用,这是一桩奇事,但对太平天国运动来说,更奇的是这些被惊醒的人们,"除了改朝换代以外,他们没有给自己提出任何任务……他们的全部使命,好像仅仅是用丑恶万分的破坏来与停滞腐朽对立,这种破坏没有一点建设工作的苗头"。在集中分析了太平军的种种问题,诸如运动一开始的宗教色彩引起民众的恐惧等之后,马克思断然宣称:"显然,太平军就是中国人的幻想所描绘的那个魔鬼的 in persona(化身)。但是,只有在中国才能有这类魔鬼。这类魔鬼是停滞的社会生活的产物。"③马克思对于中国太平天国运动的认识的变化过程是发人深思的,可惜长期以来,人

---

① 《马克思恩格斯全集》(第9卷),第114页。
② 《马克思恩格斯全集》(第15卷),人民出版社1963年版,第545页。
③ 《马克思恩格斯全集》(第15卷),第548页。

们基本上缄口不提这一变化过程,特别对马克思最后的那些评论讳莫如深,却一味高唱马克思对太平天国运动"表示同情和支持,并作了很高的评价"。这丝毫不利于我们认识中国近代史,认识太平天国运动,也丝毫不利于我们认识马克思,认识马克思的思想发展路线。事实上,除了在具体材料上,由于19世纪60年代以后太平天国运动本身已趋颓势,和西方某些人士的片面的宣传对马克思有所影响之外,马克思的这一思想过程,象征性地展现了他对东方、对人类文化研究的轨迹。

第二个渊源和组成部分:人类学。当然基本上是指文化(社会)人类学,而非体质人类学。人类学这个名词早在古希腊时期便出现,亚里士多德的《道德论》一书中就曾出现过人类学者(anthropologist)这样的字眼,但所指的是高尚的人,而非研究人类的专家。地理大发现以后,人类学一度成为人文科学的代名词,不过,有时专指人类体质方面的研究,有时兼顾人类生物和社会的属性。到18世纪,以瑞典林奈和德国布鲁门巴赫等为主的博物学家主要从人类生物的角度来研究人类,把人类学看作"人类的自然史";而康德、黑格尔等则认为,人类学为一种心理哲学。这两种情况都延续到了19世纪。到1830年,法国著名学者让·雅克·昂佩勒制定了人类学总分类的图式,其中包括了后来成为人类学一个分支的民族学,但那时人们还是没有明确把人类学定义为体质人类学和社会人类学(后又称文化人类学)两大类。不过,由于资本主义在全世界范围内的新探险和新发现,对人类的社会和文化方面进行研究的势头上升很快。比如:民族学方面就先后成立了法国的"巴黎民族学会"(1838年)、美国的"美洲民族学会"(1842年)、英国的"民族学会"(1843年),直至德国的"人类学、民族学和原始社会协会"(1869年)等,这些学会曾组织了一些考查队和探险队,到殖民地和边远地区进行调查研究,详细搜集各族人民的现实社会生活、文化习俗以及各种文物等实地资料(这在另一意义上,又是东方学的发展)。可见,民族学和东方学的发展直接催生了文化人类学的正式诞生。文化人类学的正式诞生是在19世纪60年代,它最早的理论基础是达尔文的进化理论,最初的研究内容是综合各民族材料,重点探讨原始文化、古代社会的发生和发展。这样,很快人类学就发展成为人类社会进化的科学,许多早期的人类学著作都采取了人类自然史的形式。马克思的人类学研究和思想当然也和这一背景有直接联系。早在他参加青年黑格尔派学术组织"博士俱乐部",并与阿尔诺德、卢格通信的时期,马克思就是一个哲学人本学者。当他在理论和实践活动中越来越多地感染现实的气息,献身于实际的活动,并进而在许多别的领域中建树自己的思想理论时,他也从来没有离开过以现实的人为本位的哲学理想,因为,马克思自始便以哲学日历上最圣洁的殉道者——普罗米修斯——为榜样,是一位为实现人的全面解放和发展这一目标的鼓吹者和论证者。一方面,他尽力使自己各方面的思想理论,浸透人的哲学;另一方面,他一贯捕捉人类学——这一直接研究人的学问——的发展信息,并在自己的青年、中年和晚年等一生的各个时期都成为人类学研究的热衷者。有充分的证据表明:在19世纪40年代,马克思在创立历史唯物主义理论体系过程中,在论到劳动分工、所有制形式、土地关系的历史发展、交换的早期形式、古代国家、宗教的起源等问题时,便都引用了人类学的分支民族学的资料。他在《1844年经济学哲学手稿》中已提到了"人类学"一词,他说:"在人类历史中即在人类社会的产生过程中形成的自然界是人的现实的自然界,因此,通过工业——尽管以异化的形式——形成的自然界,是真正的、人类学的自然界。"[1]这句话表明,马克思已相当重视人类活动所创造

---

[1] 《马克思恩格斯全集》(第42卷),人民出版社1979年版,第128页。

的"第二自然",即人类的文化环境;在《德意志意识形态》中,谈到分工与人类所有制发展各阶段时,马克思表达了他对古代公社的最初见解。由于40年代末欧洲革命的失败,马克思开始用更大量的精力埋头理论问题的研究,但现实生活却为这种理论研究规定了方向。其中,欧洲革命中暴露出的农民问题和19世纪50年代初东方社会问题的突现,把马克思对人类学的研究推向一个更具体、充分的阶段。1851年,马克思便从A.希伦的书所提供的关于东方民族历史的具体资料中,摘取了村社在印度所起的作用和东方的土地所有制的问题。正是这两个问题,贯通了马克思后来对于东方社会的人类学思想。1853年,马克思转向贝尔尼埃,并与恩格斯一起讨论了关于东方社会没有土地私有制以及何以如此的问题。与此同时,他阅读了大量的关于东方社会的资料性和研究性著作(当然,这些阅读,也完全可以从东方学的角度来看待,如同我们在前面已谈过的那样)。结果,到了50年代末,马克思正式表达了自己对于以东方社会为主体的古代公社的著名理论,即亚细亚生产方式的理论。这一理论汲取了当时人类学、民族学、东方学关于东方的特殊性和原始性,关于亚洲社会作为古典社会的先驱的历史作用,关于东方的专制制度,关于东方的村社、印度的公社,关于亚细亚不存在土地私有制,关于自然因素(特别是水利灌溉)的作用等观念。关于亚细亚生产方式的理论,马克思在《资本主义生产以前各形态》和《政治经济学批判》中集中提出,并在《资本论》中具体论证了。不过,马克思并不认为问题已经一劳永逸地解决了,他仍然密切注视着人类学研究的新成果、新动向。当巴斯蒂安(A. Bastian)的被认为是标志了文化人类学正式诞生的著作——《历史上的人》——刚刚问世时,马克思就阅读了它。19世纪60年代后期,马克思读了毛勒的著作。70年代中期以后,马克思为了加紧这方面的研究,宁可将《资本论》后两卷的工作搁置。在他生命的最后10年中,马克思虽没有公开发表任何重要著作,但却留下了三万多页质量很高的笔记,其中最重要的便是目前收集在《马克思恩格斯全集》第45卷中的关于人类学的笔记。在这中间,俄国的科瓦列夫斯基和美国的摩尔根对马克思产生了很大的影响,特别是摩尔根。这种影响已经不局限于具体的实证材料和个别的结论上(如19世纪50年代那样),而是一种作为学派出现的人类学的系统理论的影响。马克思并不是简单地摘录和照单全收这些人类学著作,而是在摘录过程中隐含了大量的有待整理的重要思想。这些摘录和思想都是为一部最终未能问世的人类学巨著做准备的,这是马克思晚年试图直接参与文化人类学的专门研究的一个意愿,是他毕生理论活动的一个归宿性意愿。100年以后,由于美国学者劳伦斯·克拉德从阿姆斯特丹的国际社会史研究所整理编纂了这些笔记,并将之率先全文发表,这样,在20世纪西方文化人类学的热流中,再次注入了一个热点——对马克思人类学思想的研究。这一热点,又导致了并仍在引起国际范围内对马克思晚年的研究。有人提示,其意义可以与19世纪30年代《经济学哲学手稿》公诸于世后掀起的对马克思早期思想研究热媲美。

纵观马克思一生对人类学的研究,大体可以归纳出这么一个简单的过程:人类学的哲学断想(19世纪40年代)→大量具体材料的审察和亚细亚生产方式理论的提出(19世纪50至60年代)→更丰富的材料和更系统的理论的研读和马克思主义人类学新理论的酝酿(19世纪60至70年代)。

下面,我们将集中谈谈19世纪50至60年代期间马克思是怎样从文化人类学的意义上来表达他的中国观的。

中国是人类文化的"活的化石"。在讨论中国及中国文化问题时,马克思所依据的材料基本上与前面从东方学角度所述的相同,因为把东方和中国作为人类文化和历史的第一阶梯是马克思在青年时期就从黑格尔那里接受的思想,不过马克思赋予了其新的立场、观点和方法。1862年6、7月间,马克思在《中国记事》一文中,称中国是块"活的化石"①。顾名思义,所谓"活的化石",一曰古老,二曰不变。在《〈政治经济学批判〉序言》中的一段著名解释中,马克思写道:"大体说来,亚细亚的、古代的、封建的与现代资产阶级的生产方式,可以看作是社会经济形态演进的几个时代。"②这是因为,19世纪50年代以来,马克思在研究了许多关于东方社会的著作后,推导出了人类古代公有制社会的原型,这种马克思称为原生形态的社会,比次生形态的私有制社会要古老,并且与东方社会直接相连,故给予"亚细亚生产方式"之称③。同样,我们在马克思和恩格斯的其他著作中,常常可以读到"古老的中国""最古老的帝国",以及"半野蛮国家""不开化的人"等字眼。至于说到东方社会发展的缓慢性和停滞性,更是19世纪50年代马克思和恩格斯的一个重要观点。马克思曾认为,从遥远的古代直到19世纪的最初十年,无论印度的政治变化多大,可它的社会状况却始终没有改变,因此,马克思还说过:"印度社会根本没有历史,至少是没有为人所知的历史。"④这样的话,同样适用于对中国的分析,人们都还记得马克思关于中国社会是"小心保存在密闭棺木里的木乃伊"这一著名比喻。可见,对中国和印度,马克思在大部分情况下是同样看待的,认为两者都是东方最重要的国家,是亚细亚社会的典型。但

---

① 《马克思恩格斯全集》(第15卷),第545页。
② 《马克思恩格斯全集》(第13卷),第9页。
③ 马克思此时并没有完全究明亚细亚社会和原始社会的关系,但谈东方各地是将两者等同。但随着对史前社会的人类学研究的深入,马克思的观点有了明显的变化,并提出了与原来的社会历史形态进化模式不同的"公社进化论"的新构想,从而导致了一个如何评价亚细亚社会在人类社会发展序列中的地位的问题。这又是一个关于社会历史发展单线和多线的问题,是20世纪的一场世纪之争。
④ 《马克思恩格斯全集》(第9卷),第246页。

是,并不是在一切问题上都如此,马克思还曾仔细区别过中国和印度的不同处。1853年,马克思曾以历史主义的冷峻态度,指出英国人在印度实行全面的殖民统治,从本质上,是在亚洲社会实行了一次从未有过的、最大的、几乎可以说是唯一的社会革命。但在当时中国却未必已经能够说这句话,因为,马克思所谓的社会革命,乃是指社会基本政治经济结构方面的革命,鸦片战争、对华贸易和种种不平等条约,给予中国社会以整体上的极大震动,但毕竟还没有像印度那样,马上从政治到经济全面沦亡。根据中国近代经济贸易史的材料,中国经济结构真正大的松动,是从19世纪70年代开始,到90年代达到了一个相当程度,其时恰是中国社会走向半殖民地深渊的开始。看来,中国这块"活的化石"比印度来得更顽固。①什么原因呢?从经济上说,马克思认为,中国和印度都是以农业和手工业结合一体为生产方式的基础的,但也许,中国的这种结合更为直接而紧密一些。在《资本论》第3卷中,马克思在谈到英国对印度的破坏影响大于对中国的破坏影响时,紧接着便指出了中国这种农业与手工业的直接结合,又省钱又省时,给予大工业生产品以最顽强的抵抗。我们还记得,在1859年的《对华贸易》一文中,马克思大段引用了广州的一位英国官员的报告书,其主旨就是对中国这种经济结构及其功用的惊叹,其中举例道:"每一个富裕的农家都有织布机,世界各国中也许只有中国有这个特点。"特别是,中国农民"大部分拥有一块极有限的从皇帝那里得来的完全私有的土地"②,这就与马克思原来视作理解东方社会的钥匙——"无土地私有"——有相当的不同。于是,马克思也把这一情况解释成中、印两国在英国的攻击力下出现不同结果的重要原因。这就

---

① 无怪,人们曾经把"活的化石"译成"活的顽石"。
② 《马克思恩格斯全集》(第13卷),第604页。

又涉及政治等上层建筑方面的问题。在无土地私有的情况下,政权握有对整个社会经济直接影响的力量,所以,英国人一进入印度,在夺取了政治权力之后,就可"凭着自己作为当地至高无上的土地所有者的势力,能够破坏这种土地所有制,并从而强使一部分印度自给自足的村庄变成了生产鸦片、棉花、靛青、大麻以及其他原料去交换英国货的简单农场"。但"在中国,英国人现在还没有这种势力,而将来也未必能够做到这一点"①。当然,对中、印两国政治上这种不同处,还有另外的解释,如有人认为印度内部由于宗教和种姓之间的分裂,涣散了民族的内聚力,而中国大一统的政治状况,加上同仇敌忾的拒外情绪,使得反抗英国等外国殖民侵略的斗争得以持久,恩格斯就赞赏过这种反抗精神。看来,中、印这两块人类的"活化石"之间的种种同与不同,就结果和前途而言,也是一个祸福相倚、祸福相伏的问题。

"东方式"——东方文化和经济的相互作用的产物。马克思和恩格斯曾经在不同场合谈到过东方的各种特殊点。在这时,中国、印度、波斯,甚至俄国、土耳其等国家,都有相当的共同处,往往被"东方式"这一概念贯穿了。这恰恰反映出马克思除了一如既往地从社会生产方式等经济的角度观察问题之外,还具备了整体地、立体地分析问题的大文化观念。并且越到其晚年,这种从人本身出发,有事实、有理论地讨论问题的立场就越鲜明。马克思的这一方法论倾向,在讨论东方社会、历史、文化的时候,相对地更为明显。我们提到过,马克思在19世纪50年代特别注意过东方社会的两大特征:在土地所有制问题上是无私有制;在社会结构上是农村公社。这两大特征,都可以用来解释东方专制主义的现象。显然,这些课题都是前人遗留下来的,尤其是18、19世纪欧洲的一些思想大师们思考过的。这正是马克思和

---

① 《马克思恩格斯全集》(第13卷),第605页。

恩格斯对东方研究一上手时所接受的遗产。所以，当1853年马克思写信让恩格斯注意东方的土地公有制现象时，他们共同认为，这正是了解东方社会的"一把钥匙"。恩格斯还特地举出了前人论证过的理论，即关于公共水利工程在东方社会政治、经济生活中有着举足轻重的地位和作用的理论。但是，笔者以为，由于对东方社会和对史前社会的了解愈益增多，由于人类学的研究和思考愈益占主导地位，马克思已越来越重视村社式的社会结构对于东方社会的关键意义。不错，马克思至晚年，还没有完全弃置他关于东方社会具有土地公有制现象的特点的意见。但事实上，早在1853年，马克思已经看到东方社会——如印度——也有土地私有的现象，这是与普遍的土地公有制相矛盾的；到19世纪60年代前夜，马克思已注意到中国社会存在大量的土地私有。到晚年，马克思仍关注着这一矛盾现象。如何理解马克思的这些思想和思想过程（如果承认有"过程"的话），看来，应该与马克思对东方社会的特殊性的看法日益成熟这一现象联系起来。这就要求我们把马克思所谓的东方式的无土地私有现象，看成是一种在人类社会走出原生状态之后的一种东方式的土地私有制，即在公有制的外壳包裹下的私有制，这一公有制的外壳就是农村公社。于是，问题又回到了农村公社制度，因为它成了东方式的社会的一个更为基本的特征。当然，由于原始公社是人类社会原生状态下的共同形式，所以，这里说的东方式的社会，应主要是指次生状态的人类社会，即进入私有制以后的人类社会。①这时，东方由于没有完全蜕去公有制的外壳，加之不断强

---

① 亦即私有制社会的东方形态。这里，亚细亚社会≠原始社会或原生形态的公社。这一观念常与亚细亚生产方式＝原始社会或原生形态的公社混杂在一起，但却是愈益明晰化的。比如，马克思曾多次将东方的总督之类与西方的商人、律师同视为剥削者，将东方的国家——专制帝王的合一者——与奴隶主、封建主并论。

化、僵化当初形成农村公社的某些因素(如拘泥于地域、血缘联系的氏族、家族组织等),长期以来便形成了有别于西方社会的特性。印度的村社是最为典型的,而中国也曾长期存在过这种原始的形式,这一点,马克思在《资本论》第 3 卷中说得十分明确。而且,如果不过分看重村社的外在形式的话,人们还将看到中国是一个十足典型的亚细亚生产方式的国家。这类国家的基础是孤立的,是从事自给自足的生产的村社或家庭,而在其顶峰则是一种专制权力,它一面剥削村社和各个家庭,同时又在不同时期,以不同程度的效率发挥公共工程(如水利)管理的职能。从理论上说,在亚细亚国家内,所有土地或大部分土地属于国家,而实际上国家的官僚们是受益者,并且构成了真正的剥削阶级。意大利翁贝托·梅洛蒂(Umberto Melotti)教授因而指出:"可以把中国称之为以亚细亚生产方式为基础的社会中最典型和最重要的例子,因为在一切以这种生产方式为基础的社会中,中国的社会获得了最充分的发展。此外,中国是在不和外部世界进行任何联系,甚至在不具有像印度和中东至少在古希腊时代所经历过的那种同西方进行重要定期联系的情况下达到这一点。"①马克思这样描绘中国这类亚细亚生产方式的国家:这些国家是以小农业与家庭手工业合而为一的生产方式为其最广大的基础的,这种生产结构的简单性就足以解释亚洲社会不变性的秘密,因为,最简单的最易于再生,最简单的最适于拒外。这种不变性体现在历史的表象上,就是亚洲国家的被破坏和重建,它的朝代的迅速更迭。这种不变性体现在社会实践上,就是一方面以省时省财和惊人的节俭精神这种低效率、低消费来抵御外来商品的打入,另一方面以人的劳动力的大量低价或无偿的消耗,来阻碍其向别的生产部门的流动。这种不变性体现在文

---

① 翁贝托·梅洛蒂:《马克思与第三世界》,商务印书馆 1981 年版,第 117 页。

化深层上,就形成种种民族和国民的劣根性,如东方人的妒忌、东方式的定命主义、与西方的"批判替代型"迥异的"类型保持型"哲学,等等。其中被马克思特别严肃而深刻地指出的,是一种叫作"不开化的人的利己性"的特性,请看马克思是如何描述的:"他们把自己的全部注意力集中在一块小得可怜的土地上,静静地看着整个帝国的崩溃,各种难以形容的残暴行为和大城市居民的被屠杀,就像观看自然现象那样无动于衷;至于他们自己,只要某个侵略者肯来照顾他们一下,他们就成为这个侵略者的无可奈何的俘虏。我们不应该忘记:这种失掉尊严的、停滞的、苟安的生活,这种消极的生活方式,在另一方面反而产生了野性的、盲目的、放纵的破坏力量……"①(让我们想一想,这与青年鲁迅弃医从文前夕所亲历的场景何其相似乃尔!)马克思还指出,这种"不开化的人的利己性",是由于貌似"田园风味的农村公社"造成的,反过来,又继续造成"野蛮的崇拜自然的迷信",使人成为自然的奴隶,而不是环境和历史的主人,失去创造力和想象力。这一社会存在和社会意识的辩证关系,在更大范围和更高的层次上,表现为东方社会结构和东方文化的互相作用上。很明显,最原始、最简单、最落后的社会结构,酿成了东方文化的负面或病态,而这种社会结构本身却又是东方文化的产儿。根据马克思在《资本论》第1卷里的说法,比资本主义的肌体简单而浅显许多的古代的社会生产的肌体和构造,是建立在两大基础上的:个人的不成熟性和统治与服从间的直接关系。这两大基础又可以合二而一,即看作人在历史中的地位和作用。19世纪50年代,马克思对于中国社会和文化的种种看法,是他对人类社会的古老形态和东方形态下的人的开化和文明程度的一种经验性论证。这种论证归根结底是为他的关于人的哲学服务

---

① 《马克思恩格斯全集》(第9卷),第149页。

的。谁都知道,马克思关于人的新哲学,主要表现为一种新的历史观,即人和人类社会的发展观。

第三个渊源和组成部分:历史哲学。

从文艺复兴到19世纪马克思的时代,人类在历史哲学领域中经受了这样一些提问:既然自然已在人们面前成为可以认识的一门科学,历史能否也成为一门科学?如果历史也是一门科学,它是否是一门与自然科学不同的科学?倘使历史是一门特殊的科学,它有没有规律可循?如果历史也有必然性,那什么才是历史的必然性?为这一系列问题的解答做出贡献的杰出人物有维柯、赫尔德和法国复辟时期的历史学家们(基佐、梯叶里、米涅),还有黑格尔等。所以,可以说,马克思踏上历史学这块大陆时,那里已不是罕有人迹,一片荒原。当然,关键性的问题还没有解决,所以历史大陆还不能说真正打开了,这个关键性的问题就是紧接着黑格尔等人的努力,继续回答"什么才是历史的必然性"这一问题,之后,还应回答历史必然性的现实基础问题、历史必然性的作用范围问题、历史必然性与偶然性之间的关系问题、历史必然性和人的自由创造活动之间的张力问题,等等。不能说,马克思已一劳永逸地回答了这些问题,也不能说,马克思一蹴而就地解决了这些问题;但可以说,马克思的历史哲学,已经打开了历史学这一大陆,具有极为深刻而深远的影响。

在马克思打开历史的大陆的过程中,东方历史和文化,当然其中包括中国,仍然有着相当独特而重要的贡献。透过马克思对东方历史和文化的研究,我们可以看到马克思历史哲学得以成熟和丰富的一个过程;反之,在马克思历史哲学成熟和丰富的过程中,也映现了马克思的东方历史、文化观,包括中国历史、文化观。

当马克思和恩格斯都还是黑格尔主义者时,他们看到了东方文化的阴暗面。马克思在《第六届莱茵省议会的辩论》一文中,援引了希罗多德所记载的一段话:斯巴达人对波斯的总督说,"你知道做奴隶的滋味;但是自由的滋味你却一次也没有尝过……"①因此,恩格斯把黑格尔的哲学比喻成"新曙光",说它像"自由的希腊的思想"一样冲破了"东方的黄昏"。这些话中,欧洲文化的优越感是很明显的。到19世纪40年代末,历史唯物主义的框架已基本构成,但还需要丰富和完善,进一步的工作包括两大方面:对资本主义社会的解剖和对东方社会、前资本主义社会的了解。由于当时对东方社会的历史和文化尚欠研究,使马克思和恩格斯对以西方资本主义发展和灭亡为主线的"世界历史"进程的预见过于乐观。恩格斯在《共产主义原理》一文中认为,一切半野蛮的国家,过去曾偏离了历史的发展,现在在工业化的冲击下,将走向改革,"甚至中国现在也正在走向改革"。恩格斯预言:"事情已经发展到这样的地步,今天英国发明的新机器,一年以后就会夺去中国成百万工人的饭碗。"②1850年,马克思和恩格斯又写下了这么一段同样乐观的话:"成千上万的英美船只开到了中国;这个国家很快就为不列颠和美国廉价工业品所充斥。以手工劳动为基础的中国工业经不住机器的竞争,牢固的中华帝国遭受了社会危机。"③然而,事态的发展,出乎马克思和恩格斯的预料,中国小农经济表现了奇特的顽强性:当外界的影响危及农事时,它可以家庭手工业和其他副业来弥补;而当家庭手工业和副业也不足以维持时,则可以压低全家生活费用来苟延。当马克思注意到了中国小农经济这一顽强性之后,除了惊叹于中国人的罕有的节俭之外,开始转变了看法,认为要"摧毁这种小农业需要很长的时间"④,并进而在《资本论》中专门分析了中国社会经济结构,指出中国人喜欢积累金

---

① 《马克思恩格斯全集》(第1卷),人民出版社1956年版,第95页。
② 《马克思恩格斯全集》(第1卷),第214页。
③ 《马克思恩格斯全集》(第7卷),第264页。
④ 《马克思恩格斯全集》(第29卷),人民出版社1972年版,第348页。

银，这种财富积累的简单形式，是由于其生产目的和方法都只是为了自身消费。这种生产目的和方法，表现为农业和手工业的直接结合，这种结合，造成了巨大的节约和时间的节省，最顽强地抵抗着大工业，甚至还会影响到资本主义经济的国际竞争。由此，马克思预料，在这场竞争中，全世界工人的工资也许会降低到中国工人工资的水平。马克思对于中国社会经济的了解和剖析，不仅改变了他对某些具体历史事件和进程的预言，而且深刻地影响到马克思对历史唯物主义指导下的历史发展规律的解释。在19世纪50年代末、60年代初，马克思已越来越多地把东方社会与西方社会做出区别；从地租形式，到政治体制，再到城市文化，马克思都认为东西方有着很不相同的特点。当然，马克思并没有失去对人类历史具有共同规律的信念，但他却反对为人类历史勾画出同一幅图景，这不仅仅表明他彻底抛弃了欧洲中心论，而且表明他的历史哲学正日益走向一与多的统一。在《政治经济学批判》一文的一段注释中，马克思小心地写道："仔细研究一下亚细亚的，尤其是印度的公社所有制的不同形式，就会得到证明，从原始的公社所有制的不同形式中，怎样产生出它的解体的各种形式。"①这段话表明，马克思已充分注意到了人类从原生形态社会过渡到次生形态社会会有不同形式，并准备对此做"仔细研究"。

19世纪60年代，尤其70年代以后，对东方社会、史前社会的"仔细研究"，加上50年代对东方社会，包括对中国的研究积累，使马克思对历史发展规律的基本点的理解也有明显发展；东方社会独特的阶级关系及其形成原因，东方固有的文化传统及其历史功能，都促使马克思和恩格斯泛化了对历史唯物主义基本观点的解释。这主要表现为两点：一是纠正了大半是旁人的偏颇造成的曲解，小半是马克思和恩格斯本人原来重点强调所

---

① 《马克思恩格斯全集》（第13卷），第22页。

带来的误解,这就是过多地或者仅仅把唯物史观理解为经济决定论,对此,恩格斯晚年的通信清晰无误地指明了;二是加强了对文化和政治经济等社会现象相互作用的认识,马克思晚年对文化人类学的专注,基本上可以做如是解。比如,我们看到,在晚年的人类学笔记中,马克思曾经对血缘家庭有过特别的重视和研究,在他最后五本文化人类学笔记中,几乎没有直接提到过中国,唯一的一处,就是在他摘录了摩尔根《古代社会》一书中关于"血缘家庭"这一章时,记下了"关于中国的九族制,参看《血亲制度》(即:摩尔根《人类家庭的血亲制度和姻亲制度》)"①。人们记得,摩尔根曾经对血缘家庭在中国文化中的持久的影响力大表惊讶。事实如此,正像今天人们在研讨中看到的那样,从原始的氏族制度分解以后,西方和中国就开始走上了不同的道路:在西方,是久经努力,建立起了希腊城邦制度,开了西方民主政体的先河;在中国,是代代相传,强化和泛化了家庭的系统,变成东方专制主义的根源。对历史唯物主义基本观点的这两点泛化,使马克思的历史哲学更具普适性和生命力。我们知道,20世纪的历史哲学,从根本上说是对人,对人的精神、思想、文化格外重视的历史观。当然,这些并没有背离马克思的基本立足点:马克思一贯强调的历史动因是人类现实生活的生产和再生产,他自始至终突出人的历史地位和作用;从19世纪40年代起便提出,到晚年又由恩格斯重申两种生产的理论,以及大力呼吁人的全面解放和发展。所有这些基本思想,不仅没有削弱,而且由于对东方社会(其中也有中国文化的启示作用)、史前社会的研究,而变得更为清晰和亲切。

在讨论马克思的历史哲学时,让我们永远记住马克思在19世纪70年代写给俄国人米海洛夫斯基的话。他指出,把历史公式化的做法"会给我过多的荣誉,同时也会给我过多的侮辱",

---

① 《马克思恩格斯全集》(第45卷),人民出版社1985年版,第347页。

"因为极为相似的事情,在不同的历史环境中出现就会引起完全不同的结果"。"使用这种一般历史哲学理论这一把万能钥匙,那是永远达不到目的的。这种历史哲学理论的最大长处就在于它是超历史的。"①

不过,当我们较多地把对马克思历史哲学的探讨落实到后两个字"哲学",我们感受到的倒是一种一以贯之的可以称为法则的历史辩证法。当马克思大量地谈到东方社会,谈到东方,特别是印度和中国的近代历史时,他高扬着历史主义和伦理主义辩证统一的旗帜。一点不奇怪,他一直就从哲学上把东西方的历史文化的互相冲撞和互相影响,看作是合乎"两极相逢"的辩证法则的事情。②

历史主义和伦理主义,在中国类似的叫法是"实然之则"和"应然之则",它一直是折磨和考查人们历史价值观念的一个悖论,一对"二律背反"。马克思对此了然在胸。他在谈到鸦片贸易的后果时,曾几次涉及"睡"和"醒"的悖论。当他指出,历史之所以要麻痹中国人民,为的是使他们惊醒时,他侧重于历史主义的实然之则;当他说到,鸦片不曾发生催眠作用而倒发生了惊醒作用时,他表现了一种历史主义和伦理主义之间的张力。这个例子告诉我们,在马克思的历史哲学中,历史主义是为主的,同时要尽量注意把握好历史主义和伦理主义之间的必要的张力。具体说来:1.看准历史前进的大潮。马克思在东西方关系问题上,着眼点在于世界历史和世界文化。2.不为个人情感所缠绕。田园牧歌式的东方村社不值得赞颂。3.坚决斥责灭绝人性的野蛮行径。对于鸦片贸易、不平等条约,马克思一贯持谴责态度,并使之与合法贸易、东西方不可避免的冲撞区别开来。当然不

---

① 《马克思恩格斯全集》(第19卷),人民出版社1963年版,第130—131页。
② 《马克思恩格斯全集》(第9卷),第109页。

可能分得很清,因为任何事件都不会是单一的。4.充分借助"理性的狡诈"这一黑格尔的积极思想。不为表面的动机和结果所迷惑,而是努力深入到历史的深层。运用上述原则,最为典型的莫过下面这两段精彩的论述了。在《鸦片贸易史》一文中,马克思描述了这种历史的二律背反:"半野蛮人维护道德原则,而文明人却以发财的原则来对抗。一个人口几乎占人类三分之一的幅员广大的帝国,不顾时势,仍然安于现状,由于被强力排斥于世界联系的体系之外而孤立无依,因此竭力以天朝尽善尽美的幻想来欺骗自己,这样一个帝国终于要在这样一场殊死的决斗中死去,在这场决斗中,陈腐世界的代表是激于道义原则,而最现代的社会的代表却是为了获得贱买贵卖的特权——这的确是一种悲剧,甚至诗人的幻想也永远不敢创造出这种离奇的悲剧题材。"①在《不列颠在印度的统治》一文中,马克思评述了这种历史的二律背反:"的确,英国在印度斯坦造成社会革命完全是被极卑鄙的利益驱使的,在谋取这些利益的方式上也很愚钝。但是问题不在这里。问题在于,如果亚洲的社会状况没有一个根本的革命,人类能不能完成自己的使命。如果不能,那么,英国不管是干出了多大的罪行,它在造成这个革命的时候毕竟是充当了历史的不自觉的工具。这么说来,无论古老世界崩溃的情景对我们个人的感情是怎样难受,但是从历史观点来看,我们有权同歌德一起高唱:'既然痛苦是快乐的源泉,那又何必因痛苦而伤心?'"②

四、马克思的中国观评析:
世界主义和从世界看中国

当我们从东方学、文化人类学和历史哲学这三个方面讨论

---

① 《马克思恩格斯全集》(第12卷),第587页。
② 《马克思恩格斯全集》(第9卷),第149—150页。

了马克思与中国文化的关系之后,一个极为强烈的印象出现在我们对马克思的中国观的评析中,这个印象就是:世界主义和从世界看中国。

说起世界主义,在本书的讨论进入最丰富、最激动人心的时代——欧洲近代——以后,就是一个经常出现的字眼。有人指出,Cosmopolitan这一词,是在18世纪才出现的,笔者对此没有核查。但是,至少可以指出,自从16世纪地理大发现以后,人类文化就已开始从半球文化走向全球文化了。当然这是一个过程,但在这一过程中,世界主义和全球观念一直是激励人们追求各种文化交流和互补互识的最重要动力之一。不管人们是处于从自己看他人,还是从他人看他人的文化互识阶段,其自觉或不自觉地依傍的背景就是世界主义和全球观念;而历史总会造就一些卓越的超前者、超越者,他们于是便自觉地鼓吹这种背景和意识。我们已经看到莱布尼茨是17、18世纪之间的这样一位巨人,而歌德、黑格尔则是18、19世纪之交的这样的巨人,这期间还有不少值得一提的人,如哥尔斯密等,否则就无以说明为什么世界主义一词会在19世纪正式出现。我们也已看到,莱布尼茨是这种意识的最早的最有影响的鼓吹者和实践者,而歌德和黑格尔却分别从普遍人性(世界文学)和人类理性(世界精神)的不同角度证明了世界主义的观念。到了马克思那里,他同样敏锐地牢牢抓住了这一时代精神,把19世纪看成是资本主义的第二个16世纪,真是精辟至极。因为我们知道,当巴拿马运河和苏伊士运河开通以后,当人类很快进入陆、海、空立体交通之后,地球变小了,空间和时间都压缩了。特别是,马克思十分重视他活跃的时代所出现的美国加利福尼亚州和大洋洲的"淘金热",以及随之而起的移民潮流,因为这两大事件促进了新航线的开辟和轮船的使用。对此,马克思以哲人的睿智指出:"自从有了这种全世界海洋航行的必要的时候时,地球才开始成为圆的。"①为此,马克思从社会经济文化的角度,更科学地论证了世界主义和全球观念。从殖民扩张到国际竞争,从全球贸易到世界市场,从世界经济到世界文明,这种声声呼唤世界文明、世界历史、世界文学、世界哲学的热切心情和科学理论,我们可以从《共产党宣言》中明显感觉到,从《资本论》中明显感觉到,同样,也能从马克思的东方文化观和中国文化观中明显感觉到。无论是对东方学、对文化人类学、对历史哲学的研究和思考,都离不开东方,都与中国有关,这一事实,无可置疑地表明了马克思有一个更高、更深、更宏大的目标,这便是追求世界文明、追求全人类的解放和全面发展。我们这样说,不仅仅是出于历史的逻辑、理论的推断和合理的猜想,为此,我们还想提醒人们注意到19世纪50年代初期,马克思亲笔写下的一些重要的论述,其中的观点不一定是马克思最早提出的,但由于马克思将之与19世纪50年代前后刚刚出现的生活现实联系在一起,而变得更富有生命力。马克思这样写道:"由于加利福尼亚金矿的开采和美国佬的不断努力,太平洋两岸很快就会像现在从波士顿到新奥尔良的海岸地区那样人口密集、贸易方便、工业发达。这样,太平洋就会像大西洋在现代、地中海在古代和中世纪一样起着伟大的世界交通航线的作用……"②想想今天我们在新旧世纪之交(20世纪与21世纪)的时代所听到的类似的预告吧!谁能怀疑马克思具有世界主义的现实而又远大的眼力呢?同样,想想今天我们看到的为太平洋地区的崛起而准备的东方研究热吧!谁能否认马克思研究东方和中国是怀着对未来的预测,而不仅仅是对既往的追溯呢?

这种基于现实的合乎科学的世界主义和全球观念,特别是

---

① 《马克思恩格斯全集》(第7卷),第509页。
② 《马克思恩格斯全集》(第7卷),第263—264页。

由于它的超前性，必然地造成了马克思看待东方和中国文化的新视点，这是建立于从世界看中国这样一个视点之上的。正如我们已一再提到过的，这是文化交流和互识的第三阶段，又是国外中国观的第三阶段。这一阶段从形式上看，有着仿佛回复到第一阶段——从自己看他人，从外国看中国——的现象，因为已经跳出了对方的局限，而更具哲学解释学的特征。但这时的研究和结论，已经处于一种崭新的时代背景之下，处于一种涵盖面很大的新的理论的指导之下，处于一种与别的现象和本质千丝万缕的联系之中。在这个意义上，我们似乎可以说，所谓文化交流和互识的三个阶段，也是一种否定之否定的哲理性现象，而第三阶段的出现，将是新的突破和质变的前提。国外中国观的第三阶段主要应该属于 20 世纪，一切新的突破和质变也应该属于 20 世纪，马克思又一次超前了。

后　记

　　囿于篇幅和笔者目前的能力,本书的叙述和评论只得暂且中止于19、20世纪之交。尽管从本书所述,已可见古代和近代的国外中国观和中国学,已经为其自身在今天的发展做了厚实的铺垫:兴奋点的聚集,学科的创设,队伍的形成,种种论点、观念、方法的提示,或可视作20世纪国外中国观和中国学的阶梯、踏板,或可视作20世纪国外中国观和中国学的胚芽、前站。但是,这终究令人也令笔者自己有一种缺憾感,毕竟20世纪更宏阔、更深刻、更现实,毕竟20世纪的国外中国观和中国学才真正地全面地开始了"从世界看中国"这一更高级的阶段。

　　所以,虽不能详细罗列、论述,我们还想做一番导引式的概览。

　　世界主义和全球文化的潮流,是随着16世纪的地理大发现开始的。19世纪北美西部和大洋洲的淘金和移民,标志着这一潮流获得了经济上的确证。20世纪,南北两极探险的成功和世界资本主义(帝国主义)的出现,则使原先那种地理和经济方面的确证达到极点;随之,萌始于前两个世纪(或更早)的文化热(文化传播、文化研究、文化比较、文化互识),在20世纪达到沸点,从而继续从文化上为世界主义和全球文化的潮流提供确证,并推波助澜。

　　这一事实是显而易见的。1934年,在布拉格召开的第八次国际哲学会议上,中国哲学家冯友兰先生有一个发言,他重在介绍中国现代哲学状况,指出,中国近50年来的时代精神经过了"正""反""合"三个时期,其主旨是东西文化、新旧文化的互相关系、互相批评和互相统一。冯友兰呼吁:"我们期望不久之后,欧洲的哲学思想将由中国哲学的直觉和体会来予以补充,同时中国的哲学思想也由欧洲的逻辑和清晰的思维来予以阐明。"素来尚古、守成、拒外的中国思想文化界,也无可置疑地卷入了世界主义和全球文化的大潮,何况外国? 何况西方?

20世纪的国外中国观和中国学最典型、最集中地说明了20世纪的这一潮流。

就20世纪的时代和历史背景论。第一次世界大战沉重地打击了"西方中心论"。随着"西方的没落"疑虑的出现,东方文明再次受到重视,甚至当时的国联副秘书长斯佩丁女士提出要用儒家学说来发展人际关系,保卫世界和平。第一次世界大战和俄国十月革命,改变了国外中国学的研究格局和中心。所以,严格地说,20世纪的国外中国观和中国学,应从第一次世界大战前后谈起。同样,此后世界舞台上的诸多重大事件,也对国外中国观和中国学有极大的影响。如:两次世界大战前后,现代西方哲学、文学、历史、科学等领域中的思想理论,纷纷向古老东方的直觉主义、非理性主义、神秘主义寻求同道;1949年中华人民共和国成立,则使各国急剧地调整对待中国的政策和策略,并使毛泽东和中国革命的理论实践成为崭新的、常新的课题;麦卡锡主义和朝鲜战争的失败,促使美国大大强化对当代中国的研究,并使美国中国学在实际上被公认为各国之首;中国的"文化大革命"又是对国际中国学界的一大刺激。在数年的短暂低潮和沉寂之后,国外中国研究正在形成一种联结中国古今、中国内外,综合了政治、经济、社会、历史、哲学、文化的立体型思考。

就国外中国学的情形论。一系列重要事件影响了中国学的发展进程。如:20世纪20年代美国一系列学术机构的建立(包括哈佛燕京社等); 20世纪40年代末、50年代初,欧洲青年一代中国学家的结盟,苏美对中国学研究机构的充实和调整等; 20世纪50年代末、60年代起,美国各大基金会对中国研究的大量拨款资助,英国伦敦大学建立现代中国问题研究所,创办《中国季刊》,苏联官方对中国研究的"冷(60年代)→热(70年代)→冷(80年代)",日本学界对中国研究的"热(60、70年代)→冷('文化大革命'后)→热(80年代以后趋势)",等等,在国际中国学的发展过程中,造就了一代又一代的中国学家。以美国为例:费正清(1907—1991年)、巴尼特(汉名鲍大可,Arthur Doak Barnett, 1921—1999年)、罗伯特·斯卡拉皮诺(汉名施乐伯,Robert Anthony Scalapino, 1919—2011年)被并称为"三大中国通"。单在费正清门下,就有史华慈(Benjamin I. Schwartz, 1916—1999年)、费维恺(Albert Feuerwerker, 1927—2013年)、魏斐德(Frederic Evans Wakeman, 1937—2006年)、黎安友(Andrew J. Nathan, 1943年生)等好几代知名学者。各国的中国学家在保持各国的学术研究和文化心理传统时,突出了国际一体化的研究特点,权威的伦敦大学现代中国问题研究所和《中国季刊》,从领头人施拉姆(Schram)起,就是一个国际知名学者的集合体。值得一提的是,华裔学者的积极介入,既强化了中国学研究中国际一体化的特色,又深化了国外中国学研究的成果。据统计,20世纪60年代,在美国412名取得中国学方面博士学位的人中,约三分之一(145人)是美籍华人。

就国际中国研究的成就论。一是中国文化的继续远播。在述评和介绍时,选材的准确性和广泛性是并进的,不再有18世纪时,撇下——或者茫然不知——众多优秀之作,却把三、四流乃至等而下之的作品视若瑰宝的情形了。其中,西德施泰宁格(Steininger)教授主持的"道藏工程"和日本竹内实教授主持的《毛泽东选集》(15卷),都令人叹为观止。二是对中国文化功的新发掘。凿壁引光、楚材晋用、南橘北枳、郢书燕说等,文化交流和互识中的常见现象仍然层出不穷,而且这种解释性特征,在现代解释学的水准上,变得更为合理而深刻。如第二次世界大战后,欧洲知识分子和青年一代对老庄思想和易经哲学的兴趣,感染并影响了众多杰出人物,其中包括哲学家雅斯贝尔斯、怀特海,心理学家荣格,文学家戈迪埃、庞德、赫斯,科学家海森堡、维纳,等等;而且,人们发现,越是具有现代色彩的思想和人物,与东方文明的关联越微妙。再如被称为世界上第三次学孔高潮的现代①,人们急于从孔学中找到医治科技经济高度发达、生活节奏急速加快下的社会危机的药方;与此有关,新儒学在亚太地区抬头,促使人们认真思考东方文明与传输型的资本主义经济的关系。三是对 20 世纪中国社会和文化的一系列重大问题的解答,诸如中国社会长期停滞的问题、近代中国科技落后的问题、中国文化的特质问题、中国国民性问题、中西文化关系问题、中国的知识分子和农民问题、中国现代化的道路问题,以及对五四运动的反思,对 20 世纪 30 年代、50 年代、十年"文化大革命"的反思,等等,这些 20 世纪中国文化热中的兴奋点,都同时为国际学术界、思想界、文化界所关注,连爱因斯坦这样的大科学家、泰戈尔这样的大诗人、卡夫卡这样的大文学家也发表过各自的见解。在五花八门的题解中,不乏深思熟虑、自成一格的力作。四是从世界文明的高度对中国文化的宏观思考,其中有哲学家伯特兰·罗素,历史学家汤因比,社会学家马克斯·韦伯、帕森斯,经济学家凯恩斯,戏剧家布莱希特,科学史家李约瑟,以及中国学家费正清、列文森(Joseph Richmond Levenson, 1920—1969 年)、列维(Marion J. Levy, 1918—2002 年)、魏特夫(K. A.

---

① 据说,前两次分别为 18 世纪和第一次世界大战间。除了 18 世纪那一次,后两次是否可算得上世界性的"高潮",甚可疑。不过,总是一种突出的现象。

Wittfogel)、史华慈、施拉姆等的各具特色的探讨。五是对中国文化众多现象的微观研究。这种研究犹如掘一口口的深井,寻常不觉得怎么起眼,日积月累,常能汇成一汪水、一条溪,甚至一江水,这恰是大多数国外中国学者的基本治学方法。

就国外研究中国的态度和方法论。1984年,马萨诸塞州威尔斯科学院教授、哈佛大学费正清研究中心副主任柯文(Paul Andrew Cohen, 1934年生)在一本题为《在中国发现历史——"中国中心观"的兴起》的书中介绍了战后美国研究中国近代的几个阶段:以费正清、邓嗣禹为代表的"西方冲击—中国反应"模式;以列文森为代表的"传统—近代"模式;以佩克(James Peck)为代表的帝国主义模式;他自己的"中国中心观",即以中国为本位,理解近代中国发展的模式。这种划分,大体反映了美国中国学,也是国际中国学的几种流行态度和立场,及其发展趋势。费正清曾经从方法论的角度,谈到过美国(也可看作国际)中国学的几个阶段:20世纪一开始,还是当初由沙畹和马伯乐等开创的微观研究;40年代后,社会科学、自然科学的方法进入了中国学界,于是出现了地域研究,费正清自己是这方面的代表,另一个重要人物是施坚雅(George William Skinner, 1925—2008年)。在《七十年代的任务》这一讲演中,费正清认为中国学的研究应成为一种综合研究。尽管美国中国学从19世纪的初创到20世纪40年代的地域研究已具有某种综合性研究的传统,但"历史学家的综合性任务仍然明显而特殊"。因为,历史和自然科学一起提供了社会科学所由产生的学问和方法论背景,社会科学又丰富了历史学,而自觉并成熟了的历史学则可以与中国学合并。上述这些概括,不能算是完备的,更好的分析和总结有待于国际中国学界对自身历史的回顾和反思,这种回顾和反思,人们已经可以陆续看到了,尽管还不多,不集中。

仅仅一个极粗略的导引,就已经将本书的尾声拖得过长了。

可以肯定,20世纪的国外中国观,必定是丰富多彩、饶有趣味的,其中不乏博大精深的思想和理论、奇突细致的思路和方法。但愿有人(包括笔者)将来能描画之、评说之。原因很简单,恰如一个急于认识自我的人,总希望(也必须)通过周围别人的议论来观照自身一样,要理喻和解读中国文化之谜,也离不开国外中国观的反馈信息。谁不想认识自己呢?谁不想探究中国文化的底蕴呢?这不仅是古人的遗训、前人的遗业,更是今人的职责和义务。于是,我们又回到了本书开首的那一节的标题:这是一个同时也属于中国人的外国课题。

问题的全部重要性和复杂性即在于此。

忻剑飞
1987年9月

主要参考书目

1. 周一良、吴于廑主编:《世界通史》,人民出版社 1962 年。
2. 翦伯赞、郑天挺主编:《中国通史参考材料》,中华书局 1962、1965、1988 年。
3. 《史记》,中华书局 1959 年。
4. 《后汉书》,中华书局 1965 年。
5. 《旧唐书》,中华书局 1975 年。
6. 《清史稿》,中华书局 1976 年。
7. 沈福伟:《中西文化交流史》,上海人民出版社 1985 年。
8. 朱杰勤:《中外关系史论文集》,河南人民出版社 1984 年。
9. 中外关系史学会:《中外关系史论丛》(1、2),世界知识出版社 1986、1987 年。
10. 朱杰勤译:《中外关系史译丛》,海洋出版社 1984 年。
11. [美]马士:《中华帝国对外关系史》(三卷本),商务印书馆 1963 年。
12. [美]费正清主编:《剑桥中国晚清史:1800—1911 年》,中国社会科学出版社 1985 年。
13. 张星烺:《中西交通史料汇编》(1—6),中华书局 1979 年。
14. 梁容若:《中日文化交流史论》,商务印书馆 1985 年。
15. [日]木宫泰彦:《日中文化交流史》,商务印书馆 1980 年。
16. 季羡林:《中印文化关系史论文集》,生活·读书·新知三联书店 1982 年。

17. 沙丁等:《中国和拉丁美洲关系简史》,河南人民出版社1986年。

18. 齐思和:《中国和拜占庭帝国的关系》,上海人民出版社1956年。

19. 《中国和亚非各国友好关系史论丛》,生活·读书·新知三联书店1957年。

20. 张铁生:《中非交通史初探》,生活·读书·新知三联书店1965年。

21. [日]桑原骘藏:《中国阿拉伯海上交通史》,商务印书馆1934年。

22. 钟叔河:《走向世界——近代知识分子考察西方的历史》,中华书局1985年。

23. [日]村松佑次:《外国对中国的研究》,商务印书馆1966年。

24. 中国社会科学院情报研究所编:《外国研究中国》第1辑,商务印书馆1978年;第2—4辑,中国社会科学出版社1979、1980年。

25. 严绍璗:《日本的中国学家》,中国社会科学出版社1980年。

26. 中国社会科学院情报所编:《美国中国学手册》,中国社会科学出版社1981年。

27. 中国社会科学院文献情报中心编:《俄苏中国学手册》,中国社会科学出版社1986年。

28. 中国社会科学院近代史所:《近代来华外国人名辞典》,中国社会科学出版社1981年。

29. [美]罗伯特·路威:《文明与野蛮》,生活·读书·新知三联书店1984年。

30. [法]L.布布努瓦:《丝绸之路》,新疆人民出版社1982年。

31. [日]三上次男:《陶瓷之路》,文物出版社1984年。

32. 沈光耀:《中国古代对外贸易史》,广东人民出版社1985年。

33. 常任侠:《海上丝路与文化交流》,海洋出版社1985年。

34. 杨宪益:《译余偶拾》,生活·读书·新知三联书店1983年。

35. [法]保罗·佩迪科:《古代希腊人的地理学——古希腊地理学史》,商务印书馆1983年。

36. 《希罗多德历史》,商务印书馆1985年。

37. [古希腊]阿里安:《亚历山大远征记》,商务印书馆1985年。

38. [波斯]拉施特主编:《史集》,商务印书馆1983年。

39. [荷]咸·秦·郑特库:《东印度航海记》,中华书局1982年。

40. 《马可·波罗游记》,福建科技出版社1982年。

41. 《克拉维约东使记》,商务印书馆1957年。

42. 雅各布·布克哈特:《意大利文艺复兴时期的文化》,商务印书馆1979年。

43. 《利玛窦中国札记》,中华书局1983年。

44. [荷]伊兹勃兰特·伊台斯、[德]亚当·勃兰德:《俄国使团使华笔记(1692—1695)》,商务印书馆1980年。

45. 《柏朗嘉宾蒙古行纪·鲁布鲁克东行纪》,中华书局1985年。

46. 余士雄主编:《马可·波罗介绍与研究》,书目文献出版社1983年。

47. [英]阿·克·穆尔:《一五五〇年前的中国基督教史》,中华书局1984年。

48. [德]利奇温:《十八世纪中国与欧洲文化的接触》,商务印书馆1962年。

49. 辜燮高等选译:《十七、十八世纪的欧洲大陆诸国》,商务印书馆1986年。

50. 北京大学哲学系外国哲学史教研室编:《十八世纪法国哲学》,商务印书馆 1963 年。

51. 朱谦之:《中国哲学对于欧洲的影响》,福建人民出版社 1985 年。

52. 张维华:《明史欧洲四国传注释》,上海古籍出版社 1982 年。

53. 朱培初:《明清陶瓷和世界文化的交流》,轻工业出版社 1984 年。

54. [英]斯当东:《英使谒见乾隆纪实》,商务印书馆 1963 年。

55. 顾长声:《传教士与近代中国》,上海人民出版社 1981 年。

56. [苏]齐赫文斯基:《中国近代史》,生活·读书·新知三联书店 1974 年。

57. 姚贤镐:《中国近代对外贸易史资料》(1840—1895),三册,中华书局 1962 年。

58. [美]A.E.门罗编:《早期经济思想》,商务印书馆 1985 年。

59. [英]埃里克·罗尔:《经济思想史》,商务印书馆 1981 年。

60. 唐庆增:《中国经济思想史》(上卷),商务印书馆 1936 年。

61.《魁奈经济著作选集》,商务印书馆 1979 年。

62. [英]亚当·斯密:《国民财富的性质和原因的研究》,商务印书馆 1972 年。

63. [意]维柯:《新科学》,人民出版社 1986 年。

64. [法]帕斯卡尔:《思想录》,商务印书馆 1986 年。

65.《笛福文选》,商务印书馆 1984 年。

66. [法]孟德斯鸠:《波斯人信札》,人民文学出版社 1958 年。

67. [法]孟德斯鸠:《论法的精神》,商务印书馆 1963 年。

68. [法]卢梭:《论科学与艺术》,商务印书馆 1959 年。

69. [法]伏尔泰:《哲学通信》,上海人民出版社 1961 年。

70. [法]伏尔泰:《路易十四时代》,商务印书馆 1982 年。

71. [法]安德烈·比利:《狄德罗传》,商务印书馆 1984 年。

72. [法]亨利·列斐伏尔:《狄德罗的思想和著作》,商务印书馆 1985 年。

73.《狄德罗哲学选集》,商务印书馆 1981 年。

74. [苏]阿·符·古留加:《赫尔德》,上海人民出版社 1985 年。

75. [德]歌德:《歌德谈话录(1823—1832)》,人民文学出版社 1985 年。

76. [德]歌德:《歌德自传——诗与真》,人民出版社 1983 年。

77. [德]黑格尔:《哲学史讲演录》,商务印书馆 1981 年。

78. [德]黑格尔:《历史哲学》,生活·读书·新知三联书店 1956 年。

79. [日]福泽谕吉:《文明论概略》,商务印书馆 1982 年。

80. [日]福泽谕吉:《劝学篇》,商务印书馆 1984 年。

81. [英]达尔文:《物种起源》,商务印书馆 1963 年。

82. [英]达尔文:《人类的由来及性的选择》,科学出版社 1982 年。

83. [苏]A.涅克拉索夫:《达尔文传》,湖南人民出版社 1983 年。

84. [日]鹿野政直:《福泽谕吉》,生活·读书·新知三联书店 1987 年。

85. 顾长声:《从马礼逊到司徒雷登——来华新教传教士评传》,上海人民出版社 1985 年。

86. 范存忠:《英国文学论集》,外国文学出版社 1981 年。

87. [日]永田广志:《日本哲学思想史》,商务印书馆 1978 年。

88. [日]近代日本思想史研究会:《近代日本思想史》,商务印书馆 1983 年。

89. [英]罗素:《西方哲学史》,商务印书馆 1981 年。

90. 杜文凯编:《清代西人见闻录》,中国人民大学出版社 1985 年。

91.［瑞典］斯文·赫定:《亚洲腹地旅行记》,上海书店出版社1984年影印版。

92.吕浦等译:《"黄祸论"历史资料选辑》,中国社会科学出版社1979年。

93.［美］维纳:《人有人的用处——控制论和社会》,商务印书馆1978年。

94.［日］实藤惠秀,《中国人留学日本史》,生活·读书·新知三联书店1983年。

95.［意］翁贝托·梅洛蒂:《马克思与第三世界》,商务印书馆1981年。

96.赫镇华:《外国学者论亚细亚生产方式》,中国社会科学出版社1981年。

97.《鲁迅全集》,人民文学出版社1981年。

98.《马克思恩格斯论中国》,解放出版社1950年。

99.《马克思恩格斯全集》,人民出版社1956—1983年。

100.《李泽厚哲学美学文选》,湖南人民出版社1985年。

101.朱谦之:《中国思想对于欧洲文化之影响》,商务印书馆1940年。

102.张国仁:《世界文化史大纲》,上海民智出版社1931年。

103.［美］桑戴克:《世界文化史》,商务印书馆1936年。

104.郑寿麟:《中西文化之关系》,中华书局1930年。

105.［日］西村真次:《文化移动论》,商务印书馆1936年。

106.向达:《中外交通小史》,商务印书馆1933年。

107.［日］石田干之助:《中西文化之交流》,商务印书馆1941年。

108.徐宗泽:《明清间耶稣会士译著提要》,中华书局1949年。

109.［意］利玛窦:《天主实义》,上海土山湾印书馆1930年。

110. [法]笛卡尔:《笛卡尔方法论》,商务印书馆1935年。

111. [法]笛卡尔:《方法论》,商务印书馆1934年。

112. [法]伏尔泰:《中国孤儿》,商务印书馆1942年。

113. 宗白华等:《歌德研究》,中华书局1936年。

114. 《黑格尔》,辛垦书店1935年。

115. [法]利维·布律尔:《法国哲学史》,商务印书馆1934年。

116. [日]内山完造:《一个日本人的中国观》,开明书店1936年。

117. 冯承钧:《西力东渐史》,新民印书馆1935年。

118. 方豪:《中西交通史》,岳麓书社1987年。

119. 刘伯骥:《中西文化交通小史》,台北正中书局1974年。

120. 王漪:《明清之际中学之西渐》,台湾商务印书馆1979年。

121. 陈受颐:《中欧文化交流史事论丛》,台湾商务印书馆1970年。

122. 张铁君:《理学西传》,台北幼狮文化事业公司1977年。

123. 张星烺:《欧化东渐史》,台湾地平线出版社1974年。

124. 陈铨:《中国纯文学对德国文学的影响》,台湾学生书局1971年。

125. 《读书》(月刊),人民出版社、生活·读书·新知三联书店。

126. 《社会科学战线》(季刊),吉林省社会科学院。

127. 《中国哲学》(丛刊),中国社会科学院。

128. 《中国哲学史研究》(季刊),中国社会科学院。

129. 《中国文化》(丛刊),复旦大学出版社。

130. Lewis A. Maverick, *China: A Model for Europe*, San

Antonio: Paul Anderson Company, 1946.

131. W. E. Soothill, *China and the West: A Sketch of Their Intercourse*, London: Oxford University Press, 1925.

132. John K. Fairbanked. *The Missionary Enterprise in China and America*, Massachusetts: Harvard University Press, 1974.

133. G. F. Hudson, *Europe and China: A Survey of Their Relations from the Earliest Times to 1800*, London: Edward Arnold & Co., 1931.

134. F. Hirth, *China and the Roman Orient: Research into Their Ancient and Medieval Relations*, New York: Paragon Book Reprint Corp, 1966.

135. C. P. Fitzgerald, *The Southern Expansion of the Chinese People*, New York, Washington D. C. : Praeger Publishers, 1972.

136. T. F. Carter, *The Invention of Printing in China, and Its Spread Westward*, New York: The Ronald Press Company, 1955.

137. L. C. Goodrich, *China's Earliest Contact with other Parts of Asia*, Canberra: Australian National University, 1962.

138. D. Bodde, *China's Gifts to the West*, Washington, D. C. : American Council on Education, 1942.

139. D. Bodde, *Chinese Ideas in the West*, Washington, D. C. : American Council on Education, 1948.

140. Henry Yule tran. & ed., *Cathay and the Way Thither: Feing A Collection of Medieval Notices of China* (1 - 4), Nendeln Liechtenstein: Kraus Reprint Limited, 1967.

141. E. Stuart Kirby, *Russian Studies of China: Progress and Problems of Soviet Sinology*, London: The Macmillan Press Ltd., 1975.

2013年重版跋语　我们即世界("We are the world")
——"世界"概念杂谈

  "神秘的不是世界是怎样的,而是它是这样的。"
——维特根斯坦《逻辑哲学论》

  在人类生存的小小寰球上,栖息着数十亿的各色人等,构建着被我们叫作"世界"的"四方上下,往来古今",求索着被我们称为"世界"的今古奥秘、存续之道。同时,在人类之间,往往将彼此视作"世界"的对方,或者,对方的"世界",读解着彼此间的种种同异——种种同类异构、同构异质、同质异象、同象异意、同意异趣、同趣异议,如此等等。这种构建、求索和读解,已经延续了几千年。

  单单上面一段文字,就可见"世界"这一概念隐含了多重不同的含义:人类自身、生存家园、认识主体、解读对象,等等。在这里,就"世界"这一话题,在现代和当代的意义上,稍做展开。对"世界"这一概念,进行一些必要的澄清、界定和引导。①因为,若要排列人类这一百多年历史的关键词,"世界"无疑会很靠前,在20世纪的世界的中国观中,将扮演更为重要、更为实质性的角色。

---

  ①　笔者曾经在网络上看到,有人将"西方中心论"的帽子扣在《世界的中国观——近二千年来世界对中国的认识史纲》一书上,理由是该书主要的叙述和论述的对象和内容为西方的人、事、观点,所以,不够"世界"。对于这样粗浅突兀的批评和大而无当的帽子,身为该著的作者,笔者不以为然,却也无以为对,或者,不屑以对。因为,如此理解"世界",不仅在研究和写作时没有可操作性,更是对"世界"概念的粗糙化和粗俗化。

笔者在 20 世纪 80 年代晚期完成的《世界的中国观》一书，勾勒的就是这么一条线索：在世界（包括中国）的近两千年历史中（至 19 世纪），中国之外的人们在不断地构建自身世界的同时，对作为世界的另一部分的中国，或者说，对作为另一个世界的中国，殷殷求索，孜孜求解，逐渐演化和形成"世界的中国观"。这种情形，在自 19 世纪晚期以降的逾百年的历史中，继续着，但是，呈现了不一样的格局、路径、色彩、意涵。

显然，中国之外的人们的观中国和中国观，以及，作为中国人对于这些人们的观中国和中国观的释读，都离不开"世界"。"世界"是晚近百多年来中国观的题中之义，那么，什么是"世界"的题中之义呢？

"世界"（world：人——人性）：

"世界是属人的，但远非专属于人的。"——人类和生存意义上的"世界"。

英文"world"一词，含义多重，外延一直在扩展。一般的词典，在"world"词条下，可以罗列十几条含义。不过，考究该词的词源和词根，可以发现，"world"一词，始终有一个内核：人。"world"，古英语为"weorold (-uld)""weorld""worold (-uld, -eld)"，是由"wer"（man）和"eld"（age）两词组合而成，因此，可以理解为"人的时代"（age of man）和"人的生活"（age of life）。追溯到更远些，这个词在西方其他古文字和语言中，其词根的含义，也不出其右。值得一记的是，在古希腊和拉丁的相似概念中，更包含了"次序、净雅、创意"等属人意涵。

中文"世界"一词，就其来源和词义来说，要话分三头：一是在古汉语中。古代文献中有大量的"世"和"界"两字的出现，一般而言，"世"即时间概念（如《说文解字》"三十年为一世"）；"界"乃空间概念(如《韩非子·五蠹》"去门十里为界")。二是在佛教用语中。佛教进入中国,"世界"两字一般意指宇宙或人生(如《楞严经》卷四"世为同居天地之间,界谓各有彼此之别","何名为众生世界？世为迁流,界为方位")。三是在现代汉语中。"世界"二字被用来翻译西文,换言之,被用作与英文"world"对应的词。这必须归功于日本在其现代化进程中所做的大量翻译。这些翻译,架起了沟通汉文化、日本文化和西方文化的桥梁。"世界"一词就是经过日语"sekai",被用来翻译英语"world"。"而且重要的是,'世界'一词的这一世界化过程,成功地取代了早期汉语对于时空界限的概念性命名过程,如 tianxia'天下'。"①

世界和"世界"概念是随着人类的种种活动逐渐发展和丰富起来的,尤其是进入 20 世纪以后,"世界"概念,已经融入了人类日常生活,成为一个常规的名词,更多地,成为一个必不可少的定语,以此界定和规定人的活动的范围、规模、级别、规格、主体、对象,等等。20 世纪世界级大哲海德格尔、雅斯贝尔斯、维特根斯坦、哈贝马斯等都曾经将"世界"概念纳入他们的思想体系,并对其进行过非常深入而又深刻的思考。他们大概也是人类少数几位具有如此高的级别的哲学家对"世界"概念进行充分反思,并给出既有时代感,又有恒久意义的思考和意见的。这些思考和意见,都出现在 20 世纪,显然不是一种巧合,而是与 20 世纪人类活动和思维的内在逻辑相契合的。

人们对于世界及其概念的理解和丰富,是近百多年来人类认识自身和周围的一大特色和成就。②可以这么说,世界以从未

---

① 参见刘禾:《跨语际实践——文学,民族文化与被译介的现代性(中国,1900—1937)》,生活·读书·新知三联书店 2008 年版。
② 我们可以很轻松地举出一些在 20 世纪才开始出现和流行的 world 概念,如 world-power("世界强权",1900 年,与地缘政治的发展相关),world-class("世界级",1950 年,与奥林匹克运动有关),Three Worlds Theory("三个世界理论",1974 年,毛泽东的著名的国际政治经济理论),等等。

有过的速度、广度和强度,直接与人们的生活方式和生存状态密切相连;"世界"概念以从未有过的频度、深度和维度,进入人们的视界、内心和思维。"世界",是最具有现代和当代意味的,是人们认知和释读、解构和建构种种"事情"的大背景、大结构、大框架。①

20世纪晚期,尤其是进入21世纪以后,世界和"世界"概念已经成为人们的"日常语言"中的"世界图式"②,在"生活世界"③中被大量地运用,同时,被赋予了丰富多彩的意涵。当我们在全美器官共享组织的刊物扉页上读到"对世界来说,你可能只是某一个人;但对某一个人来说,你可能是他的世界";当我们在汇丰银行的广告词中看到"世界如何看你,取决于你如何看世界";当我们在纪念流行音乐巨星迈克尔·杰克逊时,回忆起他那首最为动人心魄的"We Are the World";当然,还有,当我们在2008年北京奥运会时,唱响"You and Me from One World";当我们在2010年上海世博会用"世界"作为志愿者的歌名……不由你不感叹:世界和"世界"概念是如此普通、普遍和普适。

"世界"被如此眷顾和青睐,原因无他,只为"属人"。但是,千万记得,人类并没有独步世界的专权。换言之,世界属人,但远非是专属于人的。

这是因为,尽管历经"人的解放"和"自我的发现"等思想大潮的洗礼,但是,迄今为止,人类距离"认识你自己"这一目标甚远。这一刻在阿波罗神庙中的最著名的古希腊箴言已经流传了数千年,也引来无数智者、哲人、醒客对于"人"和人性的探索和思考。其中,不乏深刻而隽永的经典名言,我们耳熟能详的就有

---

① "世界是一切发生的事情",作为开篇第一句,维特根斯坦在他早期的最重要著作《逻辑哲学论》中如此写道。
② 维特根斯坦用词。
③ 哈贝马斯用词。

苏格拉底对于人的"智慧"的热爱,帕斯卡尔对于人的"思想"的专重,休谟对于人的"情感"的强调,康德对于人的"道德"的敬畏,叔本华对于人的"意志"的阐发,马克思对于人的"社会"的钟情,等等。

到了 20 世纪,"人"更是人类思想界两大潮流——人本主义和科学主义共同的主题。但是,没有哪个头脑清醒的思想者或者科学家敢于声称人类已经完成了自我认识。尽管,科学的长足发展为人类认识自身提供了愈来愈多的手段和理论,但是,已知还是大大逊于未知。更为糟糕的是,有限的已知,有时会误导人类走入无知。甚至,人类在科学和人文研究的观照下,一方面,一步步走进和看清自己;另一方面,却又愈来愈感觉到对于自身的陌生化和异己化。比如,人类已经在自己亲手创建的基于因特网的虚拟世界里领略到这种对自身认知的既深刻又陌生的悖论。或许在不远的未来,人类还会在自己亲手开发的人工智能中体会到这种惊喜和苦涩并存的矛盾。在更远的,但却未必是遥不可及的未来,人类很可能会在与今天被虚构的"潘多拉"世界的交往和交锋中,真实地感受到羞愧和尴尬(而不仅仅是在好莱坞的《阿凡达》中)。

可以庆幸的是,20 世纪的哲学和科学都在对自身和对对方的反省和反思中,认识到了人类的傲慢——对同类的傲慢和对异类的傲慢——都是可笑的。这是关于"世界"与"人"的更深一层思考的结果。如前所说,20 世纪的几位大哲都对"世界"这一概念进行过深刻的思考,这是颇为难得且富有深意的。①因为,这

---

① "世界"这一概念,曾经被摒弃于所谓正统的马克思主义哲学概念之外。笔者赞同这样的观点:"世界概念是任何哲学研究都绕不过去的基本概念之一,但除了康德、维特根斯坦、海德格尔等少数大思想家以外,在大部分哲学研究者那里,这个概念并没有成为反思的对象,而是停留在自然思维的状态之内。"(俞吾金:《海德格尔的"世界"概念》,《复旦学报》[社会科学版]2001 年第 1 期)关于海德格尔的"世界"概念,这里也参照了该文的论述。

表明了在人类的理性和技术都凸显到了极致的背景下，人类的生存问题反而变得格外严峻，从而促使这些"醒客"跳出以人类为中心的观念，重新思考人的生存问题。于是，哲学地重新审视和界定"世界"概念，便成为其针对因理性和技术的过度运用导致世界出现大量异化现象的一种批判和解决之道。比如，海德格尔主张，世界是"天、地、神和人类（海德格尔语：'终有一死者'）"的"四重整体"，拯救大地、接受天空、期待诸神和护送"终有一死者"是人类"栖居"其中的基本生存要义，"栖居"的本质是对"四重整体"的保护，是让"周围世界的世界化"。

19世纪的尼采用他那诗化的语言这样宣告："我们的永恒判词是：'离每个人最远的，就是他自己。'——对于我们自己，我们不是'知者'……"20世纪的海德格尔用他那一贯的严谨这样区分人类的两种基本情绪——怕和畏，认为"怕"只是源自具体的对象，"畏"才是一种弥漫于心灵深处的存在，是与人的有限生命紧密相联的。

让我们记住这些话，在属人的世界中，人性的要义是常怀谦卑和敬畏。

"世界"（cosmos：谐——神性）：

> "世界是有神性的，敬畏是必须的。"——认知和思考意义上的"世界"。

智慧的人常怀感恩和敬畏之心。这种智慧的源头，是古往今来人类对世界的"神性"的认知和思考。

将人置于世界的中心，曾经是人类认知和思考世界的一个阶段，如中国哲学云"万物皆备于我"，西方哲学曰"人是万物的尺度"。不仅如此，将人置于世界的中心，曾经是，并将还可能是"人的解放"和"人的思想解放"的内容之一，只要产生这种"解放"需要的,即将人置于"非人"地位的土壤和气候还在。①但是,当人们走出这种"非人"的时代,回归"属人的世界"之后,是否还"唯人独尊"地将人类置于世界的中心,高高在上,睥睨万物,则是大可质疑的(最简单的证据就是:那种"非人"的愚蠢的时代,总是由人类一族自行引发和实施的)。

其实,人类自古以来就已经认识到世界不仅仅属人,更受制于某种神秘、神圣、神来的秩序、规则和天时,对此,人类词穷理乏,无以名状,不妨敬如"神性"②("世界"的另一英文常用词"cosmos",就蕴含这种奇妙加和谐、和谐而有趣的神性的安排之意,所谓"orderly arrangement""orderly ornaments")。对这种"神性",人类只可认识之、思考之、顺应之、善用之。如果说,在人类早年,那只是初民社会人类对周遭世界力有不逮的表现,那么,随着人类对世界的认知和思考日益深入,随着人类的成年,其力量已经强大到无与伦比。但是,那种传承自祖先的、对于世界"神性"的谦卑和敬畏,只会与日俱增,而且,被科学发现、社会实践和人类思维所反复地不断地证明。

人类对宏观世界(macrocosm)和微观世界(microcosm)的认知和思考,可以天文学和物理学为代表。这两门古老而又常新的基础学科的每一步重大发现和发展,都证明了这种"神性"的无所不在,不由人不信服、不惊叹、不敬畏。

天文学最早记录了人类对世界的认知足迹。③从人类世界观

---

① 所谓"非人",系指对个体和群体、生命和生活、肉体和灵魂、思想和精神的全面无视和摧残。

② 这里,"神性"一词,与宗教无涉。本篇的题记,引用了维特根斯坦的一句话,就有此意。

③ 在古代天文学那里,人们可以找到人之初的那些心理学、美学、科学和哲学的胚芽。在西方,托勒密的《天文学大成》是古希腊数学和天文学成就的集大成;在比托勒密早得多的中国,屈原的《天问》则用诗意地问天的形式,成就了隽永的美学和科学的融合体(顾颉刚有怀疑《天问》是否出自屈原一说,与本著旨意无关)。

的意义上追寻这一足迹,可以发现,人类抛弃"人类中心"的世界观,找准自己和自己生存的地球在世界中的定位是一条主线。在我们看来,这是一条关于人类热爱和认识人类家园——地球——的螺旋式上升的曲线,是一条从地球出发,又回归地球的人类认知和思考曲线。在人类的"问天"历史中,被视为西方古代科学集大成者的亚里士多德和终结者的托勒密,主张的是"地心说"(或者"天动说"),这与人类中心的思想有关,同时,也包含了对人们足踏的大地的执着探求和亲近(从这一角度解读同样主张"地心说"的阿基米德的名言"给我一个支点,我将撬动地球",也不难感受到这种对地球的情感)。16 世纪,"日心说"在近代科学基点上被重提,进而,开始了一场具有划时代意义的人类的世界观革命。这场革命的完成,离不开哥白尼、伽利略和开普勒的共同贡献;而这三位所做的,恰恰都是在抛弃"地心说"的同时,深化了人们对于地球的认识。到了 20 世纪,天文学的发展,除了在更大的范围里进一步告诉我们宇宙是没有中心的,人类在宇宙中不享有优越地位,同时又更加深了我们对人类赖以生存的地球的认识和情感。因为,地球的禀赋是神奇的、浑然天成的,她拥有适合生命繁衍的一切元素,在天文学家眼中,这种禀赋"包括它的质量、密度、与太阳的距离、近似的圆轨道、倾斜的自转轴等等"[1],真是妙不可言!

物理学对于世界,尤其是 20 世纪以来对于微观世界的探索,同样把人类引领到对世界的次序和规则的那种神圣而又充满谐趣之感。这种探索,伴随着物理学从古代到经典、从经典到现代的脚步,渐入佳境。于是,我们得到一幅幅关于物质、关于结构、关于运动、关于时空的世界图景及其解读。亚里士多德的

---

[1] 参见陈建生院士在 2009 年国际天文年纪念大会上的演讲,《解放日报》2009 年 7 月 27 日。

物理学及其展示的世界图景,显然已不具有现实的认知意义,不过,那种探究物质世界基本元素、寻求世界万物的运动规律的精神,被后人延续和承继了下来。今天,主导或者指导人类认知和思考世界的是经典物理学和现代物理学。这是在不同的对象和条件下,人类对宏观世界,以及隐藏在宏观世界表象身后的微观世界的解读。从哲学的层面上,我们同样能够体味到那种充满"神性"的次序、规则和谐趣。比如,在日常环境和常规状态下,经典物理学的"完全决定原则"(principle of complete determinism)是无可置疑和不容违背的,人类必须对力学、电磁学、热力学等领域的种种原理和规则,心怀谦卑和敬畏地尊重和遵守。

　　以相对论和量子力学为代表的现代物理学的诞生①,是20世纪人类认知和思考世界的最伟大的进步。从世界观的层面上,现代物理学通过对微观世界的发掘、描述和解读,使人们更加关注:1."关系"。事物的属性与具体的认识关系密不可分,也就是说,不同的认识手段,不同的观察工具,不同的研究环境,甚至不同的观察者所具有的主观因素,都会影响到观察对象的属性表现和认定。在相对论和量子力学那里,即便是17世纪英国著名哲学家约翰·洛克的关于事物具有固定不变的"第一性质"的概念,也变得相对化和关系化。2."整体"。必须从事物的结构和运动中把握其整体,也就是说,绝对时空要让位于相对时空概念,而量子物理学揭示的事物的统计性、波粒二象性、测不准等,都在证明世界是一个不可分割的整体。这个整体性是通过事物的普遍关联性而存在的。3."范式"。随着物理学的发展,人类经历了多次重大的对世界的总体看法的变化,每一次变化,都是一种世界观的转换。当然,每一次转换,并不一定是对前者的抛弃,但是,一旦完成转换,也就意味着一次观察和解读世界

---

① 关于现代物理学是否包括相对论,有不同意见,特此注明。

的"范式"的革命。谁敢认定这种"范式"革命已经终结了呢？我们应当有备地、乐意地接受和推动关于认知和思考世界的新范式的出现和应用。

概而言之，所谓对世界的神性的认同、赞叹和敬畏，即是对人类赖以生存的地球的珍爱，对已知和未知规律和规则的尊重，对大千世界的种种认知和思考的热情和包容。

"世界"（earth：地——物性）

"世界是圆的，圆的逻辑就是均衡与谐美。"——地球和东方意义上的"世界"。

据说，"earth"一词被用于指称人类生存的球形星球是15世纪初的事情。此前，这个词一直被用来表示"土"（在古代，无论东方还是西方，人们都相信"土"是构成世界的基本物质之一，或者基本元素之一）。同时，也被用来指谓人们生活其间的"物质世界"（the material world），并以此与"天上世界"和"地下世界"区隔。我们也注意到，在人类熟悉的诸多星球中，地球的英文名"Earth"，是唯一不是源自古希腊和古罗马神话的。所以，当我们借用"earth"说"世界"时，突显的是其"物性"。地球的最大"物性"是其"球"状的大地。

追溯到几千年前，无论身处东方或者西方，人类已经在各自的活动中，开始描绘自己的周围世界。如，古代中国有《山海经》，有《禹迹图》（据说是现存的最早的石刻地图）；又如，更早得多的巴比伦的泥版地图；再如，稍晚些的希腊人泰勒斯提出"水是万物的本源"著名论断，认为大地像是漂在水上的圆盘……所有这些对于人类自身生存世界的描述和猜想，都有一个共同特点，即"自我中心"，都把自己所处的地方认作是世界的中心。只不过在古代中国,大抵认为这片土地是方形的,并且,中心舞台是广袤的陆地;而在古巴比伦和古希腊,人们猜想到大地是圆形的,而这块大地又是与水密不可分的。这种以凸显自己生存的地域为特征的"自我中心"的世界观,被沉淀为一种人类思维和文化的潜意识传承下来,影响深广。

人类认识到自己脚踩的大地是球形的,而不是平的(spherical earth, not flat earth),要归功于一位比泰勒斯稍晚一些的古希腊哲学家,也是最重要的数学家毕达哥拉斯。那是出于对"数"和"宇宙"的和谐性猜想的产物,因为,从数学的眼光看来,球形才具有完美性和和谐性。①此后,赫赫有名的柏拉图成为"地心说"的始作俑者。他的学生,同样鼎鼎大名的亚里士多德,则以一个古希腊哲学和科学的集大成者的观察、推理和思考,宣布大地是球形的。从此,"地球是圆的",便成为古希腊哲人的主流世界观,一直到著名的托勒密的世界地图。

不过,从"地球是圆的"到"世界是圆的",并使之成为人类的共识,成为人类新的世界观,是一个漫长的过程。其中,太平洋和东方扮演了至关重要的角色。

如所周知,"地圆说"(the theory of spherical earth)是15世纪末、16世纪初开始的地理大发现的一种精神上的动因和实施中的指南;反过来,地理大发现也使"地球是圆的"这一观念从哲学猜想、数学计算和局部论证中突破,进而成为人类的实践和共识,与人类的探险精神、利益追逐、文化碰撞紧紧相连。值得注意的是,在这些耳熟能详的关于地理大发现的老套故事和传统解读中,人们总能强烈地感受到"西方中心"的气味。在西方的传教士、逐利者、冒险家、航海人那里,西方人陌生的地球另一半

---

① 古代东方(包括中国和印度)也有类似的认识。比如,公元1世纪东汉科学家张衡提出"地如鸡子中黄"。但是,这些是否就能称为"地圆说",还是很有争议的。

(太平洋、东方、中国),只是"被"发现、"被"开化、"被"殖民、"被"登临的对象。

很显然,自人类睁眼环顾周围世界的远古时代起,那种建立于局部,但却相对发达的地域基础上的、以"自我"为中心的世界观,如影随形般地陪伴着强者的脚步,一直走到近代、现代、当代。尽管,这与人类对"地球是圆的"的实践和思考的伟大成果是相悖的:既为球形,何来中心?

于是,人们注意到另外一些声音和对那场持续了几个世纪的地理大发现的别样解读。19世纪中叶,马克思就写道:"自从有了这种全世界海洋航行的必要的时候时,地球才开始成为圆的。"这句话的背景是"由于加利福尼亚金矿的开采和美国佬的不断努力,太平洋两岸很快就会像现在从波士顿到新奥尔良的海岸地区那样人口密集、贸易方便、工业发达。这样,太平洋就会像大西洋在现代、地中海在古代和中世纪一样起着伟大的世界交通航线的作用……"在马克思那里,东方(主要是中、日)的门户开放、移民加州和发现大洋洲一起,是三件具有全面发现和确证"地球是圆的"的终结性意义的伟大实践和事件。记住! 这三件事情,都与东方和中国人有关。[1]19与20世纪之交,时任美国总统的西奥多·罗斯福已经有这样的预期:美国的未来将更多地取决于美国"在面向中国的太平洋的地位而非在面向欧洲的大西洋的地位"[2]。毋庸讳言,这两位伟人都有着程度不等的"西方中心"情结;但是,他们都已经以思想者和政治家的敏锐,早早地感知到了太平洋、东方、中国在不很遥远的未来的潜力。

此后一百多年来,不时有人反感、反省、反思以"西方中心"为

---

[1] 《马克思恩格斯全集》(第7卷),第509、263—264页。《马克思恩格斯论中国》,第181—182页。

[2] Howard K. Reale, *Theodore Roosevelt and the Rise of America to World Power*, New York: Collier Books, 1962, p.161.

基调的种种成说和成见,包括那场地理大发现。很受中国读者喜爱的荷兰裔美国学者房龙,曾经在20世纪中期专门写过一本"太平洋的故事"(中译本题为《发现太平洋》)。他不仅以大量的事实和细节颠覆了太平洋是由白人发现的故事①,还证明了亚洲和新世界对于欧洲财富积累的贡献,以及由此引发的精神革命②,他更提出了太平洋在世界格局中即将扮演的关键角色。③到了20世纪晚期,太平洋、东方,尤其是中国,已经无可争议地成为这个世界的要角甚至主角。马克思、西奥多·罗斯福和房龙表达过的那些看法和观点,已经是一种常识和事实。我们甚至看到更具颠覆性的关于地理大发现的全新解读,最具典型意义的就是由英国退役海军军官加文·孟席斯积14年心血撰著的《1421:中国发现世界》。④这部著作给人们带来的震撼是巨大的。因为,不仅仅这一段世界历史有可能被改写,而且,人们很自然会将这一改写与20和21世纪之交的世界大势联系起来。在这个世界大势中,关于太平洋、东方,特别是中国的崛起的故事,是最值得关注的。

"世界是圆的",东方的发现和崛起,是完成和实践这一世界观的关键环节。当然,"西方中心"不是那么容易被推倒的,常识一旦遭遇错误的惯性,也很难得以确立。这里既有人类的"自我"凸显的偏好,也有历史优越和当下强势造成的偏见,更有现实中继续存在的地域间的不平衡和不平等。不过,可以确定的是:东方既是"西方中心"的垫脚,也必将是"西方中心"的墓地!

值得警惕的是,推倒"西方中心"并不应该导致东方的自大

---

① "白人在太平洋出现是很晚的事情。"房龙:《发现太平洋》,北京出版社2001年版,第29页。

② 房龙:《发现太平洋》,第26页。

③ "我不知道这个难以预料的海洋是否还会带给我们惊愕,我也不知道有欧亚强国(亚洲今天已证明是强大的)正在这些岛屿与环礁间博弈的可怕棋局将会产生什么结果。"房龙:《发现太平洋》,第257页。

④ 加文·孟席斯:《1421:中国发现世界》,京华出版社2005年版。关于此著,后面还会讨论到。

和傲慢。因为那是一种出于同样的"自我中心"逻辑的产物。在无端的亢奋心理和情绪下,自封"中心",盲目"排他",无论你代表"西"还是"东",都是一种可笑的幻觉和意淫。

"世界是圆的,圆的逻辑就是均衡与谐美。"让我们尊重并遵循这一世界物性的逻辑,一以贯之。

"世界"(globe:圆——全球)

> "世界是平的,但未必是一马平川的。"——全球化及其悖论意义上的"世界与中国"。

21世纪伊始,"世界是平的"一说就开始风行于西方和东方。众所周知,用这句话命名的一本书,在21世纪刚刚过去几年时,便试图借写"21世纪简史"的话头总结20世纪,尤其是20世纪晚期的人类世界的特征。这个特征,概而言之,即"世界是平的"。开篇之初,该书作者托马斯·弗里德曼故意将自己的东方(印度)之行,与500多年前哥伦布的指东向西的著名的环球航行进行了时空交错的叙述。并且,将自己的结论与哥伦布的发现直接比对:"哥伦布归国后向国王和王后汇报说,地球是圆的。他也因这一发现而名垂史册。而我回到美国时,只是悄悄地和我的太太分享了我的发现。我悄悄地在她的耳边说:'亲爱的,我发现世界是平的。'"①

当弗里德曼写下"世界是平的"(The World is Flat)时,人们当然不会将这一说法与历史上有过的"地球是平的"(the earth is flat)的"地平说"相提并论。从"地球是圆的"到"世界是平的",很显

---

① 托马斯·弗里德曼:《世界是平的——21世纪简史》,湖南科技出版社2006年版,第5页。

然，言者是想用一种形象的和令人印象深刻的表述方式，让人们记住当今世界的最大特点：全球化，而且，是全球化的 3.0 版。其最大的特点，即是一个日益"扁平化"的世界（"flattening"of the world）。

从全球化的角度看世界，当人们说"地球是圆的"，我们记住的是从地理到物理、从航海到登月、从探险到旅行等人类的具体认知和体验（当然，也包括一些具有标志性意义的人类的经济和社会活动，如美国西部和澳洲的开发）。当我们说"地球是平的"，人们将考察经济层面的自由贸易和国际金融，科技层面的互联网和虚拟世界，社会层面的人际流动和信息互通，政治层面的利益通约和冲突化解，文化层面的本土化和国际化，地球层面的生存环境和外空探索，等等。

对于我们而言，更加关注的是中国与全球化的关系，无论是全球化的正题还是反题，正面还是负面，正论还是悖论，都有助于我们理解这个世界的大背景，理解在这个大背景下的中国与世界的关系，理解在这一关系中产生的种种"观中国"的故事，以及"中国观"的种种。这里，让我们挑选两个时间段，看看两种非常不一样的大背景下的"世界与中国"的关系。这两个时间段分别是 19 与 20 世纪之交和 20 与 21 世纪之交。

一百多年前，所谓"全球化"的大背景，主要表现为以航海和殖民为标志的新旧世界间的贸易逐渐走向无所不在的全球自由贸易。当"全球意识"（或曰"世界意识"）从少数精英和先知那里，逐渐走向经济活动和生活领域，于是，有了亚当·斯密的"斯密动力说"和李嘉图的"比较优势论"，为全球自由贸易的蓬勃发展奠基；有了 1815—1846 年间英国的谷物法变革，并成为全球自由贸易发端的具有标志性意义的事件；有了应运而生的跨国公司，并将分工和市场、将金融和消费、将强势和优势发挥到极致（按照托马斯·弗里德曼的说法，从 19 世纪起，世界进入了全球化 2.0 阶段。而跨国公司便是这一阶段推动全球化的主要力量)。但是,世界是充满矛盾和悖论的,"全球化"也是如此,一如充满"全球意识"的现代经济学的鼻祖亚当·斯密留给后人的"斯密问题":在《国富论》中讲利己主义的合理性,又在《道德情操论》中讲利他主义的伦理观。这一悖论,在当时世界与中国的关系中显露无遗。

人们看到,当全球贸易在全球推进的同时,历史也在演绎着西方对于东方的新式殖民和欺凌(与航海探险时代的殖民不同),而东方只能"被"拖入世界,"被"参加对规则不熟悉且毫无话语权的游戏。对此,笔者曾经的用词是"西力东渐",以取代更为常见的、有点正面歌颂意味的"西学东渐"一词。所谓"西力东渐",主要有三方面,即"经济力""军事力"和"文化力"。①

在19与20世纪之交,以西方为代表的世界,就是这样强力地走进中国,中国也是这样被动地进入世界,当然,不仅仅是西方世界。喜耶?悲耶?一言难尽,但影响深远则是确定无疑的。这种影响,自然会影响到世界的观中国者,以及他们的中国观。

一百多年后,所谓"全球化"的大背景变得更为突出。人们普遍认同的"全球化"这一概念,是由哈佛教授、国际营销大师西奥多·莱维特(Theodore Levitt)于1983年在权威的《哈佛商业评论》发表的一篇题为《全球化的市场》(Globalization of Markets)的文章后开始广为使用并广泛传播的。在这篇引起轰动的文章中,莱维特做出了一个大胆预言:全球化已然来临。由此,国际商业界引发了至今不能平息的争论,它使"全球化"一词载入了管理学词典。很明显,在这里,"全球化"主要还属经济学的范畴,尤其是国际贸易的范畴。与一百多年前相比,市场的融合和分工的细化,已经非常充分,跨国公司可以在全球任何地方以同一方式做生意。生产、金融、贸易,乃至消费,都是在全球规模上

---

① 参见本书第九章第一节"西力东渐和国际东方学的发展"。

进行的,"世界实际上已实现一体化"。

其实,20世纪80年代还不是"全球化"概念的黄金时期,90年代才是。故此,澳大利亚社会学家马尔科姆·沃特斯(Malcolm Waters)在他的名著 *Globalization*(《全球化》)的开篇就如此表示,社会的变化是如此之快,十年前可能还是需要很费劲地去理解的"全球化"概念已经成为较少争议的现实和观念(除"文明分析"层面之外),"就像后现代主义是80年代的概念一样,全球化是90年代的概念,是我们赖以理解人类社会向第三个千年过渡的关键概念"①。果然,如前面已经引用的,在21世纪的大门口,联合国教科文组织提出了世界社会科学因"全球化"而出现"范式"改变的报告。

人们看到,"全球化"已经不仅仅是全球自由贸易的问题,而是完整意义上的经济全球化(贸易、生产、消费、金融、科技、交通、信息等,无一例外);"全球化"更已经远远超出了经济的范畴,成为全方位的人类生活方式的概念(政治、社会、文化、传播……乃至信仰、价值观、思维方式……无不涉及)。这样一来,悖论、反论、驳论,就必然大量涌现。其中,西方与东方的关系、世界与中国的关系等问题,很自然地成为这一大背景下的关键问题。当代最著名的社会学家之一的安东尼·吉登斯(Anthony Giddens),在2007年12月一次中国的演讲中,这样告诉人们:"全球化进程确实是西方处于主导地位,但它不仅仅局限于西方,相反它和西方化完全两样。"②作为东方的中国人,当然乐见非西方化的全球化,但是,非西方化的全球化又会是一种什么样的"全球化"呢?

到了20与21世纪之交,当中国俨然成为"全球化"的主角

---

① Malcolm Waters, *Globalization*, London and New York: Routledge, 1966, p.1.
② 《被误解的全球化——著名思想家吉登斯在华讲演》,《东方早报》2007年12月4日。

之一,世界与中国的关系变得无比紧密和紧要,我们是否非常乐意听到这样的预见:"世界转向'中国式社会主义'"?① 是否非常得益于"中国道路",甚至,"中国模式"的延伸,从而让世界进入一种貌似"全球中国化"的"全球化",例如所谓的"北京共识"?

是耶?非耶?似是而非,但关系重大。这种关系,自然会影响到世界的观中国者,以及他们的中国观。

"世界"(inter-national ②:间——国际)

> "世界是联的,但又是分的。"——国际化及其矛盾意义上的"中国与世界"。

前面说过,当全球化成为一门世界性的显学,同时,也是一种时髦时,我们总能听到很多的批评和否定。有意思的是,在许多颇有分量和见地的批评声中,我们总能看到"国际"或"国际化"的概念。③似乎,在许多情形下以"国际化"替代"全球化"更安全、更靠谱。比如,不是说经济全球化(global economy)吗?可是,能说清当今世界所谓的经济全球化与此前人们一直在用的概念——"国际经济"(international economy)的区别吗?不是说政治全球化

---

① 这是弗朗西斯·福山在他的近著《出乎意料》中所列出的未来可能发生的世界七大"意外"之一。值得提示的是,这是一位在柏林墙推到之后预言历史将"终结"的著名学者。如今,他却似乎预感到一种"全球的中国化"的可能。但是,是否有这可能呢?

② 曾经一度风靡的《白银资本》一书的作者冈德·弗兰克也曾经以在 inter 和 national 之间加一个"hyphen"为由,谈到他的"思想历程"。

③ Paul Hirst 和 Grahame Thompson 强烈质疑"全球化"是一个"必要的神话"("a necessary myth"),他们写了一本题名为 *Globalization in Question—the International Economy and the Possibilities of Governance* 的专著,成为对于"全球化"概念进行反击和反思的代表作之一。见该书第二版(在第一版的基础上,有重大修改和重写),Polity Press,1999 年。

(global politics)吗？可是,能解释从"11·9"到"9·11"的现象吗？"11·9"推倒柏林墙,的确是国际政治大格局的改变,但并不是以领土、历史、文化和人民为基础的国族的消亡;"9·11"恐怖主义的猖獗,的确是在国际政治中嵌入了很具全球化意味的内容,但也反向地凸显了基于民族和宗教意识的国族意涵。①不是说文化全球化(global culture)吗？可是,能撇清所谓的"麦世界"(McWorld)、"可乐殖民主义"(Coca-colonization)等这些全球大众文化(global mass culture)的经典与当今世界的唯一的超级大国美国的关系吗？文化的"全球化"与"美国化"画上了等号之时,恰恰也是两者相悖之际。

可见,尽管全球化的风头正劲,并且,还会继续势头不减(上述批评,有理,但远不足以使对"全球化"概念的使用退潮,理由很简单,因为,"全球化"本身不会退潮。当然,每有大的政治或经济危机,免不了受阻),但必须承认,自1648年《威斯特伐利亚(Westphalia)条约》以来的,以主权国家为主角的权力政治(power politics)仍然是国际社会运作的本质,"主权"意识,对于新兴国家来说,几乎是一种不证自明的"PC"("political correction",即政治正确)。如果说,全球化是从19世纪进入现代范畴的,那么,借助于同样开始于那个时代,并在20世纪盛行的"民族主义"(nationalism),现代意义上的国族(nation-state)②不但没有因为全球化的风行而走向式微,恰恰相反,变得空前强大。③整个

---

① 托马斯·弗里德曼是用柏林墙倒塌的"11·9"(1989年)与基地组织攻击美国的"9·11"(2001年)来证明"全球化"的进程(《世界是平的——21世纪简史》,第十四章)。这几个日期数字的巧合很有趣。不过,笔者想以此来说明的是政治全球化的悖论一面。尽管,笔者并不反感和反对政治全球化的诸多积极面。

② 把"nation-state"翻译为"国族",而非常见的"国家",并非笔者的首创。笔者很赞成这一译名。

③ 参见安东尼·史密斯:《民族主义理论,意识形态,历史》,上海世纪出版集团2006年版。正是19世纪,"民族主义"登上了世界舞台,并且,在20世纪大行其道。同样,人们也知道,正是19世纪,地球上的原来无人居住的土地,才让各个国家瓜分和分割完毕。

20世纪,一直到今天的21世纪,人们在看到种种标志性的全球化符号(如自觉而持续涌现的世界公民的个体,日益活跃的国家内外的非政府组织,合纵连横于各国族间的国际组织、国际论坛、国际会议,还有触角无疆界、市场跨国别的跨国公司,等等)愈益活跃的同时,国族的主体地位、主权力量、主导作用,并没有消减和消亡的迹象。①

这样,在国家层面,经营国族的强盛之路,经营国与国之间的关系,经营中国与世界的关系,便成为一件非常重要,几乎也是头等重要的事情。相应地,在日常生活层面,民族化和国际化也成为一对共生的符号。这些,正是19世纪中晚期以来的一百多年中,中国在奋力追寻的。

一百多年来,中国人在国家意义上确保"球籍"和努力跻身国际大家庭,同时在民族意义上的图存、图强,"自立于世界民族之林",是一条主线的两个方面。但这是一条非常纠葛纠结、相当错综繁复的线索。爱国主义、国际主义、世界主义等,革命问题、建设问题、改革问题等,民生问题、民族问题、民权问题等,地区问题、国际问题、世界问题等,"主义"间的纠葛,问题间的纠缠,主义与问题的交错,问题与问题的杂陈,演绎了一百多年来中国在国际上的起伏沉降、风云际会、荣辱交加的话剧。

在这一大背景下,中国的国家观的演变和国际化进程自然会影响到世界的观中国者,以及他们的中国观。

有意思的是,用来翻译英语"state"一词的"国家"概念,却是纯属中国原创,并没有借道日本或者别的地方。这在充斥了舶来品的中国近现代政治概念中,颇值得思考。古代,从家国区分(《尚书》"天子建国,诸侯立家")到儒家的"家国同构",国与家已

---

① 安东尼·史密斯指出:"民族主义在后现代会被废弃的条件尚未成为现实,而全球化也远远没有导致废弃民族主义,甚至可能在事实上还加强了它。"安东尼·史密斯:《民族主义理论,意识形态,历史》,第142页。

是浑然一体。到了现代,尽管"国家"一词已经与西方现代国家的基本定义"nation-state"挂钩,但是,"中国特色"的国家之"家"的分量,还是十分明显。戴季陶在阐述孙中山的建国理论时,对儒家"修齐治平"进行了一番解释,认为那是一种个人、家庭、国家、世界之间的三重连带责任。①这四者之中,"家"占据了很重要的中间地位。这里,"中间"可作中介解,亦有中心的意思。梁漱溟则追根溯源,他认为中国"不像国家",原因在于中国人在最早的人群生活中,便走向了"家族生活",而西洋人则偏好"集团生活"。"从集团生活一路走去,即成国家;从家族生活一路走去,却只是社会。"②这样,到了建立现代国家的时候,"国家"两字中的"家"的意涵,还在隐隐起着作用,尤其是在政体、政制、政府层面。③

中国特色的国家观,还有一大特点,便是"民族"之重,一头连着文化,一头牵起了国体。在现代国家意义上,国家之"家"的延伸,可以有两个路向:一条是指向个人,经由公民,通向国家。其必然的标的就是人权,就是民主、民生、民权(显然,在近现代中国,此路不通,或者不顺畅)。另一条路,是经由民族,通向国家。梁漱溟在强调中国的"家族生活"特性时,又引用了约瑟·伯尔拿在《民族论》中关于印度"没有民族"的论断,并将中国与印度,乃至西洋做比较,得出中国在"文化之统一,民族之浑整"上"伟大的出奇"的结论。④我们知道,民族是现代国家的基本要素之一,所以,在这个意义上,现代中国的建国历史,一方面是与

---

① 忻剑飞、方松华编:《中国现代哲学原著选》,复旦大学出版社1989年版,第260页。
② 忻剑飞、方松华编:《中国现代哲学原著选》,第110页。
③ "家天下"是我们相当熟悉的体制设计和治政理念,当然是延伸版的。如"父子"般的官民关系、家长式的政治伦理、重血亲的承续安排,等等;其他比较熟悉的还有:对内,"爱国爱家"的意识形态;对外,"保家卫国"的宣传鼓动,等等。
④ 忻剑飞、方松华编:《中国现代哲学原著选》,第115页。

国际上的现代国家定义有相当程度的接轨,另一方面,却也成就了民族主义热度持续不退的现代中国的文化和历史基础。我们可以这样认为,如果说,现代国家的标准英文表述是"nation-state",那么现代的中国,就是加了着重号的"nation-state"。

在这一大前提下,中国的国际观演变和世界化进程,自然会影响到世界的观中国者,以及他们的中国观。

"国际"(international)一词进入现代汉语,通过了三个途径:一是外国传教士丁韪良在其译著《万国公法》中将"international"翻译成"万国",此译在那时颇有些市场,常有借用者。不过,那是19世纪的事情了。二是完全音译,即将"international"一词,译作"英特纳雄耐尔"。这种译法,在20世纪相当长的时期里,很有些新式和时尚之味,为革命的浪漫主义一代所专爱,直至今天也没有完全褪去,如《国际歌》,当然,也只是硕果仅存了。三是经由日本人的从西文至汉语的翻译和再造,"international"被译为"国际"。这一译法,被中国知识分子直接拿来在国内广泛而持久地运用,一如"世界"一词。这种情形非常普遍。①

这三种对于"international"一词的翻译,倒可以借来简括近百多年来的中国的国际观的演变。

陶醉于"万国来朝"的时代,根本谈不上"国际观",甚至也没有现代意义上的"国家"可言。尽管,总会有国人沉醉于天朝"古已有之"的自恋,拿"天下"比附"世界",拿"万国"指代"国际",但是,认真追究起来,那是"万"无现代之"国"义的。难怪,冯友兰将中国之义,一分为三,分别是文化、民族和国体,并认为,国

---

① 参见刘禾:《跨语际实践——文学,民族文化与被译介的现代性(中国,1900—1937)》。在当代通用和常用的汉语词汇中,这种情况非常普遍,几乎到了不用这些经由日本人的努力而翻译和再造的现代汉语词汇,就难以完成书面和口头表述的程度。日本人的翻译不错,用的又是我们老祖宗的文字,拿来便是,何乐而不为?

体意义上的"中国",古代尚无,要到近代才出现。那是与中国文化非常落魄、中华民族极其耻辱的一页连在一起的。当然,也不失为一种巨大的历史补偿。因为,至此,中国才开始真正地面对国际社会。①

"英特纳雄耐尔",当然是"国际主义"的一种,曾经在20世纪走红半个地球。不过,囿于历史和时代的规定,不得不陷入政治和意识形态的定规之中。这里,所谓规定和定规,无非是革命的使命、阶级的分野、冷战的阵仗、孤独的突围,如此等等。但是,作为"英特纳雄耐尔"式的国际主义和国际观在20世纪中国的代表,毛泽东的国际大势判断和周恩来的国际牌局手段,是值得研究和记忆的。尤其是毛泽东的"三个世界"理论,大概是中国现代迄今为止,唯一称得起曾经有过巨大理论和实践影响的国际关系概念。

与上述两个译法不同,直接表达国与国关系、问题、状态和走向的"国际"一词,很契合"international"的原义,也很合乎"中国"概念的演变和中国人的"国家观"和"国际观"大势。按照梁启超在20世纪初的划分,他认为中国的历史,若以中华内部各民族间的关系和中国与外部世界的关系进行分段,可以分出这么三个阶段:"中国之中国"为第一阶段,即"自黄帝以迄秦之一统……中国民族自发自争竞自团结之时代也"。第二阶段,"自秦统一后至清代乾隆之末年是为亚洲之中国,即中国民族与亚洲各民族交涉繁颐竞争最烈之时代也"。第三阶段,"世界之中国""自乾隆末年以至于今……即中国民族合同全亚洲民族,与西人交涉竞争之时代也"。②和梁漱溟一样,梁启超也认为,中国"近代国家概念亦甚淡泊",所以,他特别使用了"中国民族"的概

---

① 参见本书,第4页。
② 梁启超:《中国史叙伦》。

念来替代中国,很快,他又用了更为今人所接受的"中华民族"一词,并以此探讨中国与外部世界的关系之演进(据说,他是最先使用"中华民族"一词的人)。突出民族意识,在梁启超所处的外侮内辱的时代,完全可以理解,并且,也合乎中国人的突出"家"和"民族"的国家观念。值得一提的是,他还主张将"国家观"和"世界观"的产生与海权意识相联系("齐,海国也。上古时代,我中华民族之有海权思想者,厥惟齐。故于其间产出两种观念焉,一曰国家观;二曰世界观")。①

以与西方人之交涉竞争为内容,以面向大海的海权意识和实践为前提,加之千年传承的"万国"和"天下"传统的影响,百年苦斗的革命和政制的红色标记,中华民族就这样开始了与世界的关系。这是一种基于现代国家和国际意义的,却又充盈了文化、民族、历史传统和特征的中国式的国际化进路和国际观演化。

在这一大潮流下,中国的世界观演变和全球化进程,自然会影响到世界的观中国者,以及他们的中国观。

"世界"(universe:"一"——原点,规则,全体)

> "世界的普遍、普适和多样、个性。"——宇宙观的"一与多"意义上的"世界与中国"。

"universe"是又一个经常被用到的与世界的表述有密切关系的词汇。与前面的那些"世界"相关词汇(world, cosmos, earth, globe, inter-national)相比,这是一个更具哲学意味的关于世界的表述,当然,应该也与前面提及的人类对于生存其间的宇宙和地球的认识和思考有关。"universe"一词,在古希腊、古罗马哲人

---

① 梁启超:《论中国学术思想变迁之大势》。

那里,涵括的是关于宇宙(世界)之"多"与"一"的关系。观天文,"万物旋转为一,万物由一而转"(everything rotated as one, everything rotated by one);看人事,"凡事归一,凡事合一"(everything rolled into one, everything combined into one)。这种"一与多"的思考和表述,在东方,在中国古代哲学那里,也有而且不乏精彩,与西方哲学有异曲同工之妙。其中"一"是原点,是重心,"一"是规则,是全体。

当然,"世界"是一个颇具典型意义的"多与一"的统一的概念。直至今天,人们常常能看到的还是对"世界"的种种不同的,甚至对立的表述。不妨举几种耳熟能详的日常"世界":

"强者即世界。"在美国,将某项全国范围的体育冠军称之为"世界冠军"是很经常的事情。尽管有些一厢情愿,但是,还是基于实力的,如风靡全球的美国职业篮球 NBA。只要实力还在,这种情况不大有可能完全消亡。

"弱者即世界。"当人们说起"世界音乐""世界艺术"的时候,常常说的是那些非主流的、来自强势国度和民族以外的音乐和艺术,如 WOMAD 音乐节。这令一些富有才华的、来自第三世界国家的音乐人感觉不爽,却也无可奈何。

"部分即世界。"当我们将"世界音乐"之类的词序颠倒一下,便成了"音乐世界"等。这样的说法,一点也不陌生,也是"世界"概念的弹性和魅力的表现。而且,还具有领域区隔、术业专擅、社群分层、心理满足的效应。

"全体即世界。"需要关注的是,20 世纪是强权争霸的世纪,同时也是民族平等的世纪,因此,我们可以看到很多试图包容"全体"的努力,比如,关于建立"全球史"的呼吁,关于"地球村"的著名概念,关于"世界体系"的研究,等等。

"他者即世界。"对"他者"的关注和看重是 20 世纪,特别是后现代思潮里的一大特点,怀特海、福柯、德里达、哈贝马斯、罗蒂等哲学大师,都是谈论"他者"、解释世界的好手。更为人们所知的是萨义德的《东方学》,他把东方解读成欧洲文化中最深奥、最常出现的"他者"(the Other)之一。

"我们即世界。"20世纪80年代,迈克尔·杰克逊还很年轻,但是,他和他的那些合作者们正是用"We are the world"这么一首歌告诉世界:"我们即世界。"(中文一般将之翻译为"四海一家"或者"地球一家"。笔者无意挑战,更无力改变这一歌名的翻译。不过,实在觉得这句话直译的意境好得太多。)

真是一语成典!我们知道,20世纪以来,我和你、情感和理性、艺术和心灵、技术和环境、人类和地球,都是"世界"的话题,也都是"我们"的问题和课题。

还有一种曾经在中国频频出现、迄今还能听到的说法:"中国即世界。"尽管,从句式来看,似乎与上述几种并无两致,但是,里面似乎蕴含着一种认为中国疆域和人口够大够多,无须与界外交流,就可以自成"世界"的自大心态。若如此,无非是放大了的自给自足的小农路向,与全球化的趋势背道而驰,不足为训。

在本书中,当我们纵览近2000年的历史,勾勒"世界"对中国的认识史纲,"世界"不过是一个自然思维下的常用词,与人们的其他日常用语无异。但是,一旦将那些日常条件下的用语与关于"世界"的"人性、神性、物性"的思考和解析,与关于"全球化"和"全球意识""世界主义"的思考和课题进行对接,我们就能在探讨世界的"观中国"和"中国观"时,获得一种景深和多重色彩,并从中感受到那种universe意义上的"一"。

能否认人类的共同点吗?我们很难从"人"的意义上和全人类的立场上,否认已经广为人知的美国心理学家亚伯拉罕·马斯洛(Abraham Maslow)的需求层次理论(Hierarchy of Needs Theory),否认当代美国的人类学家布朗(Donald E. Brown)的人类共性列表(Human Universals),否认许多非常普通却很普适的常识,等等。

能否认人类的共通性吗?我们也很难从人性的基点上,否认康德的"道德律令",否认"自由平等博爱",否认"公民意识"和"协约精神",否认"己所不欲,勿施于人",等等。

能否认人类面对的共同挑战吗?我们很难从人类存续和生活质量的意义上,否认气候和环境变化给出的难题,否认人类存在的共同利益和命运,等等。不然,人类何以高唱"我们即世界"?何以让"对话"和"理解"成为可能?更具体一点,何以使人类和文化间的交流和互识成为必要?使文化和信息间的传播和解读成为常态?使我们讨论国外的中国观有意义?因此,在这个世界上,确实存在属于全体(人类和其他非人类)的自然底线和法则,属于全人类(无论东西南北)的价值原点和规则。这是不应该有异议的。

当然,在感受"一"的强势的同时,强调对于"多"的保持,维护"一与多"之间的张力,也是不容忽视和小视的。恰如我们在诸多的中国观者那里看到,20世纪的中国几乎将所有上述的"世界"角色扮演个遍:弱者、他者、强者……部分、全体、我们……笔者一向把对于国外的中国观的研究和解读,看作是"一个同时也属于中国人的外国课题";所以,在国外中国研究和中国观的反观下,在中外文化的互镜中,合乎逻辑的结论是:让我们在与人类同行、与世界接轨的同时,"认识自己",即真正读懂中国、中国人、中国文化,既不妄自菲薄,也不妄自尊大。因为,这是一种兼具优点和缺陷,或者常常是难以对优劣、正误、真缪做区分的中国特质。这种中国特质,已经并将继续为世界提供多重色彩,以丰富和验证人类文明的多样和人类文化的多元。

2013年重版后记

在计划对《醒客的中国观——近百多年世界思想大师的中国观感概述》一书立项时，学林出版社的朋友就建议将这本旧作与之一起出版。有两个方案：修订版或重版。本人选择了后者。这当然主要出于个人的原因。

需要稍微多说几句的是关于"世界"概念。由于该书主要处理的是西方的材料，也引来了一些关于西方能否涵盖"世界"的质疑。其实，该书写于20世纪80年代，当时关于国外中国观的资料，以笔者有限的能力所见，多为西方的（书中也尽量涉及了一些非西方地区的人物和材料）。当然，更重要的是关于"世界"概念的理解和诠释。在我看来，这是一个非常哲学，又很日常、颇具张力和弹性的概念，并没有多少预设性和普遍性的立场和价值判断（有趣的是，在西方，"世界"有时是指向"非西方"的）。有鉴于此，为这次旧作重版，笔者写了一个能表达本人对于"世界"概念的见解的"跋语"。

好在，就全书的基本线索、整体结构和主要观点而言，笔者并没有进行修正和调整的念头。至于，其中难免会有的材料性和技术性错漏，一仍其旧，问题也不大，毕竟那是20世纪80年代的作品，其时，笔者还忝居"青年学者"之列呢。所以，这次重版的《世界的中国观》除了稍做了一些技术处理外，几乎是原版的面目。

说到20世纪80年代，不免令人感慨万千。前些年，看到过一些当年文化艺术、思想学术圈的过来人的回忆和纪念。本人和这本书,大体也与那个大背景和氛围有关。记得笔者在《读书》上呼吁了"重视国外中国学"之后,便与相熟的王炎先生报了"世界的中国观"这一选题。王炎是当时《读书》的编辑,《读书》隶属北京三联书店。所以,《世界的中国观》原稿是交给王炎,奔北京三联书店去的。其时,已是1987年底了。交了书稿,笔者就离开任教的复旦大学,到美国亚利桑那大学(University of Arizona)去了。很快,中国大陆的出书环境就发生了变化。好在王炎非常尽职,在不再方便出书的情况下,将这部手工"爬格子"誊写出来的书稿辗转寄回了上海,由学林出版社的曹维劲先生接手,很快,在他们那里安排了出版。由于时空距离造成的不便,主要的校订工作,只能托付给了上海社科院的方松华先生,这其中的难度和付出都是可以想象的。终于,这本书在1991年正式面世,由学林出版社出版;紧接着,香港三联与学林接洽了版权,出版了海外的中文繁体字版(后来,还有一个台湾的版本;学林在20世纪90年代,还将此书重印过几次)。

说这一段过程,自然是为了感谢这三位朋友:王炎、曹维劲和方松华。显然,没有其中任何一位的尽心和热心,就不会有这本书。甚至,有可能连书稿也会不知所踪。

此后,在完成留美的唯一具体目标(拿了个PhD)之后,笔者就游离于学术文化圈之外,选择了别样的人生。尽管这样做有点辜负一些师友的关注和冀望,尤其是我的博士导师、美国亚利桑那大学的Allen S. Whiting教授(中文名惠庭)。Whiting在美国乃至国际的当代中国研究学术圈内享有相当尊崇的地位,也是我非常敬重并为能在他的门下受教备感荣幸的。六年的留学生涯,无论从学业和学术,还是从个人和家庭来说,本人都在老先生那里受益匪浅。同时,也深知先生对我的学术发展是有期待的。可是,性格使然,自己还是选择了"离开",为的是实践和实现自己一直主张的丰富"经历"两字。一直到几年前，在曹维劲和方松华等朋友的鼓动下，再度回归国外"中国观"这一课题，并且，把焦点锁定"醒客"。这一有限的"回归"，或许也是一种对Whiting教授的感佩和汇报（笔者还清晰地记得当初向先生电话告知《醒客的中国观》这一写作计划时，老人高兴的声音）。当然，即便如此，笔者本人也已经不再是任何意义上的圈内人士了，只是业余玩票而已。

毫无疑问，本人是满足和享受这种"边缘人"和"旁观者"的日子的。笔者在《醒客的中国观》中写到卡尔维诺时，这样说过："旅人者，'生活在别处'的信奉者，'在路上'的践行者。经历和履历是旅人的骄傲，孤独和边缘是旅人的徽记，观者和他者是旅人的身份。"人生如旅，幸甚，信哉！

忻剑飞
2013年9月于上海

修订本后记

书是旧作,课题是恒久的。20 世纪 80 年代中,看到一本新出的工具书《国外出版中国近代史书目》,喜欢。随即给《读书》写了一篇《重视国外"中国学"》的短文,提出"中国研究外国,外国研究中国,中国再研究外国人对中国的研究,变得十分自然而迫切,不可避免而需要自觉"(《读书》1985 年第 7 期)。此后,对国外中国观的关注居然一直陪伴着生性喜变、兴趣庞杂的自己。从 1987 年秋在上海蜗居小屋爬格子完成《世界的中国观》,到 2007 年夏在拉萨小旅馆决定"玩票"再著《醒客的中国观》……一晃几十年,一边尽情恣意地践行着把人生简化成"经历"两字的执念;一边还是很明白自己此生的规定性和偏好只会是另两个字:中国。

尽管这本书海峡两岸都曾有出版和重印,但以商务印书馆在现代中国出版界和知识分子心目中的江湖地位,能再版拙作,自然心生欢喜。得感谢所有为此事忙碌的朋友和同道,尤其是上海社科院哲学研究所的方松华先生。

最后,表达一下对本人在美国亚利桑那大学读博期间给予我本人及家人极大帮助的导师 Allen S. Whiting 教授的谢意和敬意。老先生于 2018 年 1 月仙逝,国际中国研究学界多有悼念。作为学生,却一直没有机会公开表达,心有不安,希望能借此机会,遥寄哀思。

忻剑飞
2021 年 12 月

图书在版编目(CIP)数据

世界的中国观:近两千年来世界对中国的认识史纲/
忻剑飞著.—修订本.—北京:商务印书馆,2022(2024.1 重印)
ISBN 978－7－100－20994－6

Ⅰ.①世⋯ Ⅱ.①忻⋯ Ⅲ.①中国学-思想史-研究
-世界 Ⅳ.①K207.8-091

中国版本图书馆 CIP 数据核字(2022)第 055660 号

权利保留,侵权必究。

世界的中国观
近两千年来世界对中国的认识史纲(修订本)
忻剑飞 著

商 务 印 书 馆 出 版
(北京王府井大街36号 邮政编码100710)
商 务 印 书 馆 发 行
山东韵杰文化科技有限公司印刷
ISBN 978－7－100－20994－6

2022 年 10 月第 1 版　　开本 710×1 000　1/16
2024 年 1 月第 2 次印刷　印张 27.5
定价:118.00 元